3.-

le Temps retrouvé
MERCVRE DE FRANCE

Madame Du Noyer

MÉMOIRES

*Édition présentée et annotée
par Henriette Goldwyn*

MERCVRE DE FRANCE

LE TEMPS RETROUVÉ
Collection dirigée par Évelyne Lever

© *Mercure de France, 2005.*

INTRODUCTION

« Il est certain que dans l'histoire qu'on pourra faire de notre persécution, le chapitre des évasions doit faire un des plus beaux endroits. On y verra des stratagèmes qui pourront divertir. Mais on y verra surtout, dans les femmes, des prodiges de courage qui paraîtront incroyables [1]. »

Ainsi s'exprimait Pierre Jurieu, pasteur militant réfugié en Hollande, ayant entendu les témoignages de protestantes après la révocation de l'édit de Nantes, en 1685 [2]. Parmi elles se trouvait Anne-Marguerite Petit, plus connue sous le nom de Mme Du Noyer, née à Nîmes en 1663 et morte à Voorburg en 1719. Elle commença la rédaction de ses *Mémoires* en 1703 [3] en Hollande, sa patrie d'adoption [4]. Française calviniste, elle avait dû quitter deux fois la France

---

1. E.-O. Douen, *Les Premiers Pasteurs du Désert*, vol. 1, p. 11.
2. Le 18 octobre 1685, Louis XIV promulgua l'édit de Fontainebleau, qui révoquait celui de Nantes, instaurant un catholicisme rigoureux et supprimant ainsi ce qui restait de la tolérance religieuse héritée d'Henri IV. La pratique du culte réformé fut interdite sous toutes ses formes, les écoles et les temples furent démolis, les nouveau-nés protestants baptisés dans la foi catholique. Les pasteurs furent forcés de s'exiler tandis que, paradoxalement, la sortie du royaume fut interdite aux simples fidèles sous peine de galère pour les hommes et de confiscation de corps et de biens pour les femmes.
3. « Ce fut dans cette solitude que je commençai d'écrire ces mémoires », précise-t-elle au premier paragraphe du quatrième tome.
4. Selon des calculs récents, Hans Bots avance le chiffre de 35 000 émigrés vers la Hollande entre 1681 et 1705 (ce chiffre s'élevait antérieurement à 70 000). Voir « Le refuge dans les Provinces Unies », p. 69.

pour se réfugier dans cette « grande arche des fugitifs [1] ». L'envie d'écrire, de raconter « l'histoire d'une femme », lui vint pendant son second exil, alors qu'elle était âgée de quarante ans. Elle voulait confondre l'imposture, faire taire les médisances, dénoncer la calomnie de ses coreligionnaires rencontrés au « refuge [2] », et exciter en même temps la « compassion du public ». La solitude et la confrontation avec une communauté protestante hostile — cette société constituée de frères qu'elle était allée rejoindre et qui s'étaient révélés de « faux frères » — l'incitèrent à témoigner. « Ce fut pour répondre à des calomnies qu'elle publia les *Mémoires* de sa vie surchargés d'une foule de détails qu'on lui a reprochés », affirme Michel Nicolas dans l'*Histoire littéraire de Nîmes* [3].

Qu'en fut-il au juste ? Mme Du Noyer a bien connu deux exils : le premier en 1686, seule, à vingt-trois ans ; et le deuxième en 1701, à trente-huit ans, avec ses deux filles. Issue d'une famille de la bourgeoisie provinciale protégée par le maréchal de Lorges, chez lequel son oncle maternel, Gaspard Cotton, avait été maître d'hôtel, elle perd sa mère après sa naissance. Abandonnée par son père, elle est recueillie par sa tante maternelle, Mme Saporta, qui l'élève et lui donne une éducation très soignée à Orange. Après la révocation de l'édit de Nantes, elle assiste aux dragonnades de Nîmes, résiste à toutes les tentatives de conversion, proclamant qu'on « violait le droit des gens », et s'enfuit à Genève, le 1er janvier 1686, déguisée en marmiton. Dans le premier tome de ses *Mémoires*, elle fait le récit des aventures scabreuses survenues au cours de son voyage, alors qu'elle rejoint son oncle paternel, Pierre Petit, à La Haye. Bientôt gênée de vivre à sa charge, maltraitée par Mme Petit, et se trouvant sans ressources, elle cède aux prières de sa tante et de son oncle maternels, qui la pressent de revenir en

---

1. Bayle, *Dictionnaire historique et critique*, article « Jean Kuchlin », t. 3, p. 25.
2. C. Weiss, *Histoire des réfugiés protestants de France depuis la révocation de l'édit de Nantes jusqu'à nos jours*, t. 1, p. x, n. 1 : « Le mot "refuge", appliqué à l'ensemble des réfugiés établis dans les pays qui leur servirent d'asile, n'est pas français, nous le savons. Nous l'empruntons à ces écrivains expatriés qu'une situation nouvelle contraignit plus d'une fois à créer des mots nouveaux. »
3. M. Nicolas, *Histoire littéraire de Nîmes et des localités voisines qui forment actuellement le département du Gard*, t. II, p. 49.

France, en lui promettant qu'elle ne sera pas forcée d'abjurer sa foi. En outre, cet oncle la désigne comme son héritière. Un an plus tard, à Paris, elle découvre pourtant que sa tante Saporta a cédé aux pressions et suivi l'exemple de son frère Cotton, en abjurant entre les mains du père La Chaise, son parent, le célèbre convertisseur. Elle tente de s'enfuir avec sa tante, mais on les arrête toutes deux à Dieppe. Exaspéré par l'entêtement de sa nièce, son oncle l'enferme chez les Nouvelles Catholiques dont Fénelon est l'aumônier, puis chez les Dames de l'Union chrétienne. Révoltée contre ces « clôtures », qu'elle considère comme des entraves à sa liberté, elle tient tête avec opiniâtreté à tous ses adversaires controversistes. Après une tentative de suicide plutôt comique (elle veut se donner la mort comme Sénèque), elle finit par abjurer et épouser Guillaume Du Noyer, en 1688. Catholique issu d'une famille de robe sans fortune, coureur et joueur invétéré, capitaine du régiment de Toulouse, il ne s'intéresse qu'à l'héritage de sa femme. Hormis les séquelles de la petite vérole qui a « un peu travaillé sur son teint », il n'est pas mal de sa personne et promet de ne pas la forcer en matière de religion.

Les époux vont à Versailles pour remercier le roi de la pension de six cents livres accordée à la jeune femme ainsi que de la restitution de ses biens confisqués lors de sa fuite. Elle raconte avec verve cette visite à la cour, rapportant avec un mélange de fierté et d'admiration sa conversation avec Louis XIV : « Et après avoir dit d'abord mon nom de jeune fille, j'ajoutai que je l'avais changé depuis peu en épousant Du Noyer, par ordre de Sa Majesté, au sortir des couvents où Elle m'avait fait enfermer pendant neuf mois. Le roi me reconnut parfaitement bien à tout cela, et me répondit avec beaucoup de bonté qu'il espérait que je lui saurais bon gré de tout ce qu'il avait fait pour moi, que le séjour du couvent contribuerait à mon bonheur éternel et qu'il souhaitait que je trouvasse le temporel dans le mariage qu'il m'avait fait faire. »

Mme Du Noyer évoque, non sans nostalgie, ses premières années de mariage, époque qu'elle considère comme la plus heureuse de sa vie. Les deux époux vivent à Nîmes, à Villeneuve-lès-

Avignon et enfin à Toulouse, où ils s'installent après l'achat de la charge de grand maître des eaux et forêts du haut et bas Languedoc par Guillaume. Ils ont quatre enfants, trois filles (la deuxième, Marie, meurt peu après sa naissance) et un garçon. Mais en 1701, M. Du Noyer vend son office et entraîne sa famille à Paris, où il décide de mettre leurs filles au couvent. Bouleversée par l'arrestation et la mort du pasteur Claude Brousson (dont elle fait un récit émouvant souvent cité par les historiens [1]), ruinée par les dépenses d'un mari volage et soucieuse d'unir sa fille aînée, Anne-Marguerite, à un protestant, selon la promesse faite à sa tante sur son lit de mort, Mme Du Noyer s'expatrie de nouveau. Tournant « le dos à la tyrannie », elle reprend le chemin de la Hollande, cette fois-ci avec ses filles, ayant eu soin d'emporter ses bijoux et le peu d'argent qui lui reste. Un des plus grands regrets de sa vie sera d'avoir abandonné son fils, promis au père La Chaise.

Pendant six mois, elle réside à la Société de Schiedam, fondée par la princesse d'Orange pour les huguenotes réfugiées sans ressources et sollicite une pension du gouvernement hollandais, qui ne lui sera pas accordée. En 1701, elle se rend à l'invitation de ses cousins Petit, fils de son oncle paternel, établis à Londres, dans l'espoir d'obtenir une pension de Guillaume III d'Angleterre puis de la reine Anne Stuart, qui lui succède. Mme Du Noyer tente alors de conclure le mariage de sa fille aînée avec le fils cadet de son oncle Petit, qui avait souhaité l'accomplissement de cette union avant de mourir. Cependant, Mme Petit fait échouer le projet. Cette tante se révélera comme l'une des calomniatrices les plus virulentes de Mme Du Noyer : elle déclare ainsi au comité qui décide de l'octroi des pensions que sa nièce a quitté la France non pour conserver sa liberté de conscience mais pour se venger d'un mari volage et dépensier. Pis encore, elle prétend que sa nièce n'est pas aussi démunie qu'elle le paraît et qu'elle a emporté avec elle diamants et pierreries.

Mme Du Noyer se tourne alors vers son ami, confident et pro-

---

1. O. Douen, *op. cit.*, t. I, p. 453, et t. II, p. 317 et 329 ; C. Bost, *Les Prédicants protestants des Cévennes et du Bas-Languedoc, 1684-1700*, t. II, p. 269 et 318.

tecteur, le comte de Dohna, burgrave et comte du Saint Empire romain, qui sera le dédicataire du premier volume de ses *Mémoires*. Celui-ci lui propose de marier sa fille aînée à un certain Jacob Constantin, capitaine de son régiment, beaucoup plus âgé que la jeune personne. Accompagnée de ses filles, elle se rend à Nimègue en 1703 pour faire célébrer ce mariage qui tournera au désastre, entraînant une série de drames : d'une jalousie et d'une avarice maladives, son gendre, peu de temps après les noces, dérobe la malle de sa belle-mère et intente une procédure judiciaire contre elle, ce qui vaut à la malheureuse une détention à la prison de la Castelenie. Après sa libération, elle s'installe à Delft, où elle fabrique des coiffes de perruque pour gagner sa vie.

En 1707, elle rencontre Jean Cavalier, qui s'éprend de sa fille cadette, Catherine-Olympe, appelée Pimpette. Profitant de la générosité et de la crédulité de Mme Du Noyer, il lui dérobe ses biens. Sur fond de guerre de Succession d'Espagne, ce chef charismatique des camisards deviendra l'antihéros des deux derniers tomes des *Mémoires*.

En 1708, sa fille aînée, désabusée par l'échec de son mariage et aidée par des coreligionnaires malveillants, retourne en France chez son père, où elle abjure le protestantisme. Pimpette, de son côté, épouse en 1709 un certain comte de Winterfelt, l'un des sbires de Cavalier. Afin d'impressionner la mère et la fille, ce faux comte (Bavons de son vrai nom) s'est inventé un passé mythique et fabuleux. C'est à Bruxelles que Mme Du Noyer découvre les mensonges de ce gendre sans fortune ni naissance. Trop tard : il a déjà volé une grosse partie de ses biens et abandonné Pimpette enceinte, qui accouche d'une petite fille en 1710.

Au terme de ses mésaventures et à bout d'expédients, Mme Du Noyer s'établit enfin dans le village de Voorburg, où elle décide de mettre sa plume au profit d'un bi-hebdomadaire en vogue, une sorte de « gazette épurée », *La Quintessence des nouvelles*. De 1710 à 1719, ce périodique, dont elle devient la rédactrice en chef, s'impose comme l'un des plus recherchés et des plus influents de son temps. Mme Du Noyer, qui a déjà disputé plusieurs fois en

France le prix de Messieurs les lanternistes de Toulouse [1] pour ses sonnets, acquiert une solide réputation de journaliste — une des premières journalistes de langue française de l'Ancien Régime — et sera considérée dès lors comme peut-être le plus célèbre des divers auteurs du périodique [2].

Avec autant de courage que d'humour, elle surmonte ses difficultés et commence à publier, à partir de 1707, ses *Lettres historiques et galantes* [3], une « anatomie de la France » qui se présente comme une correspondance entre deux dames de condition, dont l'une habite Paris et l'autre la province. « C'est le Refuge qui m'a érigée en auteur », déclare-t-elle. Dans ces *Lettres*, qui remportent succès de librairie et succès de scandale, elle fait la chronique de la fin du règne de Louis XIV et du début de la Régence. Entre 1703 et 1710, elle se consacre à la rédaction de ses *Mémoires*, où l'on retrouve des anecdotes et des épisodes déjà relatés dans les *Lettres*.

Aux confins de la narration historique et du romanesque, les *Mémoires* rompent avec la tradition du genre, plongeant le lecteur dans un univers picaresque, souvent burlesque, dont les héros affrontent des difficultés matérielles, sociales, politiques et religieuses. Cette autobiographie revêt une valeur historique car elle éclaire l'évolution des mentalités à une époque charnière : la fin du Grand Siècle. L'écriture historiographique et les confidences personnelles s'entrecroisent. Mme Du Noyer revendique la liberté de conscience et les droits de la mère, accordant une place de choix à la notion de tolérance dans les derniers tomes. Cette mémorialiste

---

1. C.-C. Guyonnet de Vertron, *La Nouvelle Pandore ou Les Femmes illustres du siècle de Louis le Grand*, Paris, Mazuel, 1698. Un des sonnets les plus applaudis de Mme Du Noyer fut publié dans *Le Mercure galant* du mois d'août 1697.
2. *La Quintessence des nouvelles* (1689-1730) fut fondé par Maximilien Lucas en 1688. Le premier numéro écrit par Mme Du Noyer date du 29 décembre 1710 et le dernier probablement du 29 mai 1719. L'originalité de la contribution de Mme Du Noyer est surtout reconnue dans la présentation des nouvelles. Voir J. Sgard, *Dictionnaire des journaux 1600-1789*, t. II, p. 1041-1045.
3. Il est possible que certaines de ces lettres aient circulé sous forme manuscrite antérieurement à 1707. Le compte rendu des deux premiers tomes (en tout, il existe 111 lettres, qui couvrent une période de plus de vingt-cinq ans) se trouve dans la *Nouvelle de la République des lettres*, Amsterdam, juillet 1708. Voir J. Sgard, *op. cit.*, t. II, p. 823-824.

à la plume acérée, voire décapante, pleine d'ironie, traite de sujets aussi variés que la mode, les « vêtements à la française », les maladies, la guerre, les controverses religieuses, l'obsession de l'argent, le goût du jeu, les voyages, les us et coutumes des pays qu'elle a traversés, la calomnie des « faux frères » rencontrés au Refuge, les espions de Louis XIV, les mariages désastreux de ses filles, la cupidité de ses gendres, la vanité de Cavalier... Elle témoigne surtout de la marginalisation et de l'exclusion subies par ses coreligionnaires en France.

La totalité des *Mémoires*, c'est-à-dire deux mille cent cinquante-neuf pages en cinq tomes, in-12, parut à Cologne chez Pierre Marteau[1] en 1710-1711, du vivant de Louis XIV et de la mémorialiste. Fait rare à l'époque, elle les signa : le premier tome, « Du N*** » ; le deuxième, « Du Noyer » ; et les trois derniers, « A.M. Petit Du Noyer ». Dans l'avant-propos du troisième tome, elle signalait le grand succès obtenu par les deux premiers, espérant ainsi que le troisième serait reçu avec autant d'enthousiasme. Cependant, ces *Mémoires* provoquèrent des réactions violentes de la part de certains lecteurs, en particulier de son mari, qui rédigea des contre-mémoires[2] pour discréditer la version de sa femme, cette « diabolique Xanthippe[3] » qu'il vilipenda de manière grotesque.

Dans les *Nouvelles de la République des lettres*, Jacques Bernard[4] reprochait à cette œuvre de ne mettre en scène aucun personnage historique et de ne pas traiter d'affaires d'État. Médiocre mémorialiste, il avait élaboré une poétique des *Mémoires*, selon les trois axes qui garantissaient le succès du genre à l'époque : il devait s'agir soit d'une relation d'événements politiques où des raisons secrètes éclaireraient les faits essentiels, soit d'une relation où

---

1. Pierre Marteau n'est autre que Pierre Husson, imprimeur, graveur et marchand-libraire sur le Kapelbrugge à La Haye, que Mme Du Noyer mentionne dans les *Mémoires* et dans *La Quintessence des nouvelles*. Cette édition des *Mémoires* se trouve à la bibliothèque de l'Arsenal.
2. *Mémoires de M. Du N*** écrits par lui-même, ouvrage curieux* Paris, Jérôme Sincère, 1713, avec une illustration en frontispice de « Mme Du N*** démasquée ».
3. Épouse de Socrate.
4. Article V dans la *Nouvelle de la République des lettres*, Amsterdam, 1709.

l'auteur, à la fois narrateur et acteur, était lui-même un héros mêlé à l'histoire de son temps ; enfin si ce n'était que le récit d'un anonyme, tout devait surprendre pour « réveiller la curiosité du lecteur ». Prétendant que l'ouvrage de Mme Du Noyer ne comportait rien d'exceptionnel, il le taxa d'invraisemblance. « Je n'aurais pas cru que la vraisemblance eût dû en diminuer le mérite ni empêcher de l'écrire », lui répondit-elle.

Ce qui distingue ces *Mémoires* parmi ceux de leur temps, c'est l'effet de surprise que leur lecture fait naître, où l'invraisemblable et l'historique, le cocasse et le tragique s'interpénètrent. Ainsi l'auteur s'éloigne-t-elle délibérément du modèle plus ou moins convenu. Son récit est entrecoupé de nombreuses digressions, de remarques personnelles (« Je prie le lecteur de me pardonner des inutilités qui peuvent m'être utiles »), d'histoires intercalées, de conversations, de lettres, de poèmes ; quantité de personnages de second plan prennent la parole. Cette transgression du suivi et de la cohérence du récit narratif par l'oralité signale la dérive de l'histoire et de la chronologie. En brouillant ainsi les frontières du récit, du vraisemblable, elle juxtapose des registres différents pour mettre en lumière l'éclatement d'un moment historique qui a fait basculer à jamais sa vie et celle de ses coreligionnaires. En prenant la liberté de mêler le destin d'une personne privée aux grands événements, elle ne diminue pas, au contraire, mais valorise la portée du témoignage historique de cette fracture. Ses *Mémoires* racontent une injustice, une persécution qui entraîna l'exil, la diaspora, l'immigration, la vie au Refuge et l'invention de nouvelles identités.

Les deux premiers tomes de l'ouvrage plongent le lecteur dans un univers disloqué : c'est la représentation d'un chapitre douloureux, celle d'un bouleversement irréparable qui altéra la mosaïque du paysage historique français [1], l'édit de Fontainebleau marquant un tournant dans l'histoire du protestantisme en France. Afin d'éradiquer l'hérésie, de nombreux édits, jugements, ordonnances

---

1. Dans *Histoire de la France religieuse*, p. 493, J. Le Goff affirme que, de 1680 environ à 1700, « 150 000 à 200 000 protestants avaient fui, soit 12 à 16 % de la population réformée, ce qui représentait le plus important mouvement migratoire du siècle en Europe ».

et arrêts royaux consacrèrent la formule « afin que la mémoire en soit perdue ». La voix de Mme Du Noyer s'élève contre une telle ambition. Pour récupérer cette mémoire individuelle et collective, pour en perpétuer le souvenir, elle renverse la formule : et « pour que la mémoire ne se perde », elle dénonce l'instauration de tout un processus méthodique d'étouffement. Elle décrit l'extrême désolation de ce que cela représenta pour elle et pour une communauté entière : « Bientôt on commença de ne plus ménager les protestants ; on disait hautement que le Roi ne voulait qu'une religion dans son royaume et qu'il était résolu d'employer la force pour y réussir. »

Pour éviter la persécution, l'expatriation était la seule solution. En son temps, Jean Calvin l'avait prônée : il était préférable d'aller chercher ailleurs la liberté de conscience interdite et de préserver la pureté spirituelle. En 1694, Claude Brousson, à son tour, avait exhorté ses coreligionnaires à quitter le royaume, la liberté de conscience ne pouvant se conserver qu'au prix de l'exil : « lorsqu'on est persécuté en un lieu, [il faut] fuir dans un autre » (Mt 10.23, Mc 13.14, Ap 18.4). Et Mme Du Noyer ne se prive pas de citer la Bible à ce propos.

Dans *Les Lieux de mémoire*[1], Pierre Nora affirme que l'État est l'« instrument de la conscience », le « foyer de permanence de la nation », la « continuité de la continuité ». Mais, dans les *Mémoires* de Mme Du Noyer, l'État, symbolisé par le dragon[2], cesse d'être source de permanence, d'appartenance et de continuité pour devenir instrument de répression, d'exil, d'éparpillement, de morcellement et d'errance. Autant d'expériences que cette femme vécut, pratiqua et décrivit. À la différence de certains mémorialistes du XVIIe siècle, tels Mlle de Montpensier, le cardinal de Retz, La Rochefoucauld ou Saint-Simon, qui ont choisi d'écrire la permanence, l'ordre et la continuité, métaphoriquement représentés par l'espace royal, image récurrente vers laquelle convergent tous leurs désirs, Mme Du Noyer raconte l'horreur, les humiliations, les

---

1. Gallimard, t.1, p. 1216.
2. Les régiments de dragons, soldats de cavalerie, participèrent aux expéditions menées contre les huguenots sous Louis XIV.

inquisitions, les interdictions et les confiscations. La fonction apologétique de son texte demeure indéniable. Elle dénonce toutes les injustices. L'histoire de sa vie s'inscrit dans celle d'une collectivité. Elle ne pouvait pas se penser et se représenter hors de cette fratrie. Devant les dragonnades, les choix étaient limités : l'abjuration, l'exil ou la résistance. Elle dépeint l'état d'esprit de toute une communauté déchirée et divisée devant l'irruption des « missionnaires bottés » dans son univers le plus intime. Ainsi certains capitulent, comme son bon ami de Nîmes qui finit lui aussi par signer : « M. de La Cassagne était dans sa maison à souffrir toutes les cruautés des dragons qui, ayant sur les protestants le même pouvoir que le diable avait autrefois sur Job, imaginaient tous les jours quelque nouvelle manière de tourmenter. » Elle montre aussi la déchirure au sein de la communauté protestante et fustige certains pasteurs de Nîmes qui alertèrent les autorités contre leurs propres frères : « Le parti des politiques avertit les puissances que le peuple pourrait bien se soulever ; et cet avis fut cause qu'on envoya des dragons dans la ville pour châtier ceux qu'on appelait séditieux et se saisir de leurs chefs, qui étaient M. Peyrol, M. Icard et M. Brousson. » Elle restitue dans toute son intensité et dans ses détails les plus contradictoires ce moment historique, qui renseigne le lecteur sur la dispersion spatiale, sociale et culturelle d'une minorité. L'État cessait de représenter le « foyer de permanence ». Le centre du monde n'était plus Versailles, mais devenait cet ailleurs, symbolisé par l'« arche » lumineuse de la Hollande. Arche emblématique du déluge biblique, mais aussi arche prise dans le sens architectural, le sens figuré du terme, celui de lien, de « lieu-carrefour [1] » permettant de relier ce qui fut (le passé, la tyrannie) et ce qui sera (l'avenir et la liberté) pour la communauté réfugiée. Pour elle, l'arche se révéla le lieu d'un nouveau commencement grâce à l'écriture. C'est là qu'elle se forgea un nom, une identité et une réputation.

Cependant, le départ vers l'arche des fugitifs s'accompagna de deux moments de grande tristesse, qui imprègnent la fin du deuxième tome de ses *Mémoires* : la mort de sa tante maternelle et l'abandon du fils chéri, qu'elle ne devait plus revoir. Au fil des

---

1. P. Nora, *Les Lieux de mémoire*, op. cit., p. 15.

années, l'attachement qu'elle nourrissait pour sa tante demeura le seul lien affectif stable et permanent dans une vie entrecoupée d'innombrables aventures. Pensant que cette parente allait mourir, Mme Du Noyer revint de la terre d'exil une première fois et suivit l'exemple de sa tante en abjurant. Après son décès, elle reprit le chemin de l'exil avec ses filles. Mme Saporta lui avait transmis une excellente culture et une remarquable connaissance biblique, qui l'aidèrent à surmonter courageusement les difficultés de la vie. Dans les moments les plus pénibles, dans le découragement même, elle se tourna toujours vers la Bible, vers cette parole, souffle d'espoir, gravée dans sa mémoire et dont les nombreuses citations tissent son texte. À cette culture biblique, s'ajoutent bien des références littéraires : le théâtre de Racine, de Molière et de Dancourt, les contes de fées de Mme d'Aulnoy, la poésie de Mme Deshoulières, les fables de La Fontaine, les romans de Madeleine de Scudéry et *L'Astrée* d'Honoré d'Urfé. Mais son texte de prédilection reste *Le Roman comique* de Scarron, pour lequel elle éprouvait un véritable engouement. Cet esprit satirique s'accordait parfaitement avec sa représentation d'un monde renversé.

On peut lire ses *Mémoires* comme une autobiographie romanesque. Mme Du Noyer n'hésite pas à raconter son histoire personnelle en brossant le portrait d'une bourgeoise, avec ses désirs, ses obsessions et ses fantasmes. Au récit grave de l'événement historique qui a fait chavirer sa destinée, l'héroïne narratrice juxtapose sur un mode ludique, d'un style plein de verve et d'humour, ses amours de jeune provinciale et ses crises de jalousie, créant ainsi une connivence avec ses lecteurs. On la voit mettre en scène sa relation avec le très séduisant Abraham-Louis Duquesne, qui portait un « nom si à la mode », et dont elle s'éprit dès le premier regard. Bien qu'il eût abjuré en 1685 et qu'elle le sût atteint d'une maladie vénérienne, elle fut séduite par ses discours galants. Ses belles paroles eurent plus d'effet sur « son entêtement » que tous les sermons de Fénelon, qui tentait, sans succès, de la convertir. Cependant l'amourette tourna court : Duquesne, trop intéressé par l'héritage de l'oncle Cotton, se rendit suspect, et Guillaume Du Noyer profita de ce retournement pour épouser clandestinement celle qui était encore Anne-Marguerite Petit. On pourrait citer bien d'autres exemples... comme cette scène où elle arracha, au théâtre, la perruque de la maîtresse de son mari.

Toute sa vie, elle fut obsédée par les questions d'argent, d'héritage et de propriété. Au début des *Mémoires*, lorsque sa tante propose de l'élever à Orange après le décès de sa mère, son père accepte, à condition que Mme Saporta annule les dettes qu'il a contractées envers elle. Cette transaction financière marquera la petite fille à jamais. La perte de sa malle, confisquée avec ses biens et ses « hardes », en témoigne : cette malle devient un leitmotiv douloureux et le moteur de ses rapports avec autrui, en premier lieu avec les hommes. Que ce soit avec Duquesne, dont elle est amoureuse, son mari, ses gendres, sa tante, ou surtout Jean Cavalier, toutes ses relations s'articuleront autour de questions financières et se solderont par un échec.

Le ton des *Mémoires* change dans les trois derniers tomes, écrits avec autant de mélancolie que d'ironie : « Je vais entrer à présent dans la période la plus triste pour moi et commencer l'histoire du plus dur temps de ma vie, c'est-à-dire celui de mon Refuge », annonce-t-elle. Elle n'écrit pas d'un lieu idyllique ou privilégié comme Mlle de Montpensier, qui a pris la plume lors de son exil à Saint-Fargeau, éloignée de la cour, certes, mais avec l'espoir d'y retrouver sa place un jour. Mme Du Noyer écrit dans une chambre garnie, louée à la journée et n'émet jamais le souhait d'un retour, car, pour elle, qui affirme n'être « étrangère nulle part », le retour n'est plus possible. L'exil, loin de marquer une situation privilégiée d'introspection et de réflexion, la confronte à la dure réalité du refuge, qui à son tour s'avère une autre sorte de défi. Elle croyait trouver au sein de la fraternité protestante l'accueil qui lui permettrait de jouir de la liberté de conscience, mais elle se heurte à l'hostilité et à la cupidité de certains de ses coreligionnaires. À cela vient se greffer le délabrement de ses relations avec ses filles, qui se jalousent et entretiennent une correspondance clandestine avec leur père. L'aînée regagne la France, et bien que la tentative de la cadette échoue, sa mère ressent cet abandon comme un brûlant échec. Cette descente vers l'intériorité marque la primauté de la destinée particulière sur l'histoire. Aux prises avec des difficultés financières, son obsession de l'argent s'aggrave. Elle compte et nous conte scrupuleusement ses transactions financières, ses emprunts, les promesses signées, les escroqueries déjouées, les voyages entrepris pour récupérer ses biens. Le ton s'envenime. Elle s'acharne contre ses deux gendres, qui convoitent son argent. Cependant, c'est Jean Cavalier, « le plus grand maraud du monde », qui déchaîne sa fureur.

Du roi révocateur au héros imposteur, les *Mémoires* démythifient l'idéal héroïque. À la figure du monarque succède celle de ce « nouveau Moïse ». Les deux derniers tomes des *Mémoires* constituent un véritable règlement de comptes entre elle et celui qu'elle dépeint sous les traits les plus vils. Elle tombe tout d'abord sous son charme et donne libre cours à un fantasme enfiévré pour décrire ce « prophète » qui a tenu tête à Bâville et à Montrevel. Mais bientôt celui qui doit remplacer son fils décédé, celui sur lequel elle reporte toute son affection et sa confiance, se révèle le plus abject de tous les hommes. Cavalier, dont la lutte contre les dragons a marqué les derniers soubresauts de la rébellion protestante, le héros du deuxième grand moment historique du protestantisme (après les assemblées clandestines du Désert) est totalement démythifié. Elle ridiculise ses exploits et ses extases prophétiques. Non seulement, ce « héros de Gonesse » est arrivé à déjouer toutes ses astuces, mais il l'a bernée, lui a volé tout son argent et a tenté de la tuer ainsi que sa fille. Elle le dépeint comme un vulgaire séducteur, un aventurier infâme et criminel.

Pour bon nombre de réfugiés qu'elle rencontre, quitter le pays, c'est aussi abandonner identité, appartenance et nom. Alors qu'à Nîmes tout le monde se connaît, a des attaches fixes et sait sa généalogie, en Hollande les exilés sont des apatrides, des « Melchisédech » surgis de nulle part, en déplacement constant, sans profession. Personnages louches à identités multiples, ce sont souvent des aventuriers et des gueux. Profitant de la grande mobilité, de l'instabilité des nouvelles frontières et de la porosité des rapports au sein de cette société en pleine mutation, ils mettent en jeu la stabilité de l'univers du Refuge. Pas encore intégrés à la société néerlandaise et accablés de malheurs, ils ne parviennent pas à faire coïncider leur identité antérieure avec la nouvelle. Ils ne sont plus que les spectateurs d'eux-mêmes, de leur histoire qui se fait, se défait et se réinvente selon leurs besoins et leur imagination. Au sein de cet univers dans lequel évolue la mémorialiste, tout peut s'acheter ou se vendre, même l'héroïsme, ultime chimère « forgée à plaisir ».

Dans ce texte provocateur, Mme Du Noyer ose, comble d'audace, analyser la condition féminine sous son angle alors le moins glorifié : celui des droits de la mère. Sa campagne demeure sans précédent comme sans postérité jusqu'aux années 1750. Elle s'élève contre la pratique qui consistait à envoyer les femmes de la religion prétendue réformée au couvent pour les obliger à abjurer, et elle dénonce l'article VIII de la révocation de l'édit de Nantes interdisant aux mères protestantes de disposer librement de leurs enfants. Afin de briser l'obstination des parents réfractaires, il était prescrit que tous les enfants nés de parents protestants fussent « élevés en religion catholique ». En janvier 1686, par un arrêt du Conseil, le roi ordonna que tous les enfants âgés de cinq à seize ans de « parents malheureusement encore engagés dans l'hérésie » fussent enlevés à leur famille pour être confiés à leurs plus proches parents catholiques. Mais, au droit naturel invoqué par son mari dans la lettre qu'il lui envoya après sa fuite en 1701 (« Vous savez de plus que par le droit de nature que Dieu a établi, les enfants appartiennent au père [...]. C'est un vol que vous m'avez fait »), Mme Du Noyer oppose un droit qu'elle considère plus sacré encore, celui de la mère. Elle remet en question l'origine et la légitimité du pouvoir paternel, introduisant la notion d'un contrat naturel et fondateur entre les membres de la famille, affirmant que comptent, avant tout, la liberté et l'autonomie de l'individu : « Car j'aurais été au désespoir de la contraindre dans une chose qui doit être libre et où chacun est pour soi », écrit-elle à propos de sa fille aînée lors de leur départ en exil.

Connaissant bien son lectorat, essentiellement français, et demeurant à l'écoute de ces lecteurs « qu'il ne faut pas fatiguer », elle veut « informer, toucher et divertir ». Elle sait également que ses *Mémoires* « pourront être lus ailleurs qu'à La Haye et faire un peu plus de chemin ». Pour cette mémorialiste indépendante et irrévérencieuse, peu soucieuse des codes en vigueur, son œuvre est tout d'abord un plaidoyer pour elle-même afin de se déculpabiliser et de rétablir sa réputation. Comme Mme de Villedieu, Hortense Mancini ou Mme de Murat, elle veut faire taire la calomnie. Sa « propre expérience » s'oppose à l'histoire officielle : « Je ne suis pas assez savante dans l'Histoire pour savoir toutes les circonstances », reconnaît-elle, mais son histoire personnelle lui offre un alibi pour exposer sa vérité. Chose inouïe, dans sa conclusion, elle fait alors le point sur tous ceux qu'elle « démasque » et fustige de leur vivant : Cavalier, le « Barrabas » — qu'elle se « donne la peine d'immortaliser d'une manière aussi odieuse » — , les « faux frères », ces réfugiés envieux et mal intentionnés, puis, en dernier lieu, les « émissaires de la France », ces espions de Louis XIV qui sèment la discorde au sein de la communauté réfugiée « en les obligeant à se déchirer impitoyablement ». Elle passe au crible la notion de pouvoir, la passion amoureuse, les liens familiaux, la fausse dévotion. Pour elle, tout est asservi à l'ambition et au gain. Mais l'écriture des *Mémoires* est aussi une entreprise financière. Souvent à court d'argent et forcée d'emprunter, cette gazetière mémorialiste, héroïne-narratrice de son propre texte, qui gagne sa vie de sa plume, a recours à tous les subterfuges, même aux confidences les plus scandaleuses, pour assurer le succès financier de son livre.

*

Les *Mémoires*, dont la rédaction s'étendit de 1703 à 1710, retracent approximativement la période de 1663 à 1710. Dans l'exemplaire de l'édition intégrale parue chez Pierre Marteau que nous avons consultée, les trois derniers tomes datent de 1710 (première édition ni revue ni corrigée), et les deux premiers de 1711 (seconde édition, revue, corrigée et augmentée). Chaque tome comporte un très beau frontispice de G. Schouten et une épître dédicatoire adressée à un haut personnage de la religion réformée[1]. Les deux premiers tomes furent réédités à plusieurs reprises au XVIIIe siècle, à la suite des *Lettres historiques et galantes*[2]. L'édition de référence comporte neuf volumes en huit tomes[3].

En 1910, Arnelle [Mme de La Clauzade] reconstitue les *Mémoires* de Mme Du Noyer à la lumière des *Mémoires* de M. Du Noyer et des *Lettres historiques et galantes*. Elle ne donne qu'un résumé des deux premiers tomes qui, selon elle, présentent peu d'intérêt romanesque, et se concentre sur les trois derniers, moins bien connus, mais qui mettent en scène les amours, les aventures et les mariages des filles de Mme Du Noyer (Anne-Marguerite Constantin et Olympe de Winterfelt). Arnelle valorise le récit anecdotique, parfois grivois, des relations d'Olympe avec Jean Cavalier et surtout avec François-Marie Arouet (Voltaire). Cependant, l'édition originale des *Mémoires* de 1710-1711 ne mentionne jamais Voltaire, qui n'entra dans la vie de Pimpette qu'en 1713[4]. Les seuls indices laissés par Mme Du Noyer permettant de supposer l'idylle de Pimpette (jamais nommée) et de « M. A*** » se trouvent uniquement dans les *Lettres historiques et galantes*.

En 1999, Régine Reynolds-Cornell tente, elle aussi, d'interpréter les *Mémoires* de Mme Du Noyer et de reconstruire sa vie à l'aide

---

1. Dans le premier tome se trouve insérée une lettre caustique adressée à Jacques Bernard en réponse à la critique qu'il avait faite des deux premiers tomes des *Mémoires* dans la *Nouvelle de la République des lettres*. Cependant, ce n'est que dans l'avant-propos du tome III que se trouve le texte de Bernard ainsi que deux lettres provenant d'admirateurs enthousiastes (M. Le V*** et Maximilien Misson), de même que le paragraphe souhaitant la bonne réception du troisième tome.
2. Les deux premiers tomes furent réédités à plusieurs reprises au XVIIIe siècle, à la suite des *Lettres historiques et galantes*, mais généralement sans le texte de Jacques Bernard, ni la réponse mordante de Mme Du Noyer, pas plus que les deux lettres dithyrambiques.
3. Cet exemplaire est constitué des *Lettres historiques et galantes par Mme C*** [Du Noyer], des *Mémoires* de M. Du N***, du *Mariage précipité* — comédie satirique du mariage de sa fille cadette qui n'est pas de sa plume — et seulement les deux premiers tomes des *Mémoires* de Mme Du Noyer, Londres, Nourse et Vaillant, 1757. Un très bel exemplaire de cette édition avec une reliure en veau marbré aux armes de Marie-Antoinette existe à la BNF. L'édition de 1757 fut rééditée chez Pierre Husson en 1761, puis à Paris et à Avignon chez F. Séguier en 1790.
4. Les lettres de Voltaire à Pimpette et l'unique lettre de Pimpette datent de 1713. Voir *The Complete Works of Voltaire*, éd. de Théodore Besterman, Genève, Institut et musée Voltaire ; Toronto, University of Toronto Press, 1968, vol. 89, p. 17.

des *Mémoires* de son mari, des *Lettres historiques et galantes*, de l'œuvre d'Arnelle et des *Œuvres meslées* [1] de Mme Du Noyer. Mais bien des aspects de la biographie de Mme Du Noyer restent dans l'ombre.

Pour la présente édition de ces *Mémoires*, qui pour la première fois tient compte des cinq tomes, mais qui n'est pas intégrale, nous nous sommes servis de l'édition complète parue chez Pierre Marteau en 1710-1711 En raison de l'ampleur de l'ouvrage, où l'intrigue principale est entrecoupée d'anecdotes, de digressions et de péripéties qui introduisent quantité de personnages et de citations bibliques, nous avons dû procéder à des coupures. Nous avons ainsi supprimé certaines de ces « superfluités » dont a parlé Ternisien d'Haudricourt [2]. Le texte a été divisé en chapitres et des résumés ainsi que des notes explicatives ont été ajoutés pour faciliter la lecture [3]. Nous avons tenu à conserver le rythme de ce texte marqué par l'oralité [4]. Notre désir était de livrer au public cette

---

1. Dans son épître dédicatoire à son excellence M. Hensius, conseiller et grand pensionnaire de Hollande, elle y marque un appel urgent de protection, « dans un temps où j'en ai plus besoin que jamais ».
2. *Femmes célèbres de toutes les nations : Mme Du Noyer*, Paris, Gattey, 1788, p. 1061. Mini-biographie de Mme Du Noyer, avec des erreurs, établie d'après les deux premiers volumes de ses *Mémoires* et des *Mémoires* de son mari.
3. Tome I (chapitres I et II); tome II (chapitres III et IV); tome III (chapitres V, VI et VII); tome IV (chapitres VIII et IX); et tome V (chapitres X et XI).
4. Étant donné que cette œuvre n'a pas été rééditée depuis le XVIIIe siècle, nous en avons modernisé l'orthographe. Nous avons actualisé certains termes désuets de la langue et corrigé de nombreuses erreurs de typographie ou coquilles, surtout présentes dans les trois derniers tomes. Les expressions idiomatiques de l'époque ont été maintenues, ainsi que l'usage du « la », dans des expressions comme « je la fus », qui nous paraît tout à fait intéressant sur le plan de l'histoire de la langue. Cette pratique grammaticale était propre à de nombreuses femmes de l'époque. Nous avons aussi homogénéisé la graphie des noms propres et des noms de lieux qui en ont parfois plusieurs (Brolas/Brocas, Béringhen/Béringand, père de La Chaise/père de La Chaize/père La Chaise). En raison de la multitude de personnages cités dans le texte, il n'était pas possible de les identifier tous; nous n'avons identifié que les plus importants. Dans la mesure du possible, nous avons conservé la longueur des phrases, qui dénote le rythme parlé, mais en insérant des pauses de ponctuation. Toutes les notes ajoutées par l'auteur avec des astérisques ont été maintenues (en bas de page). Lorsque nous avons suppléé à ses notes, nous l'avons fait en ajoutant nos commentaires entre crochets. Le lecteur trouvera en outre, à la fin du volume nos propres notes et références. Nous avons aussi conservé et identifié les citations bibliques, essentielles à la compréhension du texte et de son héroïne-mémorialiste.

œuvre de longue haleine, méconnue mais déterminante, à la fois dans l'évolution du genre des *Mémoires* et en tant que témoignage littéraire d'une crise historique : celle de la diaspora protestante. L'œuvre de Mme Du Noyer met bien en valeur cet épisode mal connu de l'histoire de France illustré par des femmes « prodiges de courage » auxquelles Jurieu rendit hommage.

HENRIETTE GOLDWYN

Mémoires de Madame Du Noyer

CHAPITRE Ier [1]

Une enfance mouvementée – Séjour à Orange – Mort de l'oncle Saporta – Retour à Nîmes et rencontre avec M. Duquesne – Mort du père – Affaire d'héritage – L'oncle Petit et la tante Laval – Dissensions entre les ministres de Nîmes – Les dragonnades-Première évasion (janvier 1686).

J'ai toujours été de l'avis de ceux qui disent que la femme la plus estimée, ou pour mieux dire la plus estimable, est celle dont on parle le moins. Cette raison m'empêcherait sans doute de me donner en spectacle au public, si je ne me croyais obligée en conscience de donner une juste idée de moi dans un temps où la calomnie tâche de défigurer les gens. C'est donc par vérité, et non par vanité, que j'entreprends d'écrire ces mémoires. Je demande à ceux qui les liront de l'indulgence pour mes faiblesses, de la compassion pour mes malheurs et de la confiance pour tout ce que j'avancerai, puisque mon intention est d'accuser juste sur toutes choses.

Je ne m'amuserai point à faire ma généalogie, quoique que je puisse me faire honneur de mes ancêtres. Je me contenterai de dire que je suis née à Nîmes, ville célèbre par son ancienneté, par le séjour des romains et par les monuments magnifiques qu'ils y ont laissés. Mon père, qu'on appelait M. Petit [2], était un bon gentilhomme de ce pays-là, qui, sans avoir de grandes richesses et à l'abri de l'indigence, vivait commodément de son revenu. Il épousa en 1661 ma mère, qui était de même nom et de même famille que ce fameux confesseur [3] de Henri IV, dont le neveu [4] remplit aujourd'hui la place auprès de Louis XIV. Elle était de Montpellier et elle tenait par sa mère à tout ce qu'il y avait de familles de considération dans cette ville. Peu de temps après son mariage, elle accoucha d'un fils qui était sorti du monde avant que j'y fusse entrée, et elle perdit elle-même le jour bientôt après me l'avoir donné. Mais en mourant, elle me recommanda à Mme Saporta [5], sa sœur, qui était la personne la plus accomplie de son temps. Elle joignait à une grande beauté, à un esprit et un génie supérieurs un cœur et des sentiments héroïques ; en un mot, une vertu et une piété exemplaires. De sorte que toutes ces qualités lui attirèrent l'estime et la vénération de toute notre province, ce qui était soutenu par de grands biens. Cette illustre personne, qui aurait été propre à élever une reine, m'adopta pour sa fille dès que ma mère fut morte et se donna le soin de mon éducation, ce qui est matière de confusion pour moi ; et je dois avouer à ma honte qu'il n'a tenu qu'à moi d'être quelque chose de bon. Mon enfance fit même beaucoup de bruit, car j'étais si bien sifflée qu'avec un peu de mémoire et de vivacité, je disais des choses au-dessus de mon âge et je passais pour un petit prodige. Ma tante, qui n'avait jamais eu d'enfants et qui avait aimé tendrement ma mère, me regarda d'abord comme sa fille, et son mari qui entrait dans tous ses sentiments n'hésita pas un moment à me destiner tout son bien. Il résolut pour cet effet de me marier avec le fils d'un gentilhomme de ses parents, nommé M. de C***, qui avait de très belles terres dans notre voisinage. Toutes les mesures furent prises, quoique fort à l'avance, pour mon mariage, et l'on me voyait croître avec impatience pour en hâter la conclusion. Mais ma mauvaise étoile y mit bon ordre. Le mari de ma tante, après avoir vendu des charges qu'il avait exercées longtemps avec honneur, ne songeait plus qu'à vivre en repos. Dans cet esprit, il avait résolu d'acheter quelque belle terre dans le voisinage de mon futur beau-père qui, charmé de ce dessein, cherchait de tous côtés quelque chose qui pût lui convenir. Mais comme on voulait y employer une somme considérable et que de pareils marchés ne se font point à l'étourdi, mon oncle, qui était obligé d'aller à Paris, laissa l'argent qu'il destinait à cette acquisition chez des marchands, renvoyant à son retour la conclusion du marché.

Lorsqu'il fut à Paris, on le mena dans une maison de considération où on l'engagea à jouer avec des fripons et où le bonhomme, qui n'avait garde de les soupçonner, perdit jusqu'à son dernier sou. Dans cette rencontre, il lui arriva ce qui arrive à la plupart des gens qui sont en malheur : ils attendent un heureux retour, ils ne demandent qu'à jouer, animés de l'espoir flatteur de se refaire, mais ils se plongent insensiblement dans des pertes irréparables. C'est ce dont mon oncle fit une triste expérience. Croyant rattraper son argent, il joua sur sa parole beaucoup, et pour surcroît d'infortune, il fit des billets aux coquins qui l'avaient dépouillé, dont il eut sujet de se repentir dans les suites. Après avoir été ainsi plumé, il partit pour la province, fort mécontent de son aventure et, persuadé qu'il avait été dupé, il se consolait pourtant de cette perte lorsqu'il songeait qu'il lui restait encore assez d'argent pour acheter les belles terres dont nous avons parlé et pour passer en repos le reste de ses jours. Mais il trouva bien à décompter à son retour, lorsque, après avoir dit à sa femme le malheur qui lui était arrivé et qu'elle l'eût écouté avec fermeté, elle lui annonça la perte de tout son argent que la banqueroute des marchands auxquels on l'avait confié venait de leur emporter sans ressource [...].

On trouva à propos, de peur de quelque autre avanie, que M. Saporta mît sa personne en sûreté et qu'il se retirât à Orange [6]. Il n'était point de cet avis : il voulait au contraire prouver la friponnerie qu'on lui avait faite et faire punir ces filous. Mais on lui fit comprendre qu'il pourrait le faire tout de même étant à Orange ; ainsi on le détermina à prendre le parti le plus sûr. Ce fut un peu avant la guerre de soixante et douze [7] qu'il se retira dans ce petit État. Sa vertueuse femme l'y suivit. Elle ramassa ce qu'elle put du débris de sa fortune et, ne pouvant se résoudre à me quitter, elle résolut de m'amener avec elle. Mais elle y trouva de la difficulté. Mon père, qui était convaincu de la tendresse qu'elle avait pour moi et qui lui devait quelque somme, lui demanda d'une manière résolue à m'avoir auprès de lui. Mme Saporta en parut inconsolable. Cependant, par l'entremise de M. de Vestric Baudan [8], l'un de ses fidèles amis, l'affaire fut accommodée d'une manière assez particulière. Ma tante acquitta mon père de ce qu'il lui devait, et mon père me donna à ma tante, qui se chargea de me nourrir et de m'entretenir toute sa vie à ses propres frais, à condition que mon père ne songerait plus à me retirer de ses mains. M. Saurin, fameux avocat de notre ville, père du ministre [9] qu'on admire ici, dressa la minute de ce contrat qui est, je crois, l'unique en son espèce, et qui a été fort bien exécuté. Cela étant ainsi réglé, je fus portée à Orange.

Il n'est pas nécessaire que je dise que toutes les mesures qu'on avait prises pour mon mariage furent rompues, car comme ce projet n'avait été bâti que sur la fortune de M. Saporta, il s'évanouit par conséquent avec elle. Je ne pouvais donc plus attendre de ma tante que des soins remplis de tendresse et qu'une bonne éducation. Ce fut aussi à quoi elle s'attacha. L'on conçoit sans peine que je n'étais point en âge de sentir le renversement de ma condition. Je me voyais toujours élevée avec le même soin, et je n'étais sensible qu'aux caresses ou qu'aux applaudissements que je recevais de toutes parts. Orange était dans ce temps-là un séjour enchanté. Ses habitants étaient polis, sa domination douce. Le mérite de ma tante y fut d'abord reconnu. Chacun avait de l'empressement pour elle. On l'estimait, on l'aimait, et je lui ai souvent ouï dire qu'au milieu de sa plus grande fortune et dans le sein de sa patrie, elle n'avait point été avec plus d'agrément que dans cette terre étrangère.

Elle se lia d'amitié avec Mme et M. Berkhofer, qui commandait pour le prince [10] dans ce pays-là. C'était un homme d'un grand mérite et d'une grande piété. Un jour qu'il parlait avec Mme Saporta de la félicité des habitants d'Orange, qui, exempts des tailles et des subsides, vivaient, comme dit l'Écriture, chacun sous sa vigne et sous son figuier [11], il lui dit qu'il craignait quelque fâcheuse révolution pour ce peuple qu'il ne croyait pas assez reconnaissant des grâces qu'il recevait du ciel. Son pronostic ne se trouva que trop véritable, puisque, peu de temps après, les États de Hollande ayant confisqué Bergen-op-Zom, terre de M. le comte d'Auvergne [12], le roi de France pour le dédommager lui donna par représailles la principauté d'Orange [...]. Ce fut alors qu'on vit expirer la liberté d'Orange, de laquelle cette ville n'a plus joui depuis ce temps-là qu'après la paix de Ryswick [13]; encore a-ce été pour si peu de temps que ce n'est presque pas la peine d'en parler.

Mais, laissant à M. de Chambrun [14] le soin de décrire les malheurs de son pays, je reviens à ce qui me regarde.

Mme Saporta, également considérée sous cette nouvelle domination, ne songeait qu'à servir Dieu, à adoucir par ses bonnes manières les ennuis de son mari et à travailler par ses soins à faire de moi un petit chef-d'œuvre. Elle avait la satisfaction de voir que le succès répondait à ses espérances, car comme j'étais son écho, je ne disais que de jolies choses, et tout le monde m'admirait. M. de Béringhen [15], qui voyageait dans ce temps-là, étant venu à Orange pour voir ce fameux arc de triomphe qui fut élevé en l'honneur de Caïus Marius [16] lorsqu'il revint de la défaite des Cimbres et qui est digne de la curiosité des étrangers ; M. de Béringhen, dis-je, après avoir examiné ce monument de l'antiquité, vint dans la maison de M. Saporta pour voir la nouveauté dont on lui avait dit des merveilles et en sortit aussi charmé de mes gentillesses que du mérite de Mme Saporta. Elle me fit réciter des vers devant lui, des sermons de M. Gaches [17], son intime ami, parler de théologie et de controverses ; en un mot, de mille autres choses, de sorte qu'il s'en alla fort satisfait. Depuis ce temps-là, il a été conseiller au parlement de Paris, et il est présentement réfugié à La Haye. Il ne se souvient pourtant point, s'il faut l'en croire, de m'avoir jamais vue ni entendue. Après cela, M. Saporta devint fort infirme et malgré les soins assidus de sa femme, il tomba dans une langueur qui le conduisit au tombeau six ans après sa retraite à Orange [...].

Quelque temps avant la mort de M. Saporta, Mme la grande-duchesse de Toscane [18] passa par Orange. Elle venait d'Italie pour se retirer en France. On a fort raisonné pour deviner la cause de sa retraite, et je crois que peu de gens ont raisonné juste là-dessus. Quoi qu'il en soit, dès qu'elle fut sur les terres de France, on lui rendit les honneurs dus à une princesse de son rang, et la ville d'Orange fit son devoir. Elle logea dans le faubourg et ne voulut voir personne le soir de son arrivée, mais le lendemain il lui fallut essuyer les harangues de tous les corps. Comme j'étais naturellement fort curieuse, je me levai dès l'aurore et je priai tant Mme Saporta qu'enfin j'en obtins, avec beaucoup de peine, la permission d'aller avec d'autres petites personnes de mon âge dans la rue où la princesse devait passer pour aller à la messe. Dès que j'eus cette permission, au lieu d'attendre la princesse sur son passage, je marchai avec ma petite troupe jusqu'à la porte de son logis. Là, nous demandâmes à entrer, mais les gardes, fort peu courtois, après nous avoir ri au nez, nous fermèrent la porte sans compliment. Ces difficultés rebutèrent mes petites compagnes ; elles s'en allèrent toutes, et je restai seule à la porte. Dès qu'on l'ouvrit, je renouvelai mes instances. Enfin, un garde, touché de ma persévérance, me prit par la main et, après avoir refermé la porte de peur que quelqu'un ne me suivît (car il avait ordre de ne laisser entrer personne), il me mena dans la chambre des filles d'honneur de la princesse. Il y en avait quatre que je trouvai assises sur un lit, qui déjeunaient avec du beurre d'Avignon. Le garde leur conta tous les efforts que j'avais faits pour entrer. Ces dames me firent mille caresses et voulurent m'obliger à déjeuner avec elles. Mais tout cela ne m'accommodait point ; je ne voulais que voir la princesse. Enfin, une de ces dames, connaissant mon impatience, me mena dans la chambre de la grande-duchesse. D'abord, elle lui demanda pardon de la liberté qu'elle prenait de me présenter : « Mais, madame, lui dit-elle, cette petite personne nous a marqué une si grande passion de voir Votre Altesse que je crois qu'elle serait morte de douleur si on lui en avait refusé la permission. » [...]

La dame qui m'avait présentée me demanda si ma curiosité était satisfaite, et la réponse que je lui fis obligea la princesse à me faire des questions. Elle me demanda mon nom, mon âge et mille autres choses de cette nature. Le hasard fit qu'elle fut contente de mes réponses. Je remarquai même qu'elle avait quelque plaisir à causer avec moi, et il me parut qu'elle fut fâchée lorsqu'on vint annoncer que M. de Labières, président, venait la complimenter à la tête du parlement. Elle donna ordre qu'on me fît présent d'une pleine corbeille de confitures qui était sur sa table. On me les mit dans un tablier, et la dame qui m'avait présentée m'engagea avec ses compagnes à suivre la princesse à l'église. J'y fus donc avec elles. Mais, lorsque j'entendis la petite clochette qui précède l'élévation de l'hostie, voyant que la princesse, aussi bien que sa suite, était dans un profond recueillement, je pris mon temps pour m'évader. On m'avait élevée avec un si grand éloignement pour tous les mystères de la religion romaine que j'avais senti de l'horreur de m'être trouvée à la messe. Je courus vite au logis où je trouvai Mme Saporta fort inquiète de ce que je tardais tant à revenir. Elle s'était repentie de la permission qu'elle m'avait donnée et, lorsque je lui contai mon aventure, elle aurait eu peine à y ajouter foi si elle n'avait su que je n'étais point accoutumée à mentir, et si les confitures, sous le poids desquelles mon tablier rompait, n'eussent déposé en ma faveur.

Cependant la princesse demanda ce que j'étais devenue. Tout ce qu'elle put en apprendre fut que j'avais disparu à l'église. Cela lui fit de la peine et, lorsque M. de Labières vint pour la voir dîner, elle le pria de me demander à mes parents. Elle lui dit qu'elle avait dessein de me donner à la reine et de faire par là ma fortune. M. de Labières lui répondit qu'il ne croyait pas que mes parents voulussent consentir à mon éloignement parce que je leur étais fort chère, et que d'ailleurs il étaient si bons protestants qu'il ne serait pas plus malaisé de tirer une personne de Genève qu'il le serait de m'arracher de leurs mains. La princesse insista encore, mais inutilement. M. de Labières avait fort bien expliqué les sentiments de Mme Saporta. Mme la grande-duchesse partit sans moi. Ce qu'il y a de surprenant, c'est qu'elle ne m'a jamais oubliée, car lorsque je fus la voir à Saint-Mandé, plus de quinze ans après, elle me fit mille caresses, quoiqu'elle n'eût plus ouï parler de moi depuis Orange. D'ailleurs, elle m'a donné de sensibles marques de sa bienveillance pendant tout le séjour que j'ai fait à Paris. Lorsqu'elle me voyait au Palais-Royal (ce qui arrivait souvent), elle me témoignait mille bontés, aussi bien qu'à mes filles, et ne cessait de parler avantageusement à Monsieur [19] de mon enfance et de la belle passion qu'elle avait prise pour moi la première fois qu'elle m'avait vue. Il y a apparence que cette princesse a la mémoire plus heureuse que M. de Béringhen.

Mais, pour revenir à mon sujet, M. Saporta étant mort, sa femme se trouva bien embarrassée. La longue maladie de feu son époux l'avait épuisée, si bien qu'elle ne savait presque que devenir

[...]. Nous partîmes donc d'Orange et nous fûmes d'abord à Nîmes, où je trouvai une sœur de mon père qu'on appelait Mlle Laval. Elle était veuve, sans enfants et maîtresse dans la maison. Lorsque je vis mon père, il me prit en particulier et, après m'avoir assise sur ses genoux, il me dit qu'il n'était point content de cette sœur, qu'il voulait lui ôter la direction de sa maison et que, comme je commençais à devenir raisonnable, il fallait que je vinsse en prendre le soin puisque cela me regardait uniquement ; que pour lui, comme il avait promis de me laisser entre les mains de Mme Saporta, il ne voulait pas m'en retirer, mais qu'il souhaitait que je demandasse moi-même à en sortir pour venir auprès de lui ; que si je voulais faire ce qu'il me proposait, il me chérirait tendrement, sinon qu'il me regarderait comme une étrangère et que j'aurais lieu de me repentir, puisque Mme Saporta n'avait plus d'héritage à me laisser. Je lui répondis avec fermeté qu'il était le maître de ma personne, mais que s'il me laissait la liberté d'en disposer, j'aimerais encore mieux risquer de perdre son amitié que son estime, de laquelle je me rendrais entièrement indigne si j'abandonnais Mme Saporta dans son adversité et dans un temps où elle devait attendre quelque retour pour tous les soins qu'elle avait pris de moi pendant mon enfance. Mon père ne se rebuta pas pour cette réponse, à laquelle il ne s'était pourtant point attendu. Mais croyant qu'à mon âge je ne pourrais pas tenir contre l'envie d'aller à Paris, il me promit de m'y mener et de me mettre en pension chez son frère qui y était établi, avec le fils duquel il avait dessein de me marier. Tout cela ne fut pas capable d'ébranler ma résolution. Mon père en parut mécontent et depuis ce temps-là, il me témoigna beaucoup de froideur. Bien des gens louèrent mes sentiments, Mme Saporta m'en sut bon gré [...].

Cependant, on songea à me marier. M. B***, fils d'un de ces fidèles amis de Mme Saporta, fut un des premiers qu'on eut envie, mais cela n'eut pas de suites, parce que j'étais fort jeune et qu'avant qu'on eût le temps d'y réfléchir, une veuve belle et blonde de ses parentes, charmée de son mérite, fit connaître les sentiments qu'elle avait pour lui et l'engagea à s'attacher à elle. Après cela, on proposa M. de Saint-Félix, proche parent de M. le comte du Roure, lieutenant général de notre province. Ce gentilhomme avait une mère qui était amie de Mme Saporta et qui m'aimait beaucoup. On parla longtemps de cette affaire, et l'on en demeura là. Mes parents n'aimaient point trop la conclusion. On écoutait tout, et l'on ne se déterminait à rien. Les malheurs dont l'Église était menacée faisaient qu'on ne songeait guère à des noces. On abattait tous les jours quelque temple par arrêt du parlement. Nîmes tremblait pour le sien, après avoir vu tomber ceux de ses voisins. Ainsi l'on ne songeait qu'à prendre le sac et la cendre [20], et à célébrer des jeûnes pour désarmer la colère du ciel. Ce fut dans un de ces jours de solennité qu'on vit entrer dans notre église un étranger bien mis et de bonne mine. Il se plaça vis-à-vis de moi et lorsque je fus de retour au logis, on me dit que cet étranger si bien fait était le fils de mon oncle Petit de Paris. Je courus d'abord chez mon père pour en savoir la vérité. J'y trouvai l'étranger qui, au lieu d'être le fils de mon oncle comme on me l'avait d'abord dit, était le fils de sa femme [M. Duquesne] [21].

J'avais deux oncles à Paris, l'un frère de mon père [22] et l'autre de ma mère [23], mais avec cette différence que ce dernier était un vieux garçon qui me destinait tout son bien et que le premier, ayant beaucoup d'enfants, me regardait comme de trop dans la famille dont, sans moi, il aurait été l'héritier après la mort de mon père, qui était son frère aîné [...]. On vit arriver à Nîmes mon oncle Petit, sa femme, quatre enfants, et tout leur domestique. L'on n'a jamais bien su ce qui les avait obligés à venir faire cette entrée de ballet dans un lieu où ils n'avaient ni biens ni affaires. Mon oncle disait que la maladie du pays l'avait pris, et d'autres prétendaient que la diminution de son bien et de son crédit l'avaient déterminé à prendre ce parti [...]. Mon père les reçut tous dans sa maison, qui était l'auberge de toute la famille et dans laquelle, par un renversement assez étrange, j'étais moi seule regardée comme étrangère qui serait venue au monde fort mal à propos pour ôter la succession du bien de la famille à cet oncle Petit, qui était homme fort habile à succéder. On avait compté pendant mon enfance que je ne lui ferais pas longtemps obstacle et, quand on vit que ma santé se fortifiait, on résolut pour concilier les choses de me marier à son fils. Ma tante Laval, cette sœur de mon père qui s'était impatronisée dans la maison, ne souhaitait rien tant au monde que d'en voir passer tout le bien entre les mains de son frère cadet, d'une manière ou d'autre. Ainsi, elle opinait fort pour ce mariage. Mais j'avoue que cette grande proximité me faisait de la peine. Mon père même, qui avait d'abord donné là-dedans, s'en fit dans les suites un scrupule, et toutes ses vues tournèrent du côté de M. Duquesne qui avait bien gagné son cœur dans le voyage qu'il avait fait à Nîmes. Je ne me sentis pas le même éloignement pour cette affaire. M. Duquesne était très bien fait, portait un nom fort à la mode et était en beau chemin pour s'avancer. Ainsi autorisée par l'inclination de mon père, je ne songeai point à combattre celle que j'avais pour ce cavalier.

Pendant que les choses étaient en ces termes, mon père tomba malade et, n'ayant pas voulu d'abord remédier à son mal, il le rendit bientôt incurable. Dès qu'on s'aperçut du danger où il était, on tâcha de m'éloigner le plus que l'on put de la maison. Un soir que j'y étais allée pour veiller mon père, mon oncle me dit qu'il se trouvait beaucoup mieux, qu'il dormait profondément et qu'il avait donné ordre que personne n'entrât dans sa chambre ; qu'ainsi il me conseillait de m'en retourner chez Mme Saporta et de me réserver pour une autre nuit. Il me dit cela avec tant d'autorité et avec un si grand air de franchise que je n'osais insister. Mais je m'aperçus le lendemain que j'en avais été la dupe. Car mon oncle Petit vint m'annoncer lui-même que mon père avait fait son testament : « Ma nièce, me dit-il, votre père s'éveilla hier au soir un peu après que vous fûtes partie et nous demanda un notaire. Il vous a fait son héritière universelle. Il est vrai, ajouta-t-il en baissant la voix, qu'il a fait une substitution en ma faveur, au cas que vous veniez à mourir sans enfants, et je ne crois pas que vous deviez être fâchée puisque, si le cas arrivait, vous n'auriez rien de plus proche que mes enfants. — Cela étant, lui dis-je, mon oncle, vous pouviez me laisser la liberté d'en disposer et de m'en faire un mérite auprès d'eux. Mais vous êtes le maître, et je n'ai rien à dire. »

Je fus, après cela, chez mon père avec Mme Saporta, et nous

trouvâmes un notaire qui tournoyait autour de la chambre et qui marquait vouloir se cacher. Mme Saporta demanda ce que cela voulait dire : on ne lui répondit pas juste. Mais enfin, comme elle ne partait point de là, mon oncle lui dit : « Madame, mon frère a une petite partie sur la communauté de Saint-Gilles dont on lui a volé l'obligation, et mes amis ont jugé à propos qu'il donnât cette somme à quelque personne de crédit qui pût en tirer parti. Ainsi mon frère veut la donner à ma fille aînée, et le notaire est là pour en dresser un codicille. » Madame Saporta lui répondit : « Monsieur, vous auriez pu employer ce crédit, que vous croyez avoir, pour votre nièce tout comme pour votre fille. » Pour moi, je ne dis pas un seul mot : je vis signer cet acte par mon père. Ma cousine l'en vint remercier en ma présence sans que je fisse paraître le moindre mécontentement et, malgré tout cela, on tâchait de faire entendre à mon père que je ne serais pas fâchée de sa mort. Je crois même qu'on lui en avait persuadé quelque chose, car il me dit un jour : « Vous serez bien aise dans peu de temps d'être une héritière. » Je fus si touchée de ce reproche que je ne pus retenir mes larmes, et ma tante Laval, qui ne cherchait qu'un prétexte, me prit par les épaules et me jeta hors de la chambre.

C'était un caractère de femme assez particulier que celui de cette tante. Elle avait le meilleur cœur du monde pour les gens qu'elle aimait, mais comme elle aimait toujours les uns aux dépens des autres, elle faisait du bien et du mal en même temps. C'est ce que j'ai éprouvé. Elle aurait pu vivre en repos, étant veuve, sans enfants, avec du bien. Mais cette envie de régenter et certain air de domination qu'elle voulait usurper dans la famille la rendaient souvent mécontente et lui faisaient toujours faire des mécontents. J'étais pour lors la partie souffrante, et elle me fit tout du pis qu'elle put. Cependant, le mal de mon père empirait tous les jours et comme dans ce temps-là on était obligé de déclarer devant un commissaire de quelle religion on voulait mourir, M. Séguier, évêque de Nîmes, et M. de La Beaume, conseiller, vinrent chez mon père pour recevoir sa déclaration. Mon père la fit d'une manière fort édifiante, et M. de La Beaume, qui était de ses amis, lui dit en s'en allant : « Eh bien, puisque vous ne voulez pas vous faire bon catholique, dépêchez-vous de reguérir afin que nous puissions boire ensemble. » Il n'y avait pourtant pas lieu de l'espérer, et mon père savait bien à quoi s'en tenir. On peut dire que jamais homme n'a attendu et reçu la mort avec plus de constance, et qu'il mourut en héros chrétien. Quand on voulait lui donner des cordiaux, il se moquait de tous ces soins et disait en souriant : « À quoi bon tout cela ? Un quart d'heure plus tôt ou plus tard, ce n'est pas la peine de se tant fatiguer. » Un instant avant de mourir, il demanda un verre d'eau et dit à son frère en latin : « Voici le dernier que je boirai. » Il me fit des exhortations fort touchantes, il me donna tendrement sa bénédiction et témoigna du regret de n'avoir pu, avant de mourir, me marier avec M. Duquesne. Et, recommandant fort qu'on eût soin d'achever cette affaire, il expira sans agonie, parlant toujours avec la même liberté d'esprit. Il était dans sa soixante-troisième année : il y en avait quatorze qu'il était veuf. Cette perte me toucha vivement, mais, après avoir donné ce que je devais aux sentiments de la nature, je me consolai, non pas parce que j'allais être un peu plus à mon aise, mais dans la vue de rendre à Mme Saporta le retour de tout ce qu'elle avait fait pour moi.

En effet, après avoir été quatorze ans dans sa maison, j'eus la satisfaction de la voir à mon tour dans la mienne et de la rendre maîtresse de tout ce que j'avais. Je déclarai d'abord à mes fermiers que c'était à elle et non pas à moi à qui ils devaient rendre compte. Cependant, mon oncle Petit, qui était dépositaire du testament de mon père, le fit ouvrir pour rendre sa substitution authentique. Il fit faire un inventaire de tous les effets, et l'on vit dans cette occasion le pouvoir que l'intérêt a sur les hommes. Ma tante Laval, qui me voyait à regret chez moi, ne songeait qu'à me traverser. Mais enfin, après avoir essuyé bien des avanies, je restai paisible dans la succession de mon père, que le sang et sa volonté me donnaient. Cette substitution me bridait un peu parce qu'elle m'empêchait de vendre mon bien et me faisait manquer par là des établissements avantageux, car il y a des maisons que l'argent comptant accommode mieux que du bien en fonds. Mais mon oncle Petit n'était pas fâché de cela. Il n'avait pas trop d'envie que je me mariasse et, quoiqu'il fît mine de donner dans l'affaire de M. Duquesne, son intérêt et celui de ses enfants faisaient qu'il ne le souhaitait point. Mais M. Duquesne n'était point de cet avis. Il vint à Nîmes peu de temps après la mort de mon père, dans le dessein de profiter des bonnes intentions qu'il avait eues pour lui. Mais il ne put pas faire un long séjour dans cette ville. Le roi le fit capitaine d'une galiote, et il fallut aller dans cette qualité au bombardement de Gênes, où l'on dit qu'il fit des merveilles [...]. Cependant, mon oncle Petit, qui n'avait plus rien qui l'intéressât en province et qui prévoyait en habile homme les révolutions qui arrivèrent peu de temps après en France, songea dès lors à en sortir [...]. Comme il arriva en Hollande avant toute cette foule de réfugiés qui y sont venus ensuite, il eut le temps d'obtenir des brevets et des pensions, et de se mettre fort à son aise par le moyen de M. Desmarets, qui était parent de sa femme et qui avait tout crédit auprès du prince d'Orange.

Pendant ce temps-là, je passais des jours tranquilles auprès de Mme Saporta : les demoiselles de La Cassagne, filles de ses bons amis, étaient mes amies les plus intimes, notre vie était assez unie et fort douce. Le prêche, quelques visites et les promenades, qui sont enchantées chez nous, en remplissaient une bonne partie. M. Duquesne ne manquait pas de venir à Nîmes dès qu'il pouvait avoir congé, et l'on continuait toujours à parler de notre mariage. Le pauvre garçon n'était plus si beau que lorsqu'il était venu à Nîmes pour la première fois. Des remèdes plus violents que ceux du prieur de Cabrières [24] avaient fait de si fâcheuses impressions sur son visage qu'il n'était pas reconnaissable. Il avait pourtant toujours bonne mine et les meilleures manières du monde. Le changement de sa personne n'en causa point de désavantageux pour lui dans mon cœur. Au contraire, la générosité seconda le penchant que j'avais pour lui ; M. Duquesne paraissait en avoir pour moi, et l'habitude fortifiait cela tous les jours. Ma tante Laval, qui avait été méprisée par mon oncle Petit et par sa femme, en était revenue à moi et avait trouvé dans mon cœur les sentiments qu'elle aurait dû attendre des autres, après tout ce qu'elle avait tâché de faire pour eux à mon préjudice. Ainsi, comme elle avait bien des choses à se reprocher sur mon chapitre, pour réparer le passé, elle se mit en tête d'aider M. Duquesne dans sa recherche qu'elle savait ne m'être pas désagréable. Et elle engagea Mme Saporta à y donner son consentement et à obtenir celui de son frère, qui était essentiel, car cet oncle était en état de me faire du bien. Ainsi le devoir et l'intérêt m'engageaient à le ménager. Comme il aura beaucoup de part dans mon histoire, je crois qu'il est à propos que je fasse ici la sienne en abrégé.

Il était frère unique de Mme Saporta et de ma mère. M. le duc de Châtillon [25], qui se trouva à Montpellier lorsqu'il naquit, voulut être son parrain. Il le fit appeler Gaspard et promit de s'en charger dès qu'on pourrait le lui envoyer à Paris. M. de Châtillon eut bientôt après des affaires qui l'éloignèrent de la cour, et ce fut madame sa femme qui remplit ses obligations, car elle écrivit à Montpellier pour qu'on lui envoyât le filleul de son mari. Ma grand-mère, qui était veuve dans ce temps-là, croyant faire la fortune de cet enfant, le fit mener à Paris où il fut page de Mme de Châtillon. Comme il avait beaucoup d'esprit, il sut bientôt se faire aimer de cette dame qui le faisait élever avec soin ; mais, à peine avait-il atteint sa douzième année qu'un de ses camarades lui ayant fait quelque chose, il voulut vider ce différend l'épée à la main et se tira avec honneur de ce coup d'essai. Mais comme ces sortes d'affaires étaient sévèrement punies [26], il n'osa plus retourner à l'hôtel, et, trouvant des catholiques qui le recueillirent, il se laissa persuader à embrasser la religion romaine pour éviter le châtiment qu'on lui faisait craindre. Cependant, Mme de Châtillon le faisait chercher partout et promettait de lui pardonner. Mais on l'avait si fort intimidé qu'il ne voulut jamais se présenter devant elle. On écrivit tout cela à ma grand-mère, qui en pensa mourir de douleur. Elle fit agir tous ses amis pour tâcher de ramener cet enfant, et enfin M. Le Faucheur, ministre de Charenton, lui fit connaître sa faute. On le renvoya ensuite à Montpellier, et il témoigna à sa mère un grand désir de se faire ministre pour réparer ce qui s'était passé.

Il fut à Montauban pour faire ses études, mais son peu de santé ne lui permit pas de les continuer ni de prendre aucun parti. Ainsi, il se contenta de cultiver l'esprit que Dieu lui avait donné et qui l'a fait briller de longues années à Paris, où il retourna dès qu'il eut quitté Montauban. Il fut d'abord faufilé avec M. Conrart [27], M. de La Bastide [28], M. Pélisson [29] et tout ce qu'il y avait à Paris de beaux esprits. Et je puis dire, sans choquer la modestie, qu'il pouvait bien aller de pair avec eux. Il s'attacha à la maison de Duras, et se lia surtout si fort d'amitié avec M. le maréchal de Lorges [30] que ce seigneur ne pouvait vivre sans lui et ne faisait pas un pas sans le consulter. Ce fut mon oncle qui fit son mariage avec Mlle de Frémond. Enfin, c'était mon oncle qui décidait de toutes les affaires. Il aurait bien voulu empêcher son changement de religion, mais il n'y eut pas moyen. Et mon oncle eut la douleur de voir passer presque toute cette famille dans la communion de Rome. Lorsque Mlle de Duras [31] voulut l'embrasser et qu'elle souhaita une conférence entre M. de Meaux et M. Claude, elle voulut que mon oncle fût présent. C'est ce qu'on peut voir dans les livres que ces deux messieurs ont fait imprimer là-dessus. Mlle de Duras changea de nom en changeant de religion. Elle fut faite dame d'atour de Madame et nommée Mme de Durfort. Mais, dans tous ces différents états, elle fut toujours également amie de mon oncle, qui se contenta de ne pas suivre des exemples aussi dangereux et conserva toujours le même attachement pour toute cette illustre famille. Ce fut par leur moyen qu'il eut occasion d'augmenter de beaucoup son bien. Ainsi, la reconnaissance ne lui permettait pas de s'éloigner d'eux, comme quelques zélés Charentonnais prétendaient qu'il devait faire. D'ailleurs, le changement de religion n'en a jamais causé dans le cœur de mon oncle sur le chapitre de ses amis : il les plaignait, mais il raisonnait en philosophe là-dessus [...].

Mme Saporta lui écrivit pour l'engager à donner son consentement à mon mariage avec M. Duquesne dont elle lui exagéra le mérite. Et enfin, elle lui fit comprendre qu'il devait contribuer à cette affaire en m'assurant quelque chose de son bien, parce que la fortune de M. Duquesne n'était pas fort considérable. Je crois que cet article gâta tout car mon oncle répondit à sa sœur que, puisque la fortune de M. Duquesne et la mienne n'étaient pas assez bonnes, il fallait attendre pour nous marier que celle de l'un des deux fût devenue meilleure, et qu'il ne voyait pas de raisons de presser une affaire comme celle-là puisqu'on ne vivait pas de mérite ; et, qu'outre ce qu'il fallait pour soutenir un certain rang, on devait encore faire un fonds pour fournir au jeu et aux débauches, insinuant par là que M. Duquesne était joueur et débauché. Enfin, après avoir assez fait entendre que ce mariage n'était pas de son goût, il se retranchait sur ce que le triste état de la religion était un obstacle à toute sorte d'avancement, puisque M. le marquis de Miremont[32], petit-neveu du grand M. de Turenne[33] et neveu des deux maréchaux de France[34], estimé à la cour, aimé particulièrement de Monseigneur, ne pouvait pas obtenir une compagnie de chevaux parce qu'il était protestant. C'étaient là les termes de la lettre de mon oncle qui nous déconcerta beaucoup. Il fallut prendre patience. M. Duquesne en fut fort chagrin et suivit à Paris son oncle, le lieutenant général, qui y allait passer l'hiver. Ce fut dans ce voyage que l'envie d'être capitaine d'un vaisseau en chef et les persuasions de l'évêque de Meaux le déterminèrent à changer de religion. Nous apprîmes cette nouvelle avec scandale, et je me félicitai alors de n'être pas sa femme. Mme Saporta en louait Dieu de tout son cœur et savait bon gré à son frère d'avoir détourné cette affaire. On en proposa encore bien d'autres, mais mon oncle Cotton qui craignait qu'on ne visât à sa bourse, répondit toujours sur le même ton, c'est-à-dire que la conjoncture n'était pas propre pour se marier.

Il est vrai que les affaires de la religion allaient toujours de mal en pis dans le royaume. Nîmes[35], cette Église autrefois si florissante, était non seulement attaquée au-dehors par nos ennemis communs, mais déchirée au-dedans par la plus cruelle division de quatre ministres qui la gouvernaient. Il y en avait deux qui soutenaient qu'il fallait prêcher et s'assembler dans tous les lieux où l'on avait abattu les temples, au hasard de s'y faire prendre. Ils alléguaient là-dessus l'exemple des apôtres et de leurs successeurs que, lorsqu'on leur avait défendu de parler au nom de Jésus, ils avaient répondu : « Jugez s'il est juste de vous obéir plutôt qu'à Dieu[36]. » Ces deux zélés étaient M. Icard[37] et M. Peyrol[38]. Leurs deux collègues, dont l'un avait nom Cheiron et l'autre Paulhan[39], prétendaient qu'il était du devoir et de la prudence de se soumettre aux ordres du roi, puisqu'on n'avait pas assez de force pour lui résister ; et qu'au lieu de prêcher sur les masures des temples abattus, il fallait tâcher de conserver ceux qui subsistaient encore en obéissant sans murmurer. Des sentiments si opposés partagèrent toute la ville. Les uns disaient être de Paul, les autres d'Apollos, et tous s'éloignaient par là de Jésus-Christ qui est le Dieu de paix. Enfin, il se mêla tant d'aigreur dans ces deux partis, que l'on vit revivre dans ce temps-là une image de ce qui se passa dans Jérusalem quelque temps avant sa ruine. Ainsi, comme une maison divisée contre elle-même ne saurait subsister, il ne faut pas s'étonner que les Romains modernes aient su profiter de nos divisions, comme les anciens Romains de celles du peuple juif. On prétend même que le parti des politiques avertit les puissances que le peuple pourrait bien se soulever ; et que cet avis fut cause qu'on envoya des dragons dans la ville pour châtier ceux qu'on appelait séditieux et se saisir de leurs chefs, qui étaient M. Peyrol, M. Icard et M. Brousson [40], avocat qui commençait dès lors à signaler ce zèle qui l'a conduit depuis sur l'échafaud et qui l'y aurait mené dans ce temps-là si la marche des dragons, qu'on avait grand soin de lui cacher, n'avait été découverte comme par un miracle.

Ce fut un marchand, à présent réfugié qu'il n'est pas besoin de nommer, qui en donna avis ; lequel, revenant d'Anduze avant le jour, au petit galop, trouva à un endroit qu'on appelle la Croix de Fer, M. de Rochemore, président de Nîmes, et quelques autres personnes du secret, qui étaient à cheval, le nez dans leur manteau, comme des gens qui attendent quelque chose. L'un d'eux, que le marchand reconnut à sa voix être M. de Rochemore, lui demanda assez bas s'il n'était pas dragon. Le marchand, ayant répondu que non, passa au plus vite, et se doutant bien à tout ce manège qu'il se tramait quelque chose, comme il était du parti des zélés, il fut en avertir les chefs dès qu'il eut mis pied à terre. On profita de son avis et, dans le moment, la ville fut pleine de soldats avant qu'il y eut presque encore personne de levé. Dès que les dragons furent dans la ville, on en fit aussitôt fermer les portes et, après avoir investi les maisons des trois proscrits, on envoya chez eux des archers pour les prendre. Ils les croyaient trouver au lit, mais ils furent bien étonnés d'avoir manqué leur coup. Les femmes de ces messieurs dirent qu'ils ne faisaient que de sortir. En effet, leurs places étaient encore chaudes. Mais quelque perquisition qu'on pût faire, on ne put jamais les déterrer. Ils furent cachés quelque temps dans la ville et en sortirent ensuite déguisés, excepté M. Brousson, qui, à ce qu'on prétend, se sauva par un égout qui est auprès des jésuites, qui le conduisit par les routes souterraines par où les immondices s'écoulent hors de la porte des Carmes, dans les fossés de la ville. Ce qu'il y a de sûr, c'est que j'ai vu griller cet égout quelques jours après. Quoi qu'il en soit, ces trois messieurs arrivèrent en bonne santé en Suisse. Dès qu'on en eut des nouvelles, on leur fit leur procès par contumace, et ils furent pendus en effigie sur la place du marché. Les dragons sortirent ensuite de la ville, après en avoir désarmé et fort intimidé les habitants. Et le champ resta libre à MM. Cheiron et Paulhan [...].

Pendant que les protestants étaient vivement pressés de toutes parts, que les prisons étaient pleines de ministres interdits et accusés d'avoir voulu inspirer la rébellion, MM. Cheiron et Paulhan, seuls ministres de Nîmes, s'applaudissant sur leur conduite, prétendaient avoir garanti leur Église par leurs ménagements. Mais sa perte n'était que reculée, et ce grand coup devait être frappé des derniers. Il passa dans ce temps-là à Nîmes deux étrangers, l'un Hollandais, l'autre Bourguignon. Le Bourguignon était enseigne de la colonelle [41] du régiment de Laray. Le hasard fit qu'il causa avec moi et, comme il ne devait pas faire un long séjour dans notre ville où il n'avait pas encore fait de connaissances, il s'en tint à la première qui se présentait et se fit mener chez Mme Saporta, après m'en avoir demandé la permission. Ceux qui ont été dans notre pays savent qu'on y a beaucoup d'honnêteté pour les étrangers. Ainsi, on peut croire que Mme Saporta, qui était extrêmement polie, fit un bon accueil à celui-ci, qui avait toutes les manières d'un homme de condition. Il était plus beau que l'amour, avait tout l'esprit du monde, chantait à merveille, et tous ces agréments du corps et de l'esprit dans une grande jeunesse étaient soutenus par des habits magnifiques et une manière de se mettre tout à fait galante. Il nous conta qu'il était de Dijon ; que son père, qui était membre du parlement de cette ville-là, s'était marié en secondes noces avec une veuve qui avait une fille qu'on lui destinait ; mais que la répugnance qu'il avait eue pour cette double alliance lui avait fait prendre le parti des armes. Comme son régiment passa bien des fois par Nîmes, nous eûmes occasion de le voir souvent, car il venait d'abord nous voir et ne voyait que nous. Il témoigna à Mme Saporta quelque envie de se marier avec moi, quoiqu'il fût catholique romain, et il s'engageait à me laisser la conscience sauve. Mais Mme Saporta, qui voyait qu'il promettait ce qu'il n'aurait pu tenir, n'avait garde de donner là-dedans, et M. Moreau de Brasay, c'est ainsi qu'on le nommait, fut obligé de s'en tenir à la qualité d'ami dont il tâcha de nous donner des marques peu de temps après et qu'il a toujours conservée depuis [...].

Le Hollandais dont j'ai parlé n'avait pas tant d'enjouement, mais il avait beaucoup de solide. Il était fils d'un riche bourgmestre qui le faisait voyager. Il avait connu dans ses voyages M. de La Cassagne, frère de mes meilleures amies, et ce fut par cet endroit que nous fîmes connaissance. Outre la qualité d'étranger, il était d'un pays protestant, et cela lui donnait un nouveau relief auprès de Mme Saporta. Elle recevait ses visites avec plaisir, et le Hollandais s'accoutuma si bien à venir chez nous qu'il ne songea pas à faire d'autres connaissances. Il se plut même tant à Nîmes qu'il y passa tout le temps qu'il avait destiné à parcourir d'autres lieux. Le matin au soir, de l'église, il nous ramenait chez nous et ne nous laissait que le temps de dîner. À peine étions-nous hors de table que nous le voyions revenir ; il y en avait encore jusqu'au soir et l'après-souper. Comme c'était dans l'été et qu'il fait grand chaud dans notre pays, il ne manquait pas de venir prendre l'air avec nous hors de la ville. Mme Saporta, qui avait beaucoup lu, lui faisait cent questions sur son pays, sur la manière du gouvernement et sur toutes les merveilles de la vie du prince d'Orange qui était l'objet des vœux de tous les bons protestants de France. Le Hollandais lui répondait juste sur tout et, quand le temps marqué pour son départ arriva, il parut fâché de nous quitter et fort reconnaissant des bonnes manières qu'on avait eues pour lui. Il nous offrit ses services dans son pays, au cas que nous fussions obligées d'y venir chercher un asile. Il me pria de lui permettre de m'écrire et de vouloir bien lui faire réponse. Je ne lui accordai que la moitié de ce qu'il me demandait, c'est-à-dire je lui promis seulement de recevoir ses lettres. Et je pourrais encore en montrer un bon nombre de fort obligeantes, mais une longue absence et toute la bière qu'il a bue depuis ce temps-là ont beaucoup diminué cette ardeur.

D'abord, après son départ, on commença à ne plus ménager les protestants : on disait hautement que le roi ne voulait qu'une religion dans son royaume et qu'il était résolu d'employer la force pour y réussir. Tout le monde commençait à trembler, mais personne ne croyait qu'on en vînt où on en est venu. Et en effet, qui l'aurait pu croire ? Je doute même que ceux qui en avaient formé le projet eussent compté sur un succès si prompt. Cependant, nos deux ministres nous préparaient par des sermons fort pathétiques à la perte de nos exercices ; et il me souvient que Paulhan, qui était un peu déclamateur, s'écria un jour en chaire : « Plus de temple, plus de vie ! » Et son collègue, qui prêcha la veille que le temple fût fermé, fit jurer, dans ce dernier sermon, tout son auditoire qu'ils seraient fidèles à leur religion. On vit dans cette assemblée des millions de mains levées au ciel qui, quelques jours après, signèrent leur abjuration. Et les pasteurs autorisèrent par leur exemple le parjure de leurs brebis. Ce fut M. de Montanègre, lieutenant du roi dans notre province, qui vint avec des dragons fermer le temple. Les dragons furent logés chez les bourgeois, et les portes de la ville gardées pour qu'aucun protestant n'en pût sortir jusqu'à l'arrivée de M. de Noailles [42], qui devait apporter des ordres plus précis et amener un plus grand nombre de troupes. Chacun connut alors le danger où l'on était exposé, mais on croyait encore que cela ne regardait que le bien, et les bons protestants se préparaient à voir manger et dissiper le leur patiemment. M. et Mme de La Cassagne, les fidèles amis de Mme Saporta, après avoir eu la précaution quelque temps auparavant d'envoyer leurs enfants hors de la ville, étaient restés dans leur maison pour y attendre les soldats et avaient fait des provisions pour tout l'hiver, espérant qu'on ne s'en prendrait pas à leurs personnes. Pour moi, qui croyais aussi qu'on n'en voulait qu'au bien, je songeai de mettre le mien en sûreté en le donnant à un catholique. Et je choisis pour cela M. de Perdrix, lieutenant criminel de Montpellier, à présent président et mon proche parent, auquel je fis une donation entre-vifs. Mais, comme il fallait pour cela que j'allasse à Montpellier, je fus obligée d'en demander la permission à M. de Montanègre, étant du tout impossible de sortir de la ville sans son attache, que j'eus toutes les peines du monde à obtenir. Le chemin de Nîmes à Montpellier était tout rempli de dragons qui arrêtaient les passants, et si je n'avais pas eu le billet de M. de Montanègre, on ne m'aurait pas laissée aller bien loin. Quand je fus à Montpellier, mon parent envoya chercher un notaire et, au lieu de faire enregistrer la donation, il voulut m'engager à faire un contrat de mariage. Un frère qu'il avait, qui était d'Église, offrait de le bénir dans sa chambre. Sa mère et toute sa famille tâchaient de me persuader, m'assurant que mon oncle Cotton et Mme Saporta, qui étaient leurs proches parents et les seuls que j'avais à ménager, n'en seraient pas fâchés, puisque la religion avait été le seul obstacle à cette affaire à laquelle on avait pensé quelques temps auparavant. Et qu'enfin, il ne s'agissait que de changer quelques jours plus tôt, puisqu'il était impossible que j'en puisse m'en dispenser. Ils me dirent encore cent autres choses capables de me tenter mais, quoique cette affaire me convînt fort et que j'eusse beaucoup d'estime pour mon parent, j'eus pourtant la fermeté de résister. Et mon parent, fâché de ma résistance, me dit que, puisque je ne m'accommodais pas de sa personne, il n'avait que faire de mon bien et me rendit ma donation. Ainsi, il fallut revenir à Nîmes sans en être plus avancée.

J'allai d'abord remercier M. de Montanègre et lui faire voir que je n'avais pas passé les huit jours qu'il m'avait donnés. En entrant dans la ville, je vis arriver quelque chose d'assez risible. La porte était gardée, comme je l'ai déjà dit, par des dragons qui avaient ordre de ne laisser sortir que les catholiques. Et comme ils ne pouvaient pas les connaître, on avait posté des gens de la ville pour les avertir de ceux qu'il fallait laisser passer. Deux catholiques se présentèrent à la porte et protestèrent qu'ils n'étaient point huguenots. Les dragons regardèrent les commissaires pour savoir si ces messieurs disaient vrai. Et l'un de ces commissaires, qui était un procureur, voulant dire « cela est vrai », s'écria en son jargon : « Sabrai ! » Messieurs les dragons crurent qu'il fallait sabrer ces passants et se mirent en devoir de le faire. Les autres s'enfuirent. Les dragons coururent après, le sabre à la main. Le procureur, qui croyait parler le meilleur français du monde, n'avait garde de comprendre ce qui causait ce désordre et criait de toute sa force pour les faire cesser : « Et sabrai, messieurs, bous dis-je, sabrai ! » Ces cris, au lieu d'apaiser les dragons, les animaient encore davantage, et la scène aurait été enfin ensanglantée si ces pauvres messieurs n'avaient trouvé fort à propos l'église des capucins où ils se réfugièrent. Une pareille aventure aurait pu me faire rire dans un autre temps, mais alors les rieurs n'étaient pas de mon côté.

Moreau de Brasay, ce gentilhomme bourguignon duquel j'ai déjà parlé, était venu à Nîmes pendant mon absence pour nous offrir ses services et nous donner avis du danger où nous étions. Si bien que, quand je revins de Montpellier, je trouvai Mme Saporta fort épouvantée, et nous ne savions ni elle ni moi quel parti prendre, lorsque nous reçûmes des lettres [43] de Paris de mon oncle Cotton qui nous donnèrent un peu de courage. Car il nous marquait que M. le maréchal de Lorges, son bon ami, nous avait fortement recommandées à M. le duc de Noailles qui commandait pour M. le duc du Maine [44] dans la province du Languedoc ; qu'il y avait apparence que cette recommandation nous ferait du bien ; qu'il fallait seulement aller voir M. de Noailles dès qu'il serait arrivé et lui dire qui nous étions. M. de Noailles ne tarda pas à venir. Et dès qu'on sut qu'il approchait, et qu'il menait avec lui ce fléau des protestants qu'on appelait M. de Saint-Ruth [45] et quantité de troupes, l'épouvante fut si grande dans Nîmes qu'on envoya des députés au-devant de M. de Noailles pour lui dire que la ville était dans le dessein d'obéir au roi. Les bons protestants n'avaient garde de souscrire à cette déclaration, qui fut seulement signée de quelques-uns des principaux, à la tête desquels était le baron de Saint-Cosme, qui depuis plusieurs années était ancien du consistoire, que l'on avait député à Paris pour les affaires de l'Église et qui, comme il l'a dit depuis, n'avait accepté tous ces emplois que pour donner avis à la cour de tout ce qui se passait dans les assemblées, ayant changé de religion longtemps avant, quoiqu'il communiât parmi nous. La cour le récompensa de ses services par des pensions, et les camisards [46] ont cru depuis lui donner un plus juste salaire en le sacrifiant à leur ressentiment. Ce fut lui qui présenta à M. de Noailles les députés de la ville. M. de Noailles les reçut très bien et, trouvant plus de facilité qu'il n'avait espéré, il songea à profiter de la consternation où étaient les esprits. Cheiron et Paulhan furent accusés, malgré leur politique, d'avoir prêché la sédition : on les menaça de la corde, et cette menace les fit aussitôt catholiques.

Les dragons firent le même effet sur quantité d'autres personnes, et l'épouvante devint si grande qu'on courait en foule pour se faire enrôler sous les enseignes de Rome. Il y avait des bureaux préposés pour cela dans plusieurs endroits de la ville, où, sans y faire beaucoup de façons, après avoir pris le nom des personnes, on leur donnait à chacun un certificat au dos d'une carte, et cette carte les mettait en sûreté. Le peuple appelait cela la « marque de la bête [47] », sans laquelle on ne pouvait faire aucun commerce. Les uns, après l'avoir prise, étaient au désespoir ; les autres en plaisantaient. Et l'on n'a jamais vu tant d'hypocrisie et tant d'impiété. Dès que M. de Noailles fut arrivé, je courus à l'évêché, où il logeait. Et après avoir prié M. de Lor, son intendant, auquel mon oncle Cotton m'avait écrit de m'adresser et de me présenter à lui, je lui dis que j'étais une des deux personnes que M. le maréchal de Lorges l'avait prié d'honorer de sa protection ; que je venais le supplier de nous l'accorder, puisque l'âge et les infirmités de Mme Saporta, ma tante, la mettaient hors d'état de pouvoir lui demander elle-même cette grâce. M. de Noailles me reçut le mieux du monde et m'assura qu'il ferait pour nous tout ce qui dépendrait de lui. Comme je ne connaissais pas encore le style de la cour, je trouvai cette réponse un peu vague. Mais M. de Lor, qui me vint reconduire, me dit que je devais en être contente et que monsieur le duc pouvait tout dans la province. Nous trouvâmes au bas de l'escalier MM. Cheiron et Paulhan. Et comme quantité de courtisans qui suivaient M. de Noailles se mirent autour de moi pour me dire de suivre l'exemple de mes pasteurs, je répondis qu'il était écrit : « Faites ce qu'ils vous disent, et non pas ce qu'ils font [48] », et qu'ainsi je m'en tenais à ce qu'ils m'avaient prêché. On voulut les obliger à me dire quelque chose, mais Cheiron passa son chemin, et, dès que Paulhan voulut approcher de moi, je lui dis : « Plus de temple, plus de vie. » Cependant, comme j'avais été obligée de quitter le sac et la cendre, et de me mettre un peu proprement pour aller voir M. de Noailles, on ne manqua pas de dire dans la ville que je l'avais attendu pour changer avec plus d'éclat, et qu'on voyait bien à mon ajustement que je n'étais pas véritablement touchée de la froissure de Joseph [49]. L'événement détruisit cette calomnie, mais la protection de M. de Noailles nous attira l'envie de tous nos compatriotes. Notre maison fut seule dans la ville exempte de logements, et il y eut des gens qui furent se plaindre à l'évêque qu'on les avait forcés de signer pendant que nous étions tranquilles. M. de Noailles fut aussi étourdi de leurs plaintes mais, malgré tout cela, lorsqu'il partit de Nîmes, il nous envoya un billet signé de sa main, dans lequel il y avait : « Il ne sera point mis de logement chez Mme Saporta et Mlle Petit, que je n'en ai donné l'ordre », et nous fit dire, qu'au cas qu'on nous envoyât des dragons, il n'y aurait qu'à leur montrer cela pour les faire retirer.

Pendant que nous jouissions de ce repos, les maisons de ceux qui n'avaient pas voulu suivre le torrent étaient pleines de dragons qui, non contents de jeter les provisions par les fenêtres, tourmentaient si cruellement les personnes qu'ils les obligeaient à faire ce qu'on souhaitait d'eux. Un des moyens dont ils se servaient le plus utilement, c'était d'empêcher les gens de dormir. M. de La Cassagne, qui avait résisté aux menaces et aux caresses, eut cinquante dragons chez lui qui commencèrent par poser des sentinelles aux avenues de sa chambre pour l'empêcher de sortir et de parler à qui que ce fût. Après quoi, ils allumèrent un grand feu et lui ordonnèrent de tourner la broche. Le bonhomme, qui avait attendu patiemment la garnison, croyant en être quitte pour voir dissiper son bien, fut très fâché de s'être laissé surprendre chez lui. Mais il n'y avait plus moyen d'en sortir. Sa femme, qui s'était trouvée chez nous ce jour-là et que l'on vint avertir de se cacher, me pria d'aller voir ce que faisait son mari. J'y courus et, après avoir eu bien de la peine à entrer, je trouvai toute la maison sens dessus dessous, et M. de La Cassagne au milieu de cette canaille, qui tâchait de composer avec eux pour une heure de sommeil. Enfin ils traitèrent, moyennant dix écus qu'il fallut compter d'avance, en le laissant mettre au lit, et le grand bruit diminua un peu. Mais à peine l'heure fut-elle écoulée que l'on commença à battre du tambour au chevet de son lit d'une si grande force que le bonhomme, qui ne faisait que de s'endormir, se réveilla en sursaut. Et quelques prières qu'il pût faire, on ne voulut plus, à quelque prix que ce fût, le laisser dormir. Et on le fit tant souffrir que son corps et son esprit s'en sont ressentis le reste de ses jours.

Cependant, Mme Saporta se servait de la liberté qu'on nous laissait pour consoler et aider ses amis, et cela faisait encore crier les envieux. De sorte qu'un matin qu'elle était chez M. de La Cassagne et que j'étais seule au logis, je vis entrer le chevalier de La Fare, lieutenant-colonel du régiment de La Fère, que M. de Noailles avait laissé à Nîmes pour y commander en son absence. Cette visite me fit grand peur. Cependant, il fallut la recevoir. Le chevalier entra et, après avoir paru étonné de ce que nous avions ôté nos meubles, il me dit que nous faisions un mauvais usage du repos qu'on nous laissait, puisqu'au lieu de chercher à nous instruire, nous l'employions à dogmatiser et que Mme Saporta allait de maison en maison pour entretenir les gens dans leur opiniâtreté ; qu'une conduite si opposée aux intentions du roi attirerait sur nous les effets de sa colère ; que les nouveaux convertis se plaignaient hautement de l'indulgence qu'on avait pour nous ; et qu'il était obligé, pour faire cesser ce bruit, de nous traiter comme les autres en nous envoyant une garnison. Je lui montrai l'ordre de M. de Noailles, mais il me dit que chaque chose avait son temps, qu'on nous en avait donné assez pour prendre notre parti, et qu'il fallait enfin finir. Son compliment me parut un peu impoli, mais il fallait céder au temps. Il ajouta encore que M. de Noailles avait dit en parlant de nous : « Pour cette maison, il faut mettre la main sur les yeux » ; que cette expression souffrait deux explications et qu'au lieu de l'entendre à notre avantage, il croyait que M. de Noailles ne serait pas fâché qu'on nous tourmentât à son insu et qu'il mettrait la main sur les yeux pour ne s'en pas apercevoir ; que d'ailleurs M. de Noailles lui-même ne serait pas le maître de nous garantir, qu'on écrirait en cour contre nous, et qu'il était inouï que deux femmes seules voulussent faire tête au roi. Je lui répondis tout ce que je crus capable de l'apaiser et en parlant, il se trouva qu'il avait servi avec mon père et mon oncle Petit, et qu'il avait été le meilleur de leurs amis. Enfin, il commença à s'humaniser un peu, et Mme Saporta, qui rentra dans ce temps-là, acheva de l'apaiser. Au lieu des menaces qu'il avait faites d'abord, il se retrancha à faire le missionnaire et enfin, il devint si fort de nos amis que ce fut un nouveau sujet d'exciter l'envie.

Cependant, le bon M. de La Cassagne était dans sa maison à souffrir toutes les cruautés des dragons qui, ayant sur les protestants le même pouvoir que le diable avait autrefois sur Job, imaginaient tous les jours quelque nouvelle manière de tourmenter. Mme de La Cassagne n'avait eu garde de s'aller livrer à leur rage et, ne croyant pas notre maison un asile assez sûr, elle en était sortie de nuit dès le premier jour que la garnison était entrée chez elle. Elle fut d'abord se cacher dans un moulin et, craignant encore quelque surprise, elle s'habilla en servante et fut dans cet équipage à Villeneuve-lès-Avignon chez une de ses parentes [...]. M. de La Cassagne, après avoir soutenu quelques jours le choc, ne pouvant plus y résister, commença à entrer en composition, et demanda deux fois vingt-quatre heures de repos pour se déterminer et permission de s'absenter pendant ce temps-là de la ville, donnant sa parole qu'il viendrait droit se remettre dans sa maison avant qu'il fût écoulé. Comme il avait des amis, on lui accorda ce qu'il demandait, et il fut d'abord trouver sa femme à Villeneuve pour la consulter sur le parti qu'il devait prendre, qui était de signer ou s'aller livrer de plus belle à la barbarie des dragons, car il n'y avait pas moyen d'échapper. Il avait donné sa parole d'honneur de retourner chez lui dans le temps marqué et, quand il aurait voulu y manquer, on l'observait d'assez près pour ne le pas laisser aller bien loin. Ainsi, il fallait se déterminer. Mme de La Cassagne, n'osant pas décider dans l'état où étaient les choses, pria son mari d'aller à Orange consulter M. de Chambrun. Il y fut, et ce ministre ne lui répondit que ces mots : « Consultez votre conscience. » M. de La Cassagne, ne pouvant en tirer autre chose, revint de bonne foi chez lui où les dragons, recommençant leur manège, l'obligèrent enfin à signer. M. Séguier, évêque de Nîmes, reçut son abjuration dans sa chambre, et la garnison délogea dans le moment. L'évêque dit en sortant à M. de La Cassagne : « Vous voilà présentement en repos. » Mais le bon gentilhomme lui répondit : « Hélas! monsieur, je n'attends de repos que dans le ciel, et Dieu veuille que ce que je viens de faire ne m'en ferme pas la porte. »

Pendant que toutes ces choses se passaient, nous reçûmes des lettres de Paris de mon oncle Cotton qui nous causèrent bien du chagrin. Il nous marquait qu'il avait changé et qu'il était très fâché d'apprendre qu'au lieu de suivre l'exemple de nos ministres et de tout le royaume, nous cherchions à nous distinguer par un entêtement ridicule, comme si tout le bon sens était renfermé dans nos deux têtes ; que ce n'était pas là l'usage que nous devions faire du loisir qu'on nous avait laissé ; qu'il tâcherait de nous obtenir encore quelque délai mais qu'après cela, il n'y avait plus rien à attendre ; qu'il ne fallait pas même songer à sortir du royaume, puisqu'on en avait refusé la permission à Mme de Duras [50] qui demandait de se retirer en Angleterre auprès de milord Feversham, son fils ; et que les passages étaient si bien gardés qu'il n'y avait nul moyen de s'échapper. Enfin, disait-il, le roi le veut, et il semble même que Dieu le veuille par la rapidité avec laquelle tout le monde obéit. Cependant, il nous envoyait encore deux lettres de M. le maréchal de Lorges, l'une pour M. de Saint-Ruth, et l'autre pour un autre officier général appelé M. de Melac. On m'avait fait si grand peur de ce M. de Saint-Ruth que j'avais peine à me résoudre à l'aller voir. Il fallut pourtant le faire. Je lui donnai la lettre de M. le maréchal de Lorges. Il me reçut fort gracieusement, et je fus étonnée de trouver en lui de la civilité et de la politesse, après tout ce qu'on m'en avait dit. Car on le faisait passer pour une bête féroce. Il savait pourtant se radoucir quand il lui plaisait, et il avait su se faire aimer d'une maréchale [51] de France qui avait, à ce qu'on prétend, poussé l'aventure un peu loin avec lui.

Après cela, je fus voir M. de Melac qui, dès qu'il eut lu la lettre de M. le maréchal de Lorges, vint trouver Mme Saporta et lui demanda ce qu'il y avait à faire pour son service, parce que la lettre était un peu vague, l'assurant qu'il n'y avait rien au monde qu'il ne fût en état d'entreprendre pour faire plaisir à M. le maréchal de Lorges, auquel il devait sa fortune. Mme Saporta lui dit confidemment que le meilleur office qu'il pût lui rendre était de l'aider à trouver quelque moyen pour sortir du royaume. M. de Melac, après y avoir un peu rêvé, en proposa deux : l'un était de sortir de la ville dans sa chaise de poste où nous aurions pu nous mettre toutes deux et qu'on n'aurait eu garde d'arrêter ni de visiter à la porte dès qu'on aurait vu ses couleurs. Il nous offrait de nous faire conduire de cette manière en Guyane, où il avait sa mère et ses sœurs qui étaient, disait-il, huguenotes comme des diables. Mme Saporta n'accepta pas ce parti, croyant bien que M. le maréchal de Lorges expliquerait dans la suite ses intentions à M. de Melac, auquel il avait seulement marqué de nous rendre service, et que M. de Melac pourrait bien changer de manière avec nous. L'autre moyen était de nous en aller jusqu'à Lyon avec son régiment, qui devait passer à Nîmes quelques jours après pour aller dans le Lyonnais. M. de Cormon, qui était capitaine et bon protestant, se chargeait du soin de notre conduite. Toutes les mesures furent prises pour cela ; on avait déjà préparé deux chevaux pour nous. Mme Saporta devait passer pour la femme d'un maréchal des logis qui était du secret, et moi pour la fille ; et nous devions, ainsi déguisées, aller d'étape en étape jusqu'à Lyon. Mais quand il fut question de monter à cheval, Mme Saporta sentit tant de répugnance à aller de cette manière que, quoique M. de Cormon pût lui dire pour la rassurer, elle ne put jamais s'y résoudre. Et le régiment partit sans nous.

Cependant, M. de Noailles devait bientôt partir de la province pour s'en retourner à Paris, et il était à craindre qu'après son départ on n'eût pas les mêmes égards pour nous. Et ce que mon oncle Cotton nous avait écrit nous déterminait à quitter le royaume. Dans cette vue, Mme Saporta résolut de m'envoyer à Montpellier, où M. de Noailles était pour la tenue des états, afin que je tâchasse d'obtenir de lui quelque passeport. Le chevalier de La Fare, qui était devenu le meilleur de nos amis et un peu plus des miens que je n'aurais souhaité, était presque toujours au logis et observait toutes nos démarches. Son appréhension était que nous ne trouvassions quelque moyen de déloger un beau matin sans rien dire. Ainsi, il faisait tout ce qu'il pouvait pour nous amuser. Pour cela, il vint nous proposer d'aller passer quelques temps à Orange, dont l'église subsistait encore. Je donnai d'abord dans cette proposition, et je me faisais un plaisir de revoir ce pays où j'avais passé les premières années de mon enfance. Quoique Mme Saporta ne crût pas l'asile fort sûr, elle eut pourtant la complaisance de permettre que j'allasse sonder le gué. Le chevalier me donna un certificat par lequel il disait que j'allais à Orange pour affaires. Il me vit partir avec joie, comptant bien que je m'allais enfermer dans un lieu d'où je ne sortirais pas si aisément que je croyais.

Je trouvai, dans un endroit où l'on passe le Gardon, un ministre qui entra déguisé dans la barque et que je reconnus au travers de ses haillons : c'était un nommé M. Benoît. Il tâchait de se retirer à Orange, et nous fûmes ensemble jusqu'à un lieu appelé Rochefort, où il y a une Notre-Dame fort célèbre. Nous trouvâmes en cet endroit des gens qui venaient d'Orange qui nous dirent que les dragons devaient y arriver ce jour-là. Cette nouvelle me fit peur, je pris congé de mon ministre après lui avoir demandé sa bénédiction et, au lieu de passer le Rhône, je fus à Villeneuve-lès-Avignon où je savais, comme je l'ai déjà dit, que Mme de La Cassagne s'était retirée. Sa parente fit d'abord quelque difficulté de m'avouer qu'elle fût chez elle et voulut la consulter auparavant. Mme de La Cassagne, qui m'aimait beaucoup et savait que, quoique jeune, j'étais capable de garder un secret, n'hésita pas un moment là-dessus et demanda avec empressement à me voir : on nous laissa seules pendant quelque temps. Cette chère amie, après m'avoir tendrement embrassée, me conta tout ce qui lui était arrivé depuis qu'elle était sortie de chez nous : la visite de son mari, enfin, tout ce que j'ai déjà rapporté. Elle me dit qu'elle n'avait pas voulu se charger des événements en donnant des conseils à son mari, mais qu'elle l'avait prié de lui laisser la liberté de suivre les mouvements de sa conscience ; et que, ne pouvant point s'accommoder au temps, elle avait résolu d'attendre là ce que les choses deviendraient. Je lui proposai de nous sauver de là avant, mais, comme elle était fort prudente et même un peu timide, elle ne goûta pas mes propositions. Et après avoir bâti des châteaux en Espagne toute la nuit, je partis le lendemain matin pour m'en retourner à Nîmes, où je fis des reproches au chevalier de La Fare de la course inutile qu'il m'avait fait faire. Il s'en excusa du mieux qu'il put, disant qu'il n'avait pas su que les dragons dussent y arriver si tôt et qu'après tout, il ne voyait plus aucun moyen de nous garantir, le changement de mon oncle Cotton faisant cesser la protection qu'on nous avait accordée jusqu'alors ; et qu'il ne doutait point qu'au moment que j'y penserais le moins, on ne m'enfermât dans un couvent, du consentement même de mon oncle Cotton ; et que je ne pouvais éviter ce malheur qu'en me tenant cachée. Mme Saporta trouva l'expédient bon. La difficulté était seulement de trouver des gens qui voulussent me cacher chez eux et risquer par là de se faire des affaires. Le chevalier laissa quelque temps Mme Saporta en peine là-dessus et, après cela, lui offrit de me prendre chez lui. La ville lui donnait une grande et belle maison dans laquelle il m'offrait un appartement séparé du sien, où il était sûr que personne n'irait me déterrer. Le chevalier n'était plus jeune, c'était un homme grave, et Mme Saporta avait tant de peur de me voir mettre dans un couvent qu'elle était quasi tentée d'accepter cette offre. Mais moi qui savais ce qu'il me disait tous les jours, je n'avais garde d'être de cet avis. Je remerciai le chevalier et me retranchai à lui demander un passeport pour aller à Montpellier trouver M. de Noailles, comme Mme Saporta le souhaitait. Le chevalier m'exhortait toujours à changer et voulait me persuader que l'intérêt qu'il prenait en moi l'obligeait à me donner ce conseil. Mais comme il ne me voyait pas d'humeur à le suivre et qu'il croyait pourtant bien que j'y viendrais à la fin, il voulut faire le généreux et me donna le certificat que je lui demandais pour aller à Montpellier, qui me garantit des risques qu'on courait sur le chemin. Mais quand je fus aux portes de cette ville, je me trouvai fort embarrassée de ma personne : je ne savais où aller loger ni à qui me confier. Quoique j'eusse bien des parents et des amis dans ce lieu-là, je craignais d'attirer des affaires aux uns et que les autres ne m'en fissent.

Ainsi, je ne savais quel parti prendre, quand je me souvins que Mme de Montagnac, qui était un peu ma parente, avait changé quelque temps avant la révolution ; qu'elle était fort considérée des catholiques et que, n'y ayant pas d'apparence qu'on fouillât dans sa maison, je pourrais y être en sûreté, d'autant mieux qu'elle était veuve sans enfants et qu'il n'allait pas beaucoup de monde chez elle. Dans cette pensée, je congédiai mon conducteur à l'entrée de la ville, et je fus à pied chez Mme de Montagnac, à laquelle je demandai à parler en particulier. Ses gens ne me connaissaient pas, outre qu'il était déjà nuit. Ainsi, l'on ne se douta de rien. Je dis à Mme de Montagnac la situation où je me trouvais et je lui fis comprendre qu'elle ne courrait aucun risque en me recevant chez elle, puisque je ne venais à Montpellier que pour parler à M. de Noailles et que si je ne voulais pas qu'on sût où je logeais, c'était de peur que quelque personne mal intentionnée ne m'allât dénoncer, et qu'on ne me fît mettre dans un couvent par provision avant que j'eusse pu implorer la protection de ce duc ; que c'était des embarras qu'il fallait éviter en gardant quelques ménagements ; qu'ainsi je la priais de vouloir bien que je restasse quelques jours dans sa maison incognito [...]. Elle me demanda ce que je prétendais faire avec mes retardements ; qu'il faudrait enfin changer, et que je me donnais bien des peines inutiles ; qu'il était impossible de sortir du royaume, et qu'il serait fort mal d'y rester sans religion ; et que cette pensée l'avait déterminée à se faire instruire dès qu'elle avait vu venir l'orage, et qu'elle n'avait pas trouvé la religion romaine aussi laide de près qu'on la lui avait faite autrefois. Après cela, elle m'allégua toutes les raisons dont on s'était servi pour la persuader. Mais comme elles ne faisaient pas le même effet sur moi, cette dame prit le parti de me laisser dormir, dont j'avais grand besoin.

Le lendemain de bon matin, elle se leva pour aller à la messe et elle fit encore à son retour quelque tentative auprès de moi. Mais ce qui me surprit extrêmement, ce fut de voir entrer dans la chambre M. l'évêque de Mirepoix [52], ce fameux convertisseur. Je me crus d'abord perdue, et je ne savais où fuir quand ce prélat m'assura que je n'avais rien à craindre et qu'il ne voulait que tâcher de me persuader ; que Mme de Montagnac lui avait parlé avantageusement de moi, et qu'il s'était flatté de me faire entendre raison, pourvu que je voulusse l'écouter. J'y consentis de bon cœur, croyant être quitte à fort bon marché de la frayeur que j'avais eue. Il me parla pendant plus de six heures avec beaucoup d'esprit et de douceur. Il tâcha d'abord de me faire voir qu'on m'avait prévenue contre la religion romaine. Il me souvient même qu'il rit beaucoup de ce qu'en parlant des caractères de l'Antéchrist [53], je dis que le pape portait sur sa tiare une lame d'or où il y avait écrit « Mystère ». Je ne sais si cela est vrai ou faux, car je n'ai pas trouvé le cas assez important pour m'en éclaircir, mais je sais bien que je l'avais ouï dire. Il le nia comme beau meurtre et se récria fort sur ce qu'on abusait ainsi de la crédulité des jeunes personnes. Il eut encore d'autres conférences avec moi. Je ne parlerai point ici des arguments qu'il me fit, parce que j'aurai occasion de le faire dans les suites. Mais j'ai cru que je devais marquer le temps et le lieu où j'avais fait connaissance avec ce prélat qui a toujours été depuis un de mes meilleurs amis. Pour ce coup là, il ne fut pas fort content de moi, mais j'eus tout lieu de me louer de sa probité. Car quand il vit qu'il n'avançait rien avec moi, il me dit que mon heure n'était pas venue et me quitta sans me faire le moindre chagrin. Il me dit qu'il espérait de réussir mieux auprès d'un de mes oncles qui était prisonnier dans la citadelle de Montpellier.

C'était M. Noguier [54], célèbre ministre et l'un des antagonistes de M. l'évêque de Meaux. Il avait épousé une sœur de mon père, qui avait passé pour une des plus belles personnes de notre pays et qui avait un caractère d'esprit tout différent de celui de ma tante Laval, sa sœur. Car, sans se mêler des affaires de la famille, elle donnait tous les soins à son ménage et à élever de beaux enfants qu'elle avait. Son mari avait obtenu un passeport pour sortir du royaume avec elle. Mais comme on avait grande envie de le gagner, on lui chercha une querelle d'Allemand et, sur quelque prétexte d'intérêt, on le fit arrêter lorsqu'il était prêt à partir, et on le conduisit à la citadelle de Montpellier, où M. de Mirepoix fit tout ce qu'il put au monde pour le persuader à changer de parti et à accepter les offres avantageuses qu'on lui faisait. Comme je me trouvai à Montpellier dans ce temps-là, je fus à la citadelle pour voir cet oncle, mais je ne pus lui parler qu'en présence de témoins. Ainsi, je ne pus pas savoir dans quels sentiments il était et si M. de Mirepoix avait lieu de se flatter de pouvoir le persuader. L'événement a fait voir que ce prélat se trompait.

Cependant, je voyais tous les jours M. de Noailles, et je faisais ce que je pouvais pour qu'il me donnât un passeport [...]. Tout cela fut inutile, et M. de Noailles me dit un matin qu'il fallait songer à obéir au roi et à ne pas abuser plus longtemps de ses grâces ; qu'on était en peine de moi à Nîmes et qu'il avait déjà reçu plusieurs avis là-dessus ; qu'on lui marquait que j'avais disparu tout d'un coup et qu'on ne savait ce que j'étais devenue ; qu'il me conseillait en bon ami de m'en retourner et de me faire instruire pour me mettre en état de profiter des bonnes intentions où l'on était pour moi [...]. Cette conversation me fit voir qu'on ne m'avait accordé que la grâce de Polyphème [55] et que tout ce que je pouvais espérer était d'être mangée des dernières, et je m'en retournai fort mécontente. Je restai pourtant encore à Montpellier jusqu'au jour que la poste de Paris devait arriver et le lendemain matin, je fus trouver M. de Noailles avec un air triste que je n'avais pas beaucoup de peine à prendre dans la situation où je me trouvais. Je lui dis que je venais de recevoir des lettres de Paris, par lesquelles on me mandait que M. Cotton, mon oncle, était mourant ; que comme j'étais sa nièce et son unique héritière, la tendresse, le devoir et même l'intérêt m'engageaient à l'aller trouver. Et je le conjurai les larmes aux yeux de m'en donner la permission et d'accorder la même grâce à Mme Saporta. M. de Noailles donna dans le panneau, ou feignit d'y donner, et, touché de mes prières, il me fit expédier un passeport dans toutes les formes pour aller à Paris avec Mme Saporta. Dès que j'eus mon passeport, je partis pour Nîmes, mais je n'y trouvai plus Mme Saporta. Le chevalier de La Fare, inquiet de ce que je restais tant à Montpellier, crut que je m'étais échappée, et il tourmenta tant cette bonne dame là-dessus et il lui fit tant de peur, qu'il l'obligea à fuir et à battre la campagne. J'eus toutes les peines du monde à découvrir le lieu de sa retraite, mais enfin j'en vins à bout. Et je la ramenai à Nîmes où je montrai mon passeport au chevalier de La Fare, qui fut très fâché de notre résolution et qui fit tout ce qu'il put pour nous empêcher de la suivre. Et pour nous intimider, il nous allégua la rigueur de la saison et ce que disait le Seigneur aux juifs : « Priez que votre fuite ne soit en hiver.[56] » Il nous disait encore que la recommandation de M. de Noailles ne nous servirait que tant que nous serions dans la province du Languedoc, et qu'on n'aurait plus d'égard à son passeport dès que nous entrerions dans le Dauphiné ; que nous serions dépouillées par les soldats ; qu'il m'arriverait peut-être pis encore à moi. Et qu'enfin, il était sûr que nous n'arriverions jamais saines et sauves à Paris. Tout cela était fort effrayant. Mais comme il ne fut pas capable d'ébranler notre résolution, le chevalier de La Fare fit jouer sa dernière batterie : il m'offrait de se marier avec moi et me demanda dans les formes à Mme Saporta [...]. Il tenait dans le monde un rang considérable, et, à la religion près, je n'aurais jamais pu souhaiter rien de mieux. Mais cet obstacle était trop fort pour pouvoir être surmonté ; et malgré ses offres et tout ce qu'il put nous prédire de malheurs, nous nous déterminâmes à partir, l'assurant toujours que nous n'irions qu'à Paris, où nous espérions le revoir avant le printemps. Je ne sais s'il le crut, mais il ne put pas tirer autre chose de nous.

Avant de partir, je fus trouver M. Cheiron, autrefois notre ministre et le même qui m'avait baptisée. Le roi lui avait envoyé une lettre de cachet pour être consul de Nîmes l'année suivante. Je le priai en cette qualité d'empêcher la dissipation de mon bien et je lui fis voir la permission que nous avions obtenue, Mme Saporta et moi, pour aller à Paris. Comme il n'était rien moins que dupe, il comprit bien l'usage que nous voulions faire de ce passeport et, pour m'ôter l'envie de sortir du royaume, il me dit que les cailles ne tombaient pas rôties dans les pays étrangers[57]. Je lui répondis que je ne voulais pas crever comme ceux qui avaient demandé des cailles, et que c'était seulement la manne [58] que je cherchais. Après cela, il me dit qu'il ne pouvait pas me promettre de garder mon bien ; qu'il ferait tout ce qu'il pourrait, mais qu'il avait de grands ménagements à garder ; que M. de Bâville [59], intendant de la province, lui avait dit en lui donnant la lettre de cachet que le roi voulait éprouver sa fidélité, mais que sa vie répondrait de tout. Ces menaces avaient fort intimidé le pauvre M. Cheiron. Il se voyait soupçonné des anciens catholiques et détesté des nouveaux, qui lui faisaient cent insultes. Quand il passait dans les rues, le peuple lui criait : « Que vous dira Isaïe ? », et cela parce qu'il avait expliqué toutes les révélations de ce prophète. Un jour qu'il allait à sa métairie, il entendit crier au loup après lui. Et voulant savoir ce que cela voulait dire, on lui répondit que c'était des gens qui criaient après un berger qui venait d'abandonner son troupeau à la merci du loup. Il est sûr que, s'il avait voulu, il aurait pu faire des affaires à ces gens-là, mais il n'était pas méchant ; et, lorsque l'évêque fit mettre en prison quelques femmes qui lui avaient dit des injures, il n'eut point de repos qu'il n'eût obtenu leur liberté. Pendant son consulat, il n'a fait mal à personne. Il s'est tenu chez lui sans vouloir écrire ni se mêler de controverses. Je lui demandai, avant de nous séparer, s'il croyait nous avoir prêché la vérité ou le mensonge. Il me répondit qu'on avait fait de terribles procédures contre lui et que la crainte d'être pendu lui faisait faire bien des réflexions : « Mais, lui dis-je, monsieur, d'où vient que nos Pères ne les ont pas faites et qu'ils ont mieux aimé se laisser brûler que de faire ce que vous avez fait ? — C'est, dit-il, qu'il y a des gens plus entêtés de leurs opinions les uns que les autres, puisqu'il s'en est trouvé qui se seraient laissé pendre plutôt que de convenir que le pain que les cordeliers mangent leur appartient en propre. » Après cela, voyant bien que je n'en pourrais rien tirer de plus positif et que les mêmes motifs qui l'avaient engagé à changer l'empêchaient de parler ouvertement, je pris congé de lui, le plaignant de tout mon cœur. Car c'était un des hommes du monde qui avait le plus de lumières : outre qu'il prêchait parfaitement bien et avec une grande facilité, il avait encore un génie qui le rendait capable de toute sorte d'affaire. Et je ne doute point que, depuis son changement, il n'eût poussé loin sa fortune s'il eût voulu, comme d'autres, s'aller produire à la cour, car on disait tout haut chez le roi, en parlant de lui : « Ce ministre serait propre à être ministre d'État. » Mais il avait le défaut de Salomon. Et l'on pouvait dire de lui, comme de ce prince, que les femmes avaient détourné son cœur. On l'avait soupçonné, dès le temps qu'il était ministre, d'avoir des attachements criminels, et l'on a vu dans les suites que ce soupçon n'était que trop bien fondé.

Au sortir de chez M. Cheiron, je trouvai Mme Saporta avec M. de La Cassagne et M. de Mirmand [60]. Elle leur montrait des lettres qu'elle venait de recevoir de mon oncle Cotton, son frère. Si elles n'étaient pas, comme tout le reste de mes papiers et de mes hardes, dans la malle [61] qu'on m'a enlevée, je les insérerais ici. Elles en vaudraient bien la peine, car mon oncle entrait en controverse et prétendait prouver par de bons arguments que tous les articles dont nous différons avec ceux de l'Église romaine, et dont la transsubstantiation était le plus fort, ne devaient pas nous empêcher de rentrer, puisque Jean Hus [62] avait cru jusqu'à la mort à cette transsubstantiation et que, malgré cela, M. de Larroque [63] traitait Jean Hus de glorieux martyr. Enfin, comme mon oncle savait que Mme Saporta avait beaucoup aimé M. Gaches, il ajoutait que ce ministre, après une conférence de plusieurs heures avec le père Desmarets, lui avait dit en le quittant : « Hé! Pourquoi avons-nous tant disputé? Nous sommes d'accord sur tout », et qu'il était convenu que, quand la dispute était entre des ignorants, il s'y trouvait des abîmes qu'il était impossible de combler, mais qu'entre les habiles gens, ce n'était plus que des disputes de mots. Ces lettres faisaient un grand chagrin à la pauvre Mme Saporta. M. de La Cassagne et M. de Mirmand, qui avaient eu la faiblesse de signer, lui disaient : « Quel conseil voulez-vous, madame, que vous donnent deux malheureux apostats? » J'entrai là-dessus dans la chambre et j'opinai à partir au plus vite, comptant bien que, puisque mon oncle écrivait sur ce ton-là et qu'il était persuadé qu'on pouvait se sauver dans la religion romaine, nous n'avions plus de protection à attendre par son moyen. J'avais écrit quelque temps auparavant à l'Hollandais dont j'ai déjà parlé et à mon oncle Petit, qui s'étaient retirés en Hollande, pour les prier de trouver quelque expédient pour que je pusse les aller joindre. Ils me répondirent tous deux, mais d'une manière un peu différente. Le Hollandais me pressait de tout son cœur de venir : il me disait qu'il avait prié son père et ses amis de demander un passeport pour Mme Saporta et pour moi à l'ambassadeur de France, mais que la chose n'était pas possible ; qu'ainsi, il fallait user d'adresse et sortir déguisées. Il me marquait même les endroits où il croyait qu'il y aurait moins de risque de passer et m'exhortait surtout à ne point paraître étonnée si on me questionnait et à ne faire aucune grimace qui pût me découvrir ; d'aller même à la messe si je me trouvais en compagnie et que je ne pusse pas l'éviter ; enfin, à ne rien ménager pour me tirer d'un pays d'où il me serait tous les jours plus difficile de sortir ; et après cela il m'offrait ses très humbles services dans le sien. Mon oncle Petit m'écrivait qu'il était fort édifié de ma fermeté et de la résolution que j'avais prise de renoncer aux biens que j'avais déjà et à ceux que j'attendais, qui étaient considérables ; qu'il était beau de trouver des sentiments comme ceux-là dans une personne de mon âge, mais qu'il fallait garder quelque ménagement ; et que, puisque dans la déclaration que le roi avait donnée pour casser l'édit de Nantes, il y avait un article [64] qui favorisait ceux qui n'avaient pas encore changé et leur permettait de rester en repos chez eux, je pouvais m'en prévaloir, me trouvant dans le cas ; et enfin il m'exhortait à la constance en cas que je fusse assez heureuse pour être jugée digne de souffrir pour la vérité. Je compris parfaitement bien le sens de sa lettre, et je n'avais garde de me faire illusion sur l'article de la déclaration du roi, auquel on n'avait nul égard. Car quelques personnes avaient été à Montpellier pour en demander l'explication aux puissances. On leur répondit qu'il était vrai que le roi disait qu'à l'égard de ceux qui n'avaient pas encore changé, il fallait attendre que Dieu les eût illuminés comme les autres mais que, comme les autres avaient été illuminés par les dragons, il fallait se servir des mêmes moyens pour illuminer ceux-ci ; et que, pour y réussir mieux, on allait redoubler les garnisons. C'est-à-dire que, lorsque cinquante dragons n'auraient pas opéré, on en mettrait le lendemain cent. En effet, on fut beaucoup plus pressé depuis cette déclaration qu'on ne l'avait été auparavant. Ainsi, sans m'amuser à ce que mon oncle Petit me marquait et trouvant beaucoup plus de sûreté à faire ce que dit le Seigneur dans l'Évangile, qui est « lorsqu'on est persécuté en un lieu, de fuir dans un autre [65] », je déterminai Mme Saporta à louer une litière de Nîmes à Lyon, et nous partîmes enfin le premier de décembre 1685. Cependant, la protection du duc de Noailles, les visites fréquentes que je lui avais rendues et le bon accueil qu'il m'avait fait commencèrent à faire murmurer les gens. Et comme il s'en trouve toujours beaucoup qui sont enclins à mal juger du prochain, on ne manqua pas de dire que nous avions pris des engagements pour changer et que notre persévérance n'était qu'un jeu pour faire notre parti meilleur. Et on fut encore fortifié dans cette pensée dès qu'on sut que nous prenions le chemin de Paris. On disait alors hautement que nous y allions pour changer avec plus d'éclat et pour nous prévaloir du crédit du père de La Chaise, entre les mains duquel mon oncle Cotton avait fait son abjuration. Voilà par où on a commencé à me calomnier. Comme Dieu en savait la vérité et que j'espérais que le temps la ferait connaître, je me consolais de tout ce qu'on en pouvait dire, et toute ma peine roulait sur l'incertitude du succès de notre voyage.

Nous fûmes de Nîmes dîner à Uzès, et de là coucher à Bagnols sans qu'il nous arrivât aucune mauvaise aventure. Nous trouvâmes là un ministre nommé M. Perrin, avec sa femme ou soi-disant, et Mlle Durand, femme de ministre* avec quatre enfants, qui s'en allait trouver son mari en Suisse. De ses quatre enfants, il n'y en avait que deux qui étaient compris dans le passeport qu'elle avait obtenu de M. de Bâville, les autres étant au-dessus de sept ans. D'abord nous nous défions les uns des autres, mais, après une confidence mutuelle, nous nous joignîmes pour aller ensemble

---

* Son mari était Jean Durand, ministre à Sommières en Languedoc et mort réfugié à Neuchâtel en avril 1695. Sa veuve mourut aux Brenets, dans le comté de Valengin, en décembre 1707 [à l'époque, une femme mariée pouvait être appelée mademoiselle].

jusqu'à Lyon. Le ministre nous dit que la demoiselle qu'il menait n'était pas sa femme, mais qu'il avait bien voulu la faire passer pour telle afin de la sauver, puisque, comme je l'ai déjà dit, il était permis aux ministres de sortir avec leurs femmes et leurs enfants au-dessous de sept ans. Cette pauvre demoiselle nous pria de demander une chambre à deux lits. Elle se mit d'abord dans un et, dès que les servantes du cabaret furent retirées, elle le laissa à son prétendu mari et vint se coucher dans le nôtre ; et ce manège dura jusqu'à Lyon. La bonne Mlle Durand était fort inquiète pour les deux qui avaient passé l'âge porté par l'ordonnance : c'étaient un garçon * et une fille **. Dès que nous approchions de quelque ville où elle croyait qu'il faudrait montrer son passeport, elle faisait descendre ses enfants et les faisait aller à pied l'attendre de l'autre côté. Pour nous, on ne nous demanda quoique ce soit qu'au pont Saint-Esprit où je fus obligée d'aller voir M. de Montanègre qui y commandait, auquel je fis voir le passeport de M. de Noailles et qui me fit mille civilités [...].

Avant d'arriver à Vienne, j'eus de grandes frayeurs, parce qu'il fallait passer par Valence et que je craignais fort de tomber entre les mains du barbare La Rapine [66], que ses cruautés ont rendu fameux. Si je voulais les rapporter, il faudrait pour cela un volume à part, et un volume in folio. Il en avait imaginé d'une nature pour les personnes de notre sexe que la bienséance ne permet pas d'expliquer ***. Je me contenterais donc de dire que le bon Dieu nous préserva de tomber entre ses mains et qu'après cinq jours de marche, nous arrivâmes heureusement à Lyon, ayant eu beaucoup plus de peur que de mal. Là, chacun prit son parti.

Le ministre avec sa prétendue femme, Mlle Durand avec ses deux petits enfants passèrent sans difficulté à Genève. Pour nous,

---

* Celui-là se nomme Jean-Antoine Durand et est aujourd'hui pasteur aux Brenets dans le comté de Valengin. J'écris ceci en décembre 1709.
** C'est celle dont il est parlé plus bas.
*** M. Benoist [Élie] dit encore plus. Il assure que la pudeur ne permet pas d'en deviner la manière. Voyez son *Histoire de l'édit de Nantes*, part. III, t. 3 [t. 5, 3ᵉ partie, livre XXIV, p. 917].

nous fûmes chez un tailleur qui logeait près de l'abbaye Saint-Pierre, dont la femme avait autrefois servi chez une de mes parentes. Nous dîmes à ces gens-là que nous allions à Paris et que nous attendions là de l'argent qu'on devait nous faire compter pour continuer notre voyage. Et, après être convenu pour notre pension à un certain prix, nous les priâmes de ne parler de nous à personne. Comme ces gens-là étaient anciens catholiques, nous étions fort en sûreté chez eux et, n'étant point connues à Lyon, nous sortions tous les jours, Mme Saporta et moi, pour tâcher de trouver quelque moyen de passer à Genève. Bien des gens se mêlaient de ce commerce, mais il n'était pas sûr de se fier à tous. Mme Saporta s'adressa à une veuve appelée Mlle Patron, chez laquelle Mlle Durand avait laissé les deux enfants qu'elle n'avait pas pu amener*. Cette veuve avait une fille; et l'une et l'autre paraissaient fort zélées, et s'empressaient à aider ceux qui voulaient sortir du royaume.

Cependant, peu de gens s'en sont loués. Pour moi, j'en parle à mes dépens, car il n'y a jamais eu moyen de retirer de ses mains un collier de grosses perles fines fort rondes que Mme Saporta lui avait confié et qui valait bien de l'argent. Nous croyions alors que cette femme était la meilleure connaissance du monde. Elle nous procura celle de quelques guides, mais tout cela n'aboutit à rien. Je me hasardai un jour avec la fille de Mlle Durand**, qui était à peu près de mon âge, et je fis consentir Mme Saporta à souffrir que je me misse sous la conduite de quelques femmes qui promettaient de nous mener sûrement à Genève par les montagnes du Dauphiné. Il fallait pour cela faire quatorze lieues à pied, déguisées en petits garçons. Tout cela ne me rebuta point : je vis tomber sans regret de beaux grands cheveux que j'avais et, après avoir revêtu les haillons qu'on me donna, je fus dans ce bel équipage jusqu'au faubourg de la Guillotière. Mais je vis là certaines choses qui me firent craindre que ces femmes ne fussent pas de bonne foi. J'en avertis

---

* L'une était Marie Durand, mariée aujourd'hui à un médecin de Montauban et réfugiée à Neuchâtel : il se nomme M. Codère. L'autre était David Durand, aujourd'hui ministre du saint Évangile.
** Elle avait alors environ vingt-deux ans.

ma compagne, et nous les plantâmes là et rentrâmes dans Lyon à l'entrée de la nuit.

Mme Saporta me vit revenir avec plaisir. Elle était déjà dans de grandes alarmes et elle s'était repentie d'avoir consenti que je partisse sans elle. Effectivement, on risquait beaucoup à se fier à ces sortes de gens. On n'entendait parler que de meurtres qui se commettaient sous ce prétexte. Une marchande de Nîmes fut volée, forcée et assassinée par le guide qui la conduisait, et l'on ne voyait partout que de tristes exemples de gens tués ou arrêtés par la trahison de leurs guides. Tout cela intimidait fort la bonne Mme Saporta. Dans cet embarras, j'écrivis à un nommé M. Mussard*, de Montpellier, qui était un peu mon allié et qui était passé à Genève. Je le priai de nous donner quelque moyen de nous tirer d'où nous étions, mais il n'en savait point d'autres que de se fier aux guides, et il m'exhortait fort de risquer le tout pour le tout et de ne rien ménager pour me tirer du bourbier : c'étaient ses termes. Après cela, il me disait que quand j'arriverais à Genève, je n'avais qu'à demander la maison de M. Minutoli, professeur en éloquence, chez qui il était logé et où l'on me recevrait avec plaisir. Mais, surtout, il me marquait de me hâter.

La fille de Mlle Durand, qui mourait d'envie de rejoindre sa famille, partit un beau matin sans rien me dire avec une autre femme et passa au travers des gardes en faisant la muette, et la contrefit si bien que les gardes y furent trompés et la laissèrent passer. Il est assez difficile aux personnes de notre sexe de pouvoir s'empêcher de parler : elle le fit néanmoins, et son silence fut récompensé. M. Mussard m'écrivit qu'il l'avait vue arriver heureusement à Genève et qu'il avait été fort fâché de la voir arriver sans moi, et que j'eusse manqué de courage dans une occasion aussi importante. Ce n'était pourtant pas ma faute, et il n'y avait que les circonspections de Mme Saporta qui nous arrêtaient [...].

On vint nous avertir qu'il y avait une occasion de passer la plus sûre du monde. C'était un cabaretier de Seyssel, ville frontière de Savoie, qui avait un passeport de M. de Villeroi, archevêque de

---

* Il est aujourd'hui professeur en droit à Genève et y a succédé en cette qualité à M. Vitriarius, qui fut appelé à Leyde.

Lyon, pour s'en aller chez lui avec un petit apprenti cuisinier. Comme il ne pouvait donner que la place de cet apprenti, il ne pouvait mener qu'une seule personne ; encore fallait-il qu'elle fût bien jeune pour pouvoir être travestie en petit garçon. J'étais dans le cas et d'une taille fort différente de celle que j'ai présentement. Ainsi, cela me convenait parfaitement bien. Mme Saporta eut toutes les peines du monde à consentir que je profitasse de cette occasion. Elle ne pouvait se résoudre à me voir séparée d'elle. Mais je lui en fis un cas de conscience et l'obligeai enfin à y donner les mains. On convint du prix avec cet homme : on lui donna la moitié de l'argent d'avance, et l'autre moitié devait lui être comptée par M. Ham à Genève, dès que j'y serais arrivée. Outre cela, on m'acheta un cheval que je devais lui donner. Aussi, en arrivant, il devait me mener dans sa maison à Seyssel, qui n'est qu'à six lieues de Genève, et me faire passer dans la nuit le Rhône, sur un pont après lequel on est en Savoie. Toutes choses étant ainsi réglées, et ce marché ayant été conclu chez un honnête homme de Lyon qui en avait été l'entremetteur, on fut à la friperie acheter un habit de garçon : chemise, cravate, souliers, chapeau et tout l'équipage. Mes cheveux étaient déjà coupés jusqu'autour des oreilles et, comme ils frisaient naturellement, cela avait assez l'air d'une tête de garçon. Mme Saporta fondait en larmes pendant ce déguisement. Dès que je fus achevée d'habiller, je lui demandai sa bénédiction et la quittai dans une désolation qu'on ne saurait exprimer. Elle ne m'avait jamais perdue de vue depuis la mort de ma mère et, quoiqu'elle espérât de me rejoindre bientôt à Genève (car mon conducteur promettait de la venir prendre dès qu'il m'y aurait menée), elle ne pouvait pourtant se consoler de me voir partir sans elle.

C'était le premier de janvier 1686 après midi. On me fit aller à pied jusqu'au dehors de la porte qu'on appelle la Croix Rousse. J'eus beaucoup de peine à m'y rendre, car cet habit de garçon auquel je n'étais pas accoutumée me gênait extrêmement. Je trouvai là mon guide sur mon cheval. Je le suivis encore quelque temps à pied et, quand nous fûmes un peu loin de la ville, il me laissa monter et me suivit à son tour. Il me mena coucher à deux lieues de Lyon et m'avertit de lui parler fort respectueusement devant le monde, si je ne voulais gâter tout le mystère. Il me nomma Claude et, après m'avoir fait mettre pied à terre avant d'arriver au gîte, il entra en me commandant d'un ton de maître de mener son cheval à l'écurie. Je le fis et, après l'avoir recommandé à un valet, j'entrai dans la cuisine. Dès que l'hôtesse me vit, elle me trouva pâle et dit que j'avais la voix bien faible. Cela me fit peur, et je crus être découverte. Mais je me tirai d'affaires en disant que j'avais la fièvre quarte [67]. Et sur ce prétexte, mon prétendu maître me fit approcher du feu et me permit de manger avec lui. Comme je craignais les longs discours, dès que j'eus mangé un morceau et que je fus un peu réchauffée, je demandai à m'aller coucher. Et une petite servante fort éveillée vint m'accommoder un méchant lit que j'avais demandé seul à cause de ma fièvre. Ce qui m'embarrassait, c'est que je n'osais me déshabiller devant cette petite fille et qu'elle restait là pour emporter la lumière. Enfin, croyant que pour paraître garçon il fallait être hardie, je m'avisai de lui conter mes raisons tout de mon mieux et, pour donner plus d'efficace à ce que je disais, je tirai un écu de ma poche que je lui offris et qu'elle refusa d'abord. Comme je n'avais pas envie d'être prise au mot, je ne la pressai pas beaucoup. Elle sortit, et je quittai vite mes souliers et mon justaucorps, et me mis dans le lit avec tout le reste. Un moment après, la petite fille rentra doucement, ce qui me fit beaucoup de peine. Je m'étais embarquée là dans une affaire d'où je ne savais par où me tirer. Enfin, je ne trouvai rien de mieux que de feindre d'être déjà endormie et de me réveiller en sursaut. Et comme je fis un grand cri dès qu'elle approcha du lit, elle me dit : « N'ayez pas peur, monsieur, c'est moi. — Ha ! lui dis-je, il n'est plus temps, laisse-moi dormir en repos. » Cette fille, offensée de mon refus, se plaignit à sa maîtresse des propositions que je lui avais faites et la désabusa par là des soupçons que ma pâleur et le ton de ma voix lui avaient donnés de mon sexe.

Voilà comme je me tirai d'affaires cette première couchée. Le lendemain, nous partîmes avant le jour et par le plus mauvais temps du monde, et fûmes dîner à Saint-Rambert, mon maître observant toujours de me faire descendre avant d'arriver au gîte.

Et qui plus est, il me faisait mener le cheval par la bride après lui. Quoique cette façon d'aller ne fût pas fort de mon goût, il fallait pourtant s'y accoutumer et aller faire boire le cheval. Comme je n'entendais point du tout ce manège, je faisais tout de travers, et cet homme, qui était fort brutal, me disait toutes les injures du monde. Au commencement, je croyais que c'était pour mieux cacher son jeu, mais je m'aperçus bientôt qu'il y entrait beaucoup de naturel. Car il me traitait tout de même quand il n'y avait personne et me menaçait pour la moindre chose de me livrer aux gardes. Nous arrivâmes le second jour à Roussillon. En entrant dans la cuisine, je trouvai auprès du feu un marchand de Genève qu'on nommait, si je ne me trompe, M. de Saussure. Il y avait encore un prêtre et le juge du lieu. Ces deux-là faisaient de mauvaises plaisanteries au Genevois qui, quoiqu'il eût un beau passeport, n'osait leur répondre de peur de se faire des affaires. Le juge compta les personnes qu'on avait arrêtées ce jour-là et la manière dont elles étaient déguisées. Tout cela me faisait trembler. Mais ma frayeur fut bien plus grande quand, se tournant de mon côté, ils dirent : « Voilà un petit drôle qui pourrait bien aussi être huguenot. » Je fus très fâchée de me voir apostropher ainsi. Cependant, je répondis avec autant de fermeté qu'il me fut possible : « Je vous assure, monsieur, qu'il est aussi vrai que je suis catholique qu'il est vrai que je suis garçon. » Mon maître confirma ce que je venais de dire, et, pour ne pas donner le temps à un plus long examen, je demandai promptement à me coucher. Je dis que j'avais la gale afin d'avoir un lit à moi seule, et je me mis toute chaussée et vêtue dedans. Le lendemain matin, mon maître me demanda de l'argent pour payer, disant qu'il me le tiendrait en compte à Genève, et il fallut lui donner tout celui que j'avais. Après cela, il me fit monter une montagne fort haute et, à la faveur de mes habits, il me mena chez des chartreux qui habitent cette solitude, car on ne trouve point là de cabarets. L'après-midi, nous entrâmes dans un grand bois dont les routes étaient si difficiles qu'il n'y avait pas moyen d'y passer à cheval. Mais ce fut bien pis lorsqu'il fallut descendre la montagne, marchant toujours sur la glace, ce qui faisait que je tombais coup sur coup. Mon maître jurait comme un charretier embourbé, parce que cela le retardait. Il me disait mille injures et me menaçait à tous moments de me casser la tête. Enfin, lassée de l'entendre jurer, et de tomber et me relever si souvent, comme la descente était fort droite, je restai sur mon séant et me laissai couler de cette manière jusqu'au bas de la montagne où, après bien des peines et des travaux, nous trouvâmes Seyssel. Il était nuit quand nous y entrâmes. Mon maître me mena chez lui et me donna un méchant grabat dans la chambre de sa femme. Il avait promis de me faire passer le pont cette nuit-là et de me rendre à Genève le lendemain matin.

Mais il voulut se reposer chez lui et m'y fit rester depuis le mardi au soir jusqu'au vendredi à pareille heure. Je passai tout ce temps-là au lit de peur d'être reconnue par les gens qui entraient dans cette chambre, et j'avais grand soin de ne tousser ni de ne donner aucun signe de vie et de tenir mes rideaux bien fermés. Ces gens-là étaient obligés par nos conventions de me nourrir jusqu'à Genève, mais ils me faisaient faire très méchante chère. J'étais presque toute la journée sans manger, et je voyais au travers de mes rideaux des gens qui mangeaient de bon appétit sans oser me plaindre. Enfin, lorsque les étrangers étaient sortis et que je demandais quelque chose, on me donnait tout au plus des choux ou des raves très mal accommodées, en petite quantité, et du pain noir comme la cheminée ; et le tout assaisonné par des injures et des menaces continuelles. Quand je voulais boire, on me donnait de l'eau dans la même écuelle où j'avais mangé ma soupe, sans prendre la peine de la rincer. Il fallait passer par là ou par la fenêtre ; car, dès que je voulais me plaindre, on me disait que ceux qui étaient dans les cachots n'étaient pas si bien que moi, et que si je raisonnais on m'y ferait mettre. Ainsi, je n'avais donc pas d'autre parti que celui de souffrir. Je ne passais pas les nuits moins désagréablement que le jour. Je ne me croyais pas trop en sûreté entre les mains de ces gens-là, et je veillais pour être la garde de moi-même, de peur qu'on ne me jouât quelque mauvais tour pendant mon sommeil. Et j'entendais toutes les nuits les gardes qui arrêtaient les pauvres passants sur le pont. Tous les matins, il y avait une nouvelle histoire, et mon maître me disait sans façon que, s'il ne trouvait pas les moyens de me faire passer, il me livrerait entre les mains de la justice pour ne pas s'exposer à y tomber lui-même. Et je voyais bien, par le peu de ménagement qu'on avait pour moi, que j'avais tout à craindre de ces gens. Ainsi, je me faisais du fort mauvais sang. Cela dura jusqu'au vendredi au soir.

On me fit lever en grande diligence pour me mener de l'autre côté de la ville, où l'on me fit entrer dans une petite barque pour traverser le Rhône, car il n'y avait pas de sûreté à passer le pont. Ceux qui menaient la barque étaient ivres et pensèrent la faire tourner, ce qui fut cause que je criai un peu. Mais mon brutal de maître, qui craignait qu'on ne nous entendît du pont, me menaça de me jeter dans le Rhône et se mit quasi en devoir de le faire. Quand nous fûmes de l'autre côté de l'eau et que je demandai mon cheval, il me dit qu'il l'avait vendu et que je pouvais aller jusqu'à Genève à pied, puisqu'il n'y avait plus pour cela que six lieues à faire. J'eus beau dire que je n'en pouvais plus, tout cela ne servait de rien, et il fallut marcher, ou me traîner, jusqu'au premier village qui était à une grande lieue de là. J'étais si accablée par le froid, la fatigue, la mauvaise nourriture et par toutes les frayeurs que j'avais eues que, quand nous fûmes à ce village, je n'avais plus la force de faire un pas et je priai mon maître au nom de Dieu de louer quelque monture, quelle qu'elle pût être. Il me dit d'abord qu'il n'y en avait pas dans ce lieu-là, et enfin, après bien des prières, il dit qu'il fallait de l'argent. Je lui dis qu'il savait bien que je lui avais donné jusqu'à mon dernier sou, mais il me répondit qu'il m'avait vu une montre et qu'il fallait la donner ou aller à pied. Il fallut en passer par là, parce que la raison du plus fort, comme on dit, est toujours la meilleure. Je donnai ma montre, et l'on me fit entrer dans une méchante chaumière où je me reposai pendant qu'on accommodait mon équipage, qui fut un petit mulet avec un bât et des étriers de corde. Je montai là-dessus avant le jour, et nous fûmes sans débrider jusqu'à Genève, où nous n'arrivâmes qu'à trois heures après midi, car les lieues de ce pays-là sont fort longues, et les chemins, qui sont très mauvais, étaient encore gâtés par les neiges. J'étais fort mal à mon aise sur mon bidet ; de plus, à jeun. Mais je souffrais tout cela dans l'espérance de me voir bientôt en repos. Et je puis dire que je n'ai de ma vie senti une plus grande joie que celle que j'eus lorsque je découvris le clocher de Genève, cette ville après laquelle je soupirais depuis si longtemps. Dès que nous approchâmes du pont Darves, où les terres de Savoie finissent, mon maître me fit descendre de mulet de son ton ordinaire. Nous traversâmes à pied ce qu'on appelle Plein Palais et, quand nous voulûmes entrer dans la ville, nous trouvâmes la porte fermée. Je ne savais que penser de cela, car, quand on est une fois épouvanté, on craint tout.

Mais enfin, après avoir attendu quelque temps, on vint ouvrir la porte, et je sus qu'on l'avait fermée parce que le feu avait pris quelque part et que c'est la coutume d'en user ainsi en pareil cas de peur de quelque surprise. Et pendant le séjour que j'ai fait dans cette ville, j'ai remarqué que, quand les habitants crient au feu, ils crient en même temps aux armes. En entrant dans la ville, mon maître me quitta pour aller trouver son banquier, et je lui donnai rendez-vous pour le soir chez M. Minutoli, où j'étais convenue avec Mme Saporta que j'irais en arrivant, comme M. Mussard me l'avait marqué. Quoique la maison de M. Minutoli fût fort connue à Genève, j'eus pourtant bien de la peine à la trouver et je parcourus toute la ville avant d'y arriver, soit que je me fusse mal adressée ou mal expliquée. Enfin, après bien des tours et détours, on me fit descendre les Degrés-de-Poule[68], et je ne savais où me conduiraient ces routes souterraines, lorsque je vis un marchand de Nîmes que je connaissais. Je l'appelai par son nom et le priai de me mener chez M. Minutoli, ce qu'il fit sans savoir à qui il rendait ce bon office. Il était surpris de ce que je lui demandais des nouvelles de sa femme et que je lui parlais d'un air de connaissance. Et après m'avoir bien regardée : « Mon ami, d'où êtes-vous ? — Je suis de Nîmes, lui dis-je, et je m'étonne que vous ne me connaissiez pas. » Enfin, après bien des questions, je lui dis qui j'étais. Je n'ai jamais vu un homme plus surpris. En parlant, nous nous trouvâmes insensiblement à la porte de M. Minutoli. Je priai le marchand de m'aller annoncer et de faire descendre M. Mussard. M. Mussard ne se trouva pas au logis, mais M. Minutoli, qui savait que j'étais en chemin et qui fut fort aise que je fusse arrivée, descendit dans sa cour pour me recevoir de la manière du monde la plus honnête et la plus gracieuse : « Monsieur, ou mademoiselle, me dit-il, vous êtes très bienvenue ici. Mme Saporta, votre tante, a écrit à M. Mussard votre départ de Lyon, et nous vous attendions avec beaucoup d'impatience. » Après cela, il me fit monter en haut et me mena à sa femme, qui était une personne très bien faite, fille de M. Fabri, premier syndic. Une troupe de très jolis enfants qu'ils avaient m'entourèrent d'abord, et quelques seigneurs anglais qui étaient en pension chez eux. Chacun me demandait comment je m'étais tirée d'affaires, et j'étais après à répondre à leurs questions lorsqu'on entendit rentrer M. Mussard. M. Minutoli, voulant lui faire une petite malice, fut au devant de lui sur la montée pour lui dire que j'avais été arrêtée à un lieu qu'on appelle Culle et qu'un petit garçon, qui venait d'arriver, lui apportait cette mauvaise nouvelle. M. Mussard la reçut avec chagrin, et j'eus le plaisir de connaître dans cette occasion la part qu'il prenait en ce qui me regardait. Enfin, après avoir poussé bien des regrets et déploré mon sort dans les termes les plus touchants, il demanda à voir le petit garçon qu'on disait avoir été le témoin de mon malheur. On le mena dans la salle où j'étais, au coin du feu, d'un air fort contrit. Mais, dès qu'il eut jeté les yeux sur moi, il connut la tromperie qu'on lui avait faite et parut fort content de mon arrivée. Chacun m'en félicitait, et je croyais être déjà dans le ciel, où l'on dit qu'il y a joie lorsqu'un pécheur s'amende.

L'heure du souper vint, et l'on en servit un si magnifique que je l'aurais pris pour un cadeau si M. Mussard ne m'eût dit que c'était là l'ordinaire de M. Minutoli qui, ayant des milords en pension, était obligé de leur faire bonne chère ; et il s'en acquittait noblement. Pendant le souper, M. Minutoli, qui avait beaucoup d'esprit et de politesse, fit des petits contes agréables et, après qu'on eut desservi, nous vîmes mon maître avec M. Ham, qui n'avait pas voulu acquitter la lettre de change sans savoir si j'étais contente et qui fut extrêmement surpris d'apprendre la manière dont j'avais été traitée. On me demanda si je voulais qu'on châtiât cet homme pour toutes les duretés qu'il avait eues pour moi. Mais je n'avais garde d'y consentir et je lui pardonnais de bon cœur, le regardant comme l'instrument de mon salut. Je me fis seulement rendre ma montre et tenir en compte l'argent que je lui avais donné en chemin. Mais ce qui fit bien rire M. Minutoli, c'est que cet homme prétendait en avoir fort bien usé avec moi et qu'on devait lui tenir compte de ce qu'il ne m'avait jamais frappée, disant que les injures ne faisaient point de mal et qu'il en disait tous les jours autant à sa femme. Après cela, il se retira. Et M. Minutoli, malgré mon scandaleux habit, me fit coucher avec une fille qu'il avait qu'on appelait Drion. Le lendemain, on me prêta des hardes de fille, en attendant que les miennes, qu'on avait remises au messager de Lyon, fussent arrivées. Et je repris mon sexe huit jours après l'avoir quitté.

CHAPITRE II [1]

L'oncle et la tante Noguier à Genève – En route pour La Haye – L'oncle et la tante Petit – Départ pour Londres – Us et coutumes des Anglais – Retour en France après une traversée mouvementée – Paris – Controverses religieuses – Correspondance avec Pierre Jurieu – Retrouvailles avec Duquesne.

[...]
J'attendais tous les jours Mme Saporta. Elle m'avait envoyé ma malle et n'attendait qu'une occasion pour se mettre en chemin. Un matin, en revenant de l'église, je trouvai qu'on était venu chez moi pour m'avertir d'aller à un logis appelé *La Tour Percée*, où ma tante venait d'arriver. J'y courus avec beaucoup d'empressement, et j'y trouvai effectivement une tante, mais non pas celle que j'avais cru, car c'était ma tante Noguier, sœur de mon père, femme de ce célèbre ministre dont j'ai déjà parlé et que j'avais laissé prisonnier dans la citadelle de Montpellier. Il avait enfin obtenu sa liberté et permission de sortir du royaume avec sa femme. Mais il avait été contraint de laisser en France un fils et une fille qui leur étaient fort chers, et qu'il n'avait pas pu mener parce qu'ils avaient passé l'âge porté par la déclaration du roi. J'eus beaucoup de joie de l'arrivée de cet oncle et de cette tante, et d'apprendre par eux que Mme Saporta, qu'ils avaient vue en passant à Lyon, se disposait à me venir joindre au plus tôt [...].

Mon oncle et ma tante me dirent qu'ils étaient dans le dessein d'aller en Hollande, où mon oncle Petit leur avait procuré un établissement et, après avoir resté peu de temps à Genève, ils passèrent à Lausanne, où ils avaient résolu d'attendre que la saison fût plus commode pour voyager. Cependant, j'avais écrit, dès mon arrivée à Genève, à mon oncle Petit en Hollande et à mon bon ami le Hollandais pour leur en donner avis. Ils me répondirent tous deux. Mon oncle Petit me marquait qu'il était fort aise de me savoir en lieu de sûreté; que, comme j'avais déjà beaucoup fatigué, il me conseillait de me tranquilliser tout l'hiver à Genève; et que, pendant ce temps-là, ses amis seraient alertes dans toutes les cours d'Allemagne pour m'y procurer une place comme je le souhaitais; et qu'enfin, si l'on n'en trouvait pas, mon pis-aller serait de venir chez lui et d'y être son sixième enfant, mais il concluait toujours de passer l'hiver à Genève. Mon Hollandais m'écrivit fort obligeamment : il m'envoya des recommandations pour tous les envoyés de Hollande qui étaient sur ma route. Et après m'avoir exagéré, de la manière du monde la plus vive, l'envie qu'il avait de me voir dans son pays, il m'exhortait pourtant à suivre l'avis de mon oncle pour l'intérêt de ma santé et à rester jusqu'au printemps à Genève. Et je vis bien que mon oncle Petit lui avait dicté cet endroit de sa lettre. J'en reçus aussi dans le même temps une de Paris de mon oncle Cotton, auquel j'avais aussi écrit de Genève. Comme je ne lui avais pas marqué que Mme Saporta fût restée à Lyon, il nous croyait toutes deux hors du royaume et ne pouvait se consoler d'y avoir en quelque manière contribué par les ménagements qu'il était cause qu'on avait eus pour nous. Il nous exhortait fort à revenir et, pour nous y engager, après bien des raisons de controverses, il nous disait qu'il était mourant; qu'il ne souhaitait que pouvoir m'assurer ses biens; que pour cela, il fallait raisonner ensemble; qu'ainsi il fallait, sans balancer, le venir trouver à Paris, du moins l'une ou l'autre; que ceux qui avaient mérité la roue trouvaient un asile dans cette grande ville, où il était aisé de rester incognito; qu'en devenant catholique, il n'était pas devenu traître; qu'ainsi nous ne risquerions pas plus auprès de lui qu'à Genève, où nous pourrions retourner, si ses raisons ne nous persuadaient pas, dès que nous aurions pris des mesures pour nous conserver son bien. Mais surtout, il nous disait de nous hâter si nous voulions le trouver en vie.

Cette lettre me toucha sans pourtant m'ébranler. Je la fis voir à mon oncle Noguier et à quelques autres ministres, qui furent d'avis que, puisque mon oncle Cotton se retranchait à demander l'une de nous deux et que Mme Saporta était encore en France, il était à propos pour concilier toutes choses qu'elle allât à Paris trouver monsieur son frère, puisqu'elle n'y serait pas plus exposée qu'à Lyon et qu'il lui serait aussi aisé de sortir par là. Ainsi j'envoyai à Mme Saporta la lettre de mon oncle Cotton, et je lui conseillai de prendre le parti que je viens de dire, d'autant mieux qu'elle m'écrivait qu'il lui était impossible de venir à Genève de tout l'hiver, les neiges ayant rendu les chemins des montagnes tout à fait impraticables. Ainsi, je comptais qu'elle serait encore plus sûrement auprès de son frère pendant ce temps-là. La lettre de mon oncle, mes conseils autorisés de ceux dont je viens de parler et surtout la tendresse de Mme Saporta pour son frère l'engagèrent à l'aller trouver. Elle prit vitement la diligence et fut, en peu de jours, auprès de lui. Il fut très fâché de la voir arriver sans moi, ou de ne me pas voir arriver à sa place. Il ne put pas s'empêcher de lui en témoigner son chagrin et il me le marqua en des termes très forts dans une lettre qu'il m'écrivit à ce sujet, où il me disait que, quand il s'était retranché à l'une des deux, il avait compté que ce devait être moi qui l'irais trouver, puisque c'était moi que ses biens regardaient et qu'étant une jeune personne, je devais être plus attentive à ma fortune que Mme Saporta, qui était déjà au bout de sa course ; mais que puisque cela était fait, il n'en fallait plus parler ; que je devais seulement songer au remède qui était de partir vite et le venir trouver. Il m'assurait encore qu'on ne me ferait aucune violence sur la religion, et qu'il ne prendrait sur moi que le droit de représentation. Après quoi, je pourrais prendre mon parti et retourner à Genève si je le voulais, après avoir pris des mesures pour y être mieux à mon aise. Avec cela, il m'envoyait une lettre de change de deux cents francs sur M. Pierre Perdreau pour faire mon voyage. Et pour m'y mieux déterminer, il avait obligé Mme Saporta de m'écrire en conformité. La bonne femme me marquait de m'en fier à elle, et de partir sans raisonner et sans prendre conseil de personne. Comme elle m'avait inspiré tout ce que j'avais de zèle pour la religion, sa lettre était fort capable de me tenter. Je la fis voir, et celle de mon oncle Cotton, à mon oncle Noguier qui venait souvent de Lausanne à Genève. Il en conféra avec M. Rouvières de Nîmes et quelques autres amis, et l'on conclut qu'il fallait me tirer au plus tôt de Genève de peur que je ne succombasse enfin à la tentation.

Ainsi, comme nous étions déjà dans le mois de mars et que mon oncle Noguier se disposait à partir bientôt pour la Hollande, il se résolut de me mener avec lui et de me remettre à La Haye entre les mains de mon oncle Petit qui, comme je l'ai déjà dit, m'avait marqué d'y venir. Comme je n'ai jamais aimé d'être à charge [2], j'avais beaucoup de peine à me résoudre d'aller tomber sur les bras de mon oncle Petit, sachant bien qu'il ne serait pas fâché que je prisse un autre parti. Ainsi, je priai plusieurs personnes de me chercher quelque place dans les cours d'Allemagne. Celle qui s'y employa le plus fortement fut la comtesse Louise de Dohna. Elle écrivit en Saxe à la comtesse de Frise, sa sœur [...].

Pendant ce temps-là, il m'arriva une aventure qui acheva de me déterminer à quitter Genève. Toutes les personnes de considération de cette ville me firent l'honneur de me venir voir, et je leur rendis exactement leurs visites ; si bien qu'un jour que j'allai pour cela chez Mme Crassel, je la trouvai auprès de son feu avec un monsieur et une dame que je ne connaissais pas. La dame était fort magnifique, et j'aurais dû comprendre par là qu'elle n'était pas de Genève, ne la voyant pas sujette à la réforme. Mais il y avait tant d'étrangers dans cette ville que je ne pensai point à ce que cette dame pouvait être. Mme Crassel, après les compliments ordinaires, me demanda comment je me trouvais à Genève et si ma santé s'accommodait de l'air de ce pays-là : « Ha ! lui dis-je, madame, je me porte le mieux du monde à Genève. Et la joie de me voir en pays chrétien ne me permet pas d'être sensible à autre chose. » La dame inconnue dit alors d'un ton fier, en se tournant vers moi : « Mademoiselle vient-elle de Turquie ! » Je connus alors la faute que j'avais faite, et combien il est imprudent de parler sans connaître les personnes devant qui on parle. Cependant, comme il n'est feu que de jeune prêtre, je ne voulus pas me démentir et je répondis sur le même ton que je venais d'un pays encore plus turc, puisque les vrais chrétiens y étaient plus persécutés qu'en Turquie. Mme Crassel changea la conversation dans laquelle le monsieur ne dit pas un mot. Je me retirai peu de temps après. Mme Crassel me dit en me reconduisant qu'elle était très fâchée de ne m'avoir pas avertie que c'était là M. le résident de France et sa femme. Dès que je fus sortie, la résidente se plaignit vivement de mon indiscrétion et pria son mari d'en demander raison à messieurs les syndics. Son mari, qui était politique, voulut l'apaiser en lui disant que j'étais fort jeune et que je n'avais pas su que ce fût elle. Mais cela ne m'excusait point dans son esprit, et elle voulait être vengée [...].

Mon affaire avec la résidente fit d'abord grand bruit : on louait hautement mon zèle et ma fermeté. Mme la comtesse de Dohna m'envoya chercher pour savoir ce qui en était, et l'on m'obligea à me cacher pendant quelque temps pour laisser passer le ressentiment de cette dame. Mais il devint tous les jours plus grand par la manière avantageuse dont on parlait de moi là-dessus et les réflexions opposées qu'on faisait sur le chapitre de la résidente, car cette aventure rappelait tout le passé. Ainsi, son mari ne put point se dispenser, la chose étant devenue si publique, de s'en plaindre à messieurs les syndics et de leur demander l'exécution d'une ordonnance par laquelle il n'était pas permis aux Français de rester plus de trois jours de suite dans Genève. Comme j'étais dans le cas, il fallut songer à en sortir. J'aurais bien voulu y attendre les réponses d'Allemagne, mais il n'y avait pas moyen et l'on me conseilla de partir avec mon oncle et ma tante Noguier [...].

Je trouvai dans Lausanne une infinité de connaissances. J'y en fis même de nouvelles, car tout le monde avait envie de me voir. On me traitait d'héroïne sur ce qui s'était passé entre la résidente et moi, et l'on me félicitait de ce qu'à mon âge je souffrais déjà pour justice. Huit jours se passèrent de cette manière, à faire et à recevoir des visites, à aller au prêche et à voir toutes les curiosités de la ville. Ce que j'y trouvai de plus beau, c'est l'église qu'on appelle de Notre-Dame : elle a été aux catholiques romains, et l'on voit encore dans le chœur les tombeaux de plusieurs évêques et d'autres personnes de considération avec leurs statues en marbre. Il y a dans ce chœur une grande vitre qui forme une seule rose, cela est assez particulier. Mais ce qui me frappa le plus, ce fut les piliers de marbre qui paraissent soutenir la voûte de l'église et qui sont d'une hauteur prodigieuse et extrêmement déliés. Cette église est dans l'endroit le plus élevé de la ville, car Lausanne n'a pas été bâtie en pays uni, et l'on n'y saurait faire trois pas de niveau. À cela près, c'est un fort joli endroit et où il y a très bonne compagnie. Après y avoir passé huit jours, comme je viens de dire, nous partîmes avec un convoi qui devait nous conduire à Berne [...].

Quand nous fûmes aux portes de Berne, les gardes arrêtèrent notre chariot. Nous ne savions d'abord ce que cela voulait dire, mais un moment après un d'eux marcha devant et nous conduisit au logis du Faucon, qui est le meilleur de la ville; et je ne saurais assez louer ici la charité de messieurs les Suisses, qui défrayaient ainsi tous les réfugiés qui passaient dans leurs pays. Nous nous reposâmes huit jours dans cette bonne auberge aux dépens de messieurs de Berne et, quand nous voulûmes partir, on nous fournit des voitures jusqu'à Zurich, et on donna ordre à nos conducteurs de nous défrayer sur la route. Si bien que nous n'avions pas la peine de compter dans les cabarets, qui est, selon moi, un des plus grands désagréments du voyage, et l'on allait comme cela d'étape en étape, d'un canton à l'autre, tous les cantons pratiquant la même hospitalité. Berne est une très belle ville, bien bâtie et bien fortifiée; les dehors en sont charmants. Nous passâmes avant d'y arriver dans des bois enchantés. Mais ce qui me surprit, ce fut de voir, sur les écorces des arbres, des chiffres et des lettres gravés, tout comme si l'on eût été sur les rives du Lignon[3]. J'avoue que je n'aurais pas cru trouver tant de galanterie et de délicatesse parmi les Suisses. Cependant cela est ainsi, et presque tous les arbres en font foi. En entrant dans la ville, on nous fit remarquer le géant Goliath qui est tout armé sur la porte, et le petit David qui est vis-à-vis sur une fontaine, la fronde à la main. Il y a une infinité de fontaines comme cela avec des figures qui représentent des histoires saintes et profanes, et ce qu'il y a de plus agréable dans cette ville, c'est que, quel temps qu'il fasse, on peut y aller à couvert. Car il y a de chaque côté de rue des arcades comme celle de la place Royale de Paris, et cela dans toute la ville, si bien qu'il n'y a que les chevaux et les voitures qui passent dans le milieu des rues, et que l'on y est toujours à l'abri des boues et des injures de l'air.

Dès que je fus à Berne, je courus chez M. l'avoyer d'Herlac [4] voir M. Peyrol, ce zélé ministre de Nîmes duquel j'ai déjà parlé, qui fut ravi de voir arriver une de ses brebis. Il m'offrit de me faire placer à Berne, mais j'étais résolue à continuer mon voyage avec mon oncle Noguier et à me déterminer, quand je serais à Francfort, ou à aller à Saxe ou à La Haye chez mon oncle Petit. Le bon M. Peyrol me donna un témoignage fort ample et fort avantageux que j'ai toujours gardé, que j'ai cru devoir insérer ici :

Attestation de M. Peyrol, ministre de Nîmes, souscrite par plusieurs autres pasteurs, donnée à Berne le 11 de mars 1686, en faveur d'Anne Marguerite Petit.

Nous, pasteurs, soussignés, certifions que demoiselle Anne Marguerite Petit, fille de feu M. Petit, gentilhomme, a toujours fait profession de notre sainte religion et montré dans sa conduite toutes les vertus qu'on demande des personnes de sa qualité et de son sexe. Elle a joint à une exacte connaissance de sa religion un grand zèle pour la professer, et a sacrifié ses biens, et s'est exposée à beaucoup de dangers et de fatigues pour pouvoir servir Dieu selon les mouvements de sa conscience. C'est le témoignage que nous lui rendons, la recommandant à la grâce de Dieu et priant ceux de nos frères auxquels elle s'adressera de la reconnaître pour un vrai membre du corps mystique de Christ.

À Berne, ce 11 de mars 1686. Peyrol, pasteur de l'église de Nîmes [...].

Zurich est une grande et belle ville, une rivière passe dans le milieu. Mais avec cela, Berne me plaît davantage. Les femmes n'y sont pas mises d'une manière si extraordinaire, car, excepté la cape, qui est une coiffure de peau faite à peu près comme les perruques d'abbé et qui sied très bien aux jolies personnes ; à cela près, dis-je, et qu'elles sont habillées modestement, elles sont faites comme les autres gens, et du moins on leur voit le visage. Les filles laissent pendre leurs cheveux nattés par grosses tresses, et les femmes les cachent sous la cape. Ainsi, du premier coup d'œil, on démêle une fille d'avec une femme sans s'y méprendre. Mais l'habillement des dames de Zurich est quelque chose de terrible : il est d'un gros drap noir plissé et ample, comme les frocs des religieux bénédictins, avec des manches pendantes sur les côtés. Elles croisent leurs bras dans des grandes manches ; elles ont sur leur tête un bandeau qui descend jusqu'aux yeux et un grand linge épais par-dessus, et sous le menton un autre linge plissé comme un essuie-main, qui leur couvre jusqu'à la lèvre de dessus, si bien qu'on ne leur voit que le bout du nez. Elles vont à l'église et en reviennent toutes en bande, deux à deux, la vue baissée, et l'on dirait à les voir marcher en cet ordre que c'est une procession de moines noirs. Après cela, elles se renferment chez elles. Les ménages sont fort unis dans ce pays-là : on y marie les gens fort jeunes, et la sévérité des lois fait que chacun s'en tient à sa chacune, et que, quand on n'a pas ce que l'on aime, on aime ce que l'on a. Car l'adultère y est puni de mort, et on n'y entend pas de raillerie. Ainsi, une femme peut compter sur la fidélité de son époux et, par là, elle est à l'abri de la jalousie, maladie si cruelle chez les autres nations [...].

Comme notre colonie grossissait tous les jours et que nous faisions recrue partout où nous passions, nous nous séparâmes en deux bandes. Les messieurs de Zurich nous donnèrent deux chariots pour nous conduire à Schaffhouse. Mon oncle et ma tante se mirent dans le premier, et je fus destinée à entrer dans le second avec leur frère et leur belle-sœur [...]. Nous entrâmes après cela dans la Souabe, où l'on nous avait dit qu'il y avait du danger à courir par la férocité des paysans et la quantité de voleurs dont tous les bois étaient remplis. Nous aurions bien voulu éviter ce passage, mais comme la France tenait plusieurs places le long du Rhin, nous ne pouvions l'aller prendre qu'à Mayence, et il fallait faire tout ce chemin là par terre. Nous passâmes la Souabe sans qu'il nous arrivât aucune mauvaise aventure, mais nous ne trouvâmes plus dans toute la route que de très mauvais gîtes, et il ne fallut plus songer à coucher dans des lits. Quand nous arrivions le soir, tantôt mouillés jusqu'aux os, tantôt grillés par le soleil, d'autres fois gelés par le froid et quelquefois après avoir essuyé en un même jour la rigueur des quatre saisons, on nous faisait entrer dans un grand poêle ouvert des quatre côtés et dont toutes les murailles n'étaient que vitres. Il y avait au milieu de cette chambre une longue table entre deux bancs sur lesquels on nous faisait asseoir. Nous avions à côté de nous des Allemands à longue barbe, qui fumaient et buvaient de la manière du monde la plus grave. Nous avions beau demander à manger, il n'en était ni plus ni moins, et il fallait attendre une certaine heure ; après quoi, quand on n'espérait plus que personne vînt, on servait un souper qui n'était pas ordinairement fort ragoûtant. On ne donne jamais dans ce pays-là ni couteau ni fourchettes, et l'on suppose que chacun en doit porter avec soi. On ne connaît pas non plus l'usage des serviettes, et tout ce que vous pouvez faire, c'est de vous essuyer la bouche avec les bouts de la nappe. Après le souper, nous voyions entrer une servante ou un valet d'écurie avec quantité de bottes de paille qu'ils étendaient par terre et nous faisaient entendre que c'était là où nous devions coucher, sans nous donner de couvertures. Ceux qui avaient des manteaux s'en servaient, et les autres n'étaient pas couverts ; mais heureusement, il ne faisait pas froid dans ces poêles. Il arrivait quelquefois que, lorsque nous avions envie de dormir, il y avait des Allemands qui étaient en train de boire et de fumer, et qui se mettaient à hurler en leur langue quelque chanson bachique et à former une cacophonie épouvantable sans qu'il y eût moyen de les faire taire ; et ils continuaient ce train jusqu'à ce que, crevés à force de boire, on les voyait tomber sous la table. Cependant, avec toutes ces manières barbares, il y régnait une grande bonne foi ; jamais ces hommes, soit qu'ils fussent fous ou qu'ils ne le fussent pas, ne nous disaient plus haut que notre nom. Dès le bon matin, nos charretiers nous criaient de nous lever, ce qui était bientôt fait, et nous trouvions l'hôte qui nous attendait au passage avec une ardoise sur laquelle ce que nous lui devions était marqué, qu'il fallait payer sans hésiter. Car si on l'obligeait à recompter, il grossissait à coup sûr le compte. Ainsi, le mieux était de ne point disputer. Voilà comme nous fûmes dans toute l'Allemagne.

Après avoir passé la Souabe, nous entrâmes dans le pays de Wurtemberg [5], voisin du Neckar et du Danube. Tübingen en est la capitale, et c'est là où l'on voit les tombeaux des princes [6]. Nous arrivâmes dans cette ville à midi et dans le temps qu'on tranchait la tête à un père et à sa fille accusés d'inceste. Toute la ville était assemblée à ce spectacle. De Tübingen, nous fûmes à Stuttgart qui est le Versailles des princes de Wurtemberg et le lieu où ils font leur séjour ordinaire. Nous en visitâmes toutes les beautés et nous nous arrêtâmes surtout à examiner cette grotte [7] dont tant d'historiens ont parlé, et de laquelle je ne ferai pas la description, parce que je ne pourrais être qu'un faible écho. Il y a encore au même endroit une orangerie aussi belle que celles qu'on voit en Italie ; on la garantit des rigueurs du froid en entourant tous les hivers cette petite forêt de murailles où l'on fait plusieurs cheminées ; et, par le moyen du feu, on trouve celui de tempérer l'air et de conserver ces arbres qui sont très beaux. Ce qui me fit le plus de plaisir, ce fut de voir sur la porte de la maison du prince, en bon français : « Le calme a succédé à l'orage. » On me dit qu'il avait fait graver ces mots lorsque, par le secours de la France, il fut rentré dans ses États qu'on lui avait envahis. On nous fit voir dans ce château une grande salle dont les murailles sont toutes entourées, au lieu de tapisserie, de bois de cerf, et l'on voit au-dessus de chacun le nom de celui qui l'a tué. Nous saluâmes les princes dans le parc : celui à qui appartenait le pays était encore bien jeune [8], et son oncle, qu'on appelait alors le prince régent, gouvernait pour lui. Ils me parurent tous deux fort honnêtes et fort polis. On me proposa de rester dans cette cour, où il n'y avait pas beaucoup de Français et où j'aurais pu être bien placée. Mais comme la vie ambulante est du goût des jeunes personnes, je voulus continuer mon voyage.

Avant de quitter ce pays-là, je voulus un peu aller dans les églises : on y est luthérien, et j'étais fort curieuse de voir leurs cérémonies. Je fus contente, car je m'y trouvai un jour de communion. Je vis dans le milieu de l'église un autel sur lequel il y avait un crucifix, aux deux bouts de l'autel deux petits clercs tenaient un tapis pour recueillir ce qui aurait pu tomber du pain ou du vin pendant la communion, et les communiants faisaient le tour de l'autel pour prendre d'un côté le pain, et de l'autre le vin que les ministres leur distribuaient. Ce soin que je remarquai qu'on avait d'empêcher qu'il ne se perdît aucune parcelle des espèces du sacrement me fit voir qu'ils croyaient la réalité ; mais ils ne la croient que dans l'acte de la communion et la définissent d'une manière bien différente des catholiques romains. On chanta des psaumes ou des hymnes dans cette église, et je remarquai que, pendant le sermon, toutes les fois que le ministre nommait Jésus-Christ, tout le monde faisait une inclination de tête comme on fait chez les catholiques romains. Pour les images, il ne me parut pas qu'on y fît attention, et elles avaient plutôt l'air de servir d'ornement que d'être l'objet de la dévotion du peuple. Voilà tout ce que j'ai remarqué dans le pays de Wurtemberg, qui est assurément très beau.

Après cela, nous entrâmes dans le Palatinat et nous arrivâmes à Heidelberg, qui en est la capitale, la veille de Pâques. Nous y trouvâmes mon oncle Noguier et nous en repartîmes tous ensemble après nous y être reposés le jour de Pâques, que nous passâmes à l'église et à voir ce qu'il y avait de curieux dans la ville. On nous mena dans des jardins qui sont sur le bord de Neckar. Mais ce qu'il y a de plus remarquable, c'est le grand tonneau qu'on appelle le foudre d'Heidelberg [9]. Les tombeaux des princes palatins [10], qui étaient dans la grande église [11], étaient aussi assez beaux ; mais peu de temps après, les troupes françaises violèrent le respect qui était dû aux cendres de tant de héros, car j'ai ouï dire à des officiers de dragon qu'ils en avaient vu déterrer quantité par les soldats qui cherchaient à faire de l'argent des cercueils de plomb dans lesquels ils étaient. Nous partîmes donc d'Heidelberg le lendemain de Pâques, dans une manière de coche ou de diligence qui nous fit marcher nuit et jour jusqu'à Francfort, où nous arrivâmes sur la fin de la foire, après avoir passé par Spire, où est la chancellerie de l'Empire. Francfort est une ville impériale sur le Mein, en Franconie, dans le diocèse de Mayence. Elle est divisée en deux par la rivière et célèbre par ses foires, et parce qu'on y fait l'élection de l'empereur depuis la bulle d'or, qui est une Constitution fameuse qui se fit du temps de Charles IV. Charlemagne l'augmenta après avoir défait les Saxons. Ses édifices les plus considérables sont l'église de Saint-Barthélemy, l'hôtel de ville et le palais impérial ; les maisons y sont bâties de bois. Quand nous fûmes à Francfort, mon oncle alla chez M. Jacob Couvreur, où il devait trouver des lettres de mon oncle Petit. Il y en trouva effectivement, et dans le temps que mon oncle Petit m'écrivait qu'il m'attendait avec impatience, il marquait à mon oncle Noguier de m'engager à aller en Saxe de Francfort. Si bien que mon oncle Noguier, pour lui faire plaisir, me parla en homme qui comptait que nous allions nous séparer [...].

Comme je ne voyageais pas à ses frais, je ne savais que penser de l'envie qu'il avait de se défaire de moi, et je trouvais de la dureté à me vouloir abandonner toute seule dans un pays étranger dont je n'entendais point la langue, et où je pouvais tomber malade. Enfin je dis à M. Noguier que, les chemins étant libres, je voulais aller à La Haye, puisque mon oncle Petit le souhaitait, et que je ne voyais pas ce qui pouvait l'obliger à s'y opposer. J'eus même là-dessus une discussion un peu vive avec lui; sa femme voulait qu'il me développât le mystère, mais la peur de désobliger M. Petit l'en empêcha, et il aima mieux essuyer toute ma mauvaise humeur. En effet, comme j'ignorais ses principes, j'étais indignée de son procédé et je ne pouvais pas m'empêcher de le lui faire connaître; et tout ce qu'il me disait pour m'obliger à rester me déterminait à continuer mon voyage. Ainsi, il fallut qu'il consentît à ce qu'il ne pouvait empêcher. Toute la troupe loua un bateau à frais communs, et nous nous embarquâmes sur le Mein, qui nous conduisit au Rhin. De Francfort, nous fûmes à Mayence : nous passâmes devant une vieille masure qu'on appelle la tour des Rats [12] : on prétend qu'un évêque de Mayence, étant par un châtiment du ciel poursuivi par ces animaux, avait fait bâtir cette tour dans le Rhin, croyant que les rats ne pourraient y aborder parce qu'elle forme une espèce de petite île : mais dès qu'il s'y fût retiré, on vit une quantité prodigieuse de ces animaux qui le suivirent à la nage et l'allèrent dévorer dans cet asile. Quoiqu'il en soit, ce reste de la tour s'appelle encore la tour des Rats, et ce passage est très dangereux; nous faillîmes à y périr, et il me souvient que, dans ce grand danger, je me mis à entonner *Hélas, seigneur, je te prie, sauve-moi; car les eaux m'ont saisie jusqu'à l'âme* [13]. Nos ministres blâmaient un peu ma tranquillité à chanter dans une conjoncture si périlleuse, mais je leur fis comprendre après que les psaumes étant des prières, celle-là avait été assez de raison.

Après avoir fait notre provision de jambons à Mayence, nous

continuâmes notre navigation. Il y a sur le Rhin quantité de ponts volants, sur lesquels les personnes, les voitures... tout entre. Après quoi, le pont s'en va de l'autre côté de l'eau se débarrasser de sa charge et en prendre une autre, et ce manège dure tout le long du jour. Ces ponts sont fort grands, peints et entourés de balustrades, et l'on en voit auprès de toutes les bonnes villes. Quand nous fûmes à Bonn, notre batelier nous mit à terre à l'heure du dîner, parce qu'il avait affaire dans cette ville où l'électeur de Cologne [14] fait ordinairement son séjour. Nous entrâmes dans un cabaret, et pendant qu'on apprêtait le dîner, nos ministres eurent la curiosité de s'aller promener dans la ville, où ils furent arrêtés et menés au corps de garde, parce qu'on les reconnut pour français ; mais on les relâcha d'abord, voyant bien que ce n'était pas des espions. Dès qu'ils furent de retour, on se mit à table. Et comme il y avait longtemps que je n'avais rien mangé de chaud, je m'y mis aussi, quoique j'eusse soin d'user d'économie afin que mes deux cents francs me pussent conduire à La Haye. Et après le dîner, j'en fus pour ma pièce de trente sous, ce qui ne me fit pas plaisir. Nous séjournâmes un jour à Cologne, où je fus voir les églises et tout ce qu'on prétend mériter la curiosité des voyageurs. C'est dans cette ville où l'infortunée Marie de Médicis [15], veuve, mère et belle-mère de rois, finit misérablement ses jours et son exil. Nous passâmes aussi devant la belle maison de l'électeur de Trèves : elle est sur le bord du Rhin et elle arrête agréablement la vue des passagers. Enfin, nous entrâmes dans la Westphalie, et nous fûmes débarquer à Wesel, ville appartenant à l'électeur de Brandebourg [16], à présent roi de Prusse. Nous y couchâmes, et le lendemain nous fûmes au fort de Skint, cette place qui paraissait imprenable, que les Français prirent cependant avec tant de facilité dans les guerres de soixante et douze. Du fort de Skint, nous fûmes à Nimègue, ville capitale de la province de Gueldre, où la paix fut conclue l'an 1678 [17].

Comme c'était la première ville des sept provinces [18] que je voyais, je la trouvai d'une beauté enchantée : les arbres qu'on voit dans les rues, la propreté, la symétrie des maisons, tout cela me charmait, et je ne croyais pas pouvoir rien trouver de plus beau.

Nous y vîmes quantité d'officiers français qui mangeaient là les pensions qu'ils avaient de l'État, en attendant que la guerre leur donnât occasion de signaler leur valeur et d'avancer leur fortune. Entre autres, il y avait un nommé M. de Belcastel qui a poussé assez loin la sienne. Il nous remit un paquet de mon oncle Petit qui, ayant su par mon oncle Noguier que je venais à La Haye et sachant parfaitement bien se déguiser, me marquait qu'il m'attendait avec impatience, et en même temps il conseillait à mon oncle Noguier de s'en aller de Nimègue à Groningue, où il lui avait procuré une place. Et il lui disait, pour l'empêcher de passer à La Haye, que son Église pourrait s'impatienter et qu'il devait s'y rendre sans perdre de temps ; qu'une autre fois ils pourraient se voir, mais que, pour le coup, il n'y fallait pas songer ; qu'il devait prendre des chariots pour Utrecht et me mettre sur un bateau de Rotterdam, d'où je viendrais aisément à La Haye. Il priait même M. de Belcastel de se charger de mon embarquement. Mon oncle Noguier vit alors que son cher beau-frère n'avait pas grande envie de voir ses proches, mais comme il en avait une fort grande de venir à La Haye, il fit semblant de n'avoir pu trouver de voitures par terre et se mit avec moi dans le bateau de Rotterdam.

Nous partîmes de Nimègue à huit heures du matin et nous arrivâmes vingt-quatre heures après à Rotterdam, où le syndic était assemblé. Mon oncle Noguier fut d'abord chercher M. Claude qui, ne sachant pas les intentions de mon oncle Petit et croyant au contraire lui faire plaisir, dit à mon oncle et ma tante Noguier que, n'étant qu'à trois lieues de La Haye, ce serait se moquer de n'y pas venir. Ainsi, mon oncle Noguier, autorisé par ce conseil, suivit le penchant qui l'entraînait à La Haye, et mon oncle Petit nous y vit tous arriver malgré les précautions qu'il avait prises pour l'éviter. Il n'en témoigna pas le moindre chagrin ; au contraire, il me dit que j'avais prudemment fait de ne point rester à Francfort et que j'aurais eu tort de disposer de ma personne sans sa participation ; qu'il me regardait comme sa fille et que je pouvais rester sur ce pied-là dans sa maison. Pour mon oncle et ma tante Noguier, après les avoir gardés deux ou trois jours chez lui, il trouva le secret, sur des prétextes spécieux, de les faire décamper sans que le pauvre M. Noguier, qui mourait d'envie de prêcher à La Haye, pût en avoir le temps.

Si j'avais été charmée de Nimègue, je le fus encore plus de Rotterdam et de Delft, et bien plus encore de La Haye qui est un séjour enchanté. Dès que j'y fus arrivée, on me dit que le Hollandais que j'avais connu à Nîmes, et dont j'ai déjà parlé, venait tous les jours chez mon oncle pour demander de mes nouvelles; et en effet, je le vis venir le lendemain, dans le temps qu'un de mes petits-cousins se disposait à lui aller dire que j'étais arrivée. Il parut fort content de me voir et quelques jours après il me donna à la kermesse, qui est une manière de foire où l'on se promène en masque, et où l'on donne et l'on reçoit sans scrupule des petits présents; il me donna, dis-je, dans cette occasion des tablettes à filigrane d'argent, doublées de vert et garnies fort galamment de petits rubans de même couleur, qu'il savait être la mienne. Il n'y avait rien de si joli que la manière aisée dont on se promenait à cette kermesse. Mme la princesse d'Orange [19] se faisait un plaisir de ses divers déguisements; je l'en ai vue changer jusqu'à sept fois dans une matinée, et toute sa joie consistait à n'être pas reconnue. Il y avait quantité de Français dans La Haye, et il y en arrivait tous les jours. La maison de mon oncle en était toujours pleine, et l'on pouvait dire que c'était le refuge des réfugiés. Mon oncle jouait au trictrac avec les uns, et la fille aînée et moi nous causions avec les désœuvrés. Elle avait deux ans de plus que moi, bien de l'esprit et beaucoup d'agréments sans beauté. Son plus bel endroit était la peau qu'elle avait très blanche, mais cette peau n'enveloppait que des os, car la pauvre fille avait la maladie que les Anglais nomment consomption. Elle crachait du sang, et quoiqu'elle se flattât comme font tous les poulmoniques, il était aisé de voir qu'elle se flattait mal à propos. Elle avait une sœur cadette qui était plus belle qu'elle, mais qui ne plaisait pas tant parce qu'il s'en fallait beaucoup qu'elle n'eût le même tour d'esprit. Mon oncle avait, outre ces deux filles, trois garçons [...].

Dès que je fus à La Haye, j'écrivis à Paris à mon oncle Cotton et à Mme Saporta pour m'excuser de ce qu'au lieu de les aller trouver à Paris, j'étais venue en Hollande sans leur en demander la permission. Je fis voir mes lettres à mon oncle Petit qui en fut content, mais il jugea à propos de supprimer les réponses qu'on y fit, si bien que je fus dans une peine effroyable de n'en pas recevoir. Toutes les idées les plus funestes me passaient dans l'esprit, et comme j'aimais Mme Saporta plus que ma vie, j'arrêtais toujours ma pensée sur ce qui la regardait. Enfin, ce silence m'inquiéta si fort que pour en savoir la raison, j'écrivis à l'insu de mon oncle Petit à des personnes que je connaissais à Paris, qui ne manquèrent pas de le dire à mon oncle Cotton qui, jugeant par là qu'on ne me rendait pas ses lettres, s'avisa de les adresser à M. le comte d'Avaux, ambassadeur de France à La Haye; et M. d'Avaux me les faisait donner adroitement par des petits garçons qui les mettaient dans ma robe lorsque je sortais pour aller au prêche. Car on n'aurait osé me venir demander chez mon oncle, et je n'en sortais que pour aller à l'église avec sa femme et ses filles. Les lettres qui me venaient de Paris étaient au commencement pleines de reproches, ensuite on se radoucissait un peu; et enfin, on en revenait tout de plus belle à me solliciter de venir à Paris. Comme on me marquait qu'on avait répondu à mes premières lettres, je ne pus m'empêcher de demander ces réponses à mon oncle Petit qui comprit par là que j'avais quelque correspondance secrète, et cela fit qu'on m'observa de plus près. M. Petit était naturellement fort défiant. Ainsi, la contrariété était si grande chez lui que si je me mettais à la fenêtre, il fallait en donner une bonne raison. À cela près, sa maison était fort agréable par la bonne compagnie qui y venait tous les jours [...].

Nous passions fort agréablement les journées et les soirées, mais dès que nous en revenions au domestique, ce n'était plus la même chose, et il y avait à souffrir de la mauvaise humeur de Mme Petit, dont le succès de son jeu décidait. Les duretés ne lui coûtaient pas beaucoup, et elle m'a souvent dit que son mari n'avait pas de bien, que tout ce qui était dans la maison lui appartenait et qu'il était fort triste d'être chargé des parents d'autrui. Elle craignait encore de voir arriver ma tante Laval qui marquait un grand désir de sortir de France. Elle en écrivait à son frère, mais Mme Petit disait qu'une mauvaise récolte lui faisait prendre ce parti plutôt qu'un zèle de religion. Mon oncle ne relevait point cela, et je souffrais, dans l'espérance de me placer quelque part et de me tirer de chez eux; mais je ne voyais pas que mon oncle songeât à me procurer de place. Il avait d'autres vues, et il voulait se défaire de moi d'une manière à ne plus craindre que je lui retombasse sur les bras. Cependant, on m'écrivait toujours de Paris pour me solliciter à y aller, et je résistais à cette tentation. J'appris dans ce temps-là qu'on avait confisqué mes biens [20] de Nîmes, et l'on fut assez édifié de la manière dont je reçus cette nouvelle. Cependant, je n'avais aucune ressource, car mon oncle Cotton me mandait que je ne devais pas compter d'avoir jamais un sou de son bien à moins de rentrer dans le royaume; et ce qui me faisait sentir tout le désagrément de mon état, c'était lorsqu'il fallait que Mme Petit donnât quelque chose pour moi. Il me souvint que j'avais fait faire des souliers, et je les avais fait faire un peu hauts. Comme je ne voulais pas qu'on s'en aperçût, je les mis dès qu'on me les eut apportés, et je fis dire à ma tante qu'ils étaient bien. Mais elle voulut les voir, disant d'une manière mortifiante que c'était bien le moins qu'elle les vît pour son argent. Je sentais vivement ces reproches, j'en pleurais dans mon particulier, mais je me gardais bien de témoigner le chagrin que cela me faisait. Au contraire, je faisais bonne mine et je tâchais de me rendre agréable autant que je le pouvais [...].

Cependant, le mal de ma pauvre cousine empirait tous les jours et je la voyais quasi mourante sans oser lui dire ce que j'en pensais, car elle était tous les jours frisée et poudrée, et sous cet étalage on voyait la figure de la mort. On avait négligé de lui faire des remèdes, et l'on ne s'en avisa que lorsqu'ils ne purent plus lui servir de rien. On lui ordonna le lait de femme, et le désir de vivre lui fit surmonter la répugnance qu'elle avait à cela et la détermina à prendre une nourrice. Il est vrai que dans les commencements, pour l'y accoutumer, je tétais, ou faisais semblant de téter avec elle, mais enfin elle se fit une raison de cela. Elle en plaisantait même et ne faisait pas de façon de téter devant la compagnie, coiffée et étalée comme je l'ai dit, et avec des mouches sur le visage. La nourrice venait tous les matins à son réveil, elle revenait sur les dix heures, à quatre après midi, et le soir à onze heures, et c'était là ce qui bornait la veillée. Après quoi on faisait la prière avant que la compagnie se séparât. S'il s'y trouvait un ministre, c'était lui qui la faisait, et quand il n'y en avait point, c'était à moi à la faire ; et il ne fallait pas la prendre dans un livre mais la composer sur — le — champ, et cette prière était précédée de la lecture d'un chapitre et du chant d'un psaume. Voilà comme se passait notre temps [...].

Pendant ce temps-là, mon oncle Cotton et Mme Saporta m'écrivaient fortement de les venir trouver à Paris, et M. le comte d'Avaux, qui recevait leurs lettres, me les faisaient tenir adroitement, sans que je susse par où elles me venaient et sans qu'elles pussent ébranler ma constance. Mais il arriva des incidents qui me tentèrent un peu. Mme Petit reçut une lettre de son fils Duquesne, qui était allé conduire l'ambassadeur de France à Constantinople. Cette lettre était datée d'Alexandrie, et il marquait à sa mère qu'il avait appris que je m'étais retirée auprès d'elle, qu'il la priait d'avoir bien soin de moi et de m'assurer qu'il était toujours le même à mon égard. Ce souvenir me toucha : il m'en donna encore de nouvelles marques dès qu'il fut arrivé à Toulon, d'où il récrivit à sa mère qu'on disait que mes parents voulaient me rappeler en France et que si le cas arrivait, je pouvais compter sur lui. Mme Petit eut l'imprudence de me lire ces deux lettres qui rappelèrent chez moi des souvenirs que le temps n'avait pu tout à fait effacer, quoiqu'il fasse cet effet presque sur tout le reste du monde. Je sus aussi que M. Duquesne avait écrit en même temps à mon oncle Cotton pour lui offrir d'employer ses soins à m'engager à suivre ses sentiments, et il ajoutait que peut-être ses soins ne seraient pas tout à fait inutiles, puisqu'il se flattait que j'avais eu autrefois quelque bonté pour lui. C'était là des tentations auxquelles je résistais avec beaucoup de fermeté, mais mon oncle Petit m'en suscita une nouvelle. Car un dimanche au sortir de l'église, M. Darbussi, ce ministre qui avait tant d'esprit, me prit en particulier et, après un préambule qui me préparait aux choses les plus funestes, il me dit qu'il était fâché d'être chargé d'une commission désagréable pour moi et d'être obligé de me dire que mon oncle Petit souhaitait que j'entrasse dans une société [21] ; qu'il aurait une place gratis pour moi, de celles que Mme la princesse d'Orange avait fondées pour des pauvres demoiselles, et que je serais là plus à l'abri des tentations de la France ; et qu'enfin il fallait m'y déterminer, et qu'il fallait savoir ma résolution. Je dis à M. Darbussi que je me trouvais quitte à fort bon marché des frayeurs que son préambule m'avait données ; que mon oncle étant le maître chez lui, il n'avais pas besoin de mon attache pour disposer de moi, que j'étais préparée et résolue à tout. M. Darbussi réforma un peu ma réponse et se contenta de dire que je ferais tout ce qu'on voudrait. Mon oncle Petit en fut fort content, et l'on me présenta à Mlle Du Moulin [22] qui était la directrice de toutes ces sociétés où l'on comptait que j'allais être bientôt agrégée. Cependant, j'avais écrit à mon oncle Cotton et à Mme Saporta ce qui se passait. Cette nouvelle les alarma extrêmement ; ils n'avaient qu'une idée imparfaite de ces sociétés qu'ils regardaient comme des couvents d'où ils croyaient que je ne pourrais jamais sortir, et ils m'écrivirent qu'ils me défendaient d'y entrer et qu'ils m'ordonnaient de venir à Paris, où on ne me ferait aucune violence sur la religion. Ils me faisaient comprendre que mon oncle Petit ne cherchait qu'à se défaire de moi et, en me renfermant pour le reste de mes jours, assurer à ses enfants la substitution de mon bien ; mais que ceux qui me destinaient tout le leur avaient intérêt que je fisse un autre usage de mes beaux jours, et qu'ainsi je devais me laisser conduire par ceux qui m'aimaient véritablement. Je gardais toutes ces lettres dans la malle qu'on m'a prise, et si je pouvais les insérer ici, on trouverait que j'ai résisté longtemps à de fortes tentations.

Mais enfin on me prit par mon endroit sensible : j'aimais Mme Saporta plus que ma vie, et je lui devais assurément plus que si elle eût été ma véritable mère. Ainsi, mon oncle Cotton, qui connaissait mes sentiments, m'écrivit que cette bonne femme était mourante ; que le chagrin d'être éloignée de moi et de me savoir prête à être renfermée pour le reste de mes jours l'avait jetée dans une langueur d'où elle ne pouvait se tirer que par le plaisir de me revoir ; qu'il y aurait de la dureté de le lui refuser, surtout pouvant le faire sans risque, mais qu'il fallait se hâter de peur que le remède ne vînt trop tard. M. le comte d'Avaux, qui me fit rendre cette lettre, m'en écrivit une de quatre pages en même temps pour m'exhorter à faire ce que mes parents voulaient, me donnant sa foi d'ambassadeur que si je ne m'accommodais pas de la religion, on me permettrait de revenir dans trois mois à La Haye [...].

J'écrivis à M. le comte d'Avaux que la tendresse que j'avais pour Mme Saporta et le désir de lui conserver la vie me déterminaient à l'aller trouver, malgré les réflexions qui devaient m'en empêcher ; que la parole qu'il me donnait qu'on ne me ferait point violence me paraissait trop sûre pour craindre qu'on pût la violer ; qu'ainsi, il n'y avait plus qu'à trouver le moyen de me faire faire le voyage avec bienséance ; que je n'en voyais qu'un, qui était d'engager Mme Skelton, dont le mari[23] devait aller en France en qualité d'envoyé pour le roi Jacques[24], de me mener avec elle ; que mon voyage donnerait assez de prise à la médisance et qu'il fallait empêcher qu'on n'intéressât mon honneur en me mettant sous les auspices d'une personne d'autorité et de mérite qui pourrait répondre de ma conduite [...]. M. Skelton, qui était bien aise de faire sa cour à la France, n'eut pas de peine à accorder ce qu'on lui demandait. M. le comte d'Avaux me présenta à eux, et l'on me dit que je n'avais qu'à me tenir prête pour partir au premier bon vent, et j'écrivis à mon oncle Cotton ma résolution et surtout celle que j'avais prise de ne point changer de religion ; qu'ainsi je le priais de ne me pas exposer, puisqu'il aurait le chagrin de me voir promener de couvent en couvent sans aucun succès. Je le priais de se bien consulter là-dessus et de me donner sa réponse à Londres, où Mme Skelton devait me mener, parce qu'il fallait que monsieur son époux y allât rendre compte au roi Jacques de ce qu'il avait fait à La Haye et prendre ses ordres pour la France. M. d'Avaux, qui avait eu une grande conférence avec moi chez M. Skelton, écrivit aussi en conformité et dit que je ne lui paraissais nullement disposée à me faire catholique ; aussi ne l'étais-je pas. Je comptais qu'on me tiendrait la parole qu'on me donnait et que, quand on viendrait à y manquer, j'aurais assez de constance pour souffrir deux ans, qui était le temps prescrit par M. Jurieu[25] dans ses prophéties où il promettait que la religion serait rétablie en France l'an 1689, et cette espérance aida beaucoup à me déterminer [...].

Comme j'avais veillé la nuit précédente auprès de ma cousine qui s'était trouvée plus mal et qui avait vomi du sang, je fus me coucher d'assez bonne heure et le lendemain matin, je fus dans la chambre de cette pauvre fille. Nous eûmes une conversation fort tendre, elle me demanda des éclaircissements sur des choses qui la regardaient ; et quoiqu'elle eût un grand chagrin de me voir partir, elle me parla pourtant fort raisonnablement là-dessus, et nous nous séparâmes fort bonnes amies comme nous l'avions toujours été. Et je sortis sans rien dire à mon oncle ni à sa femme, qui étaient fort aises de pouvoir dire que je ne leur avais pas parlé de mon dessein et qui se tinrent renfermés pour me donner occasion de partir sans les voir. Je fus droit chez M. Skelton, et j'écrivis de là une lettre à mon oncle Petit dans laquelle je lui disais les raisons qui m'obligeaient à partir, et je lui parlais dans les termes du monde les plus respectueux. Je donnai cette lettre à un homme que je chargeai d'aller chercher mon coffre, mais il me vint rapporter que Mme Petit n'avait pas voulu le laisser prendre et qu'elle demandait qu'on lui payât plutôt ce qu'elle avait fourni pour moi, dont elle donna un mémoire qui se montait environ à dix francs en souliers, gants, rubans, peignes et épingles. Mon oncle Cotton avait prié M. d'Avaux de me donner ce qui m'était nécessaire pour mon voyage ; je ne voulus prendre que vingt guinées, afin que mon oncle Cotton en eût moins à rendre. J'en fis mon billet à M. d'Avaux, qui acquitta celui de Mme Petit, qu'il envoya à Paris. Cependant, il n'était bruit à La Haye que de mon départ. Bien des gens blâmèrent mon oncle de ce qu'il m'avait laissé sortir de chez lui et qu'il n'avait pas fait fermer sa porte. Tout le monde disait que les duretés de Mme Petit m'avaient fait prendre ce parti, et quantité de messieurs de ma connaissance vinrent me trouver chez M. Skelton. Il y en eut qui m'offrirent de se marier avec moi ; d'autres de me procurer une place en Allemagne ; et enfin, de payer ma pension où je voudrais, parce qu'ils étaient persuadés que je n'étais pas agréablement chez Mme Petit. Je tâchai de les désabuser en leur disant mes véritables raisons, et je les priai de garder pour mon retour toute la bonne volonté qu'ils me témoignaient. Ils s'en allèrent en m'annonçant mille malheurs [...].

Le capitaine du yacht qui devait nous mener en Angleterre

envoya avertir M. Skelton que le vent était bon, si bien que nous partîmes de La Haye le lundi sur les quatre heures après midi. C'était dans le mois d'octobre de l'année 1686, six mois après que je fus entrée chez mon oncle Petit [...]. On ne saurait être plus honnête que M. et Mme Skelton l'étaient à mon égard, ni être plus agréablement qu'on l'était sur ce yacht. On y faisait grande chère, on y jouait, on y était en bonne compagnie, et nous eûmes le plus beau temps du monde. En arrivant à Londres, M. et Mme Skelton me menèrent chez eux. Ils logeaient dans le Sufolkstreet, et j'y restai six semaines, c'est-à-dire jusqu'à ce que nous partîmes pour la France. Je reçus là des lettres de Paris : mon oncle Cotton m'assurait de nouveau qu'il ne me serait fait aucune violence, et il me marquait que Mme Saporta commençait à se trouver mieux depuis qu'elle espérait de me revoir, et que les médecins ne doutaient point que ma présence n'achevât entièrement sa guérison. Ces nouvelles me firent beaucoup de plaisir et m'encouragèrent fort à continuer mon voyage ; j'aurais même souhaité de pouvoir le hâter, mais je n'étais pas maîtresse d'en régler le temps. Celui que je passai à Londres fut employé à voir les curiosités de cette grande et belle ville.

On me mena à Westminster où sont les tombeaux des rois d'Angleterre, et je n'ai rien vu de si beau à Saint-Denis. Je vis celui de la fameuse reine Élisabeth, et je m'y arrêtai beaucoup. La chapelle d'Henri VII est une des plus belles choses qu'on puisse voir. On me mena à la maison du Parlement, où je vis la Chambre rouge et la Chambre verte, dont l'une est celle des seigneurs et l'autre celle des Communes. Ces deux Chambres règlent le destin de l'État, et elles ont même décidé de celui de leurs rois. Il y a en bas une grande salle qu'on appelle la halle, qui est le lieu où les rois et les reines dînent les jours de leur couronnement après avoir été sacrés dans l'église de Westminster, où on les fait asseoir pendant la cérémonie sur une chaise ou fauteuil de pierre qu'on appelle la chaise d'Édouard [26]. Il y a sous cette chaise une grosse pierre [27] qu'on prétend être la même dont Jacob fit chevet à Béthel. Cet Édouard, qu'on appelle Édouard le Confesseur, est en grande vénération parmi les Anglais ; on garde encore son épée à

Westminster. J'y ai vu aussi l'effigie de quantité de rois et de reines. Celle de Charles II [28] est en cire, de sa grandeur : il est dans ses habits, et ceux qui l'ont vu trouvent qu'il est très bien représenté. Mais le général Monk, qui l'aida à monter sur le trône, est si ressemblant que les plus habiles s'y méprendraient ; et la première fois que je le vis, je me rangeai pour le laisser passer, car il est tout debout et dans la posture d'un homme qui veut marcher. Il y a quantité d'autres choses curieuses dans cette abbaye, qui est très belle et fort ancienne. La tradition anglaise veut que ce soit saint Pierre qui l'ait consacrée. On prétend qu'on vit un soir un bon vieillard de l'autre côté de la Tamise qui passa dans un petit bateau, et que, quelque temps après, Westminster parut tout en feu. Cette illumination ayant attiré beaucoup de monde, on trouva le bon vieillard qui officiait et que l'on reconnut à des marques infaillibles être ce grand apôtre. Je crois qu'on peut pourtant être fort bien sauvé sans croire cela. Il y a de l'autre côté de l'eau, d'où l'on prétend que saint Pierre vint, un endroit appelé Lambets, qui est très beau. C'est là où loge l'archevêque de Cantorbéry, ou primat de l'Église anglicane : c'est le roi qui en est le chef, et quoique Jacques II fût catholique romain, il n'avait pas laissé de se conserver ce titre et celui de défenseur de la foi, parce qu'il avait juré à son sacre de maintenir la loi du Test [29] et les droits de la religion. Et c'est son manquement de parole qui, dans les suites, a causé tous ses malheurs, car les Anglais n'entendent pas de raillerie.

On me mena à Whitehall qui était la maison où ce monarque logeait. On dit que c'était la maison royale la plus grande qu'il y eût dans l'Europe. Je fis fort bien de la voir dans ce temps-là, car elle a été entièrement brûlée sous le règne du roi Guillaume, et je n'y ai plus trouvé que des masures à mon second voyage. Le roi Jacques avait sa chapelle dans le palais de Saint-James où il allait entendre la messe. Il traversait le parc pour y aller, qui est entre Westminster, Saint-James et Whitehall. Ce parc est un des plus beaux endroits du monde : ce fut là où je me campai le jour de la fête de tous les saints. Comme il faisait très beau, le roi était à pied, suivi de quantité de courtisans. Ayant grande envie de le voir et de ne m'y pas méprendre, je priai les personnes qui étaient avec moi de me le faire remarquer, mais ils me dirent que je n'avais qu'à regarder celui qui aurait son chapeau sur la tête, puisqu'il n'y avait que le roi qui fût couvert. Effectivement, je le reconnus un moment après à cette marque : il avait autour de lui une foule de courtisans bien faits, car les Anglais le sont presque tous. La reine Marie, sa femme, passa en chaise d'un air fort recueilli et lisant ses prières. Elle me parut belle et de fort bonne mine : elle avait beaucoup de douceur et de fierté dans la physionomie, et de grands yeux noirs à la manière de son pays. Toutes les dames la suivaient en chaise, et avec ce cortège Leurs Majestés rentrèrent dans Whitehall. On me fit voir ensuite la Bourse, qui est l'endroit où s'assemblent les marchands et où se fait tout le commerce de ce pays-là, qui est un des plus considérables de l'Europe. On voit dans cet endroit les statues de tous les rois et reines d'Angleterre, en marbre et représentés au naturel. Je fus ensuite à la pyramide, qui est d'une hauteur prodigieuse. On dressa ce monument dans l'endroit où le feu s'arrêta lors du grand incendie [30] qui consuma presque toute la ville de Londres. Il y a dans l'épaisseur de ce pilier un degré par où l'on monte jusqu'au haut, où l'on trouve une manière de balcon qui en fait le tour et d'où l'on peut voir une grande étendue de pays : les hommes les plus grands paraissent des pigeons quand on les regarde de cet endroit-là. La Tour [31] est encore un endroit qu'on va voir par curiosité : on y garde la couronne d'Angleterre et quantité d'autres choses qu'on montre comme le trésor de Saint-Denis en France. Entre autres choses, on y voit la hache avec laquelle on décolla Anne Boleyn, femme d'Henri VIII et mère de la reine Élisabeth. Cette Tour est sur le bord de la Tamise, à un des bouts de la ville ; elle est bien gardée et bien fortifiée. L'église de Saint-Paul est encore une chose curieuse par sa prodigieuse grandeur. On y a travaillé sous quatre rois, et elle n'est pas encore prête d'être achevée. Il y a encore des maisons de campagne qui méritent bien d'être vues. Greenwich est un fort bel endroit où il y a un parc qu'on trouve aussi beau que celui de Londres, et l'on y bâtit un hôpital pour les matelots qui est quelque chose de magnifique.

Enfin, il y a bien des choses à admirer dans ce pays-là qu'on appelle la terre des anges, car c'est ce que signifie le nom England, que nous avons traduit Angleterre. Le sang y est très beau : les femmes y ont la taille enchantée ; elles sont toutes blanches et ont les cheveux d'un blond souvent un peu trop doré. Elle marchent de bonne grâce, mais leur beauté ne dure pas : elles perdent leurs dents de bonne heure et la maladie du pays qu'on appelle consomption, dont elles sont presque toutes attaquées, les dessèche et les change extrêmement. Je crois que la manière dont on vit dans ce pays-là contribue beaucoup à affaiblir la constitution. On y élève presque tous les enfants à la cuillère et sans téter ; on n'y mange presque point de pain, mais grande quantité de viande, moitié crue, et beaucoup de confitures et de douceurs, jamais de soupe ; on n'y fait qu'un repas par jour qui est le dîner, et après cela on ne mange plus de tout le jour, ce qui fait qu'on mange beaucoup plus qu'on ne devrait. Ce fut du temps de Cromwell[32] qu'on supprima les soupers pour payer quelques impôts, et comme on a vu qu'on pouvait s'en passer, on ne les a plus rétablis, si bien que dans les meilleures maisons où vous serez depuis trois heures après midi jusqu'à minuit, on ne vous donnera autre chose que thé, café ou chocolat, ou une autre drogue qu'ils appellent Rambourk, qui est composée avec du vin d'Espagne, des blancs d'œufs, de la cannelle et du sucre. Tout cela échauffe le sang, et je crois qu'une aile de poularde vaudrait mieux pour la santé. Le matin, on prend encore du chocolat, et à dîner, on mange pour vingt-quatre heures. Les messieurs y boivent beaucoup ; ils sont naturellement galants, mais la constance n'est pas une vertu dont ils se piquent. Ils n'aiment pas la peine en amour, et la conquête la plus aisée est celle qui leur fait le plus de plaisir. Les dames aiment avec plus de délicatesse et de violence, et l'infidélité d'un amant suffit pour les engager à se pendre ou à se jeter dans la Tamise.

Il est vrai qu'il n'y a point de pays au monde où l'on fasse moins de cas de la vie que dans celui-là : on s'y tue pour rien, et il s'est même trouvé des théologiens parmi eux qui ont prétendu prouver par bons arguments que ce n'était pas un péché. J'y ai vu un garçon laid comme un magot qui avait donné de l'amour à une jolie fille et qui faisait encore le cruel malgré tout ce qu'elle lui disait de tendre. Enfin, un soir qu'elle lui reprochait son insensibilité, il lui dit naturellement qu'il était fâché de ne pouvoir pas l'aimer. Elle le remercia de sa sincérité et lui protesta qu'elle prendrait son parti là-dessus. Elle le prit en effet le soir même, car dès qu'il fut sorti, elle se leva, mit du linge blanc et tout ce qu'elle avait de plus beau ; après quoi elle attacha une corde au plancher où on la trouva pendue le lendemain matin. Toutes les fois que je voyais ce marsouin et que je m'imaginais qu'une fille s'était pendue pour lui, j'aurais eu le courage de le tuer. Ces exemples ne sont pas rares à Londres, et l'on y en voit tous les jours de semblables. On trouve tous les jours des personnes noyées dans la Tamise avec leurs poches pleines de plomb afin d'aller plus tôt au fond de l'eau. On apprend aux enfants dans les écoles à composer une harangue pour réciter sur les échafauds ou le gibet, car ils sont tous préparés à y monter et y montent même sans peine, soit que les crimes ou les révolutions de l'État les y conduisent. Et c'est là où ils brillent [...].

Ils se donnent dans ce pays-là une espèce de plaisir, qui selon moi a quelque chose de barbare, qui est d'assister à des combats de gladiateurs. Chacun va là pour son argent comme à l'opéra, et ces gladiateurs paraissent sur un théâtre en habit de combattants. Et après avoir bu ensemble un moment auparavant, ils se battent comme s'ils étaient ennemis mortels et risquent de perdre leur vie pour trouver les moyens de l'entretenir. Celui qui tue son compagnon est pendu s'il le tue sur le théâtre ; ce qui fait que, dès qu'il le croit mort, il lui donne un coup de pied et le fait tomber en bas, et pourvu qu'il meure à terre, il n'en est pas parlé. On voit là des hommes tout criblés de coups et couverts de sang. Et lorsque ces malheureux s'arrêtent un moment pour reprendre haleine, le peuple leur crie : « Play, play ! », c'est-à-dire : « Jouez, jouez ! » On dit qu'un jour que Charles II assistait à un de ces spectacles, un gladiateur, après avoir eu la précaution de demander sa grâce, dit à son compagnon : « Prends garde à ta tête ! », et la lui fit sauter d'un seul coup, ce qui fit admirer son adresse et réjouir beaucoup l'assemblée. Quand on pend dans ce pays-là, ce n'est jamais pour un seul : ils vont en bande au supplice, et chacun des criminels prie ses parents et ses amis, comme pour des noces, et les régale de son mieux. Tous les conviés le suivent au lieu du supplice, qui est ordinairement Tyburn [33] [...].

Mais c'est assez parlé de pendus, et pour changer la thèse, je dirai que l'on me mena à la comédie. Je n'y avais jamais été, car dans notre province ces sortes de plaisirs étaient interdits aux protestants, et Mme Saporta était trop rigide pour me les permettre. On joua ce jour-là une tragédie appelée *La Destruction de Jérusalem* [34]. Le spectacle était très beau et, quoique je n'entendisse pas la langue, je compris pourtant toute l'intrigue. Il y eut quantité de gens poignardés sur le théâtre, car les Anglais aiment beaucoup d'ensanglanter la scène. Je me trouvai aussi à Londres lorsqu'on fit le milord Maire. C'est une grande fête qu'on fait tous les ans lorsqu'on crée ce magistrat, qui est toujours un marchand des plus riches. Ses fonctions sont à peu près comme celles de lieutenant de police de Paris. Les rois ou les reines assistent à cette cérémonie et dînent avec lui dans l'hôtel de ville, avec les plus grands du royaume qui accompagnent le milord Maire. Tous les corps de métiers le suivent avec leurs drapeaux. En Angleterre, il faut être incorporé dans quelque corps de métier ; les rois mêmes se rangent sous ces sortes d'étendards, et la reine Anne [35] est actuellement de la compagnie des couturières. Cette marche dure toute la journée et, dans toutes les rues où elle doit passer, les fenêtres sont emplies de monde, ce qui est une occasion de dépenses pour ceux qui habitent ces maisons. Car ils se sont fait une loi de régaler ce jour-là tous ceux que la curiosité y attire : aussi n'y entre-t-on que par billets et avec de bonnes recommandations.

Je ne vis pas créer les membres du Parlement parce que ce n'était pas la saison. Cette élection se fait au printemps, par suffrage du peuple qui s'assemble pour cela dans des plaines ou des prairies qui sont au bout de la ville. Il est quelquefois dangereux de s'y trouver, car il y arrive souvent du désordre entre les amis des concurrents. Et la liberté du peuple est si grande dans cette occasion que, quand ils veulent exclure quelque seigneur de quelque maison qu'il puisse être, ils lui reprochent publiquement tout ce qu'ils peuvent imaginer contre lui ou contre sa famille et remontent, pour trouver quelque tache, plusieurs générations. Ces reproches odieux, qu'ils sont obligés d'essuyer sans se plaindre, irritent ceux qui soutiennent leur parti et causent des combats où il y a quelquefois bien du monde tué. Car, comme je l'ai déjà dit, ce peuple ne fait pas grand cas de sa vie ni de celle de son prochain [...].

Généralement, le peuple y est fort cruel. Les Français y sont fort haïs, et cette antipathie, jointe à l'humeur des Anglais, fait que l'on entend dans les rues « French dog », c'est-à-dire « chien de Français ». Mais c'est parmi les petites gens, car les personnes de qualité y sont très polies et d'un fort bon commerce. On me fit voir l'endroit où Charles Ier [36] fut décollé et la fenêtre par où il passa pour aller sur l'échafaud. C'était la fenêtre de sa chambre, qui a toujours été murée depuis. Il fut exécuté vis-à-vis Whitehall, et sa statue, qui est à cheval à Charing Cross, semble montrer cet endroit avec son sceptre. Je ne sais pourquoi on le fit passer par la fenêtre, à moins que ce ne fût de peur que quelques fidèles sujets ne l'enlevassent en chemin. Celui qui lui trancha la tête était masqué. On dit que ce prince marqua beaucoup de résignation, et les Anglais le traitent à présent de glorieux martyr et célèbrent tous les ans sa fête. On parle avec beaucoup de liberté dans ce pays-là et des rois et des reines, et chacun se mêle de dire son avis sur le gouvernement. On y est fort amateur de nouvelles, et c'est dans les cafés [37] où elles se débitent, ce qui fait que ces sortes d'endroits sont extrêmement fréquentés. Il y en a dans toutes les rues, et les ministres y vont tout comme les autres gens. On se marie en Angleterre sans beaucoup de cérémonie. Il y avait dans le temps que j'y étais une église à Marylebone où l'on mariait tous ceux qui s'y présentaient, sans s'en enquérir pour la conscience. On dit que le roi Guillaume et la reine Marie ont fait fermer cette église et qu'il faut à présent avoir dispense pour se marier. Mais on n'en refuse à personne, et l'on n'a qu'à porter une guinée aux bureaux qui sont établis pour cela, où l'on vous expédie une dispense en bonne forme. Après cela, vous avez un de vos amis qui se dit être votre père, et un autre qui se dit le père de la demoiselle ; et avec deux témoins et la dispense, sans faire d'autre enquête, le premier ministre bénit le mariage. Et quand il arriverait que le ministre n'aurait pas été en droit de le faire, ou qu'il y aurait des nullités, le ministre en serait châtié, mais le mariage serait toujours bon et ne pourrait être cassé. Cette grande facilité fait qu'on en voit souvent de mauvais, car si la fille d'un milord s'entête d'un valet, elle l'épouse en dépit de ses parents qui ne peuvent ni l'empêcher ni faire casser le mariage. L'agrément qu'on a, c'est que les femmes ne perdent pas leur rang quoiqu'elles se mésallient et quand elles ont un mari qui leur est inférieur, elles gardent leur nom de baptême qu'elles joignent à celui du mari, pour faire voir que c'est par elles-mêmes qu'elles sont « milady ».

J'avais à peine eu le temps de m'instruire des mœurs et coutumes du pays que celui qui était marqué pour notre départ arriva. Ce fut au commencement de décembre de l'année 1686 et environ six semaines après notre arrivée à Londres. J'y fis mes dévotions avant de partir et je n'eus pas de peine à me déterminer de communier à genoux, car il me semble que la situation la plus respectueuse est la plus convenable dans cette occasion. Et je fus fort édifiée de la piété des anglicans. Je priai Dieu qu'il me fortifiât contre toutes les tentations que je pourrais trouver en France, et Mme Skelton, qui était fort bonne protestante, m'exhorta de n'y pas succomber [...].

Nous arrivâmes devant Dieppe dix jours après être partis de Londres. Ce port n'est pas le meilleur du monde ; on nous descendit dans une chaloupe que les vagues faisaient terriblement danser et qui semblait devoir tourner à tous moments. À une certaine distance de terre, des hommes, qui avaient presque tout le corps dans l'eau, vinrent nous prendre sur leur cou, les uns après les autres, et nous posèrent sur le bord, où les carrosses de M. Skelton nous attendaient. Nous entrâmes dans Dieppe par un endroit qui n'en est pas, je crois, le plus beau. Mme Skelton, qui n'avait jamais été en France et qui ne voyait pas à Dieppe la propreté de l'Angleterre, et moins encore de la Hollande, me montrait les rues avec son doigt et me disait : « Oh fy, mistress, fy upon France ! », c'est-à-dire : « Fi, mademoiselle, fi de la France ! » Je la priai de suspendre son jugement jusqu'à ce que nous fussions à Paris, où j'espérais qu'elle prendrait des impressions plus avantageuses de notre patrie. Nous logeâmes à Dieppe au logis de Saint-Éloi, et nous en partîmes le lendemain. Comme c'était dans les jours les plus courts de l'année, nous en mîmes deux de Dieppe à Rouen ; nous fûmes descendre au Cadran-de-Mer, où nous nous reposâmes trois jours. Nous vîmes Mme la duchesse de Bouillon [38]. Nous fûmes à la Comédie, où j'eus bien plus de plaisir qu'à celle que j'avais vue à Londres parce que j'entendais la langue. Mme Skelton avait demandé *Iphigénie*, et ensuite *Le Médecin malgré lui*. Tout cela fut fort bien représenté. Dans le temps que j'étais à Londres, toutes les dames de la cour qui venaient chez Mme Skelton disaient que je ressemblais à Mme la duchesse de Mazarin [39], et M. et Mme Skelton le trouvaient aussi. Et ce qui me parut assez particulier, c'est qu'à Rouen tous ceux de chez Mme de Bouillon se récrièrent sur cette ressemblance. Je n'ai jamais vu Mme de Mazarin, mais je ne me reconnais point au portrait que Saint-Évremond a fait d'elle, et l'on me reconnaîtrait encore moins depuis le triste changement que le refuge a apporté en ma personne. Il n'y a pas grand chose à Rouen qui mérite d'être remarqué, excepté une grosse cloche qu'on appelle George d'Amboise [40]. Le port et le cours sont assez jolis. Nous partîmes de cette ville-là, et nous nous rendîmes à petites journées à Paris. Il n'y avait rien de si agréable que cette manière de voyager. Nous ne partions jamais qu'à neuf heures ; ainsi il ne fallait se lever guère plus matin qu'à son ordinaire. Pendant qu'on attelait, nous avions le temps de bien déjeuner, et il y avait des domestiques de M. Skelton qui allaient d'avance à la dînée, où nous trouvions toutes choses prêtes en arrivant [...].

L'après-souper, les uns jouaient, les autres causaient auprès d'un bon feu, jusqu'à ce qu'on allait se mettre dans un lit bien bassiné. Ainsi, on ne s'apercevait qu'on était en voyage que par l'agrément de changer de lieu. Nous avions, outre cela, de fort jolis livres que je lisais tous les soirs dans mon lit, suivant ma louable coutume, de sorte que cela avait bien moins l'air d'une route que d'une partie de plaisir. J'en avais un fort grand de penser que j'allais voir les personnes du monde qui m'étaient les plus chères. Je livrais mon cœur à toute la joie que cette pensée me donnait, et je rejetais toutes les réflexions qui pouvaient la troubler. Nous arrivâmes de cette manière à Saint-Denis avant d'avoir eu le temps de nous ennuyer en chemin. Nous dînâmes dans ce lieu, qui n'est qu'à deux lieues de Paris et qu'on pourrait regarder comme un des faubourgs de cette grande ville. Après le dîner, nous fûmes à l'abbaye où reposent les cendres de nos rois : nous visitâmes tous leurs tombeaux. Ceux de la maison de Valois sont des plus beaux. M. Skelton demanda avec beaucoup d'empressement à voir celui de M. de Turenne, tant il est vrai que les héros sont autant estimés que les rois et qu'on ne met pas de différence entre porter la couronne ou la soutenir. Monsieur le Prince [41] n'était pas encore enterré : nous le vîmes dans sa chapelle ardente. Après cela, on nous montra le trésor qu'on garde dans cette église, qui consiste en quantité de reliques entre lesquelles je fus surprise de voir la lanterne de Judas [42]. Il y avait aussi des couronnes et des pierreries, des vases qu'on nous dit avoir été au temple de Salomon, et des cruches de Cana [43]. On nous fit voir aussi l'épée de la pucelle Jeanne, que nos Anglais ne regardèrent pas de fort bon œil. Quand on faisait voir certaines reliques, on avertissait avant de les montrer qu'on eût à se mettre à genoux. Mais comme on nous croyait tous anglais, on ne nous y obligea pas, et cet ordre ne regardait que les Français qui se trouvaient là. M. Skelton donna de l'argent aux moines gardiens du trésor. Ce sont des bénédictins fort riches, auxquels le roi venait d'ôter cinquante mille écus de rente pour les donner à la maison de Saint-Cyr. Nous montâmes en carrosse au sortir de l'église, et nous fûmes en nous promenant à Paris. On nous fit remarquer quantité de petits oratoires auprès de Saint-Denis et dans les endroits où l'on prétend que ce saint, fatigué de porter sa tête entre ses bras, la posait de temps en temps. On nous dit aussi que cette église avait été bâtie par le roi Dagobert parce qu'étant un jour à la chasse et ayant poussé vivement un cerf qui était déjà aux abois, cet animal, n'en pouvant plus, se jeta dans l'endroit où est présentement l'église, d'où on ne put jamais le tirer, ce qui fit croire au roi qu'il y avait quelque chose d'extraordinaire. En effet, on trouva dans cet endroit-là le corps de saint Denis, et le roi

Dagobert y fit bâtir en l'honneur de ce saint l'église qui en porte le nom. En parlant de ces sortes de choses et en mangeant des talmouses [44] dont nous avions rempli nos carrosses, nous nous trouvâmes insensiblement aux portes de Paris. Nous entrâmes par celle qu'on appelle de Saint-Denis. Et comme M. Skelton devait loger à l'hôtel de Silery, dans le faubourg Saint-Germain, nous traversâmes une partie de la ville avant d'arriver au logis, et Mme Skelton eut lieu de revenir des mauvaises impressions que Dieppe lui avait données de la France. Nous passâmes sur le Pont-Neuf, où je remarquai la Samaritaine dont j'avais tant ouï parler. Et comme l'heure sonna pendant que nous passions, j'entendis un carillon à peu près comme ceux de Hollande qui me fit plaisir. Je vis aussi sur le même pont la statue du roi Henri IV sur le cheval de bronze, qu'on prétend être un chef-d'œuvre de l'art.

De là, nous passâmes sur le quai des Quatre-Nations, et nous arrivâmes à l'hôtel de Silery, qui est vis-à-vis l'hôtel de Conti. Nous trouvâmes le couvert mis en arrivant, et M. et Mme Skelton comptaient que je souperais avec eux avant de nous séparer et que, pendant le souper, on enverrait avertir mes parents. Mais l'impatience que j'avais de les voir ne me permettait pas d'attendre : je priai une personne de la maison de m'aller chercher un fiacre, et je sortis sans rien dire. Je dis au fiacre de me mener à l'hôtel de Mantoue dans la rue Montmartre, où je savais que mon oncle logeait. Je demandai à l'hôtesse s'il était au logis ; elle me dit qu'il était incommodé et que je le trouverais dans sa chambre, où elle me fit conduire. Je ne voulus point entrer de peur qu'il n'y eût quelqu'un d'étranger avec lui, et je fis appeler son valet qui me dit qu'effectivement il était avec deux messieurs de Montpellier [...]. Je dis à ce valet d'aller avertir tout bas son maître que sa nièce était là. Le valet s'acquitta de sa commission et un moment après, il vint me prier d'entrer dans une garde-robe pour donner le temps à ces messieurs de sortir. Car mon oncle trouva quelque prétexte pour s'en défaire ; et dès qu'ils furent descendus, j'entrai dans sa chambre. Je le trouvai auprès de son feu, un peu vieux et fort tourmenté de l'asthme, mais il avait tant d'esprit et de si bonnes manières que, malgré son âge et ses infirmités, sa conversation était la plus charmante du monde. Il parut fort aise de me voir : il prit une bougie pour m'examiner de plus près et me dit qu'il était content de ma petite figure, et qu'il l'avait déjà été de mes lettres ; qu'il ne tiendrait qu'à moi de recevoir des marques essentielles de sa tendresse, mais que du moins il m'en donnerait de sa probité en ne me faisant aucune violence.

J'étais fort inquiète de ne point voir Mme Saporta. J'interrompais à tous moments mon oncle pour lui en demander des nouvelles et comme il ne me répondait pas là-dessus, je craignais d'en apprendre de funestes. Mais mon oncle me rassura et me dit qu'elle ne logeait pas avec lui et qu'il allait me faire conduire dans un moment où elle était et où je la pourrais voir tout mon soûl ; que je la trouverais encore fort affaiblie, et que mes soins lui seraient fort nécessaires pour achever de se rétablir. Je demandai si elle avait changé de religion, car on ne m'avait jamais répondu sur cet article. Mon oncle me dit en riant que je saurais tout en temps et lieu. Et après m'avoir embrassée fort tendrement, il donna ordre à son valet de prendre un flambeau et de me mener dans la rue du Mail, où Mme Saporta était logée. Il chargea ce valet de lui dire d'abord que j'étais arrivée afin de la préparer au plaisir de me voir, de peur que la joie ne la saisît tout d'un coup. Mon oncle me dit aussi qu'il avait envoyé le jour de devant chez M. Skelton pour savoir quand il arriverait et qu'on ne lui avait pas rapporté juste ; qu'ainsi, il ne m'attendait que le lendemain, et que M. Ducasse [45], son bon ami, s'était chargé d'aller au-devant de moi en carrosse à Saint-Denis pour me prendre et remercier M. et Mme Skelton. Il me dit encore que ce M. Ducasse était l'intime ami de M. Duquesne, avec lequel on avait compté me marier et qui était arrivé à Paris deux jours avant moi. Cela me surprit, et mon oncle me dit que nous raisonnerions là-dessus une autre fois. J'allai donc retrouver mon fiacre en bas, et le valet de mon oncle le mena chez Mme Saporta. Et pendant que je montais, le valet prit les devants pour l'avertir que j'étais à Paris. Un moment après, il lui dit que j'allais venir la trouver, et après il m'annonça, et j'entrai dans la chambre. Si l'on mourait de joie, il est sûr que la vie de

Mme Saporta et la mienne auraient couru grand risque, car on n'en a jamais senti de plus vive.

Nous nous embrassâmes longtemps sans pouvoir nous parler. Nous pleurâmes de tendresse, et cet entretien muet aurait duré encore longtemps si le valet de mon oncle ne l'eût interrompu pour dire à Mme Saporta que son maître avait recommandé qu'elle me fît bonne chère. Si bien qu'elle songea à me faire souper, après quoi nous nous couchâmes toutes deux ensemble. Il y avait un an juste que nous ne nous étions vues, car j'étais partie de Lyon le 1ᵉʳ janvier 1686, et j'arrivai à Paris le 22 de décembre de la même année.

Dès que nous fûmes couchées, je demandai à Mme Saporta dans quels sentiments elle était pour la religion. Elle me répondit avec larmes qu'après avoir résisté longtemps, elle avait eu la faiblesse de signer, sur ce qu'on lui avait persuadé qu'on pouvait se sauver dans la religion romaine en n'adhérant point à certains cultes ; qu'elle avait eu beaucoup de peine à s'y résoudre et un si grand repentir de l'avoir fait qu'elle n'avait jamais voulu entendre aucune messe ni accepter une pension de cinq cents écus que le père de La Chaise, son parent, entre les mains duquel elle avait fait son abjuration, lui avait fait obtenir sans qu'elle se fût donné aucun mouvement pour cela. Elle me témoigna encore que la joie qu'elle avait de me voir était mêlée de bien des remords ; qu'elle craignait d'avoir exposé mon salut en m'engageant à venir en France ; mais qu'enfin, le désir de me voir l'avait emporté sur toutes ces réflexions ; qu'elle espérait que j'aurais assez de piété pour ne pas me laisser séduire, et que mon oncle était trop honnête homme pour manquer à la parole qu'il m'avait donnée ; et qu'avant de me faire venir, il avait pris les devants là-dessus avec la cour, par le moyen de M. le maréchal de Lorges et de ses autres amis ; qu'ainsi, pourvu que je ne me fisse pas connaître, on ne ferait pas semblant de prendre garde à moi et que nous pourrions prendre des mesures pour sortir après toutes deux du royaume. Je tâchai de lui donner courage et de la fortifier là-dessus. Je l'assurai que je ne me laisserais pas tenter et que je l'aiderais à se tirer de l'embarras où elle se trouvait [...].

Le lendemain après-midi, mon oncle m'envoya chercher et après m'avoir fait de nouvelles caresses, il me dit qu'il voulait me tenir la parole qu'il m'avait donnée sur la religion, qu'il ne m'en parlerait même pas si je voulais, mais que je lui ferais pourtant plaisir d'écouter les raisons que ses amis et lui me diraient en faveur de la religion catholique et de décider après, suivant mes lumières, pour celle que je voudrais. Je trouvai cette proposition si raisonnable que je ne fis pas difficulté d'y toper, comptant sur ma fermeté et sur la bonté de ma cause. Un moment après, je vis entrer M. l'abbé Ferrier, cousin de M. Pélisson. C'était un gros réjoui qui avait été autrefois protestant et qui était pour lors convertisseur [...]. M. Desmahis, frère du grand Lamothe, ministre de Londres et qui l'avait été lui-même d'Orléans, vint aussi, et M. Ducasse, ce bon ami de mon oncle qui a fait depuis une si belle fortune : toutes ces personnes étaient du secret et s'étaient employées pour persuader à Mme Saporta la possibilité du salut dans l'Église romaine. Comme ils avaient été tous trois protestants, il semblait qu'ils devaient être moins suspects que d'autres. Pour cette première séance, on n'entra pas beaucoup en controverse. On se contenta seulement, après m'avoir dit bien des choses flatteuses, de souhaiter que je fisse usage de ma raison afin de me mettre en état de jouir des promesses de la vie présente et de celle qui est à venir [...].

Ils savaient toutes mes affaires jusqu'aux moindres circonstances ; et enfin, ils me dirent qu'ils me connaissaient longtemps avant de me connaître, et que mon oncle leur avait montré toutes mes lettres, de même qu'à M. le maréchal de Lorges, au père de La Chaise, à M. Pelisson et à toutes les personnes auxquelles il avait confié le secret de mon retour. Je fus très fâchée que des lettres que j'avais écrites naturellement et sans y faire beaucoup d'attention eussent été examinées par des personnes d'un génie aussi supérieur. Mais ces messieurs me rassurèrent d'une manière flatteuse, ou du moins ils voulurent me rassurer en me persuadant que mes lettres avaient mis tous ceux qui les avaient lues dans mes intérêts. M. Ducasse me dit alors tout bas qu'il avait une double raison d'être de mes amis, puisqu'il l'était beaucoup de

M. Duquesne et qu'il avait su de lui les liaisons que nous avions eues ensemble, qu'on pouvait renouer si je voulais profiter de la conjoncture et de l'envie que mon oncle avait de m'arrêter en France. Il me dit que M. Duquesne en avait une fort grande de me voir et me fit valoir l'empressement avec lequel il était venu à Paris dès qu'il avait su que je devais y arriver [...].

Cependant, M. le maréchal de Lorges avait remis le bâton à M. de Noailles le 1er de l'année 1687 et depuis ce temps-là, il n'avait jamais manqué de venir tous les dimanches passer les après-midi dans la chambre de mon oncle. Dès qu'il entrait, il m'envoyait chercher dans son carrosse, et nous restions là jusqu'au soir à parler de religion. D'abord, il me dit qu'il ne s'agissait que d'un seul point, qui était de savoir si l'Église romaine était la vraie Église, auquel cas il était sûr que les portes d'enfer ne pouvaient point prévaloir contre elle ; qu'elle ne pouvait point errer ni tomber dans l'apostasie ; et, ce système étant posé, il ne voulait point entrer en discussion sur la transsubstantiation ni sur tous les autres articles qui nous séparent. Et il prétendait qu'on pouvait reconnaître cette Église à des marques infaillibles, comme à l'ancienneté, la perpétuité et par le nombre qui lui donnait le nom de catholique. Cette manière de controverses m'embarrassait un peu, et c'était là le point fort de M. le maréchal. Je ne pus m'empêcher de lui dire que je savais bien qu'il entendait à merveilles à commander des armées, mais que je ne me serais jamais avisée de le croire théologien. Il me répondit à cela qu'ayant changé par connaissance de cause, il avait appris tout ce qu'il me disait là et qu'il m'alléguait les raisons qui l'avaient persuadé. Je me défendis de mon mieux et je me retranchai d'abord sur l'Église des élus qui sont par tout le monde. Il traita cela de chimère et de vision, disant que l'Église doit être visible [46] ; que c'est là une de ses marques, puisque le Seigneur l'appelle dans l'Évangile, « la ville assise sur la montagne qui ne peut être cachée, et la chandelle sur le chandelier ». M. le maréchal appuyait fort là-dessus, mais je m'avisai de lui demander s'il n'était pas vrai que la foi était une certitude des choses qu'on ne voit point. Il me répondit qu'oui : « Hé bien ! dis-je, monsieur, cela étant, l'article du symbole qui dit : "Je crois la sainte Église catholique" suppose que nous ne la voyons pas, car si nous devions la voir, ce ne serait plus un article de foi. » Cet argument l'arrêta tout d'un coup, mais mon oncle Cotton le tira de cet embarras en disant : « Ne savez-vous pas, monsieur, qu'ils n'ont que des subtilités ! » Et il changea d'abord la thèse. Ces sortes de conversations n'étaient pas fort de mon goût, mais il fallait les essuyer. Tous les huit jours et les autres jours de la semaine, M. Desmahis, M. l'abbé Ferrier, M. Ducasse, tous les amis de mon oncle et mon oncle lui-même ne me parlaient d'autre chose. Mon oncle ajoutait à ces arguments les offres d'une succession considérable et m'assurait qu'on me donnerait les cinq cents écus de pension qu'on avait accordés à Mme Saporta, et qu'elle ne voulait pas accepter. Il me disait qu'avec cette pension et mes biens de Nîmes, je pourrais attendre commodément son héritage ; et que ses infirmités et ses années ne me feraient pas attendre longtemps ; que je ne devais pas changer par ces motifs, mais chercher le règne de Dieu et sa justice, et ne pas négliger ce qu'il voulait ajouter par-dessus ; qu'après tout, tant de prélats et d'habiles gens qui étaient dans l'Église romaine en devaient savoir plus que moi et qu'ils ne voudraient pas se damner de gaieté de cœur, non plus que tant de ministres qui avaient changé, entre lesquels il alléguait M. Desmahis, dont l'exemple ne devait pas être suspect puisqu'il n'avait eu aucune vue d'intérêt et que, sans demander des bénéfices, il s'était fait d'Église pour pouvoir désavouer en chaire tout ce qu'il avait prêché autrefois. Toutes ces controverses me déplaisaient fort, et je commençai à me repentir d'avoir consenti de les écouter.

Et comme on trouve toujours des raisons contre des raisons, on répondait quelquefois aux miennes d'une manière qui me déconcertait, et il m'arrivait d'être confondue sans être persuadée. On me faisait voir que la plupart des choses sur lesquelles nous nous récriions à présent étaient reçues dans la primitive Église, et l'on me prouvait cela par les Pères : il est vrai qu'ils ne me les faisaient voir qu'en petits extraits. Le retranchement de la coupe était une affaire proprement de discipline, reconnue telle par M. Daillé, ministre de Charenton. Les images, selon eux, étaient proprement le livre des ignorants et non l'objet de la dévotion. Et l'invocation des saints et la prière pour les morts, des choses inutiles. La transsubstantiation, une dispute seulement de mots, qui ne convenait qu'à l'école et que le concile de Trente définissait comme Calvin. M. le maréchal de Lorges ajoutait à cela que la religion avait toujours été un masque dont les grands avaient couvert leur politique et que, si les Guise s'étaient autrefois faits protestants, les Bourbon se seraient à coup sûr faits catholiques; que les particuliers en étaient la dupe, et qu'enfin, quand la religion protestante serait la plus pure du monde, il était toujours plus sûr de s'en tenir au gros de l'arbre puisqu'en se séparant de l'Église, on déchire la robe de Christ, et que c'était ce que nos réformateurs avaient fait; qu'après tout, dans le vingt-cinquième chapitre de saint Matthieu, on n'était pas sauvé pour avoir cru ceci ou cela mais pour avoir pratiqué les œuvres de charité. Ces disputes durèrent longtemps, et M. le maréchal de Lorges commençait à s'impatienter de ce qu'elles étaient infructueuses, lorsqu'il fut obligé de suivre le roi à son voyage de Luxembourg. Il renvoya la conclusion de cette affaire à son retour, et je fus fort aise d'avoir le temps de respirer, car mon oncle me pressait fort de me déterminer. Et comme je l'aimais et le craignais beaucoup, j'avais de la peine à lui donner une réponse désagréable, et mon cœur ne pouvait consentir à faire ce qu'il souhaitait, quoique l'amour-propre y eût bien trouvé son compte, car on me proposait des établissements avantageux. Bien des gens me demandaient en mariage à mon oncle, entre autres M. de Crouset. Il était fils d'un riche président de Montpellier, capitaine de cavalerie et gouverneur de Tarascon; mais tout cela n'était pas capable de me tenter.

Dans cet embarras, j'écrivis en Hollande à M. Claude et à M. Jurieu pour les prier de me donner des armes pour me défendre. Je leur rapportais tous les arguments qu'on me faisait et je leur demandais ce qu'il fallait y répondre [...]. Ils ne me firent point de réponse, et j'ai su qu'ils avaient dit que je ne cherchais qu'à triompher. Je les avais pourtant prévenus là-dessus, car, après les avoir assurés de la droiture de mes intentions, je leur faisais voir qu'ils ne risquaient rien, puisqu'on ne pouvait jamais triompher de la vérité et que ces ménagements ne devaient pas avoir lieu quand il s'agissait de garantir de l'enfer une âme pour laquelle le Seigneur n'avait pas épargné son sang; qu'il ne fallait pas alléguer que je m'étais exposée par ma faute, puisqu'on n'avait pas moins de soin de retirer de l'eau ceux qui s'y étaient jetés par désespoir que ceux qui y étaient tombés par malheur; et que si l'on me regardait comme la brebis égarée, on devait suivre l'exemple du bon berger. Mais tout ce raisonnement ne produisit rien, et je n'eus point de réponse [...].

Comme les ministres auxquels j'avais écrit ne me répondaient point, je m'avisai de m'adresser à une demoiselle que Mme Bigot [47] connaissait et que j'avais beaucoup vue à La Haye : c'était Mlle Laguerche. Je lui faisais voir la situation violente où je me trouvais et le besoin que j'avais de secours pour me garantir des surprises de l'erreur, et je la priais de demander à quelque ministre ce que je devais répondre à certains arguments. Car, puisque je m'étais engagée à la dispute, il fallait la soutenir et donner de bonnes raisons de ma persévérance. Mlle Laguerche me répondit là-dessus, et Mme Bigot, qui lui faisait tenir mes lettres, me rendit aussi ses réponses, qui me donnèrent beaucoup de consolation. Elle m'exhortait à la persévérance et à revenir à La Haye, et m'assurait que mon oncle Petit et sa femme, qui me regrettaient beaucoup, seraient charmés de m'avoir chez eux; et que mon retour les consolerait en quelque manière de la perte qu'ils venaient de faire de leurs deux filles qui étaient mortes presque en même temps, l'aînée de consomption et la cadette de la petite vérole; qu'ainsi, je serais la fille unique et, par conséquent, beaucoup mieux chez eux que je n'y avais été l'autre fois; que mon retour justifierait mes intentions et édifierait ceux que mon départ avait scandalisés. Tout cela était beau et bon, mais ce n'était pas une chose aisée à faire. J'eus pourtant une belle occasion peu de temps après, de laquelle je ne profitai pas. Mme de Conte [48], sœur de M. de Mirmand de Nîmes, qui avait eu, comme bien d'autres, la faiblesse de changer, était venue à Paris pour chercher les moyens de sortir du royaume. Sa santé avait servi de prétexte à ce voyage. Elle avait été prendre les eaux de Bourbon et, pendant ce temps-là, avait écrit à M. Baudan, son cousin germain, qui s'est retiré à Delft, de lui donner les moyens de l'aller trouver. Il lui en fournit, mais ils ne lui réussirent pas. Elle fut trahie par des gens auxquels elle s'était confiée, et on l'arrêta à Saint-Denis.

On la mena d'abord au Châtelet, où elle était en compagnie de gens destinés au gibet et à l'échafaud. Mme Saporta, qui l'avait connue particulièrement et qui l'estimait beaucoup, fut fort touchée de son aventure et, ne pouvant pas l'aller voir, elle pria M. Ducasse de se donner cette peine. Mais il n'était plus temps, on l'avait tirée du Châtelet pour la mettre chez Mme de Miramion [49], qui avait fait de sa maison une communauté de filles qu'on appelle les filles de Sainte-Geneviève, sur le quai de la Tournelle. Ce fut là où Mme de Conte fut enfermée et où il n'y avait que certaines personnes qui pussent lui parler. Elle y resta quelques mois, et on lui fit entendre qu'elle n'en sortirait que quand on serait convaincu de la sincérité de sa conversion, c'est-à-dire lorsqu'elle aurait communié. Elle avait beaucoup de peine à s'y résoudre, et M. Baudéan, son cousin, dont elle trouvait moyen de recevoir des lettres secrètement, lui écrivait de souffrir plutôt toutes choses que d'en venir jamais là. Cependant, l'amour de la liberté, qu'elle ne pouvait recouvrer que par cet endroit, la détermina à franchir le pas, dans le dessein d'aller réparer en Hollande, comme elle a fait, ce péché de faiblesse. Elle se confessa donc et communia, après quoi on la laissa sur sa bonne foi. Elle loua un appartement meublé et vit tous ceux qu'elle eut envie de voir. Mme Saporta fut une des premières, et Mme de Conte, qui affectait de faire la bonne catholique pour mieux jouer son jeu, lui parla sans déguisement et marqua beaucoup de douleur de la faute qu'elle venait de faire. Et quoique je fusse dans un âge où il ne paraissait pas sûr de me confier des secrets, elle me dit les siens et me fit confidence de tous ses desseins. Comme elle ménageait beaucoup Mme de Miramion et qu'elle la voyait souvent, on la pria à la prise d'habit d'une jeune novice, et elle me demanda à Mme Saporta et me mena à cette fête. Nous y fûmes dès le matin : on nous fit entrer dans l'intérieur de la maison et, après en avoir visité les appartements et les cellules, on nous mena dîner au réfectoire. La communauté était fort nombreuse. La plupart mangeait de fort bon appétit et, pendant ce temps-là, une sœur qui était en chaire faisait la lecture. Quand nous eûmes dîné, nous passâmes dans un beau jardin où Mme de Conte, après m'avoir menée dans un endroit d'où on ne pouvait pas nous entendre, me dit qu'elle se disposait à partir dans peu de jours pour la Hollande ; qu'elle avait trouvé une voie sûre pour cela ; qu'il en coûtait cinquante louis par personne, et que si je voulais elle les donnerait pour moi. Car elle comprenait bien que mon oncle ne me laissait pas trésoriser. Elle me dit qu'elle ne me conseillait pas d'attendre le résultat de toutes ces controverses ; qu'on me tendrait au bout quelque piège que je ne pourrais pas éviter, et que la fuite était le meilleur parti que je puisse prendre. Elle m'avait blâmée au commencement mais, depuis que je lui avais fait voir les lettres que mon oncle Cotton et Mme Saporta m'avaient écrites, elle trouvait que j'étais fort excusable et me plaignait beaucoup. Je la remerciai de ses offres, mais j'avais de la peine à me résoudre à tromper un oncle qui jusque-là en avait agi avec tant de bonne foi et qui me tenait la parole qu'il m'avait donnée. Cependant, quand je songeais que le roi reviendrait bientôt de Luxembourg et que M. le maréchal de Lorges me ferait expliquer, ce dénouement me faisait peur. Et enfin, je me déterminai à suivre Mme de Conte [...].

Mme Saporta, qui avait beaucoup de pénétration, s'était doutée que je roulais quelque dessein dans ma tête [...]. Elle pleura. Elle dit que me voir partir, c'était plus que se couper un bras ou que s'arracher un œil ; qu'elle aurait beau jurer que mon oncle ne croirait jamais que je fusse partie sans le lui dire, et qu'elle serait la victime de tout ; qu'on l'enfermerait pour le reste de ses jours, mais que, malgré tout cela, je pouvais faire ce que je voudrais ; que le regret qu'elle avait de m'avoir exposée à la tentation en m'écrivant de venir l'empêcherait d'écouter ce que la chair et le sang lui disaient pour l'obliger à s'opposer à mon départ ; que si, cependant, j'avais pu trouver quelque moyen de sortir toutes deux, cela aurait beaucoup mieux convenu. Ses larmes me touchèrent et, comme la tendresse que j'avais pour elle m'avait engagée à la venir joindre, elle fut assez forte pour m'empêcher de la quitter. J'en fis mes excuses à Mme de Conte, et je la priai de voir avec M. Jurieu et d'autres s'il n'y aurait pas quelque moyen pour que je pusse mener la pauvre Mme Saporta dans ce pays-là et d'engager son guide à nous venir chercher toutes deux. Mme de Conte me promit tout cela et partit avec le regret de me laisser toujours exposée à la tentation. Dès qu'elle fut arrivée, elle obligea M. Jurieu de m'écrire pour me fortifier. Il s'excusa de n'avoir pas répondu à mes lettres, sur ce qu'il avait douté de ma sincérité et qu'il avait cru que je ne cherchais qu'à faire trophée de ce que l'on me dirait. Après cela, sans entrer en discussion sur les points de controverse, il me renvoyait aux *Lettres pastorales*[50] qu'il écrivait tous les mois, dans lesquelles il réfutait tous les arguments des convertisseurs. À l'égard des moyens de sortir du royaume, il me disait que c'était à moi à les chercher et que si j'étais de l'élection, le bon Dieu en trouverait mille pour m'empêcher de périr, pourvu que je lui fusse fidèle. Mme de Conte m'écrivait en même temps de ne pas prendre la voie dont elle s'était servie parce que Mme Saporta n'en pourrait jamais souffrir la fatigue, et qu'il fallait en chercher une plus douce.

Cependant, le roi revint de Luxembourg, et M. le maréchal de Lorges recommença tout de plus belle ses poursuites. Mon oncle me dit même qu'il était temps que je m'expliquasse et qu'il comptait que j'en avais eu assez pour connaître la vérité ; que, cependant, j'étais la maîtresse de mon sort, et qu'il fallait seulement me dépêcher de dire oui ou non, sans abuser plus longtemps de la patience d'un grand seigneur comme M. le maréchal de Lorges. Cette situation était un peu violente. Je ne voulais pas dire oui, et je craignais que le non n'eût des suites fâcheuses. Ainsi, je m'avisai, pour gagner du temps, de dire à mon oncle que le respect que j'avais pour M. le maréchal m'empêchait de lui répondre avec toute la liberté qu'on doit avoir en pareil cas, et que j'aurais bien souhaité d'avoir quelque conférence avec M. de Mirepoix que j'avais vu à Montpellier et qui devait venir à Paris pour porter au roi le cahier des états du Languedoc. Mon oncle ne crut pas devoir me refuser cette satisfaction ; ainsi, j'eus encore un peu de relâche. [...]

J'allais me promener aux Tuileries et au Jardin du Palais-Royal avec Mme Saporta. Nous allions voir tous les beaux endroits de Paris, mais pour Versailles, l'Opéra, la Comédie et tous les plaisirs d'éclat, il ne fallait pas y penser que je ne fusse devenue catholique. Mon oncle disait là-dessus que si je restais en France, je serais assez à temps à tout cela; et que si je ne devais pas y rester, il ne fallait pas s'y faire connaître. Ainsi, je ne voyais qu'un certain nombre de personnes que mon oncle avait mis dans sa confidence, et j'eus le chagrin de voir partir M. Ducasse et M. Duquesne, qui étaient ceux pour lesquels j'avais une estime particulière. M. Ducasse s'en alla en Amérique où il a fait une grande fortune; et M. Duquesne fut au Havre de Grâce, qui était son département.

CHAPITRE III [1]

Évasion et arrestation – Mariage manqué avec Duquesne – Mariage avec Du Noyer (18 mai 1688) – Réception à Versailles – Bonheur familial – Mort de la seconde fille de Mme Du Noyer – Mort de Mme Saporta – Mort du pasteur Claude Brousson – Installation à Paris – Préparatifs pour le second exil.

M. l'évêque de Mirepoix arriva enfin, et mon oncle Cotton, qui était alerte là-dessus, me l'amena un matin lorsque j'y pensais le moins. La première chose que ce prélat me demanda fut si j'étais toujours bien persuadée que le pape portât sur sa tiare une lame d'or où il y eût écrit « mystère ». Je lui dis que ce n'était pas de cela dont il s'agissait et qu'il y avait des choses qui me choquaient bien plus que cela dans l'Église romaine. Il convint avec moi qu'il y avait bien des abus et qu'elle aurait besoin d'être criblée. Mais il conclut qu'il fallait, à l'exemple du maître du champ de l'Évangile, laisser croître l'ivraie avec le bon grain de peur d'arracher l'un avec l'autre, comme il prétendait qu'avaient fait nos réformateurs en se séparant de l'Église, ce qui est déchirer la robe de Christ. Il voulut là-dessus se jeter sur la grande question, savoir si l'Église romaine est cette vraie Église à laquelle sont attachées les promesses, et cela étant prouvé, faire voir qu'on doit se soumettre aveuglément à elle et approuver tout ce qu'elle approuve. Mais je le priai de vouloir bien examiner les choses, article par article, car j'étais bien aise de le tirer en longueur. Il le voulait bien aussi, car c'était l'homme du monde le plus doux. Ainsi, nous allions pied à pied et, comme il fallait qu'il fût souvent à Versailles, nos conférences étaient interrompues ; et cela allait lentement, ce qui ennuyait beaucoup mon oncle. Mais je fus bien surprise un beau matin de voir entrer dans notre chambre des gens de robe et d'épée, sans se faire annoncer, qui, après nous avoir demandé nos noms, nous prièrent de nous habiller et de venir où ils avaient ordre de nous conduire. Nous eûmes beau demander quel était le cas pour lequel on nous arrêtait, on dit qu'on n'en savait rien. Et le commissaire, après avoir fait son devoir, nous laissa entre les mains de l'homme d'épée, qui était un nommé Lausilion, exempt de la maréchaussée. Pendant que Mme Saporta s'habillait, je trouvai moyen de prendre des papiers qui auraient pu nous faire des affaires et, après cela, nous descendîmes en bas, où nous trouvâmes un fiacre dans lequel Lausilion se mit avec nous, qui nous conduisit dans sa maison tout auprès la Porte Montmartre. Comme je m'attendais à aller au Châtelet, je fus fort étonnée d'entrer dans une belle maison bien meublée, et plus surprise encore d'y trouver bien du monde de connaissance [...].

Mon oncle vint nous y trouver dans un fort grand chagrin. Il dit que je ne m'étais pas tenue assez close et cachée et que, si je n'avais pas eu la démangeaison de voir les gens de mon pays, je n'aurais pas été confondue avec eux ; qu'il ne savait comment me tirer d'affaires après cet éclat ; que la cour ne voudrait pas se démentir ni faire un passe-droit en ma faveur, et que tout ce qu'on lui avait promis était de faire semblant de ne pas me voir ; que d'ailleurs mon obstination rebutait toute la terre. Quand je vis qu'il se fâchait, je me fâchai aussi à mon tour. Je dis qu'on violait le droit des gens, que je n'étais pas dans le cas général puisque j'étais venue de bonne foi, que j'avais là-dessus toutes ses lettres, que l'on ne me ferait jamais rien faire par force. Et je parlai d'un ton si ferme que mon oncle s'apaisa et, voyant bien que je n'étais pas aisée à intimider, il me promit de mettre tout en usage pour me tirer d'affaires et me pria de m'y aider de mon côté. Il gronda aussi sa sœur de ce qu'elle m'avait donné mauvais exemple, et il était bien fâché de ne m'avoir pas mise auprès de quelque autre personne. Enfin il s'en alla dîner, et l'on servit un moment après un repas magnifique. Comme nous croyions être là à nos dépens, nous priâmes M. Lausilion de ne nous faire pas si bonne chère, mais il nous fit des excuses de ce qu'elle n'était pas meilleure et qu'il ne pouvait nous donner que des poulets de grain en attendant qu'il y eût des perdreaux. Et il nous rassura sur les frais, disant que le roi les faisait tous et qu'il donnait cent dix sous par jour pour chacun de nous ; qu'ainsi, nous n'avions qu'à demander tout ce dont nous aurions envie. Tous les matins, on nous donnait des fraises et des cerises à déjeuner, et du rôti à dîner, et à souper le meilleur vin du monde, et en abondance. Mais on n'en dépensait pas beaucoup, et Mme Saporta et moi ne buvions que de l'eau. Nous avions des chambres très propres et de bons lits. Nous recevions tous les jours des visites de nos amis et le soir, nous allions prendre l'air dans un fort joli jardin qui était dans la maison. Ainsi, on peut dire que, s'il était de belles prisons, celle-là pouvait passer pour telle. Mais comme nous en craignions les suites et que la captivité a toujours quelque chose à quoi la nature répugne, nous nous faisions du mauvais sang là-dedans [...].

M. l'évêque de Mirepoix était à Versailles le jour que je fus arrêtée : il m'écrivit pour m'en témoigner son chagrin, et il me marquait que, comme il était doux de souffrir pour la vérité, il était très triste de souffrir pour l'erreur ; qu'ainsi, je devais me servir de mes lumières ; qu'il viendrait incessamment achever de lever mes scrupules. Il vint en effet avec M. le maréchal de Lorges, mais il ne me trouva pas aussi traitable qu'il l'avait cru. Et je lui dis avec beaucoup de fermeté que, comme l'esprit avait beaucoup de liaison avec le corps, l'un ne pouvait pas être libre tant que l'autre ne le serait pas ; qu'ainsi, il ne fallait pas compter que j'écoutasse quoique ce fût au monde jusqu'à ce que l'on m'eût mise en liberté ; que je ne promettais rien ; que je ne savais pas ce que je ferais alors, mais que je savais bien ce que je ne ferais point tant que l'on me tiendrait en prison ; que, quand même on pourrait me persuader, je me défierais de moi dans cette occasion et je croirais toujours que le désir de la liberté me ferait voir les choses autrement que je ne devrais les voir. M. de Mirepoix combattit quelque temps mes raisons, mais, voyant qu'on n'en pouvait pas tirer d'autres de moi et ne voulant point me pousser à bout, ils me dirent tous qu'ils allaient travailler à ma liberté et qu'ils espéraient que j'en ferais un bon usage. Je leur dis encore que je ne m'engageais à rien, et ils me quittèrent pour aller trouver M. le marquis de Seignelay et le prier de nous permettre de retourner dans notre maison, où M. l'évêque de Mirepoix continuerait à m'instruire et d'où il n'y avait nulle apparence que je pusse m'échapper. M. de Seignelay accorda cette petite grâce à M. le maréchal de Lorges, et mon oncle vint m'en donner la nouvelle qui nous fut confirmée par Lausilion, si bien que nous recouvrâmes notre liberté dix jours après l'avoir perdue.

Dès que nous fûmes hors de chez Lausilion et que je me vis avec Mme Saporta dans notre appartement, je lui dis qu'il ne fallait pas s'endormir et qu'il fallait promptement songer à sortir du royaume ; que je ne me ferais plus un scrupule de partir sans déclarer mes sentiments à mon oncle ; que ma détention me fournirait des excuses légitimes là-dessus, et que je ne devais pas naturellement risquer d'être prise une seconde fois. Enfin, je la priai de prendre son parti ou de me permettre de prendre le mien. Elle me dit qu'elle ne demandait pas mieux que de sortir et qu'il ne s'agissait que de trouver des moyens sûrs pour cela, si bien que je me mis en devoir d'en chercher. J'avais toujours entretenu commerce avec M. et Mme Skelton, et mon oncle ne pouvait pas trouver mauvais que j'allasse les voir de temps en temps, après toutes les bonnes manières qu'ils avaient eues avec moi. Ils me priaient même souvent à manger et, sur ce prétexte, j'y allais le dimanche entendre le prêche et les communes prières, car j'étais regardée comme de la maison. Ainsi, je communiquai le dessein que j'avais de sortir au ministre et au gouverneur des enfants, qui me donnèrent des connaissances à Rouen, mais cela ne suffisait pas. Je parlai aussi au ministre de l'ambassadeur de Hollande, qui n'osa pas se mêler de cette affaire. J'écrivis encore en Hollande à toutes les personnes que je croyais pouvoir m'aider ; à Genève, à M. Mussard, pour savoir si on pourrait sortir plus aisément de ce côté-là ; et j'écrivis aussi à Londres, à un nommé M. Boyer que j'y avais connu et qui a été ensuite secrétaire du duc de Schomberg [2] et de milord Galloway [3]. Ce M. Boyer fut le seul qui m'écrivit positivement là-dessus ; tous les autres me faisaient la chose difficile. Mais pour lui, il me marquait que je n'avais qu'à prendre le coche de Poissy et, à Poissy, des batelets, comme on les appelle, qui vont toute la nuit, et aller ainsi à Rouen, où il m'adressait à des personnes de confiance. De Rouen, il me disait qu'il fallait aller à Dieppe par le carrosse ordinaire et, à Dieppe, voir Mlle Saporta [4], qui nous ferait trouver les moyens de nous embarquer pour Londres. Cette lettre nous fit grand plaisir à Mme Saporta et à moi, et dès que nous l'eûmes reçue, nous songeâmes à trousser bagage [...].

Nous arrivâmes à Dieppe et comme le cocher logeait à *La Crosse d'Or*, qui est un des meilleurs logis de la ville, nous crûmes que nous devions y loger aussi et que l'on nous soupçonnerait moins là que si nous allions dans quelque gargote. En effet, on ne nous demanda ni qui nous étions ni d'où nous venions, et l'on nous donna une chambre à un seul lit comme nous le demandâmes. Nous nous couchâmes dès que nous eûmes soupé, et je m'endormis dès que je fus couchée, si bien que je ne m'aperçus point de tout ce qui se passa dans notre voisinage. Mais Mme Saporta, qui ne dormait pas si bien que moi, me dit le matin qu'elle avait entendu sur les deux heures après minuit un homme qui logeait dans une chambre attenant à la nôtre ; qu'il avait causé longtemps avec ses valets et qu'il fallait qu'il fût joueur ou amoureux. Je me levai et je vis sous la tapisserie une porte de communication qui donnait dans la chambre de ce cavalier, où tout était encore tranquille. Un moment après, j'entendis une voix que je crus connaître qui appelait Dragon [5]. Je dis à Mme Saporta : « Si je ne savais pas que M. Duquesne est au Havre-de-Grâce, je dirais que c'est là lui. » Mme Saporta me relança et me dit que j'avais M. Duquesne bien dans la tête ; qu'il était bien loin de là et que peut-être ne pensait-il point à nous. Je ne répondis rien, et je me mis en état d'aller trouver les personnes que M. Boyer nous avait indiquées. Mais après y avoir mieux pensé, je me souvins que j'avais mangé à Paris avec Mme Ducasse [6] et un de ses amis, nommé Saquet, qui était juge de l'Amirauté à Dieppe ; et je craignis avec raison que cet homme ne me reconnût s'il me rencontrait dans la rue. Ainsi, je priai Mme Saporta de vouloir bien sortir seule et me laisser dans la chambre. Elle le fit et, pendant qu'elle allait travailler aux moyens de notre embarquement, j'achevai de m'habiller. Et comme j'ouvris une fenêtre qui donnait sur la cour et que je m'y appuyai pour rincer ma bouche, le premier aspect qui frappa ma vue fut M. Duquesne qui était à une fenêtre joignante. J'avoue que j'eus un rude combat à soutenir : mon premier mouvement était de lui parler, mais la réflexion ne me permit pas de le suivre, et le devoir et la piété l'emportèrent sur l'inclination. Je fermai au plus vite ma fenêtre avant que M. Duquesne eût le temps de m'examiner. Il ne me reconnut point, ne m'ayant vue qu'un instant par le côté. Mais je ne sais par quel caprice, il me trouva à sa fantaisie et il souhaita de faire connaissance avec moi. Il courut demander à l'hôtesse qui était la petite brune qui logeait auprès de sa chambre, et la pria de me parler de sa part et de m'engager à le voir [...].

M. Duquesne fut fort surpris d'apprendre que j'étais à Dieppe et, voyant bien qu'il fallait qu'il y eût du mystère là-dedans, il défendit à ses gens de dire qu'il me connût, ni de parler de moi à qui que ce fût au monde. Après cela, il envoya demander à Mme Saporta la permission de lui rendre visite. Et dès qu'il l'eut obtenue, il ouvrit la porte de communication qui donnait de sa chambre dans la nôtre. Nous ôtâmes de notre côté le verrou, et il entra par là afin que, dans l'auberge, on ne s'aperçût pas de notre commerce. Dès qu'il fut dans la chambre, il fit de grandes civilités à Mme Saporta, lui offrit ses services dans ce pays-là et lui demanda le sujet de son voyage, que Mme Saporta prétexta de quelques raisons qui faisaient voir qu'elle ne disait pas la véritable. Je lui demandai à mon tour pourquoi il n'était pas dans son département et par quelle aventure on le trouvait à Dieppe. Il me répondit que M. de Monmort, intendant de marine, l'avait engagé dans une partie de plaisir et qu'il avait été obligé de le suivre à Dieppe. Et lorsqu'il put me parler sans être entendu, il ajouta que la providence l'avait conduit dans ce lieu pour empêcher la folie que je voulais faire ; qu'il voyait bien que Mme Saporta me faisait la victime de son entêtement ; qu'il se ferait un cas de conscience de le souffrir, et qu'il était résolu de nous aller dénoncer à M. de Tierceville, lieutenant du roi de Dieppe. Et profitant d'un moment que Mme Saporta fut hors de la chambre, il me dit les choses du monde les plus touchantes pour m'empêcher de la suivre. Mais, à tout cela, je répondis que mon parti était pris ; que Mme Saporta ne m'y avait pas forcée ; que je n'avais pas eu moins d'empressement qu'elle pour sortir du royaume, et que j'aimerais mieux mourir que de l'abandonner ni la trahir [...]. Mme Saporta rentra là-dessus et, me voyant les larmes aux yeux, elle comprit que j'avais eu quelque explication avec M. Duquesne. Dès qu'il fut sorti, elle me demanda sur quoi avait roulé notre conversation. Je le lui dis, et elle fut fort contente de la manière dont j'avais conclu et résolut de presser plus que jamais notre embarquement. Elle fut pour cela solliciter les gens qui se mêlaient de cette affaire, et on lui fit espérer de finir le lendemain au soir.

Ce qui m'embarrassait, c'est que le lendemain était dimanche et que je craignais, si je ne sortais pas, qu'on ne me crût protestante ; et si je sortais, je craignais de rencontrer ce M. Saquet que j'avais vu à Paris. Ainsi, je ne savais que faire. Mais, après y avoir bien rêvé, je m'imaginai qu'il n'y avait qu'à sortir de bon matin, que je ne trouverais personne à ces heures-là et que l'hôtesse pourrait croire que j'aurais été à la messe. Pour la mieux faire donner dans le panneau, je lui demandai le soir si on disait des messes de bon matin dans ce pays-là : « Oui, dit-elle, vous en trouverez dès les cinq heures. — C'est assez », dis-je. Je m'allai coucher après cela et, dès qu'il fut jour, je me levai et, après m'être promptement habillée, je sortis de la chambre dans le dessein d'aller faire un petit tour dans les rues de Dieppe, afin de persuader aux gens du logis que j'avais été à la messe. Et pour les mieux tromper, je pris un livre que je trouvai sous ma main, qui n'était pas plus grand que des heures [7], et je me mis en état de sortir. Mais je n'allai pas bien loin, car je trouvai dans l'antichambre deux hommes à bandoulière, dont l'un qui paraissait le maître me dit : « Où allez-vous si matin, mademoiselle ? — Que vous importe ? lui dis-je. — Il m'importe plus que vous ne pensez, dit-il, et je vous arrête de la part du roi. — En vertu de quoi ? lui répondis-je. — Vous le saurez, dit-il, en temps et en lieu. » En disant cela, il s'approcha du lit de Mme Saporta et lui fit le même compliment. Elle éclata d'abord en injures contre M. Duquesne et lui donna les noms du monde les plus odieux, croyant, comme il y avait apparence, que c'était lui qui nous avait joué le tour. Pendant qu'elle se chamaillait avec ces hommes, je passai dans la ruelle et, sans qu'ils s'en aperçussent, j'entrai dans la chambre de M. Duquesne qui s'était réveillé au bruit. Il me jura qu'il n'avait nulle part dans cette aventure, de laquelle il me dit qu'il était pourtant fort aise. Il ne voulut pas s'exposer au ressentiment de Mme Saporta, mais il me dit de demander qu'on nous menât au château pour parler à M. de Tierceville ; qu'il s'y trouverait pour tâcher de prendre des mesures pour adoucir notre captivité, et que nous verrions là que nous l'avions soupçonné à tort [...].

M. de Tierceville, qui était averti de notre marche, vint nous recevoir dans la place d'armes. C'était un homme d'esprit, mais d'une figure très désagréable. Son visage ressemblait à une morille, et son corps était tout éclopé. Il nous demanda d'un air gracieux pourquoi nous quittions le royaume. Il ajouta que le roi lui saurait très mauvais gré de laisser passer des personnes de notre mérite, et que c'était pour lui faire sa cour qu'il nous arrêtait. Comme il y avait à monter pour aller de la ville au château et que Mme Saporta était asthmatique, elle parut si essoufflée que cela la dispensa de parler. Et ce fut moi qui répondit à toutes les questions de M. de Tierceville. Il me demanda d'abord si ce n'était pas là Mme Saporta, sœur de M. Cotton qui était à Paris, et si je n'étais pas Mlle Petit, sa nièce. Je lui répondis hardiment que non, et je lui dis que la dame qu'il voyait là s'appelait Mme Saint-Étienne ; qu'elle était veuve d'un marchand de Marseille ; que j'étais sa fille et que nous étions venues à Dieppe pour suivre un banqueroutier qui nous emportait beaucoup d'argent, et que l'on disait qu'il devait passer en Angleterre ; que c'était pour le mieux surprendre que nous étions restées incognito, mais qu'il fallait qu'il eût su notre marche puisqu'il avait changé la sienne ; que nous ne le voyions pas venir, et que notre détention lui faciliterait les moyens de s'enfuir avec notre argent, ce qui nous serait d'un fort grand préjudice ; qu'ainsi, je le priais de nous laisser la liberté de faire notre affaire, puisqu'elles n'avaient rien de commun avec celles de l'État. M. de Tierceville, après m'avoir écoutée, me dit : « Vous n'êtes donc pas la nièce de M. Cotton ? — Non, lui dis-je, monsieur. — Hé bien! dit-il, je m'en vais vous confronter avec un homme qui est ici de sa part. » En même temps, il donna ordre qu'on appelât M. Duquesne et qu'on fît venir M. Saquet. M. Duquesne ne voulut point se présenter, mais M. Saquet arriva dans le moment. M. de Tierceville lui demanda s'il me connaissait : « Oui, dit-il, c'est Mlle Petit. » Et d'abord, il vint d'un air de connaissance me saluer. Je lui dis que je ne croyais pas avoir l'honneur d'être connue de lui et que je ne me souvenais pas l'avoir jamais vu : « Quoi, dit-il, mademoiselle, nous n'avons pas mangé ensemble avec Mme Ducasse et M. Duquesne chez Mme Le Mosnier [8] à Paris ? — Non, lui dis-je, je ne connais ni Mme Ducasse ni Mme Le Mosnier, et je ne sais pas non plus qui est M. Duquesne. » M. de Tierceville se tuait de dire qu'on appelât M. Duquesne, mais il était disparu, ne voulant pas être mêlé là-dedans. M. Saquet me soutenait que j'étais Mlle Petit, et je lui soutenais que non [...].

Cependant, Mme Saporta, qui soupçonnait toujours M. Duquesne de nous avoir fait arrêter, voulut s'en éclaircir et pria M. Saquet de lui dire qui c'était qui nous avait dénoncées. M. Saquet lui conta alors ce qui s'était passé depuis notre départ de Paris. Notre hôtesse nous avait attendues le premier jour jusqu'à minuit et, ne nous ayant pas vues revenir, elle fut en avertir le lendemain mon oncle Cotton. Il ne se levait qu'à onze heures, ainsi elle ne put pas lui parler plus tôt, et cela nous donnait le temps de nous dépayser. Mon oncle fut à midi dans notre chambre et, n'y trouvant rien de dérangé, il souleva mon coffre qu'il trouva pesant, ce qui lui fit croire que nous étions allées voir Mme Le Mosnier à sa maison de campagne. Ainsi, ne voulant pas faire de bruit de peur de nous causer encore des affaires, il dit à l'hôtesse qu'il fallait attendre tout le jour et que nous viendrions apparemment le soir. Il envoya cependant à Fontenay pour savoir si nous étions chez Mme Le Mosnier. Mais apprenant que non et ne nous voyant pas revenir, il commença à se douter de la vérité et, pour en être mieux éclairci, il fit ouvrir mon coffre qu'il trouva plein de pierres [9], ce qui ne lui laissa plus aucun doute. Il éclata alors en plaintes et en menaces. Il fut trouver M. le maréchal de Lorges et, incertain de la route que nous pouvions avoir prise, il envoya des archers de la maréchaussée de tous les côtés. Dans cet accablement de douleur, il fut voir Mme Ducasse, qui était restée à Paris après le départ de son mari. Cette dame, touchée de son état, lui dit que nous pourrions bien avoir pris le chemin de Dieppe [...].

Nous vîmes arriver le sieur Lausilion le père dans un carrosse coupé fort propre, dont il céda le fond à Mme Saporta et à moi, et se mit sur le strapontin. Il gronda ses gens de ce qu'ils avaient tant fait les mauvais et nous conduisit à Paris en faisant mille plaisanteries sur la fureur que l'on avait de vouloir sortir du royaume. Il nous dit que le bon Dieu était toujours pour les plus gros escadrons, que c'était le sentiment de feu M. de Turenne, et cent choses de cette nature. Nous lui demandions toujours où il nous menait, et nous aurions fort souhaité que c'eût été chez lui, où nous nous étions bien trouvées. Mais il nous dit enfin que c'était aux Nouvelles Catholiques [10]. C'est une manière de couvent dans la rue Sainte-Anne, derrière l'hôtel de Louvois. La supérieure n'y était pas lorsque nous arrivâmes : elle était à Charenton, car on a donné à ces dames les débris du temple [11] et tout l'enclos, dont elles font leur maison de campagne. Et comme nous étions alors dans le mois de septembre, la supérieure y était allée prendre l'air, et ce fut la mère De Crouy, maîtresse des novices, qui vint nous recevoir à la porte. Elle se saisit d'abord de Mme Saporta et me mit entre les mains d'une petite nonne fort jolie qu'on appelait la sœur Des Fontaines, qui me mena dans une chambre au troisième étage, où je trouvai un petit lit, une chaise, une table et quelques planches dans la muraille. La sœur des Fontaines me demanda si je voulais manger. Elle me fit voir une cruche pleine d'eau dans un coin, au cas que je voulusse boire, et me montra une sonnette qui tenait à ma fenêtre, avec laquelle elle me dit que je pouvais appeler si j'avais besoin de quelque chose. Après cela, elle me pria de l'excuser si elle ne me tenait pas plus longtemps compagnie et me quitta. Je la suivis pour l'accompagner, mais elle tira la porte après elle. Je croyais que c'était pour s'opposer à ma civilité, et je me tuais de lui crier : « Je ferai ce qu'il vous plaira ! », lorsque j'entendis qu'elle fermait à double tour et qu'elle mettait encore un cadenas à une seconde porte, qui était au bout de l'allée qui conduisait à ma chambre. Cette clôture ne m'accommodait pas beaucoup. Je ne savais où l'on avait mis Mme Saporta et, comme elle avait eu quelque attaque de son asthme, je craignais qu'elle ne mourût, et je passai le reste du jour dans de grandes inquiétudes. La fenêtre de ma chambre donnait sur la cour, et l'on pouvait, comme elle était plus élevée que le mur de devant, voir ce qui se passait dans la rue. J'y regardais à tous moments et j'appelais de tous côtés Mme Saporta sans que personne me répondît. Je m'imaginai qu'elle pourrait bien être dans la chambre qui était sous la mienne, et je défis quelques carreaux et grattai la terre qui était dessous. Mais il se trouva que cela donnait dans le noviciat. Enfin, à sept heures et demie, j'entendis ouvrir mes deux portes, et je vis entrer une sœur avec de la lumière et mon souper. Elle posa tout sur la table et sortit sans avoir autre conversation avec moi. J'eus beau lui demander où était Mme Saporta, je n'en fus pas plus instruite et j'entendis refermer mes deux portes.

Dès que la sœur fut partie, j'allai voir ce qu'elle m'avait apporté et je mangeai tout de chagrin. Après quoi, je me couchai et laissai la chandelle allumée toute la nuit. Le lendemain, on me pria d'être plus économe, et l'on me dit qu'une chandelle devait durer tout au moins trois jours. On m'apporta à dîner à onze heures et demie, et je dois dire à la louange de ces dames que l'on est très bien nourri chez elles. Tout y est bon, et l'on en donne suffisamment. On observe même ce qui fait plaisir, et l'on vous en sert ordinairement. Ainsi, l'on ne saurait se plaindre de l'ordinaire. Cependant, cette vie contemplative m'ennuyait beaucoup. Je fus trois jours de cette manière sans entendre parler de mon oncle ni de personne. Je sonnais à tous moments ma sonnette pour faire monter ces pauvres filles. Mais enfin, elles s'aperçurent que c'était pour des riens et que je ne voulais que les fatiguer. Je me lassai aussi moi-même de tout ce manège, et je m'abandonnai si fort à la mélancolie que je ne bougeai plus de dessus mon lit. J'étais dans cet accablement, lorsqu'on me vint prendre pour me mener au parloir où mon oncle m'attendait. Je ne savais comment soutenir sa vue et ses reproches, et le cœur me battait terriblement. Je trouvai avec lui ma chère Mme Saporta pâle et défigurée. Nous nous embrassâmes tendrement, et mon oncle pria la sœur écoute de se retirer. Dès que nous fûmes seuls, mon oncle me représenta tout ce qu'il avait fait et ce qu'il avait eu envie de faire pour moi, et me reprocha sans aigreur mon ingratitude à son égard. Après cela, il me dit qu'il était dégagé de la parole qu'il m'avait donnée de ne me pas faire de violence ; que je n'avais qu'à m'en prendre à moi-même de tous les chagrins que je recevais ; qu'il tâcherait de les adoucir autant qu'il le pourrait, mais que j'étais dans le cas général et qu'il n'y avait qu'un seul moyen de me tirer d'affaires ; que je n'avais qu'à faire mes réflexions là-dessus ; qu'on m'en avait assez dit et qu'ainsi, il me laissait à moi-même ; que j'avais joué un petit jeu à le perdre, mais qu'heureusement la cour lui avait rendu justice et ne l'avait pas soupçonné d'avoir su notre dessein [...].

J'aurais fort souhaité qu'on m'eût mise dans une même chambre avec Mme Saporta, mais on ne le jugea pas à propos ; et j'appris qu'elle était dans un corps de logis séparé, et enfermée comme moi à double cadenas. On la ramena dans sa prison, et moi dans la mienne, où j'allais faire des réflexions sur tout ce que mon oncle m'avait dit. Je m'attendais à le voir le lendemain, mais je n'entendis pas parler de lui. M. Desmahis me vint voir sur le soir et me dit que mon oncle était à Versailles. Après cela, il me dit que je n'avais qu'à user mes genoux à remercier Dieu qui avait soin de moi malgré moi-même et me conta que l'on était venu dès le matin de la part de M. de Seignelay [12] dire à mon oncle de l'aller trouver à Versailles ; que cet ordre avait fait peur à mon oncle ; qu'il s'était examiné pour voir si on pouvait lui imputer quelques crimes et qu'enfin, ne se reprochant rien et ne pouvant pas éviter d'obéir, il s'y était déterminé et avait suivi celui qui l'était venu chercher ; que M. de Seignelay l'avait fait entrer dans son cabinet et lui avait dit : « Monsieur, le roi m'a ordonné de vous mander pour vous dire qu'il souhaite que la nièce que vous avez fait venir de Hollande soit bonne catholique et que, sachant qu'on pourrait l'engager à cela en la mariant avec M. Duquesne pour lequel elle a beaucoup d'estime, Sa Majesté m'a témoigné que cette affaire lui fera plaisir, et que vous lui en feriez si vous y apportiez les facilités nécessaires. Je crois, ajouta-t-il, que vous serez bien aise de suivre en cela les intentions du roi, d'autant mieux que le sujet est très digne. M. Duquesne est un fort honnête homme, capitaine de vaisseau, très brave. C'est de quoi je puis répondre, l'ayant vu moi-même dans l'occasion à Gênes, et je vous assure que sa fortune n'en demeurera pas où elle en est. » Mon oncle Cotton répondit à M. de Seignelay que, quand on aurait consulté son inclination, on n'aurait pas pu faire un choix qui lui fût plus agréable, et qu'il était charmé de voir que Sa Majesté lui faisait l'honneur d'entrer dans les intérêts de sa famille ; que l'on n'avait qu'à faire venir M. Duquesne, et qu'il ne tiendrait qu'à lui que l'affaire ne fût bientôt conclue [...].

Ma plus grande peine était de ne pas voir Mme Saporta, mais il n'y avait pas moyen de remédier à cela. Je la rencontrais quelquefois au parloir, lorsque mon oncle Cotton nous faisait appeler toutes deux, sans qu'il me fût permis de lui parler en particulier. Et je ne savais comment faire pour lui apprendre la situation dans laquelle je me trouvais. Enfin, comme la nécessité est la mère des inventions, je m'avisai de piquer du papier avec une épingle, et je trouvai le secret de former de cette manière des mots et d'écrire de longues lettres que je donnais à Mme Saporta au parloir, sous prétexte de plier dedans tantôt des cornettes, tantôt des gants. Comme ce papier était tout blanc, on ne s'en doutait pas ; et Mme Saporta, qui avait beaucoup d'esprit et qui comprenait que je ne le lui donnais pas sans mystère, le tournait de tant de côtés quand elle était dans sa chambre qu'elle en tirait aisément parti. Et nous entretînmes longtemps cette espèce de commerce. Enfin, on nous permit de nous voir, mais en présence d'une sœur écoute, qui me menait dans la chambre de Mme Saporta, y restait avec moi et me renfermait ensuite dans la mienne. Mais malgré sa vigilance, nous ne laissions pas de dire bien des choses qu'elle n'entendait point, tantôt en gascon, tantôt parlant par apologues [13]. Mme Saporta m'exhortait à la constance et craignait que la proposition du mariage avec M. Duquesne ne fût un écueil pour moi. Ainsi, elle s'affligeait de ce qui, dans un autre temps, lui eût donné beaucoup de joie [...].

J'étais toujours captive, et cette captivité que je ne voyais pas finir me devint si ennuyeuse qu'elle me jeta dans une mélancolie épouvantable. On m'avait parlé du mariage avec M. Duquesne comme d'une affaire où il ne manquait que mon consentement. Cependant, je ne voyais pas que ce projet pût avoir de suite. Les religieuses qui l'ignoraient me regardaient toujours avec la même sévérité. J'étais nuit et jour enfermée à double clefs, et Mme Saporta m'avait fait si grand peur de l'enfer que je ne savais quel parti je devais prendre, ni ce que je devais souhaiter. Dans cet état, il me prit un dégoût pour toutes les choses de la vie, et j'aurais voulu que la mort eût fini toutes mes irrésolutions. Je crus même que je pouvais sans crime l'obliger à se hâter et, pour cela, je me mis en tête de demeurer sans manger. Ce fut un mardi au matin que je formai ce beau dessein. Je restai dans mon lit et, lorsque la sœur qui m'apportait à manger fut sortie, je mis mon dîner sur une planche qui était dans ma cheminée. Je plaçai de même le souper, et je continuai ce train jusqu'au vendredi. Mon oncle était un peu incommodé pendant ce temps-là et, comme il n'avait rien de nouveau à me dire, il ne vint personne me demander de sa part. Ainsi, je ne fus pas appelée au parloir. Je restai toujours sur mon lit sans que l'on s'aperçût de mon jeûne, et je crois que je l'aurais poussé plus loin si l'on ne se fût aperçu qu'il manquait de la vaisselle. La sœur qui m'apportait à manger se souvint que, depuis quelques jours, elle n'en avait point rapporté de ma chambre et vint pour la chercher. Je lui dis qu'elle trouverait tout sur la planche qui était dans la cheminée. Elle le trouva effectivement, mais quelle fut sa surprise lorsqu'elle s'aperçut que je n'avais touché à rien ! Elle courut en avertir la supérieure, qui monta fort alarmée dans ma chambre [...].

La supérieure veilla fort longtemps dans ma chambre, sans pouvoir pourtant m'obliger à manger. Elle était étonnée de ne me trouver pas plus affaiblie, et j'en étais surprise moi-même. On me faisait parler, écrire, et toutes ces pauvres filles étaient intriguées autour de moi pour examiner mon état. On me fit avaler un bouillon, moitié force, moitié bon gré, et le lendemain on envoya avertir mon oncle de ce qui se passait. Il en fut fort alarmé et vint au couvent pour me faire changer de résolution. On changea aussi de manière avec moi : la porte de ma chambre fut ouverte, j'eus permission d'aller au réfectoire et à la récréation. Et comme on voyait que la vie contemplative m'avait donné ces tristes idées, on avait soin de ne me laisser pas un moment seule. Dans ce temps-là, M. Duquesne arriva à Paris : il avait reçu un congé de la cour pour venir se marier et était parti dès l'avoir reçu. Mon oncle me l'amena d'abord, et cela diminua un peu l'envie que j'avais de mourir. Il me fit un discours fort éloquent pour m'obliger à lever la seule difficulté qui restait pour l'accomplissement de notre mariage. Et j'avoue que ces arguments me parurent plus forts que ceux de M. l'abbé de Fénelon[14], à présent archevêque de Cambrai, qui était alors supérieur de la maison où j'étais et avait déjà fait ses efforts pour me persuader à changer. J'y sentais toujours de la répugnance, mais la tentation était forte ; et comme on comptait bien que je n'y résisterais pas, on prenait toutes les mesures sur ce pied-là. Et mon oncle fut à Versailles avec M. Duquesne pour voir là-dessus M. de Seignelay. Le jour fut pris pour mon mariage, et toutes choses réglées. Et si l'on a dû jamais compter sur une affaire, c'était sans doute sur celle-là, qui était ordonnée par le roi, approuvée par les parents et du goût des deux parties.

Cependant, l'événement a fait voir qu'on ne doit compter sur rien. M. Le Mosnier, frère de la femme de mon oncle Petit et par conséquent oncle de M. Duquesne, s'avisa de lui dire qu'il était un fort malhabile homme de ne pas se faire assurer le bien de mon oncle Cotton et de ne pas se mieux prévaloir de la conjoncture. M. Duquesne trouva cet avis fort salutaire et vint m'en faire part. Mais je lui fis comprendre qu'il ne devait pas le suivre puisque mon oncle, n'ayant rien de plus proche que moi, ne pouvait pas naturellement donner son bien à d'autres ; qu'il était juste de l'en laisser le maître et qu'au lieu de se servir pour cela du crédit qu'on avait à la cour, il fallait songer à le ménager pour en tirer un jour des bienfaits. M. Duquesne goûta mes raisons mais, dès qu'il m'eut quittée, son oncle le gagna encore et l'obligea d'aller à Versailles pour prier M. de Seignelay d'engager le mien à donner son bien. M. de Seignelay, qui vit que j'avais des ressources et que la cour serait dispensée de faire tout ce que l'on avait résolu pour moi, envoya chercher mon oncle Cotton et lui dit que le roi lui avait demandé si mon mariage était fait, et qu'il était surpris du peu d'empressement qu'on marquait pour cette affaire. Mon oncle répondit que les empressements devaient venir du cavalier ; que, pour lui, il avait donné son consentement dès le premier jour et qu'il le réitérait encore de tout son cœur ; qu'ainsi, on ne devait pas l'accuser des retardements. « Ne prétendez-vous donner que votre consentement ? dit M. de Seignelay. — Vous ne m'avez pas demandé autre chose, répondit mon oncle. — C'est qu'on a cru, dit M. de Seignelay, que cela s'en allait sans dire, et Sa Majesté compte que vous assurerez votre bien à votre nièce, si vous ne voulez pas lui en donner dès à présent une partie, car enfin, ajouta-t-il, il faut aider des jeunes gens qui entrent en ménage. » Ce compliment déplut fort à mon oncle. Il dit à M. de Seignelay que, n'ayant rien de plus proche que moi, il n'y avait pas d'apparence qu'il donnât son bien à d'autres, à moins que je ne m'en rendisse indigne ; qu'ainsi, il croyait qu'on lui devait laisser la liberté d'en disposer ; qu'il avait assez marqué ses intentions pour moi dans tout ce qu'il avait fait pour m'attirer et pour me retenir dans le royaume, et que M. Duquesne prenait là une précaution fort inutile. M. de Seignelay était fort fier et peu accoutumé à être refusé. Ainsi, il répondit d'une manière sèche à mon oncle, qui s'en revint à Paris très mécontent de sa journée. Il m'accusa d'abord d'avoir soufflé cet avis à M. Duquesne et d'avoir été de concert pour le dépouiller. Et comme c'était l'attaquer par l'endroit sensible, il prit dès ce moment des sentiments fort opposés à ceux qu'il avait eus pour moi. Il vint au parloir m'accabler d'injures, me traita d'ingrate, de traîtresse et, poussant ses soupçons à bout, il dit que j'avais dupé Mme Saporta ; que je l'avais persuadée de sortir du royaume afin d'aller à Dieppe où j'avais donné rendez-vous à M. Duquesne ; qu'il n'était pas naturel qu'il s'y fût trouvé si fort à propos, et que tout cela n'était qu'un jeu pour le dépouiller de son bien ; que je voulais même le perdre à la cour en le mêlant dans cette affaire, mais que, quand il devrait être pendu, je n'aurais pas le plaisir de m'applaudir du tour que je lui avais joué [...].

Ainsi, lorsque je me croyais à la veille d'épouser M. Duquesne, j'eus le chagrin de le voir éloigner, de voir mon oncle irrité contre moi et de savoir qu'on devait me dépayser. Mon oncle ne me voyait plus. Mme Saporta me disait que c'était un châtiment du ciel, qui me punissait de ce que j'avais été capable de me laisser persuader par des considérations mondaines. Toutes ces réflexions m'accablaient, et l'envie de mourir me revint tout de plus belle. Comme la voie de l'inaction me paraissait trop lente, j'en imaginai une autre : je dis que j'étais malade. Le médecin qu'on appela ne manqua pas de me trouver de la fièvre : l'agitation d'esprit où j'étais pouvait bien me la donner. Ainsi, il ordonna d'abord qu'on me saignât. Je ne m'y opposai point et, dès que le chirurgien fut parti, je défis la bande et la compresse dans le dessein de mourir comme Sénèque. J'avais mis mon bras dans le lit, et je comptais qu'avant que le sang eût percé les matelas je serais suffisamment affaiblie. Je restai quelque temps comme cela. Je n'osai y regarder de peur que les personnes qui étaient auprès de moi ne s'en aperçussent. Je tâtais de temps en temps avec la main et, comme il faisait froid, les draps me paraissaient mouillés. Et je croyais avoir perdu la moitié de mon sang lorsque je m'aperçus qu'il n'en avait pas coulé une goutte. Je ne sais comment cela se fit mais, quand je voulus regarder à mon bras, je trouvai que le trou était fermé. Et quoique je l'égratignasse et que je tirasse la peau, je n'en pus jamais faire rien sortir. Ainsi, je pris le parti de me lever et de suivre ma destinée. Lausilion vint nous prendre dès qu'on me crut en état de supporter le carrosse, et nous mena à l'Union chrétienne [15] dans la rue Saint-Denis.

Je reçus dans ce temps-là des lettres de M. Duquesne les plus tendres du monde. Il écrivit en même temps à sa tante Le Mosnier de tâcher de me réjouir, et cette dame obtint des religieuses que je pourrais aller passer quelques journées chez elle avec une sœur [...]. Dès que nous fûmes entrées, on vint annoncer M. Du Noyer. Et comme il était fort libre dans cette maison, il entra presqu'en même temps que le laquais qui l'avait annoncé. Quoique j'eusse prié Mme Le Mosnier de ne laisser entrer personne, je ne fus pourtant pas fâchée de voir M. Du Noyer. J'avais ouï parler de lui fort avantageusement à mon oncle Cotton, et l'on m'avait dit qu'il était si laid que cela m'avait donné envie de le voir ; et cette prévention fit que je le trouvai très joli. En effet, c'est un grand homme de bonne mine, bien fait, qui a les yeux très vifs, la physionomie fine et la bouche et les dents d'une beauté enchantée. La petite vérole a un peu travaillé sur son teint, que quelques boutons ont achevé de gâter, et c'est là tout ce qu'il a de laid. Il demanda d'abord qui j'étais, et Mme Le Mosnier, après avoir satisfait sa curiosité, le fit placer auprès de moi pour tâcher de me réjouir. Comme il a un tour d'esprit fort agréable, il me demanda le sujet de ma mélancolie. Je le lui dis, pour éviter une plus longue discussion, que j'étais incommodée. Il me proposa d'abord quantité de remèdes et, entre autres, de boire tous les matins un verre d'eau du fleuve d'oubli. Je compris par cette ordonnance qu'il était instruit de mes affaires ; et après avoir badiné quelque temps, il m'offrit fort sérieusement ses services. Il me dit que M. Duquesne était son camarade, et que mon oncle Cotton lui faisait l'honneur de l'aimer ; qu'ainsi, il ferait l'office de médiateur si je le jugeais à propos. Je lui dis que je ne pensais plus à cette affaire et que je comptais de partir dans peu de jours pour la Hollande. Il tâcha de m'en dissuader et nous ramena le soir dans notre couvent. Il me demanda en nous séparant la permission de me venir voir, et la sœur qui était avec moi la lui donna sans attendre ma réponse, car elle avait été charmée de tout ce qu'il m'avait dit sur la religion. Le lendemain, on vint m'appeler pour aller au parloir. J'y trouvai M. Du Noyer, qui me dit que mon oncle Cotton était fort irrité contre M. Duquesne ; que, cependant, il ne désespérait pas de l'apaiser : « Mais, mademoiselle, ajouta-t-il, ne pourrait-on pas vous faire revenir de cet entêtement ? Je suis ami de M. Duquesne, mais je ne saurais l'excuser d'avoir marqué un esprit d'intérêt dans cette affaire. Si j'avais été à sa place, je n'aurais demandé que la personne. Mais à propos, dit-il, il y a quelque temps que Mme Le Mosnier me dit qu'elle voulait me marier, et c'était justement avec vous. Je l'ai conté à M. Cotton aujourd'hui, qui m'a d'abord répondu : "Plût à Dieu ! monsieur, je n'aurais pas été exposé à tous les chagrins que M. Duquesne me cause". » Je vis bien où ce discours tendait, car les Parisiens sont assez francs pour qu'on devine aisément leur pensée. Ainsi, je dis à M. Du Noyer que je lui étais fort obligée de ses beaux sentiments, que je n'avais point donné de procuration à Mme Le Mosnier pour me marier, et que l'affaire de M. Duquesne était la seule qui pût me tenter et ébranler le dessein que j'avais pris de ne pas changer de religion ; que c'était peut-être un bonheur pour moi qu'elle fût manquée et que je ne songeais plus qu'à sortir du royaume. M. Du Noyer se mit alors à me prêcher d'une manière si forte que tout le couvent en était édifié. La supérieure le pria de venir souvent. Dès qu'il fut sorti, je contai à Mme Saporta ce qu'il m'avait dit, et elle convint avec moi que M. Du Noyer avait là-dedans un plus grand intérêt que celui d'ami commun. Et cela parut dans les suites par son assiduité à me voir et par toutes ses manières [...].

Je dois pourtant dire ici à la louange de M. Du Noyer qu'il n'a jamais abusé de la confiance qu'on avait en lui, ni manqué de considération pour moi. Il était à toutes les heures du jour dans la maison et n'en sortait que quand on s'allait coucher. On avait beau dire à la supérieure que cela n'était pas dans l'ordre et que les voisins pourraient s'en scandaliser, elle était trop infatuée de M. Du Noyer pour vouloir rien écouter de ce qui s'opposait à ses intentions. Quand M. Du Noyer eut bien établi son crédit dans la maison, il fut trouver le père de La Chaise et, après s'être fait connaître à lui, le pria de lui accorder sa protection dans le dessein qu'il avait de se marier avec moi. Il lui dit que, comme on n'avait en vue que de me faire catholique, il devait être indifférent que ce fût par lui ou par M. Duquesne ; qu'il avait encore l'avantage d'être ancien catholique et qu'il ne demandait rien à mon oncle Cotton. Le père de La Chaise, qui trouva cette affaire plus aisée que l'autre, y donna d'abord les mains et promit d'en parler au roi et à M. de Seignelay, si bien que, peu de jours après, le pauvre M. Duquesne fut entièrement oublié [...]. Je lui écrivis ce qui se passait et dès qu'il l'eut appris, il vint en poste à Paris. Il me fit avertir, dès qu'il fut arrivé, qu'il viendrait le lendemain matin me voir, parce que c'était le temps où il ne craignait pas de rencontrer mon oncle, qui ne se levait jamais avant onze heures. M. Du Noyer le devança et comme il ne m'avait jamais vue qu'en coiffe de nuit et en robe de chambre, il fut surpris de me trouver un peu plus rangée et m'en demanda la raison. Mais il la devina bientôt en voyant entrer M. Duquesne. Ils furent tous deux surpris de se trouver là, et M. Du Noyer quitta la place [...].

Cependant, M. Du Noyer ne s'amusa pas à bouder et, quoiqu'il fût sorti mécontent du parloir, il ne laissa pas d'y revenir, et d'engager M. Duquesne à dîner avec lui et quelques autres de leurs amis. Quand ils furent en pointe de vin, M. Du Noyer dit à M. Duquesne qu'il savait bien qu'il était venu pour se marier, qu'il l'en félicitait et qu'il avait beaucoup parlé pour lui à mon oncle Cotton. M. Duquesne ne jugea pas à propos de dire ses affaires à table et répondit à M. Du Noyer qu'il ne songeait pas à se marier, que sa fortune n'était pas assez bonne pour cela et m'estimait trop pour me vouloir rendre malheureuse : « Mais, ajouta-t-il d'un ton railleur, cette affaire vous conviendrait mieux, et on dit que la demoiselle ne vous déplaît pas. » M. Du Noyer prit d'abord la balle au bond, touchant dans la main de M. Duquesne : « Je suis bien aise, dit-il, que vous me cédiez vos droits. Votre considération m'avait empêché de songer à cette demoiselle mais, après ce que vous venez de me dire, je vais la rechercher sans scrupule et faire ce que je pourrai pour l'obtenir. » M. Duquesne riait de tout son cœur, et M. Du Noyer parlait fort sérieusement. Ils vinrent tous deux me voir après le dîner, et M. Du Noyer ne manqua pas de me dire que M. Duquesne m'avait cédée à lui. M. Duquesne, qui croyait l'avoir berné, me regardait et pliait les épaules. Je leur dis que j'étais fort étonnée qu'ils disputassent ainsi de la chape à l'évêque [16], et je grondai fort M. Duquesne de cette mauvaise plaisanterie, qui servit dans la suite à disculper M. Du Noyer. Car, lorsqu'on l'accusa dans le monde d'avoir trahi son ami, il soutint que M. Duquesne lui avait cédé ses droits en présence de témoins. Sur le soir, ils furent à l'Opéra, et M. Du Noyer en sortit pour me venir voir et me faire valoir ses empressements au lieu, disait-il, que M. Duquesne cherchait des divertissements étrangers. Le soir, il lui proposa une partie de souper chez une demoiselle de leur connaissance, où il lui donna à manger gras, quoique nous fussions dans le carême. Et il le laissa seul avec cette belle sous prétexte d'aller donner ordre au souper, et vint me conter cette dernière aventure. Il disait cela avec tant d'adresse et d'un air si ingénu, que toute la terre aurait condamné M. Duquesne. Je n'étais pourtant pas fort disposée à cela et, quoique j'eusse beaucoup d'estime pour M. Du Noyer, il ne laissait pas de m'être un peu suspect. M. Duquesne fut le lendemain à Versailles, mais M. Du Noyer y avait été si bien servi que, dès que M. Duquesne parut, on lui demanda pourquoi il avait quitté son poste sans congé et on lui ordonna de s'en retourner sous peine d'être mis à la Bastille. Il fallut obéir, et ce revers me fit comprendre que le bureau n'était plus pour lui [...]. Ainsi, le pauvre M. Duquesne partit fort chagrin du mauvais succès de son voyage, et nous nous dîmes alors le dernier adieu, car je ne l'ai plus revu depuis.

Dès qu'il fut parti, M. Du Noyer continua ses poursuites. Il a du mérite, je lui avais beaucoup d'obligation ; ainsi, je ne pouvais pas m'empêcher d'avoir de la considération pour lui. Cependant, j'étais toujours résolue de m'en aller en Hollande, mais il s'avisa pour m'en détourner de me mettre en tête que les réfugiés ne manqueraient pas de dire que c'était le chagrin de n'avoir pas épousé M. Duquesne qui me faisait quitter la France ; qu'on dirait encore que c'était M. Duquesne qui n'aurait pas voulu de moi, et qu'on n'aurait pas de peine à le persuader au public, puisqu'il était vrai qu'il m'avait marchandée et que c'était ce qui avait fait manquer l'affaire. Cela m'ébranla un peu et comme on donnait un mauvais tour à tout ce que M. Duquesne avait fait, je trouvais effectivement dans son procédé quelque chose qui offensait ma délicatesse. Enfin, on me dit tant de choses pour me persuader qu'il avait tort que, comme outre cela les absents l'ont toujours, je le condamnai bientôt. Dès que M. Du Noyer s'aperçut que je commençais à balancer, il fut se nantir d'un ordre du roi et de toutes les dispenses nécessaires afin de pouvoir profiter du premier moment favorable qu'il trouverait chez moi. Et il n'épargnait ni soins ni complaisances pour le faire venir. À l'égard de la religion, il me promettait de ne me contraindre jamais à rien, m'assurant qu'il n'en voulait nullement à mon âme. Toutes ses bonnes manières m'engageaient à avoir de la reconnaissance et, comme j'ai toujours été fort sincère, je lui dis que je ne lui conseillais pas de s'attacher à moi ; que j'avais de l'estime pour lui, mais rien au-delà ; et que j'avais été trop prévenue en faveur de M. Duquesne pour pouvoir prendre de nouvelles impressions. Il me répondit à tout cela que c'était son affaire et non pas la mienne, et qu'il saurait bien se faire aimer de moi dès que le devoir serait pour lui. En effet, il ne m'a que trop tenu parole. Enfin, un mardi au soir dix-huitième de mai l'an 1688, pendant que j'étais à la récréation dans le jardin, on vint m'avertir qu'on me demandait au parloir. J'y trouvai M. Du Noyer avec deux jésuites, dont l'un était le père Brossemin et l'autre le père Chenevert, et la supérieure et sous-prieure de notre maison. Ces deux dames me firent monter en carrosse avec elles, sans me donner le temps de me reconnaître, et M. Du Noyer se mit dans un autre avec les jésuites. Je ne savais à quoi devait aboutir cette promenade, lorsque l'on nous débarqua à la porte de l'église Saint-Laurent. Le curé nous vint recevoir et nous conduisit dans une salle fort propre. C'était un bien honnête homme et fort mitigé sur le chapitre de la religion. Ce fut là où M. Du Noyer me proposa de nous marier. Les jésuites m'exhortaient à me laisser conduire par le père de La Chaise, qui souhaitait cette affaire et qui se chargeait de la faire approuver à mon oncle Cotton dès qu'elle serait faite, car le bon homme n'avait pas voulu y entrer de peur qu'on ne tendît encore quelque piège à sa bourse. J'avais beau dire que je voulais avoir du moins le consentement de Mme Saporta, on me répondait que, dans les sentiments où elle était, il n'y avait pas apparence qu'elle voulût le donner et qu'elle serait même bien aise que l'on eût fait affaire indépendamment d'elle et de ne pouvoir pas se reprocher d'y avoir contribué ; qu'enfin, il n'y avait que la religion qui pût la choquer là-dedans et que, dans la suite, elle en serait bien aise. Les religieuses m'embrassaient et me disaient : « Courage, mon enfant, c'est ici le plus beau jour de votre vie. » Le curé ne me demanda qu'un seul oui pour toutes les deux affaires. On ne me faisait voir ni messe ni autel : j'étais jeune, j'avais envie de me venger de M. Duquesne, et M. Du Noyer avait assez de mérite pour qu'on pût imaginer beaucoup de douceur dans cette espèce de vengeance. Il me disait les plus jolies choses du monde. Enfin, sans attendre mon consentement, on me mena sous un charnier [17] où le prêtre s'assit sur une petite chaise. On me fit dire seulement que je croyais tout ce que l'Église catholique apostolique et romaine croyait. Comme je me récriai là-dessus et que je dis qu'il y avait de la contradiction puisque l'Église romaine était une Église particulière, on rit beaucoup de cela et, sans s'y arrêter, on finit vite la chose et, après quelques mots latins, je me trouvai mariée. Le curé avait fait avant cela un tour de jardin avec moi et, en parlant de la confession, il me dit que cela ne devait pas me faire de la peine : « Par exemple, dit-il, quels péchés auriez-vous à dire ? » Il me questionna ainsi par manière de conversation et, après que j'eus répondu à ses questions, il me dit : « Vous voilà confessée. » Ainsi, il ne fit pendant sa cérémonie que me donner l'absolution et une pénitence qui était de réciter tous les jours les sept psaumes jusqu'à la Fête-Dieu. Dès que tout cela fut fait, les jésuites, après m'avoir souhaité mille bénédictions, montèrent en carrosse et furent rendre compte de tout au père de La Chaise. M. Du Noyer se mit dans l'autre avec les deux religieuses et moi, et l'on me mena par-dessus les boulevards, dans la rue de la Roquette aux faubourgs Saint-Antoine, où logeait la mère de M. Du Noyer. Elle nous vint recevoir sur la montée et me dit d'un air gracieux que j'étais la bienvenue et que je venais d'une trop bonne main pour n'être pas reçue agréablement. En effet, le père de La Chaise lui avait envoyé dire de préparer un appartement pour une belle-fille que le roi lui donnait. Ainsi, elle comptait me tenir de bonne main. Je n'ai jamais rien vu de si beau que cette dame, quoiqu'elle fût revenue de la grande jeunesse. Une fille qu'elle avait me faisait aussi mille amitiés, et tout le monde s'empressait autour de moi [...].

Le lendemain, M. Du Noyer fut à Versailles pour voir le père de La Chaise et les puissances qui avaient pris son parti. Et après cela, il alla joindre son régiment qui était à Maintenon. Pendant son absence, M. Le Normand, son oncle, me mena à sa belle maison de Tielle. J'y restai deux jours, et M. Du Noyer revint à Paris peu de temps après moi. Il me trouva fort incommodée. L'on raisonna d'abord à gauche sur la cause de mon mal, ce qui fit qu'on le négligea et qu'il devint en peu de temps fort dangereux. Mme Saporta s'en alarma extrêmement dès qu'elle l'apprit, et M. Du Noyer n'eut pas de peine à l'engager à me venir voir. Comme elle n'était occupée que de l'état où elle me voyait, elle ne me fit aucun reproche ni à M. Du Noyer, et il n'en a plus été parlé depuis. La joie que j'eus de voir Mme Saporta aida beaucoup aux remèdes que l'on me donna, et je recouvrai bientôt ma première santé. Mme Saporta ne songea plus à retourner au couvent. M. Du Noyer se chargea d'elle, en répondit au père de La Chaise, et la bonne dame ne nous a pas quittés depuis. M. Du Noyer l'a laissée vivre et mourir comme elle a voulu, et a empêché qu'on ne l'ait inquiétée. Là-dessus, elle voyait tout le monde, disait sans façon ses sentiments, lisait la Bible, chantait les psaumes et, excepté qu'elle ne pouvait pas entendre de prêche, elle était chez nous avec autant de liberté que si elle avait été dans Genève.

Dès que je me portai mieux, on jugea à propos que j'allasse à Versailles pour remercier le roi de l'intérêt qu'il avait bien voulu prendre en moi et d'un brevet de six cents livres de pension que Sa Majesté m'avait envoyé le lendemain de mon mariage, sans que personne l'eût sollicité [...]. Le roi avait déjà commencé de souper quand nous arrivâmes au château, et la foule était si grande autour de lui que je ne croyais pas en pouvoir approcher. J'y parvins pourtant à la fin, et je me trouvai insensiblement, à force de pousser, tout auprès de la table et vis-à-vis du roi, que je reconnus avec plaisir être le même que j'avais distingué au parc. Je ne sais s'il s'aperçut de l'application que j'avais à le regarder ou ce qui put lui donner de la curiosité sur mon chapitre, mais il demanda qui j'étais et le demanda si haut que, comme on ne pouvait pas satisfaire sa curiosité parce que je n'étais pas connue, je me crus obligée de le faire moi-même. Et après avoir dit d'abord mon nom de fille, j'ajoutai que je l'avais changé depuis peu en épousant M. Du Noyer par ordre de Sa Majesté, au sortir du couvent où elle m'avait fait enfermer pendant neuf mois. Le roi me reconnut parfaitement bien à tout cela et me répondit avec beaucoup de bonté qu'il espérait que je lui saurais bon gré de tout ce qu'il avait fait pour moi, que le séjour du couvent contribuerait à mon bonheur éternel et qu'il souhaitait que je trouvasse le temporel dans le mariage qu'il m'avait fait faire. Après cela, il se tourna du côté de Mme la Dauphine [18] et lui conta mon histoire, mon retour de Hollande, la peine que l'on avait eue à me persuader d'être catholique et, après avoir fait quelques digressions à mon avantage, il dit qu'il m'avait mariée à un de ses officiers. Tout le monde était si attentif à ce récit qu'on n'entendait pas le moindre bruit dans la salle, et les yeux de tous les courtisans étaient si fort attachés sur moi que, si je n'avais pas eu un peu de fermeté, je me serais bientôt déconcertée. Chacun, croyant faire sa cour, disait quelque chose d'obligeant pour moi. On donnait des explications heureuses à toutes les réponses que je faisais et si j'avais eu de la vanité, elle aurait été bien remplie dans ce moment-là. Le roi continua à me parler, et la conversation dura autant que le souper. M. Du Noyer, qui me vint joindre dès qu'il eut fini le sien, fut tout surpris en entrant d'entendre dire que le roi causait avec une jeune personne qu'on n'avait jamais vue à Versailles. Et il fut encore bien plus surpris quand il vit que c'était moi [...].

Le lendemain matin, M. Du Noyer donna un placet pour demander la restitution de mon bien à Nîmes qui avait été confisqué, et je fus chez M. le duc de Noailles le prier de me présenter au roi, comme il s'y était engagé. Il me donna rendez-vous au sortir de la messe dans la galerie. Je m'y rendis avant le roi, et je le vis arriver un moment après. M. de Noailles, qui marchait après lui, lui dit : « Sire, la voilà. » Et Sa Majesté, qui avait déjà vu mon placet au Conseil, me dit avec beaucoup de bonté, dès que je lui eus fait la révérence : « Je viens, madame, de vous accorder tout ce que vous m'avez demandé ; j'ai donné ordre à M. de Châteauneuf [19] de vous faire rendre votre bien et les revenus. Voyez si vous souhaitez encore quelque chose. » Je lui répondis le moins mal et le plus succinctement qu'il me fut possible. Il n'aurait tenu qu'à moi, si j'avais voulu, de faire une plus longue harangue ; Sa Majesté m'en donna tout le loisir et s'arrêta jusqu'à ce que j'eusse achevé de parler. Enfin, j'eus tout lieu d'être convaincue de ce que j'avais déjà ouï dire : que ce prince trouve toujours le secret d'obliger doublement par la manière dont il oblige. Comme cette seconde scène se passa aux yeux de toute la cour, cela augmenta les égards qu'on avait déjà pour moi, et je me vis en peu de temps fort à la mode [...].

M. de Châteauneuf, suivant l'ordre du roi, me donna un brevet pour rentrer dans mes biens. Et le roi m'en fit expédier un autre par M. de Seignelay de trois cents livres de pension qui, jointes aux six cents que Sa Majesté m'avait d'abord données, faisaient la somme de neuf cents livres qui m'ont été toujours régulièrement payées tous les ans. Ainsi, ce voyage me procura beaucoup d'agrément et d'utilité. Je fus voir le père de La Chaise, qui était charmé de ce bon succès et qui dit même à M. Du Noyer que Sa Majesté lui avait dit en parlant de moi : « Elle a la langue bien pendue et ne manque pas d'esprit. » La modestie devrait m'empêcher de rapporter cette circonstance, mais elle me fait trop d'honneur pour que je puisse me résoudre à la taire. Bien des gens conseillaient à M. Du Noyer de continuer à servir et de me laisser dans ce pays-là, puisque l'on m'y voyait de bon œil, afin que je travaillasse à son avancement. Mais il eut envie d'aller voir ce que c'était que mon bien [...].

Nous partîmes pour le Languedoc, M. Du Noyer et moi, menant avec nous Mme Saporta. Nous arrivâmes à Nîmes dans le mois d'octobre et à peu près dans le temps que les états de la province, qui s'assemblaient dans cette ville, devaient commencer. Comme c'était M. le duc de Noailles qui commandait pour M. le duc du Maine, M. Du Noyer était fort agréablement dans le pays. On me rendit d'abord mon bien et les revenus que le domaine avait retirés pendant mon absence. Mais j'avais des dédommagements à demander pour des bois que l'on avait coupés à une de mes maisons de campagne et qui avaient été donnés à l'Hôpital général. M. Du Noyer en écrivit en cour, et M. de Bâville, intendant du Languedoc, reçut ordre de faire estimer ce dégât et de me faire rendre ce à quoi il serait estimé [...].

M. Du Noyer était estimé et considéré dans le pays. La manière dont notre mariage s'était fait et l'intérêt que le roi avait bien voulu y prendre le faisait approuver de tous mes amis, et nous étions fort agréablement à Nîmes. M. Du Noyer s'y plaisait beaucoup, ce qui me donna envie de le voir Premier consul. On en crée tous les ans quatre qui gouvernent la ville, et c'est alternativement un gentilhomme et un avocat qui est le premier. Le sort décide ordinairement sur le choix de ces consuls, mais le roi les nomme quand il lui plaît par lettre de cachet, et c'est ce qu'il avait fait en faveur de M. Cheiron, ministre, si bien que je priai M. de Noailles d'obtenir la même grâce pour M. Du Noyer. M. de Noailles me le promit, et il n'était question que d'attendre le tour du gentilhomme et de laisser écouler l'année de l'avocat. Pendant ce temps-là, j'accouchai de ma fille aînée le 17 mars 1689, dans le temps que le prince d'Orange fut couronné roi d'Angleterre, et neuf mois et vingt-neuf jours après mon mariage. Mme Saporta en fut la marraine comme elle avait été la mienne, et M. le président de Monclus son parrain. Elle fut nommée Anne-Marguerite comme moi, et son enfance me donna bien de la peine [...].

J'avais déjà deux filles lorsque M. Du Noyer fut fait consul, et j'accouchai bientôt après de la troisième. Mais avant cela, j'eus le malheur de perdre mon oncle Cotton. Comme il me laissait beaucoup de bien, la plupart des gens regardaient cette perte comme une continuation de bonheur pour moi, mais je n'avais garde de raisonner de cette manière. Et outre que le sang et la reconnaissance m'obligeaient à regretter mon oncle ; outre cela, dis-je, je savais bien que je ne pourrais pas trouver un meilleur économe. Je craignais encore que sa mort ne hâtât celle de Mme Saporta, qui effectivement fut très touchée de la perte de ce cher frère. Mais comme lorsque j'accouchai, elle eut occasion de craindre pour moi, cela fit un peu de diversion, et la naissance de cette troisième fille l'amusa. Nous attendions toujours un garçon pour le donner au père de La Chaise. Ainsi, nous la fîmes présenter au baptême par M. Chasel et Mme Fabriques, qui étaient de nos bons amis, et on la nomma Catherine-Olympe. Elle naquit le 2 mars 1693. Dès qu'elle fut baptisée, M. Du Noyer songea à aller à Paris pour recueillir la succession de mon oncle. M. de Bâville lui donna congé pour cela, car comme consul il était obligé à résidence. Dès qu'il eut réglé toutes les affaires, il revint revêtu d'une commission qui lui valait deux cents francs par mois et qui ne l'engageait qu'à visiter quatre fois l'année les bords du Rhône et à résider à Villeneuve-lès-Avignon, qui est un des plus jolis endroits qu'on puisse voir et des mieux situés.

Dès que M. Du Noyer fut de retour, je perdis Marie Du Noyer, ma seconde fille âgée de deux ans et qui était une très belle brune. Le chagrin que cette perte me causa me fit hâter de quitter Nîmes, et j'allai m'établir à Villeneuve-d'Avignon, qui n'en est qu'à sept lieues. M. Du Noyer acheva son consulat et, pendant le temps qui restait à écouler, il allait et venait de Nîmes à Villeneuve, où Mme Saporta m'avait suivie avec mes deux petites filles. Le revenu de cet emploi, joint à celui de mon bien et à ma pension de neuf cents livres, faisait une somme assez considérable, sans compter l'héritage de mon oncle Cotton. Ainsi, nous pouvions faire une très belle figure, surtout dans un pays comme celui-là où l'on vit à très bon marché. J'avais une maison magnifique qui ne me coûtait que quarante écus par an. J'entretenais un carrosse à peu de frais, et nous faisions la meilleure chère du monde sans qu'il nous en coûtât beaucoup, car tout abonde dans ce pays-là. J'y passai trois ans avec tout l'agrément qu'on peut souhaiter et, pour comble de bonheur, j'y accouchai d'un fils, après l'avoir désiré pendant six ans. M. Du Noyer était à Narbonne aux états de la province, où il avait droit d'entrer comme consul de Nîmes. Je lui écrivis la naissance de son fils ; et comme je savais qu'il le destinait au père de La Chaise, je le fis ondoyer dans ma chambre par la permission de M. Fiesque, archevêque d'Avignon, en attendant de pouvoir le faire baptiser à Paris. M. Du Noyer reçut cette nouvelle avec joie et, comme un bonheur fait ordinairement l'autre, il fut nommé presque en même temps par l'assemblée des états pour aller porter au roi le cahier de la province. C'est une commission fort briguée, que l'on ne donne qu'à des personnes de distinction et qui, outre l'honneur qu'elle fait, vaut quatre mille livres [...].

Nous songeâmes à nous disposer à faire le voyage à Paris. Ce qui m'embarrassait, c'était Mme Saporta, que je n'osais pas laisser seule, incommodée comme elle était. Mais elle leva cet obstacle en disant qu'elle voulait faire le voyage avec moi. Nous prîmes donc deux litières et, à petites journées, nous nous rendîmes à Rouanes, où nous nous embarquâmes sur la Loire dans le dessein d'aller à Orléans. Mais je trouvai cette manière d'aller si lente et si ennuyeuse que je débarquai à Briare, où nous prîmes le carrosse pour Paris. Nous y arrivâmes tous en bonne santé, quoique notre troupe fût composée de tous les âges de la vie, depuis l'enfance jusqu'à la caducité. Car j'avais avec moi mes enfants, et mon fils n'avait que six mois, et Mme Saporta passait quatre-vingts ans. Nous trouvâmes Paris si rempli de fièvres malignes, que c'était comme une peste. Il y avait aussi une espèce de famine, car le pain y valait sept sous la livre. Et comme nous étions en temps de guerre [20], on peut dire qu'on ressentait alors les trois fléaux [21] dont la colère du ciel châtie les hommes. On ne voyait dans Paris qu'enterrements et corps morts sous les portes, et je me repentais fort d'avoir amené ma petite famille. Le bon Dieu me fit la grâce de la garantir d'accident et de pouvoir dire à mon retour en province : « Je n'ai perdu pas un de ceux que tu m'as donnés [22]. »

M. Du Noyer eut l'honneur de saluer le roi à Versailles, et M. l'évêque de Montauban, qui était député avec lui, le harangua. M. Du Noyer ne s'ennuyait pas à Paris : il s'y voyait au milieu de sa famille et dans une situation à leur faire honneur. Ainsi, il ne se pressait pas de partir, et je me vis tout d'un coup assiégée par le froid dans ce pays-là. Cependant, M. Du Noyer était nécessaire au pays. Ainsi, il partit seul le second jour de l'an 1695 [...].

De toutes les charges qu'on lui proposa, celle dont il eut le plus envie fut celle de grand maître des Eaux et Forêts de la province du Languedoc, qui était vacante par la mort de M. Timoléon Le Gras. Cette charge avait de beaux attributs et six mille livres d'appointements fixes, sans compter le casuel. M. Du Noyer, après avoir examiné toutes choses, me pria d'arrêter là ma vue et de songer à la remplir. Cela était assez difficile : il y avait des concurrents. Il fallait de l'argent comptant pour payer les créanciers du défunt, et nous n'avions que des contrats de constitutions. Mais comme dans ce temps-là le bonheur me suivait partout et que je n'avais qu'à entreprendre une affaire pour la faire réussir, je vins bientôt au bout de celle-là. Je trouvai des amis qui me prêtèrent de l'argent sur mon billet que j'eus soin d'acquitter dans le temps, et je conclus le marché à quatre-vingt-dix mille livres et deux mille livres de pot de vin pour le principal créancier. M. Du Noyer m'avait envoyé une procuration en forme et s'engageait à souscrire à tout ce que je ferais : il ne risquait rien en cela, et l'affaire était si bonne qu'après avoir exercé cette charge pendant quatre ans, il l'a revendue cent dix mille livres et a gagné par conséquent vingt mille livres dessus. Après avoir fait cette acquisition, je travaillai à en avoir l'agrément, que je n'eus pas de peine à obtenir. On me remit ensuite les provisions dont les frais étaient compris dans les quatre-vingt-dix mille livres. Je les envoyai à M. Du Noyer par la poste, et je n'ai jamais senti une plus grande joie que ce jour-là, par le plaisir que je me faisais de celui que M. Du Noyer en aurait. Tout cela fut fini avant la Pentecôte, et je partis le lendemain de Paris pour aller rejoindre mon nouveau grand maître à Villeneuve-lès-Avignon, et pour aller ensuite à Toulouse où sa charge l'obligeait de rester [...].

Jamais grand maître avant lui n'avait poussé les ventes à un si haut prix. Ces ventes se font à l'extinction du feu, c'est-à-dire qu'on allume une bougie et l'on met un prix au bois d'une certaine forêt. Chacun enchérit dessus tant que la bougie brûle, et celui qui a parlé le dernier lorsqu'elle s'éteint demeure maître du marché. Il fallait faire ces ventes dans chaque maîtrise [23]. Il y en avait six dans le département de M. Du Noyer, à savoir Villemur, Castelnaudari, Mazamet, Quillian, Montpellier et Villeneuve-de-Berc, et deux gruries qui étaient Albi et Mande. Le grand maître est obligé d'aller dans tous ces endroits-là une fois l'an et de passer le reste du temps à Toulouse. M. Du Noyer souhaita que je l'accompagnasse dans ses tournées, et je puis dire que c'était là le temps le plus agréable, car nous voyagions en grands seigneurs. Deux gardes des forêts avec la bandoulière étaient à cheval à côté de notre carrosse. Le secrétaire, le cuisinier et une partie des domestiques allaient d'avance au gîte, où nous trouvions tout prêt en arrivant, et partout où nous arrivions, la noblesse du pays venait au-devant de nous et nous accompagnait. Si bien que nous avions quelquefois trente personnes à manger chez nous, car il fallait tenir table tant qu'on était en campagne. Et quoique nous aimassions, M. Du

Noyer et moi, à faire les choses noblement, il n'en coûtait pourtant pas beaucoup par la quantité de gibier que tous les gentilshommes nous envoyaient. Il y avait des temps où, ne sachant que faire de tant de perdrix rouges, je les faisais mettre dans le pot et servir sur le potage en guise de chapons. Nous avions une si grande quantité de sangliers qu'après en avoir mis en pâte et à toutes sortes de sauces, je m'avisai pour en profiter de saler les jambons et de faire des saucisses du reste. Et cela réussit si bien que j'en faisais tous les ans pour la provision de ma maison.

La première fois que je fus en tournée, M. Du Noyer la commença par Quillian, qui est une petite ville dans les Pyrénées, à la frontière de l'Espagne, située sur la rivière Daude et dans le pays du monde le plus scabreux, car on n'y avait jamais vu de carrosse avant le mien. Encore pensa-t-il m'en coûter la vie pour avoir voulu le mener. On m'avait fait si grand peur de ce pays-là, qui n'était habité à ce qu'on me disait que par des ours, que j'y fus en cornette de nuit et en robe de chambre, ne croyant pas devoir me donner la peine de me coiffer et de m'habiller pour ne voir que des bêtes féroces. Mais je fus bien surprise quand je vis la quantité de noblesse qui descendit de toutes les montagnes [...]. Toutes ces personnes formaient la société du monde la plus agréable. On jouait au lansquenet [24] et à l'hombre [25]. Nous faisions bonne chère et grand feu. Le bon vin ne manquait pas et, malgré la situation du lieu et les neiges qui nous renfermaient au logis, nous ne laissions pas de passer fort agréablement le temps. Nous étions même assez bien logés, car le roi a fait bâtir dans cet endroit une maison pour le grand maître. C'est là ce qu'on appelle la cour, et c'était là l'asile des plaisirs. Toute la bonne compagnie s'affligea de notre départ : chacun se retira, comme dit Scarron [26], dans sa chacunière. Et je puis dire que je quittai à regret un lieu dont je m'étais formée quelques jours auparavant une idée très affreuse, tant il est vrai qu'on ne doit jamais juger que de ce que l'on connaît ni rien condamner sur le rapport d'autrui. De Quillian, nous fûmes à Castelnaudari, ville un peu plus célèbre que Quillian, mais que je ne trouvai pas plus agréable, quoiqu'elle valût plus par elle-même [...].

Après avoir passé quinze jours à Mazamet, dans cette espèce de vie languissante qui ne laissait pas d'avoir ses agréments, nous fûmes à Castres, pour de là aller à Villemur. Le barbare Barbara[27], célèbre par les cruautés qu'il a exercées contre les protestants en qualité de subdélégué de M. de Bâville, ne manqua pas de nous venir voir à Castres. Et pour se rendre recommandable par ses fameux exploits, il dit à M. Du Noyer qu'il venait de faire traîner sur la claie et jeter à la voirie quelques femmes qui étaient mortes sans vouloir recevoir les sacrements. M. Du Noyer, bien loin de lui donner les louanges auxquelles il s'attendait, témoigna de l'horreur pour cette action : « Quoi, monsieur, lui dit-il, des personnes baptisées, vous les jetez à la voirie ? Et des femmes... Où est l'humanité ? Où est la bienfaisance ? » L'autre voulut se retrancher sur les ordres du roi. « Hé ! monsieur, ajouta M. Du Noyer, vous serviriez bien mieux le roi en n'y regardant de si près. Et puisqu'on ne peut pas forcer les consciences, il faudrait laisser croire que tout le monde meurt bon catholique, les enterrer sur ce pied-là et ne pas prouver le contraire par des cruautés si criantes. » Barbara se retira fort mécontent de M. Du Noyer, auquel il ne pouvait pas faire des affaires puisqu'il était catholique né et connu pour très bon catholique, mais seulement ennemi des persécutions outrées et des persécuteurs qui, par tempérament et souvent pour venger leurs querelles particulières, abusent du nom et des ordres du roi [...].

Les ventes se firent là comme dans les autres maîtrises d'où nous venions. Tout s'y passa à l'avantage du roi et à la gloire du grand maître, et je revins à Toulouse fort contente de ma tournée. Mais cette satisfaction que j'apportais chez moi fut bientôt troublée par un des plus grands malheurs qui eût pu m'arriver, puisque huit jours après mon arrivée je vis mourir l'illustre Mme Saporta, qui m'avait servi de mère et à laquelle j'avais plus d'obligations que si elle m'eût mise au monde. Quoique son âge et ses infirmités dussent m'avoir préparée à cette perte, je ne la ressentis pas moins vivement. Et en effet, je perdais tout ce qu'on peut perdre. Car, outre toutes les obligations que je lui avais, elle m'était encore d'un grand secours. Comme son esprit n'était point vieilli, je trouvais en elle des conseils solides et affectionnés, et de la consolation dans mes chagrins. C'était mon oracle, et ce sont ses soins qui ont garanti mon cœur des erreurs de Rome, dans lesquelles ma jeunesse et mille intérêts mondains m'auraient peut-être entraînée, si elle n'avait opposé à cela ses douces exhortations et ses vœux auprès de Dieu. Je puis dire que cette vertueuse personne était le bonheur de la maison, et il s'en est bien fallu que les choses ne soient allées de même après sa mort, qui fut aussi édifiante que sa vie l'avait été. M. Du Noyer en fut extrêmement touché et, malgré les principes de sa religion, il ne fit pas de façon de dire qu'il était persuadé de son salut. Elle eut la consolation de mourir chez moi avec autant de repos que si elle eût été à Genève. Elle ne vit aucun prêtre, elle avait des domestiques protestants, on lisait la Bible dans sa ruelle, et M. Du Noyer avait si bien prévenu les prélats là-dessus qu'on ne s'informait point de ce qu'elle faisait. Il souffrit même qu'elle envoyât, quelque temps avant sa mort, une somme d'argent à Genève pour être distribuée aux pauvres réfugiés de Nîmes et de Montpellier. Et dès que sa volonté fut exécutée et que M. Rouvière nous l'eut écrit de Genève, cette charitable personne mourut. La veille de sa mort, elle voulut que je chantasse auprès d'elle le psaume trente-deuxième et ensuite le sixième. Elle faisait là-dessus les applications les plus justes et les plus chrétiennes du monde, se disant à elle-même tout ce que les plus habiles ministres auraient pu lui dire. Elle me consolait sur la douleur qu'elle prévoyait que sa perte me causerait et m'exhortait à ne point étouffer mes lumières sur le chapitre de la religion, et surtout à garantir mes enfants de la superstition dans laquelle on tâcherait de les élever. Elle avait déjà jeté des semences de vérité dans le cœur de mon aînée, qui avait atteint sa sixième année et qui était sa filleule. Et elle me fit promettre que je ne souffrirais point qu'on la mariât à un ancien catholique, et exigea de moi que, si les choses ne changeaient point avant qu'elle fût en âge d'être mariée, je la ferais sortir de France pour la garantir du péril. Et c'est cet engagement qu'elle me fit prendre qui a été la cause de mon refuge. Je ne saurais m'empêcher d'avouer une faiblesse que j'eus et que j'avais ouï dire que d'autres avaient eue avant moi : je priai Mme Saporta de demander à Dieu, auprès duquel je ne doutais point qu'elle n'eût le bonheur de trouver grâce, qu'il permît qu'elle revînt pour me dire quelle était la bonne religion, car tous les arguments que l'on m'avait faits de part et d'autre avaient jeté des doutes dans mon esprit, et que je croyais que le témoignage d'une personne qui aurait su la vérité de la Vérité même ne manquerait pas de dissiper [...].

Elle donna sa bénédiction à mes enfants et mourut comme elle avait vécu, c'est-à-dire le plus chrétiennement du monde. Elle demanda à n'être point enterrée dans une église papiste, ce qui me mit dans une grande peine après sa mort, car je voulais que ses dernières intentions fussent exécutées ; et cela ne se pouvait sans exposer son corps aux dernières indignités et sans risquer de perdre plus de quarante mille francs qu'elle me laissait. Je voulais pourtant tout hasarder plutôt que de lui désobéir, mais M. de Faure, conseiller au parlement, qui avait été de ses bons amis et protestant, me fit comprendre que la chose n'était point telle que je me la figurais ; que Mme Saporta avait satisfait à sa conscience par l'ordre qu'elle avait donné ; que l'exécution de cet ordre ne dépendait point de moi, puisque M. Du Noyer était le maître ; qu'ainsi, permis à moi de faire mes protestations sans m'embarrasser d'une chose que je ne pouvais pas empêcher et qui n'était plus de nulle conséquence pour la défunte dont, suivant nos principes, la destinée était décidée. Je me déterminai donc à souffrir ce que je ne pouvais pas raisonnablement empêcher, et la difficulté fut ensuite de savoir si on voudrait l'enterrer, car elle n'avait fait aucun acte de catholicité. Le médecin s'était ingéré, la voyant en danger, de dire qu'il était temps de faire appeler un confesseur, et M. Du Noyer l'avait prié de se mêler de ses affaires. Ainsi, il y avait lieu de craindre qu'on ne lui refusât les honneurs de la sépulture. Mais M. Du Noyer trouva du remède à cela : il porta dix louis au curé de Saint-Étienne, qui était notre paroisse, et lui dit que la tante de sa femme venait de mourir assez subitement ; que, quelque temps avant sa mort, elle avait témoigné vouloir donner cette somme à son église pour le luminaire du saint sacrement ; que, bien qu'elle n'eût donné cet ordre que verbalement, il avait voulu l'exécuter au plus tôt. Le curé loua la piété de la morte et la fidélité de M. Du Noyer, et les funérailles ne souffrirent nulle difficulté tant il est vrai que monnaie fait tout. On fit tout cela sans me consulter, et M. Du Noyer exigea des prêtres qu'ils ne chanteraient que quand ils seraient un peu loin du logis, pour ne point aigrir ma douleur. Elle fut enterrée auprès du bénitier : on mit une grande pierre sur son tombeau avec une épitaphe. M. Du Noyer tâcha d'adoucir mon affliction en honorant sa mémoire autant qu'il lui fut possible, et je lui aurai toute ma vie obligation des égards qu'il a eus pour elle et du repos qu'il lui a procuré pendant les dernières années de sa vie.

Peu de temps après, mon fils fut dangereusement malade, et les alarmes que j'eus pour la vie de ce cher enfant suspendirent un peu la douleur que j'avais de la mort de ma seconde mère. Enfin, le bon Dieu le rendit à mes larmes et voulut bien me le prêter encore pour quelques années. Cependant, le temps s'écoulait, et celui d'aller en tournée revint. J'y menai toute ma petite famille, et nous fermâmes la maison. C'était justement la saison où toutes les personnes de Toulouse quittent la ville et où il n'y a pas jusqu'au moindre savetier qui ne se donne un air d'aller en campagne pendant les vacations. Nous prîmes donc ce temps-là pour faire nos caravanes, et nous ne revînmes à Toulouse qu'après la Saint-Martin. Nous fîmes de même les années suivantes, et c'aurait été la vie du monde la plus agréable si elle avait pu durer [...]. Mais M. Du Noyer avait pris son parti : sa famille et les agréments de Paris l'avaient déterminé en faveur de cette belle ville [...].

Dès que nous fûmes à Paris, M. Du Noyer, suivant le projet qu'il en avait fait, vendit sa charge au fils de M. Anceau de Toulouse et la vendit vingt mille francs de plus que je n'en avais payé, ce qui fait bien voir que je n'avais pas fait un mauvais marché. Dès qu'on sut qu'il se défaisait de la charge, il se trouva des gens qui songèrent à se prévaloir de cette occasion et de sa facilité pour lui attraper son argent. Un nommé M. Bricier et Boulanger, receveur général des finances de Bretagne, furent ceux qui s'attachèrent le plus à lui. C'était tous les jours nouvelles parties de plaisirs que ces loups béants lui procuraient, qui étaient à tous égards contre mes intérêts. Enfin, ils le firent donner dans le désordre dans lequel ils vivaient et, par ce moyen, Boulanger trouva le secret de lui faire souscrire pour plus de cinquante mille francs de billets ; et l'autre, de son côté, lui fit faire bien des mauvaises affaires. Cependant, comme la charge avait été achetée de mes deniers, il fallait que l'argent qui devait revenir du prix de cette charge fût placé pour ma sûreté et pour celle de mes enfants. Ainsi, comme M. Du Noyer avait résolu d'en disposer autrement, il jugea à propos de conclure son marché à mon insu. J'en fus pourtant avertie, et M. le maréchal de Duras, qui me faisait l'honneur de prendre intérêt à moi, voulut que M. de La Chaux, son intendant, allât consulter là-dessus un avocat au conseil. Ce fut le nommé Du Pradel, qui trouva à propos de faire un arrêt en mon nom entre les mains de l'acquéreur. Aussi M. Du Noyer trouva à décompter lorsqu'il croyait qu'on lui compterait les cent dix mille francs de la charge. Il se plaignit à moi de cela, et je me plaignis à lui du mystère qu'il m'avait fait d'une chose à laquelle j'avais un si grand intérêt. Enfin, après avoir fait compensation de nos plaintes, il voulut absolument avoir mainlevée de cet arrêt, et employa pour cela menaces et tendresses. Et pour en venir à bout, il me fit parler par MM. les abbés Tiberge et Brisacier, auxquels je déférais entièrement, et promit à ces messieurs qu'en recevant l'argent d'une main, il le donnerait de l'autre pour le porter à l'hôtel de ville et le remettre en contrats de constitution. J'aurais mieux aimé qu'il l'eût placé sur la province du Languedoc [...].

Je comptais que d'une partie du surplus, nous achèterions à Nîmes ou la charge de maire ou celle de subdélégué des maréchaux de France, que M. Barnier a ensuite achetée ; et qu'ainsi, ayant une somme considérable sur la province, une jolie charge et beaucoup de bien en fonds à Nîmes, nous pourrions y vivre fort agréablement. Mais M. Du Noyer, qui avait d'abord goûté ce plan-là, ne voulut plus y entendre. Et comme il était résolu de planter ses tabernacles à Paris, il fallut se retrancher à demander que mon argent fût placé sur l'hôtel de ville. C'est ce qu'il me promit et, pour plus de sûreté, il en fit son billet d'honneur à M. le maréchal duc de Lorges et un billet par-devant Carnot, notaire de Mme de Maintenon, par lequel il s'engageait à ce qu'il avait promis à MM. les abbés Tiberge et Brisacier, qui se laissèrent enfin persuader à toutes ses promesses et me persuadèrent de donner cette satisfaction à M. Du Noyer. J'avais assez de penchant à lui faire plaisir ; ainsi je fus bientôt gagnée. Cependant, M. Du Noyer toucha son argent à mon insu, comme il avait vendu sa charge ; et, malgré tous ses engagements, il disposa à sa fantaisie d'une bonne partie de cet argent. J'en fis mes plaintes à ces messieurs les abbés, qui se plaignirent à lui de son manquement de parole. Et tout ce que j'en pus obtenir fut qu'il remît à ces messieurs pour soixante-deux mille francs de billets, et ils m'en firent un par lequel ils s'obligeaient à ne point se dessaisir desdits billets sans mon consentement.

Cependant, Mme Saporta ne m'était point venue trouver comme je l'en avais priée, ce qui me fit bien voir qu'il n'y a point de retour de ce pays-là ; mais, en revanche, ses dernières paroles étaient toujours présentes à ma mémoire. Je n'avais pas le moindre petit mal au bout du doigt que je ne crusse mortel, et ces pensées me faisaient faire de sérieuses réflexions. Tout contribuait à réveiller ma conscience, jusqu'aux plaisirs mondains. On mit sur pied une tragédie appelée *Gabinie**. Je fus la voir et j'y trouvai tant de rapport avec la manière dont on traitait les protestants, que je revins au logis toute contristée. M. Du Noyer s'en aperçut et me pria de ne plus aller voir cette pièce. Mais ce qui me toucha le plus vivement fut la mort du bienheureux M. Brousson. Il y avait longtemps que je craignais que son zèle le conduirait sur l'échafaud. Nous apprîmes à Orléans qu'il avait été pris en Béarn, qu'on l'avait fait passer par Toulouse et qu'on l'amenait à Montpellier ; et nous sûmes qu'il y avait scellé de son sang les vérités qu'il avait prêchées, et que sa mort avait couronné glorieusement sa vie. Peu de gens ont su par quel accident il était tombé dans les mains de ses ennemis. En voici l'histoire. M. Brousson, en partant de La Haye pour son troisième et dernier voyage en France, pria un ministre béarnais de lui donner une lettre pour quelque personne de son pays en qui il pût prendre confiance. Ce ministre lui en

---

* L'auteur est M. Brueys, de Montpellier, autrefois réformé et à présent papiste [David-Augustin Brueys, *Gabinie*, tragédie, 1699].

donna une pour un homme de Pau, qui avait été ancien du consistoire et qui était encore bon protestant dans le cœur. Mais, par malheur, il y avait à Pau deux hommes de même nom dont les sentiments étaient bien différents, et le ministre n'avait pas pris la précaution de faire son adresse d'une manière qui pût les distinguer. Le bon M. Brousson donna la lettre à celui à qui il n'aurait pas fallu la donner, et ce quiproquo lui coûta la vie, qu'on aurait encore pu lui sauver sur le canal de M. de Riquet [28] pour peu qu'il se fût trouvé des personnes zélées, dans un endroit appelé le Sommail où les gardes, qui étaient en petit nombre, étaient tous endormis et les portes très mal fermées. Mais le temps auquel il devait recevoir la couronne du martyre était arrivé. Ce fut un catholique romain qui m'apprit la première nouvelle de sa mort. Il me témoigna même avoir de l'horreur pour la cruauté avec laquelle on avait traité un homme qui n'avait fait que prêcher l'Évangile, et je fus beaucoup plus édifiée du discours de ce catholique que je ne l'ai été ensuite de ceux de quantité de personnes que j'ai entendues raisonner là-dessus en Hollande, tant il est vrai qu'on n'a souvent pire que les siens ! Pendant que les cruautés de l'Église romaine me faisaient souhaiter d'en sortir, M. Du Noyer, qui voulait que ses enfants fussent membres de cette Église, commença par mettre ses deux filles au couvent.

Je ne pouvais pas m'y opposer sans me rendre suspecte. Ainsi, je pris le parti d'y consentir agréablement et je les menai moi-même au couvent des bénédictines de la Madeleine de Traisnel dans la rue de Charonne, afin que, les tenant de ma main, elles ne fissent pas de façon de me les rendre à moi-même lorsque j'aurais un prétexte de les aller chercher. Une légère indisposition ne manqua pas de me le fournir quelques mois après, et leur santé, qui devint meilleure au logis, fit que leur père ne se pressa pas tant de les renfermer. Dans ce temps-là, je fus obligée de faire un voyage à Nîmes pour affermer mes biens. M. Du Noyer consentit que je prisse avec moi mon aînée, qui avait alors dix ans et qui était déjà assez faite pour le corps et pour l'esprit. Nous prîmes la diligence et, quand nous fûmes à Lyon, au lieu de descendre le Rhône jusqu'à Avignon, je pris une chaise roulante afin d'aller par terre et de pouvoir passer par Orange. Je me faisais un plaisir de revoir cette ville où j'avais passé les premières années de ma vie et dans laquelle la religion protestante venait d'être rétablie. Dès que j'y fus arrivée, j'envoyai chercher une de mes anciennes amies [...]. Elle me pria de vouloir bien, en sa faveur, séjourner un jour à Orange. Je n'eus pas de peine à y consentir quand je sus qu'on prêchait le lendemain. Ce n'est pas que je voulusse aller au prêche, car je savais qu'on m'obligerait ensuite à faire une nouvelle abjuration, mais j'avais mes vues. Le lendemain, quantité de personnes qui se souvenaient de mon enfance eurent empressement de me venir voir ; et le soir, on me donna les violons afin d'avoir le plaisir de voir danser ma petite fille. Je l'avais habillée dès le matin assez proprement, et j'avais prié la demoiselle dont je viens de parler de la mener au couvent faire mes compliments à Mme l'abbesse d'Orange. Et sur ce prétexte, je la priai aussi de la mener au prêche et de lui faire promettre de ne m'en rien dire, afin qu'elle crût que je n'avais nulle part là-dedans. Mon amie fit cela le plus adroitement du monde : elle mena ma fille au prêche, ensuite chez messieurs les ministres qui, après quatorze ans de captivité dans Pierre-Encise [29], étaient heureusement revenus à leur troupeau et l'avaient ramené sous la houlette du bon berger. Ces messieurs parlèrent à ma fille, qui les regardait d'abord comme des animaux venus de l'Amérique et qui ensuite ne fut pas moins édifiée de leur conversation qu'elle avait été de leur sermon. Mon amie la mena ensuite à l'évêché, à l'église des catholiques, afin que, tout confondu ensemble, on ne l'imputât qu'à la curiosité d'une jeune personne. Pour moi, je restai au logis de peur qu'on ne m'accusât d'avoir été faire quelque acte de religion protestante, car les ordres étaient très rigoureux là-dessus ; et j'avais des mesures à garder, puisqu'on aurait même pu, si on l'avait voulu, me faire des affaires pour avoir passé par Orange, ce qui était expressément défendu par les déclarations du roi, sous peines de galères pour les hommes et de prison perpétuelle pour les femmes [...].

Nous continuâmes notre chemin vers Nîmes. Nous trouvâmes auprès des portes de la ville quantité de corps exposés sur les grands chemins, dont les uns avaient été pendus, les autres roués pour la religion ; car cette triste ville a été depuis longtemps le théâtre des plus sanglantes tragédies. Je vis à Nîmes mes parents et mes amis, et j'y fis les affaires qui m'y avaient amenée [...]. Je restai quelque temps à Nîmes, où ma fille brilla beaucoup. Elle fut à la noce de Mlle Barnier, qui épousa M. Baudan, et l'on peut dire qu'elle fit tout le plaisir de cette noce. Ma bonne tante Baudan, qui en faisait les honneurs comme tante du nouveau marié, était charmée de ma fille, et Mme de La Cassagne et toutes les personnes qui prenaient intérêt en ce qui me regardait souhaitaient que la petite personne devînt habitante de Nîmes, où j'avais assez de bien pour la rendre un bon parti. Cependant, dès que les chaleurs commencèrent à se faire sentir, je songeai à décamper avant la canicule, qui est terrible dans ce pays-là, et je repris le chemin de Paris par la même route que j'avais suivie en venant, c'est-à-dire par Villeneuve-lès-Avignon, Avignon et Orange, où je fis encore adroitement mener ma fille au prêche sans qu'elle crût que cela vînt de moi. J'espérais que cette sainte semence tombant dans un jeune cœur pourrait y germer avec le temps, et j'aurais eu dans les suites lieu de m'applaudir du succès si l'ennemi et le monde n'eussent étouffé cette semence. Enfin, je revins à Paris deux mois après en être partie, et M. du Noyer fut fort content de ma diligence et du succès de mon voyage [...].

Me souvenant de ce que Mme Saporta m'avait recommandé en mourant, je formai le dessein de donner à ma fille un mari de ma religion et même de mon sang, et d'aller le chercher dans les pays étrangers. Cette idée n'était point sans fondement, car mon oncle Petit, qui avait été fort fâché de mon retour en France, s'apaisa quelque temps après et, lorsque nous nous y attendions le moins, nous reçûmes de lui les lettres du monde les plus tendres et les plus obligeantes. Ce commerce dura de longues années. Mon oncle s'informait avec soin de l'état de ma famille et me donnait exactement des nouvelles de la sienne. Enfin, dans une de ses lettres à M. Du Noyer, il lui demanda sa fille aînée en mariage pour un de ses fils, lui donnant le choix des trois, mais cependant témoignant qu'il serait bien aise que ce choix tombât sur le plus jeune, qui était l'enfant chéri et un très joli garçon. M. Du Noyer répondit à cela comme il le devait, le regardant pourtant comme une galanterie.

Cependant, mon oncle continua toujours sur le même ton et demanda qu'on lui envoyât sa future bru. M. Du Noyer demanda par représailles qu'on lui envoyât son futur gendre, et ce manège dura tant que mon oncle vécut. Il obligea même le cavalier à m'écrire une très jolie lettre là-dessus et une à sa petite maîtresse, et nous comprîmes enfin que ce n'était point tout à fait une raillerie. Ainsi, j'avais lieu de croire que si je passais dans les pays étrangers, cette affaire pourrait fort bien se faire, ma fille n'étant pas d'une tournure à devoir rompre le marché. Toutes les personnes qui revenaient des pays étrangers après la paix de Ryswick faisaient l'éloge de mon cousin Cabin, qui était le cadet en question. Cela augmentait l'envie que j'avais de redoubler la proximité, et celui qui acheva de me déterminer fut le comte de Dohna [...].

Je lui fis part du dessein que j'avais de sortir de France et de mes vues pour mon cousin Cabin. Il m'encouragea fort pour l'un et pour l'autre : il me dit des merveilles de mon cousin et me parla de la religion en homme plein de zèle et tout à fait régénéré. Il me donna ses conseils sur les moyens de sortir de France et des lettres de recommandation pour des amis qu'il avait à Mâcon. Le temps où je devais aller à Nîmes approchait, et je crus que je devais prendre cette occasion pour sortir de France. J'aurais bien voulu mener tous mes enfants avec moi, mais je trouvai de l'impossibilité à faire consentir M. Du Noyer que j'amenasse son fils, et je me retranchai à demander les deux filles pour lesquelles je craignais le couvent. Je dis que je serais bien aise de faire voir la cadette à mes parents et enfin, après bien des peines, j'y fis consentir M. Du Noyer. Il me donna une procuration pour toucher environ dix mille francs de remboursements, ce qui fit que je n'osai pas demander beaucoup d'argent et que je me contentai de ce dont j'avais besoin pour mon voyage, qu'une maladie assez violente quoique courte m'obligea de hâter. Mais avant de parler de mon départ, il faut que je m'accuse ici d'une folie que l'on a voulu tourner de tous les côtés pour faire croire que je n'étais pas sortie de France uniquement pour la religion. Boulanger avait fait banqueroute, et M. Du Noyer avait connu, mais trop tard, qu'il aurait mieux fait de suivre mes conseils : il en fut pour les billets qu'il avait souscrits. Cela le mortifia, et il commençait à se régénérer lorsqu'une abominable boiteuse, laide comme une guenon, galeuse depuis la tête jusqu'aux pieds et d'une vertu très délabrée, acheva de le pervertir. Cette détestable personne, dont l'esprit répondait à la figure, n'avait pour tout mérite que l'heureux talent de filouter au jeu. Elle allait de maison en maison tailler à la bassette [30], malgré les édits, et faisait rouler un méchant carrosse aux dépens de ses dupes. Elle proposa d'abord à M. Du Noyer les moyens de gagner des sommes immenses, dans la vue de lui escroquer son argent. M. Du Noyer, à qui elle en imposait par le bruit de son carrosse, donna d'abord dans ce panneau, et je ne m'en aperçus que lorsque la partie fut tout à fait nouée. Lui qui, depuis près de treize ans que nous étions mariés, n'avait jamais découché du logis découchait alors trois ou quatre fois la semaine. Je crois bien qu'il ne passait ces nuits-là qu'à jouer mais quoiqu'il en fût, la chose n'était pas édifiante, et ses parents en étaient fort scandalisés. Son frère, qui est un parfaitement honnête homme et qui savait à quelle redresseuse il avait affaire, lui parla fortement là-dessus et lui en fit tant de honte qu'il fut obligé de garder dans la suite un peu plus de mesure, si bien que, voulant passer une nuit chez elle, il y fut le soir en revenant de Versailles et, pour m'en donner à garder, il m'écrivit le lendemain matin une grande lettre antidatée par laquelle il me marquait que ses affaires l'avaient retenu, qu'il serait à midi au logis et qu'il me priait de m'habiller pour aller ensemble à l'Opéra [...].

Nous dînâmes et fûmes ensuite à l'Opéra, auquel je ne fis pas beaucoup d'attention. Car comme le temps de mon départ approchait et que je ne pouvais, sans me faire une grande violence, me séparer d'un fils qui m'était infiniment cher et qui méritait bien de l'être, ni quitter sans chagrin un mari pour lequel, malgré ses dissipations, j'avais beaucoup d'attachement, ces réflexions me rendaient fort rêveuse, et il n'y eut que l'apparition de ce monstre de boiteuse qui me réveilla. Elle vint se placer vis-à-vis de notre loge d'un air triomphant, menée par un chevalier d'industrie qu'on nommait Dubuisson. Cet objet me mit de mauvaise humeur et, sans consulter que mon premier mouvement, je sortis de ma loge sous prétexte de quelque besoin et j'allai dans la sienne. Elle me sourit d'abord, et il me sembla que je voyais le diable qui se radoucissait, tant tout ce qu'elle faisait était désagréable. Cependant, comme je voulais avoir un prétexte pour l'insulter, je fus à son oreille lui dire des injures un peu fortes, comptant bien qu'elle me répondrait tout haut, ce qui ne manqua pas d'arriver. Je ne manquai pas non plus de prendre la balle au bond : je lui arrachai sa coiffure, si bien qu'elle resta tête nue et échevelée au milieu de la plus nombreuse assemblée qu'on eût pu trouver. Ce spectacle attira les yeux de toutes les personnes qui étaient à l'Opéra, et jamais créature n'a essuyé un plus sanglant affront. Elle ne savait que devenir ni comment sortir de sa loge, car j'étais à la porte dans le dessein de la régaler encore. Il n'y avait pas moyen de se recoiffer. Rester tignonnée [31] dans un premier banc, et devant la cour et la ville, c'était quelque chose de bien honteux. Elle ne pouvait ravoir son tignon et ses fontanges [32], qui servaient de jouets aux petits-maîtres du parterre où je les avais jetés. Ainsi, cette malheureuse était dans une cruelle situation. Dubuisson voulut me venir parler en sa faveur et me dire que mon emportement était mal fondé, mais je lui dis sans m'émouvoir que je m'étonnais qu'un joli homme comme lui voulût paraître en public avec cette créature et, en prenant son parti, se déclarât son souteneur ; que je supposais pour son honneur qu'il était digne d'un objet plus charmant. Et je le turlupinai tant qu'il fut obligé de se retirer. Cependant, M. Du Noyer, que cette scène ne réjouissait point, frappait de toute sa force pour faire ouvrir la loge que j'avais eu la précaution de fermer en sortant. Et il vint enfin à moi me dire d'un air embarrassé que si l'on m'avait fait quelque chose, je devais m'en être plainte à lui ; qu'il m'aurait vengée sans que je me fusse exposée moi-même comme je venais de faire. Je lui dis en riant que je ne mêlais jamais les hommes dans mes querelles, que je savais bien les vider moi-même et que je le priais de se retirer. Il le fit, et fit sagement. L'opéra finit pendant ce temps-là et, après avoir bien rempli ma vengeance, comme j'avais envie de m'en aller, je dis à quelques personnes qui me priaient de laisser sortir cette malheureuse qu'elle le pouvait et qu'assurément je ne la toucherais pas. Je leur tins parole, car je n'en ai jamais manqué à personne, mais je voulus avoir le plaisir de la voir passer en revue devant moi. Quelqu'un lui avait prêté une coiffe de taffetas dont elle se couvrait la tête et le visage. Je lui demandai en passant des nouvelles de quelques bâtards qu'elle avait faits d'un valet de chambre de Mme Le Camus, et ainsi finit la comédie. M. Du Noyer voulut un peu bouder quand je fus de retour au logis mais, comme il savait peut-être mieux que personne que je n'avais pas tout le tort, il s'apaisa bientôt et fut le premier à rire de l'aventure qui en fit bien rire d'autres.

Comme je savais que je devais partir bientôt, je n'en craignis point les suites et je ne m'occupai plus que de pensées plus sérieuses. J'avais déjà arrhé mes places à la diligence pour Lyon. Ainsi, c'est fort mal à propos qu'on a voulu dire que c'avait été le sujet de ma sortie de France, puisqu'il y avait longtemps que je la minutais et qu'elle était résolue, et le jour pris pour cela avant que cette aventure arrivât. Il est vrai qu'elle diminua un peu le regret que j'avais à me séparer de M. Du Noyer, mais rien au monde ne pouvait diminuer celui que j'avais de quitter mon fils. Et je ne puis, sans fondre en larmes, penser à ce que ce cher enfant me disait dans cette occasion : « Pourquoi ne me menez-vous pas avec vous, ma chère mère, me disait-il ? Vous aimez mieux mes sœurs que moi, je le vois bien. Cependant, elles ne vous aiment pas autant que je vous aime, et vous me quittez moi qui suis incommodé », car il avait un mal au pied depuis quelque temps, que l'on traitait pourtant de bagatelle. Toutes les paroles et les caresses de cet aimable enfant me perçaient et me percent encore le cœur, et il était des moments où cela ébranlait bien mes résolutions. Et je crois même que je n'aurais jamais eu la force de les exécuter ni de m'arracher à ses larmes, si je n'étais partie pendant qu'il était endormi. Je me consolai dans l'espérance de le revoir quelque jour. Les garçons voyagent plus aisément que les filles. Ainsi, je croyais qu'il pourrait, quand il serait un peu plus son maître, me venir voir en Hollande, mais il n'a pas plu à Dieu que je pusse me flatter longtemps d'une si douce espérance, et il a retiré à lui ce cher fils dont je n'étais sans doute pas digne.

Quand je fus prête à partir, M. Du Noyer me demanda fort tendrement si je ne voulais pas me fier à lui pour les soixante et deux mille francs de billets qui étaient encore entre les mains de MM. les abbés Tiberge et Brisacier, et si je ne voulais pas lui laisser la liberté d'en disposer. Quand on est prêt de quitter les gens, la tendresse fait ses derniers efforts. Ainsi, je répondis à M. Du Noyer avec cette générosité dont je serai toujours la dupe. Je lui donnai un billet pour retirer les siens d'où ils étaient, et je le priai de se souvenir de la confiance que j'avais en lui et de n'en pas abuser. Il parut touché de mon honnêteté et me promit d'y répondre toute sa vie : promesse qu'il a très mal tenue puisque, depuis huit ans [33] que je suis hors de France, il a eu la dureté de ne me rien envoyer, quoiqu'il ait bien su que j'ai souvent manqué du nécessaire dans des temps où, par mon moyen, il jouissait du superflu. C'est une ingratitude sans exemple et une marque de dureté pour une femme qui lui a apporté des biens considérables, car ma reconnaissance totale se monte à près de quatre-vingt et deux mille francs d'argent comptant, outre les biens en fonds que j'ai à Nîmes et neuf cents francs de pension du roi dont je l'ai toujours laissé le maître, et tous les avantages que je lui ai procurés d'ailleurs par mes parents et par mes amis. Mais, comme je l'ai déjà dit, c'est mon sort de faire des ingrats, et Dieu le permet pour me détacher entièrement du monde où l'on ne trouve plus de cœurs droits. Si M. Du Noyer croyait pouvoir se dispenser des sentiments de reconnaissance qu'il me devait, du moins ne devait-il point étouffer ceux de la nature à l'égard de ses filles, qui auraient risqué de souffrir si je ne les avais garanties en souffrant moi-même. Ces petites personnes, qui ignoraient les peines où j'allais les exposer, se réjouissaient du voyage qu'elles allaient faire [...].

Le comte de Dohna me fortifiait toujours dans ce dessein et augmentait, par tout le bien qu'il me disait de mon cousin Cabin, l'envie que j'avais d'en faire mon gendre. Il me promettait que, dès qu'il serait en Hollande, il écrirait à M. Du Noyer en faveur de cette affaire et l'obligerait assurément à envoyer de l'argent à sa fille. Je comptais cependant avec mes nippes et mes bijoux de lui faire une espèce de dot dont je croyais, qu'en faveur du parentage, mon cousin se contenterait en attendant que Dieu changeât les temps ou du moins les cœurs. Et pour le soin de ma subsistance et celle de ma petite cadette, je m'en remettais entièrement à la providence. J'avais lieu d'espérer que je pourrais obtenir une pension aussitôt que tant d'autres qui, si je l'ose dire, ne le méritaient pas plus que moi et qui, peut-être, à tous égards, n'avaient pas fait un plus grand sacrifice. Le comte de Dohna, à qui les soins [34] que j'avais pris de lui étaient encore présents, me témoignait beaucoup de reconnaissance et me promettait de me bien servir dans mes desseins ; d'employer, pour me faire avoir une pension, son crédit et celui de ses amis ; et en cas de mauvais succès, de partager même sa bourse avec moi, chose que je n'aurais eu garde d'accepter. Mais comme je savais qu'il ne pouvait pas manquer d'avoir du crédit en Hollande ou en Angleterre, je croyais m'être acquise un bon protecteur dans ce pays-là, et je n'aurais jamais pensé que sa protection et son amitié dussent faire un jour le plus grand de mes crimes, et causer mes plus grands chagrins. Tout ce que je dois dire à sa louange, c'est qu'il me garda très bien le secret au sujet de mon voyage et que, quoiqu'il vît à tous moments M. Du Noyer, il ne lui en témoigna rien ni de près ni de loin. Il me conseillait de prendre la route de Flandre pour abréger le chemin, mais je craignis que, si quelqu'un me rencontrait et qu'on en avertît M. Du Noyer, il ne fît courir après moi, sachant que j'aurais quitté le chemin de Lyon, ce qui n'aurait pu manquer de lui être suspect [...].

Cependant avant de partir, je fus voir toute la famille de M. Du Noyer, et toutes les parentes et amies que j'avais dans des couvents. J'allai au Précieux Sang [35] voir une sœur de M. de Masclari, qui avait été ma compagne, et je n'oubliai pas une de mes anciennes connaissances. Je fus avec ma fille aînée faire encore une apparition à Versailles et y rendre mes derniers hommages à Sa Majesté qui, avec sa bonté ordinaire, me fit l'honneur de parler pendant son souper et de dire bien des choses avantageuses pour ma petite fille, qu'elle trouva fort grandie depuis le carnaval. La cour était encore un peu triste de l'absence de M. le duc d'Anjou [36], qui était parti pour prendre possession du royaume d'Espagne, et l'on attendait le retour des princes, ses frères, qui l'avaient été conduire sur les frontières. Comme ma fille était connue dans ce pays-là, où on l'avait vue danser avec le jeune monarque d'Espagne dans les bals que l'on avait donnés à Mme la duchesse de Bourgogne [37], elle reçut mille caresses des personnes de la cour. On lui demandait si elle ne voulait point aller à Madrid pour se faire rendre un menuet que le nouveau roi lui devait, et on lui fit tant d'honnêtetés que je crois que, si je lui eusse alors communiqué le dessein que j'avais de sortir de France, elle s'y serait bien opposée. Pour moi, je m'étais fortifiée contre toutes ces tentations. J'avais surmonté la plus forte en me déterminant à quitter mon fils et mon mari. Et, après m'être arrachée à la tendresse, tout le reste ne me coûtait plus rien, et je le sacrifiais sans peine au repos de ma conscience [...].

CHAPITRE IV [1]

Second exil (1701) – Conversations sur la liberté de conscience – Requêtes de pension – Le réseau des réfugiés en Hollande – La société de Schiedam – Médisances – Projet de mariage pour la fille aînée de Mme Du Noyer – Lettre de M. Du Noyer – Curieuse découverte de bijoux.

Je vais entrer à présent dans la période la plus triste pour moi et commencer l'histoire du plus dur temps de ma vie, c'est-à-dire celui de mon refuge. Je partis de Paris à la fin du mois d'avril de l'année mille sept cent et un avec mes deux filles, dont l'une commençait sa douzième année et l'autre sa neuvième. Mon mari, qui comptait que j'allais à Nîmes et que j'en reviendrais comme l'année précédente dans deux ou trois mois, nous vit partir sans inquiétude et sans autre chagrin que celui que cause l'éloignement des personnes qui nous sont chères. Mais moi, qui prévoyais que cette absence serait longue et peut-être même éternelle, je ne pus l'envisager d'un œil sec. M. Du Noyer vint nous conduire à la diligence, et il fut surpris de me voir marquer tant de faiblesse dans cette occasion, à moi qui en pareil cas avais toujours eu beaucoup de fermeté. Je ne sais comment il n'en pénétra pas la cause, mais je sais bien qu'il aurait fort ébranlé ma résolution pour peu qu'il s'en fût douté, tant j'étais alors attendrie. Le bon Dieu me préserva de cet écueil. M. Du Noyer s'en retourna chez lui, et nous roulâmes à grand force du côté de Lyon, où nous arrivâmes le premier de mai [...].

Quand je me trouvai seule avec mes deux filles, je fermai la porte de ma chambre et, après m'être approchée de ces petites personnes : « Mes enfants, leur dis-je, je vais vous donner une grande marque de ma confiance. Quoique vous soyez bien jeunes, je me suis aperçue avec joie que la raison avait chez vous devancé les années, et je crois que vous avez le naturel trop bon pour vouloir faire des affaires à une mère qui vous a tendrement aimées. Ainsi, je crois que vous me garderez le secret que je vais vous révéler : je ne vais point à Nîmes, comme vous l'avez cru, je vais à Genève ; et ce prétendu rhumatisme dont je fais tant de bruit n'est autre chose qu'une feinte pour avoir occasion d'aller en Savoie, sous prétexte des bains d'Aix[2], dont je n'ai nul besoin et que je n'ai nulle envie de prendre. Vous devez vous être aperçus, à la manière dont je vous ai élevées, que je n'ai jamais été de la religion romaine qu'en apparence. Vous savez que je ne me suis attachée qu'à vous faire connaître Christ et Christ crucifié, que j'ai laissé toutes les fables et toutes les légendes dont on a accoutumé d'embarrasser les esprits. J'ai tâché de vous apprendre à adorer Dieu en esprit et en vérité. Et si vous voulez me suivre, je vous mènerai dans des pays où vous aurez la liberté de lui rendre ce culte qu'il exige des vrais adorateurs. Vous ne trouverez peut-être pas tous les avantages que vous pouviez espérer ici, car, quoique Dieu promette à ceux qui cherchent son royaume et sa justice de leur donner encore toutes choses par-dessus, cette promesse ne regarde pas toujours les biens temporels, et elle est souvent remplie par la satisfaction que donne une bonne conscience, qui est sans doute à préférer aux plus grandes richesses puisque, comme dit l'apôtre, piété avec contentement d'esprit est un gain[3]. Après cela, il ne faut pas craindre de manquer de pain. Dieu nous exhorte à n'être point en souci du lendemain et puisqu'il nourrit bien les oiseaux et qu'il a soin des lys des champs, nous pourrons bien nous confier à sa providence. Votre père sera d'abord fort en colère contre moi, mais, après cela, il n'aura pas la dureté de nous laisser manquer du nécessaire dans le temps qu'il jouit par mon moyen du superflu. Je ne le crois ni assez ingrat ni assez dénaturé pour cela. Mais quand il le serait, vous avez un père au ciel qui ne vous abandonnera jamais, et une tendre mère qui fera toujours tout ce qu'elle pourra pour vous empêcher de souffrir. Cependant, consultez-vous : vous être libres, voyez si vous voulez rester l'une ou l'autre, ou toutes les deux. Je vous laisserai chez Mme Le Bourcier, sous prétexte de vous reprendre en passant et, dès que je serai à Genève, je lui écrirai de vous faire conduire à Paris. Ainsi, voyez quel parti vous voulez prendre. Je vous dis aujourd'hui ce que Noémi dit à ses deux belles-filles : "Restez, si vous le voulez, dans votre pays parmi vos parents et vos dieux." — Ah! ma mère, s'écria alors la petite, je vous réponds ce que répondit Ruth à Noémi : "Ton peuple est mon peuple, ton Dieu est mon Dieu, là où tu iras j'irai, là où tu mourras, je mourrai et je serai enterrée [4]", et rien, ajouta-t-elle en m'embrassant, ne me séparera de ma chère mère que la mort. » Je louai le zèle et la piété de cet enfant et, après lui avoir donné les éloges qu'elle méritait, je me tournai du côté de l'aînée qui me priait de l'écouter à son tour : « Ma mère, me dit-elle, je suis à peu près du sentiment de ma sœur. Je ne veux point vous quitter, je veux vous suivre partout, mais je vous prie de ne pas m'obliger à suivre vos sentiments. Car, quoique je me souvienne fort bien des instructions que m'a données feue Mme Saporta jusqu'à ma septième année, et que j'aie bien compris depuis tout ce que vous avez voulu me faire entendre là-dessus, quoique je fusse fort édifiée l'année passée des manières des protestants que je vis à Orange et des prédications que j'y entendis, je vous avoue que les religieuses auprès desquelles j'ai été et tous nos domestiques m'ont si fort assuré que les huguenots étaient damnés que j'en ai souvent tremblé pour vous, et j'aurai bien de la peine à revenir de cette prévention. — Ma fille, lui répondis-je, nous tournons le dos à la tyrannie, et je l'ai trop abhorrée pour vouloir la pratiquer. Vous serez de la religion romaine tant qu'il vous plaira, mais vous aurez un avantage que l'on n'a pas en France, car vous pourrez être d'une autre quand vous le voudrez. Nous allons dans des pays où la liberté de conscience est permise et, après avoir examiné toutes choses, il vous sera permis de choisir. — Pour moi, ajouta la petite, je m'en tiens au choix de ma mère, et je ne crois pas qu'elle me donnât un serpent au lieu de pain, d'autant mieux qu'elle me donne ce qu'elle prend pour elle. — Et moi, dit l'aînée, je m'en fie à sa parole et, puisqu'elle me promet de ne point forcer mes sentiments, je suis toute prête à partir. » Nous partîmes en effet dans le moment [...].

Le pont de Beauvoisin est sur la rivière de Giers et sépare le Dauphiné d'avec la Savoie. Il fallut montrer là le passeport du prévôt des marchands, moyennant quoi les gardes nous laissèrent passer. J'allai dîner dans le faubourg qui appartient à la Savoie, quoique dans celui du Dauphiné les cabarets soient beaucoup meilleurs, tant j'avais d'empressement de sortir de France. L'après-midi, nous continuâmes notre route par des chemins presque impraticables et que j'aurais cru impratiqués si l'on ne m'avait assuré qu'il n'y en avait point d'autres et que c'était par là que Mme la duchesse de Bourgogne avait passé. Il est vrai qu'elle était en chaise à porteurs et moi en chaise roulante, qui semblait à tout moment nous devoir faire rouler dans des précipices affreux, sur les bords desquels nous étions obligés de marcher. Je fus contrainte de prendre des paysans pour nous aider et pour soutenir la chaise, car les chemins étaient si étroits qu'à peine y avait-il place pour les deux roues. Les paysans avaient soin, chemin faisant, de me faire remarquer les endroits les plus périlleux et de me conter les accidents tragiques qui y étaient arrivés. Nous n'en eûmes aucun mauvais, Dieu merci, et nous arrivâmes à la couchée sans qu'il nous en eût coûté que quelques petites frayeurs. J'avais soin de dire souvent à mes filles de se souvenir que le chemin qui mène à la vie est étroit et difficile, afin que ces réflexions leur fissent souffrir patiemment les incommodités de notre voyage. Le lendemain matin, nous passâmes la Challie, qui est un chemin taillé dans le roc. Il est extrêmement droit, et ce doit être quelque chose de curieux, car on y a gravé les armes du duc de Savoie [5]. Il fallut grimper là à pied. On y est enfermé de tous les côtés, et on n'y court point d'autre risque que de tomber à la renverse si le pied venait à manquer, auquel cas on serait fort mal dans ses affaires. Enfin, après beaucoup de peines, nous arrivâmes à Aix, ce lieu tant vanté [...].

De là, nous passâmes dans un méchant village d'où je dépêchai un exprès à M. Mussard, professeur à Genève, pour le prier de me venir attendre le lendemain matin à la porte que l'on appelle la Consigne, de peur qu'on ne me fît quelque difficulté en entrant. Ce M. Mussard était le même qui avait pris soin de moi lors de ma première sortie. Je le trouvai à la porte, comme je l'en avais prié. Il parut fort aise de me revoir avec mes deux innocentes brebis, et il nous conduisit dans sa maison où je me reposai un jour. Quoique j'eusse un grand nombre de connaissances dans cette ville, je n'en voulus voir aucunes, et je m'y tins close et cachée de peur que le résident ne me fît quelque affaire. Je priai cependant M. Mussard d'aller consulter les plus habiles théologiens pour savoir si je pouvais disposer de mes filles et les soustraire, comme on dit, à l'obéissance paternelle [...].

On me répondit que la chose ne devait pas seulement être mise en question, puisque j'étais obligée à procurer le salut de mes enfants, duquel je serais responsable si je négligeais les moyens que Dieu me donnait pour cela ; que quelque droit que leur père pût avoir sur eux, si par quelque caprice ou égarement de raison il s'avisait de vouloir les jeter dans la rivière, il y aurait de la folie et de la cruauté à moi de ne pas les arracher de ses mains. Et ainsi, n'y ayant point de rivière ni de péril si grand que l'étang ardent de feu et de soufre, où les erreurs de leur père les aurait entraînées, il n'y aurait rien de plus légitime que les efforts que j'étais obligée de faire pour les arracher à un si grand danger.

Cette décision des ministres de Genève, qui se trouvait conforme à mes sentiments, me fit beaucoup de plaisir, et elle me paraît si juste que je ne comprends pas comment M. de Béringhen [6] a pu condamner mon action. Aussi ai-je eu la consolation qu'il a été seul de son sentiment et que les ministres de La Haye ont été d'avis contraire. Après avoir su celui des messieurs de Genève, je me résolus à suivre le dessein que Dieu m'avait mis au cœur et d'aller chercher un asile plus sûr que celui où j'étais, et où M. Du Noyer aurait pu venir réclamer ses enfants [...].

Je partis de Genève par le Brigantin qui conduit à Morges sur le lac, car il n'y aurait pas eu de sûreté d'aller par terre, où l'on est obligé de passer sur celles de France. Ce fut là où M. Bose, à présent maître des requêtes à Paris, fut arrêté autrefois, et je n'avais garde de vouloir courir ce risque. Nous eûmes le vent contraire ce jour-là. Nous fûmes obligées de coucher à Rolle. Comme le bateau était rempli de nouveaux débarqués de France qui étaient encore dans leur première ferveur, nous chantâmes tous le psaume cinquante et un, et ma fille aînée fut si édifiée du zèle qu'elle remarqua dans nos compagnons de voyage qu'en arrivant à Rolle, elle se jeta à mon cou et me dit : « Ma mère, je veux être de votre religion. Je vois qu'il faut que ce soit la bonne, puisqu'on quitte tout avec joie pour la suivre. » J'en eus une fort grande de ce mouvement de ma fille. J'en remerciai Dieu, qui pouvait seul le lui avoir donné, et je le priai de la fortifier et de lui augmenter la foi. Le lendemain matin, nous arrivâmes à Morges, où je fus obligée de rester un jour pour attendre la litière de Berne [...]. J'avais dans ce lieu-là deux de mes intimes amies, les demoiselles de La Cassagne, dont j'ai parlé dans le commencement de ces mémoires. Je les envoyai prier de venir où j'étais, parce que j'avais une si furieuse migraine qu'il m'était impossible de quitter le lit. Ces demoiselles, auxquelles on n'avait eu garde de dire mon nom, vinrent me trouver et, quoiqu'il y eût seize ans que nous ne nous fussions vues et qu'elles me crussent pour lors à Paris au milieu de mon bien-être, elles me connurent pourtant d'abord et firent un cri de joie en me voyant. Elles furent charmées de mes petites filles, et elles auraient bien souhaité que je me fusse arrêtée à Morges. Je l'aurais souhaité aussi et je voudrais à l'heure qu'il est avoir pris ce parti-là. Mais j'étais encore si épouvantée qu'il semblait que j'eusse tous les canons de la Bastille à mes trousses, et je croyais ne pouvoir jamais fuir la France d'assez loin [...].

Nous arrivâmes à Rotterdam. Je revis avec joie cette grande et belle ville, et je fus loger à *L'Enseigne de celle de Rouen*, chez des Français qui nous donnèrent à manger à notre manière. À peine étais-je dans ce cabaret que je vis entrer un gentilhomme de Montpellier appelé M. de Saint-Jean-de-Vedas, grand homme de bien. Quoiqu'il ne m'eût vue qu'enfant, il me reconnut d'abord, et je fus surprise de m'entendre appeler par mon nom. J'avais ouï dire autrefois qu'il avait eu des révélations dans le pays, et cette visite si prompte me persuada quasi qu'il avait quelque chose d'extraordinaire en lui : il m'offrit à me rendre tous les services qui dépendaient de lui et voulut bien se donner la peine de m'accompagner chez M. Jurieu, auquel je souhaitais de rendre mes hommages en passant. M. Jurieu et madame son épouse me reçurent très bien :

ils connaissaient ma famille, ils louèrent ma résolution et souhaitèrent que Dieu me donnât la force de la soutenir. Ils firent mille caresses à mes petites filles qu'ils trouvèrent aimables et bien élevées. Et comme je ne savais pas si je trouverais encore des connaissances à La Haye, M. Jurieu me donna une lettre de recommandation pour Mlle de Dangeau [7] et une pour M. d'Hervard à Delft, où je devais passer pour aller à La Haye. Avec ces deux lettres et la bénédiction de M. Jurieu, je pris congé de lui pour aller prendre le bateau de Delft, où M. de Saint-Jean m'escorta encore. Il me dit que je trouverais dans cette ville un de mes compatriotes qui ne me laisserait pas aller plus loin ce jour-là et qui, assurément, me retiendrait chez lui [...].

Comme j'étais fort mauvaise piétonne, j'envoyai mes filles d'avance chez M. Baudan avec défense de dire mon nom, car je voulais savoir s'il me reconnaîtrait comme avaient fait les demoiselles de La Cassagne à Morges. Mais il fit encore bien plus, car il les reconnut à mon air et, quand elles lui dirent que leur mère était à quatre pas de là, il leur demanda si cette mère ne se nommait point Mlle Petit avant d'être mariée [...]. Après les premiers compliments, M. Baudan me dit qu'il y avait assez longtemps que j'étais en marche pour que je dusse avoir besoin de repos et qu'ainsi, il me priait de vouloir bien en prendre chez lui et y rester quelques jours ; que pendant ce temps-là nous raisonnerions ensemble sur les vues que je pouvais avoir et sur les services qu'il pourrait me rendre. Comme j'étais persuadée qu'il me faisait cette offre de bon cœur, je l'acceptai sans façon, bien moins pour me reposer, quoique j'en eusse un fort grand besoin, que pour faire un peu reposer mes pauvres enfants qu'un si long voyage avait extrêmement fatiguées. Nous eûmes le plaisir de dormir dans un bon lit à la française, dont depuis Genève nous avions perdu l'usage. Et je puis dire que M. Baudan exerça très bien l'hospitalité à notre égard, mais cela m'a été cher vendu dans les suites par les envieux qu'une pareille réception et toutes les bontés qu'il a eues pour moi m'ont suscités. Je restai chez lui depuis le mardi au soir jusqu'au vendredi matin, et pendant ce séjour je rendis à M. d'Hervard la lettre de M. Jurieu et j'allai voir une famille de Nîmes, qui était aussi réfugiée à Delft : c'était celle de M. Rénand. J'y vis aussi le Hollandais que j'avais autrefois connu à Nîmes, que je trouvai dans les grandes charges et marié pour la seconde fois. M. Baudan me fit faire connaissance avec M. Benoist[8], ministre de Delft, et je me crus obligée de rendre mes devoirs à M. Desmarets, son collègue, que je savais être parent de ma tante Petit. Toutes ces personnes me firent beaucoup d'honnêtetés : chacun avait de l'empressement d'apprendre mon histoire et comment j'avais pu faire pour sortir de France avec mes deux filles qu'on trouvait très jolies. Comme elles étaient élevées en filles de condition, je leur avais fait apprendre à chanter, à danser et ce qui convenait à des personnes de leur âge. M. Baudan voulut avoir le plaisir de leur faire répéter leurs leçons et comme elles s'en acquittèrent d'assez bonne grâce, il proposa à M. Benoist de lui donner le même régal, supposé que de pareils exercices ne le scandalisassent pas. M. Benoist, qui a de l'esprit infiniment et un esprit fort doux, répondit à M. Baudan qu'il n'y avait qu'à changer les noms pour ôter tout sujet de scandale, et s'adressant à mes filles, il leur dit : « Allons, mesdemoiselles, faites-nous le plaisir de parler un peu en musique et de marcher en cadence. » Elles entendirent ce que cela voulait dire, et M. Benoist en fut très content. Et il le parut encore davantage un moment après, lorsqu'étant passés dans une autre chambre avec M. Baudan, il voulut bien se donner la peine de les interroger sur la religion. La manière dont elles répondirent à ses questions lui fit connaître que je n'avais pas donné tous mes soins à leur apprendre la bagatelle.

Après m'avoir donné là-dessus les éloges qu'il croyait que je méritais et m'avoir souhaité mille bénédictions, il fut question de raisonner sur la situation où je me trouvais. J'avais deux choses à craindre : la première, que M. Du Noyer ne vînt lui-même ici réclamer ses enfants ou tâcher de me les enlever, car la guerre[9] n'était pas encore déclarée, quoique les affaires eussent commencé à se brouiller, et M. le comte d'Avaux avait été envoyé à La Haye pour tâcher de raccommoder les choses. Ainsi, je craignais qu'on ne me jouât quelque mauvais tour. Ma seconde frayeur était de me trouver sans argent, car comme j'avais été obligée de faire un fort grand tour avant d'arriver en Hollande, les soixante-dix louis que M. Du Noyer m'avait donnés pour aller à Nîmes étaient terriblement diminués. D'ailleurs, je ne savais pas si les choses que j'avais laissées à Lyon [10] me seraient fidèlement rendues, car j'avais pris plus de précaution pour la sûreté de nos personnes que pour tout le reste. J'ignorais aussi la manière dont M. Du Noyer en userait à mon égard. J'avais lieu de croire qu'il aurait le cœur assez bon pour ne pas laisser manquer de pain une personne qui lui avait apporté des biens assez considérables et qui, depuis treize ans, ne lui avait de son propre aveu fait d'autre chagrin que celui de le quitter. Il y avait encore apparence que, quand il m'aurait oubliée, il eût dû se souvenir de ses enfants, et que la voix du sang se serait fait entendre à son cœur. Cependant, comme il ne faut compter sur personne dans la vie, il était à propos de prendre les choses au pis et de tâcher de prévenir l'indigence en demandant une pension à l'État. On en avait accordé aux personnes qui étaient venues avant moi, et il y avait lieu d'espérer que l'on m'accorderait la même grâce. Ainsi, il fut conclu que j'irais à La Haye me présenter au grand pensionnaire [11] pour lui demander sa protection et celle de l'État contre les violences de M. Du Noyer, et pour le prier en même temps de vouloir bien m'accorder une petite pension pour faire subsister mes jeunes prosélytes. M. d'Hervard m'offrit d'aller avec moi chez le grand pensionnaire et me donna pour cela rendez-vous à La Haye, où M. Baudan, le plus honnêtement du monde, voulut lui-même nous mener le vendredi. Nous fûmes, en débarquant, chez Mme de Conte, sa cousine, la même qui avait voulu autrefois me tirer de Paris. Cette bonne femme, toute infirme qu'elle était, me reçut avec des transports de joie, qui marquaient son bon cœur et sa piété. Elle fit mille caresses à mes enfants et m'assura qu'elle avait toujours espéré que le bon Dieu ne m'ôterait pas ses lumières ; qu'elle l'en avait toujours prié et qu'elle avait rendu de fort bons témoignages de moi dans ce pays-ci.

Je la remerciai de toutes ses bontés et la quittai pour aller voir une de mes anciennes connaissances. C'était une vieille demoiselle appelée Mlle de Laguerche, que j'avais vue autrefois chez mon oncle Petit et à laquelle j'avais écrit plusieurs fois de Paris pour lui demander du secours contre les arguments des convertisseurs. Cette demoiselle n'était pas au logis, et j'appris de sa servante qu'elle était allée passer l'après-midi chez ses amis, selon la coutume des réfugiés qui s'assemblent tous les jours tantôt chez les uns, tantôt chez les autres pour prendre du café et causer un peu de nouvelles, ce qui s'appelle aller en gaste. Ceux qui sont attendus trouvent en arrivant une table avec autant de tasses qu'il y a de personnes priées : on leur fait le meilleur accueil du monde, mais les personnes qui y arrivent par hasard et sans être mandées y sont reçues comme un chien dans un jeu de quilles. Mlle de Laguerche était ce jour-là en gaste chez M. de Limeville, que j'avais connu autrefois à Genève et à La Haye sous le nom de M. de Cambron et qui avait été ami intime de feu mon oncle Cotton. Je pris le parti de l'attendre chez elle, et je n'attendis pas longtemps sans la voir arriver avec quantité de visages que je ne connaissais point : un, entre autres, si long et d'un aspect si sombre que j'en fus toute consternée. Ces personnes, que la curiosité attirait chez Mlle de Laguerche, où l'on avait déjà dit qu'il était entré des étrangères, m'examinèrent depuis les pieds jusqu'à la tête avec un sérieux et des manières qui ne sentaient nullement le pays d'où je venais. Pour Mlle de Laguerche, elle ne m'eut pas plutôt regardée qu'elle me reconnut et m'embrassa. Les curieux et curieuses se retirèrent, et il ne resta que M. et Mme La Selle, parents de Mlle de Laguerche. Je leur fis mon histoire en abrégé, parce qu'il était déjà tard. Et après leur avoir promis de les voir le lendemain, je fus loger dans un lieu qu'ils m'indiquèrent et où leur servante me conduisit. C'était dans le Kortehour-straat, rue où j'avais logé quinze ans auparavant avec mon oncle Petit [...].

Le lendemain matin, je fus chez Mlle de Laguerche, ainsi que nous en étions convenus la veille. J'y trouvai M. d'Hervard, qui était venu de Delft pour me mener chez M. le grand pensionnaire. Et, dans le moment, on vint annoncer Mlle de Dangeau qui, ayant su déjà que j'avais une lettre pour elle de M. Jurieu et que j'arrivais de France, avait été bien aise de venir un peu voir ce qu'on disait de moi. Comme je m'étais formé une autre idée de cette demoiselle, on avait beau me la montrer et me la nommer, je ne pouvais jamais comprendre que ce fût elle. Son humilité outrée et la simplicité de son ajustement me la faisaient méconnaître, mais je fis ensuite une réflexion que je venais d'un pays où l'on avait le goût gâté et les manières fort peu évangéliques. Ainsi, je reconnus en Mlle de Dangeau les livrées de Jésus-Christ par opposition à celles du monde. Après les premiers compliments et après avoir lu la lettre de M. Jurieu, elle me dit que j'étais venue chercher ici les croix et les tribulations ; que l'on n'y trouvait plus les mêmes secours qu'on y avait trouvés autrefois ; et que j'aurais une rude carrière à fournir. Il fut mis ensuite en délibération si je devais aller chez M. le grand pensionnaire ou s'il ne serait pas plus à propos de lui faire parler, de peur que ma visite ne fît trop d'éclat et n'irritât le comte d'Avaux avec lequel on gardait encore des ménagements. Et enfin, on conclut que je pouvais y aller sans risque et qu'il était même à propos de faire au plus tôt cette démarche. Ce qui fut dit fut fait. M. d'Hervard voulut bien se charger de me présenter, comme il me l'avait promis à Delft, et ce fut là le fruit que je retirai de la recommandation de M. Jurieu. M. le grand pensionnaire nous y reçut de la manière du monde la plus honnête : il m'accorda d'abord la première de mes demandes, qui était sa protection contre les violences de M. Du Noyer ; et, à l'égard de la seconde qui regardait la pension, il me dit qu'il fallait présenter une requête à l'État et la donner au président de semaine. Comme c'était le samedi, la chose fut renvoyée au lundi, et je m'en retournai fort contente de l'accueil que m'avait fait M. le grand pensionnaire [...].

Je revins chez Mlle de Laguerche où Mlle de Dangeau m'attendait. Et après lui avoir rendu compte de ma visite, je la priai de trouver bon que j'eusse l'honneur de lui en rendre une l'après-midi. Elle me le permit, et je n'eus garde de manquer à m'acquitter de ce devoir. Mlle de Laguerche voulut être de la partie et comme elle est assez voisine de Mlle de Dangeau, elle me retint à dîner ce jour-là afin que j'eusse moins de chemin à faire. Cette précaution n'était point hors de propos, car j'étais si mauvaise piétonne et si fort chargée d'embonpoint que je ne pouvais pas marcher sans en être extrêmement incommodée.

Dès que nous eûmes dîné, nous fûmes au cloître où Mlle de Dangeau a établi sa société. Elle nous reçut fort honnêtement et nous fit entrer dans une espèce de salle où toute la communauté vint pièce à pièce nous passer en revue. Cette petite curiosité étant satisfaite, Mlle de Dangeau me dit qu'elle aurait bien souhaité que M. Jurieu eût écrit en ma faveur à Mlle de La Moussaye, nièce de feu M. de Turenne et personne très considérée dans le corps des Français, qui d'ailleurs était dispensatrice de certaines pensions que la feue reine d'Angleterre [12] avait destinées aux réfugiés. Je priai Mlle de Dangeau de suppléer à cela, d'autant mieux que M. Jurieu ne se contentait pas de lui demander sa protection pour moi et qu'il la priait encore de me procurer celle de Mlle de La Moussaye et de la famille de Béringhen. Mlle de Dangeau goûta mes raisons et, après avoir été sonder le gué dans l'appartement de Mlle de La Moussaye qui, étant membre de la société, logeait dans le cloître, elle vint nous dire qu'il était permis d'y monter. Si j'avais eu de la peine à reconnaître la sœur de M. le marquis de Dangeau, j'en aurais sans doute eu encore davantage à reconnaître en Mlle de La Moussaye la nièce du grand Turenne et la parente de plusieurs rois, si mes yeux qui commençaient à ne se plus tant attacher à l'écorce ne me l'avaient fait envisager du côté que je le devais [...].

J'y trouvai une assemblée de dames les plus considérables de la société. Mme de Béringhen [13], personne d'un mérite et d'une vertu extraordinaires, y présidait. J'avais rendu à monsieur son fils [14] une lettre que le jeune ministre Durand* m'avait donnée lorsque je partis de Nimègue. Je pris de là occasion de faire mon compliment à cette dame, qui me répondit avec beaucoup d'honnêteté. Ensuite, elle me fit des questions sur mon âge, ma famille, les emplois de mon mari, la manière dont je vivais à Paris et cent choses de cette nature. Ensuite, elle me demanda si je ne connaissais pas deux belles-filles qu'elle avait dans ce pays-là. Je lui répondis que non, mais que je croyais connaître un de messieurs ses fils [15], car je lui trouvai du rapport avec M. de Béringhen, mari de Mme de Bouron. Elle convint du fait et me demanda où j'avais vu ce fils, duquel elle ne paraissait pas trop contente. Je lui dis que

---

* C'est le même dont il est parlé plus haut [David Durand].

c'était chez une de ses parentes, Mme la comtesse d'Aulnoy [16]. Je croyais faire par là ma cour, car la comtesse d'Aulnoy était nièce de M. de Béringhen le premier [17]. Cependant, cela fit un méchant effet pour moi dans l'esprit de l'assemblée. J'y vis froncer plusieurs sourcils, et il y eut des dames qui, en se tournant du côté de Mme de Béringhen, lui dirent : « Fi, madame, vous avez un affreux parentage. » Cela m'étonna encore et, après avoir subi encore quelques interrogatoires, je pris congé de la compagnie et la laissa dans la liberté de raisonner sur mon chapitre, à quoi l'on ne manqua assurément pas. J'allai passer le reste de la journée dans ma chambre, et le lendemain je fus avec beaucoup d'empressement à l'église. J'entendis les trois prêches sans pouvoir m'en rassasier, tant j'étais affamée de ce pain de la parole, duquel j'avais été si longtemps privée. Et j'avoue à ma honte qu'il s'en faut beaucoup que je n'aie à présent la même ferveur. Le premier objet qui frappa ma vue à l'église fut un officier aux gardes, appelé M. Sausin, qui est à présent lieutenant-colonel de dragons. Je l'avais vu à Paris et, si je voulais peindre l'étonnement, il faudrait représenter la figure qu'il fit en me voyant. Il n'y avait que deux mois qu'il m'avait laissée dans ma maison, d'une manière à lui persuader que je devais m'y plaire. Ainsi, il ne pouvait comprendre ce qui m'amenait dans ce pays et, dès le lendemain, il vint pour s'en éclaircir me rendre une visite. Son étonnement redoubla quand je lui dis que je venais grossir le nombre des réfugiées et que les remords de ma conscience sur le chapitre de la religion avaient toujours troublé les agréments de la situation dans laquelle il m'avait vue, et m'avaient enfin obligée à la quitter. M. Sausin était encore dans ma chambre lorsque Mlle de Dangeau et Mlle de Laguerche y entrèrent. Elles me dirent que mon arrivée faisait grand bruit à La Haye ; que chacun raisonnait là-dessus à sa fantaisie ; que l'on craignait fort que M. Du Noyer ne trouvât le moyen de ravoir ses enfants et qu'on croyait que je serais plus sûrement en Angleterre qu'ici, où il n'y avait pas beaucoup d'apparence que je pusse obtenir de pension, l'État n'étant plus d'humeur d'en donner. Je répondis à ces dames que je m'étais abandonnée aux soins de la providence, que je suivrais ma destinée, mais que le dernier parti que je prendrais serait celui d'aller en Angleterre ; que j'avais mes raisons pour cela, et que je les suppliais de trouver bon que je cherchasse ici le repos. Elles y consentirent, et Mlle de Dangeau me promit d'aller avec moi présenter ma requête au président de semaine [...].

Ce seigneur me dit que leurs hautes puissances m'avaient fait présent de cent cinquante florins pour passer en Angleterre. Je lui répondis que ce n'était pas là ce que j'avais demandé ; que je n'avais nul dessein d'aller en Angleterre, et que je remerciais les Messieurs de ce secours. M. Van Gent me dit qu'il ne me conseillait pas de le refuser, que cela ferait un méchant effet ; qu'il fallait toujours prendre ce que nos souverains avaient la bonté de nous donner, et que cela ne m'empêcherait point de suivre ma première demande, mais qu'on avait assuré aux Messieurs que je voulais aller trouver des parents que j'avais en Angleterre et que c'était pour cela qu'on m'avait donné de quoi faire le voyage. Je remerciai M. Van Gent et le priai de me continuer l'honneur de sa protection, et je revins chez moi très mortifiée. Je la fus encore bien davantage en arrivant, car j'appris que ma petite Olympe, qui était extrêmement délicate, avait craché du sang. Cela m'alarma beaucoup, et M. Dumarets, qui était dans ma chambre, fut si touché de l'état où il me vit qu'il fut lui-même chercher M. Tétard, médecin qui, par ses soins, arrêta l'accident qui causait mes alarmes.

Pendant les huit jours que j'avais passés à attendre le succès de ma requête, j'avais reçu et rendu quelques visites : Mmes de L'Étang, de La Calmette, Mmes de Guirand, Dumarets, Champagni, Payot, de La Selle, de Laguerche, de Béringhen et Mlle de Dangeau sont les seules personnes avec qui j'ai eu commerce. Et tout ce grand nombre de réfugiés, dont la plupart se donnent des faux airs sur mon chapitre, parlent assurément de ce qu'ils ne connaissent pas, puisque je ne leur ai de ma vie parlé et n'en ai jamais cherché l'occasion. Il y en a encore beaucoup que je connais de vue et dont je ne sais pas le nom. Mais, pour revenir à celles que je vis dans ce temps-là, Mme de Guirand, qui, comme je l'ai déjà dit dans un autre endroit de ces mémoires, avait été ma compagne de prison à Paris, fut ici une de celles qui me marqua le plus d'empressement. Elle me pria, selon l'usage du pays, d'aller prendre le café chez elle, et ce fut là que je connus M. et Mme Dumarets, qui voulurent que j'allasse le lendemain chez eux avec toute la compagnie. Mais, avant de sortir de chez Mme de Guirand, il faut que je dise ce qui s'y passa. Cette dame, qui était de mon pays et une de mes anciennes connaissances, me pria de vouloir bien faire chanter mes petites filles. Je n'eus garde de le lui refuser : elles chantèrent et dansèrent très joliment. Toute la compagnie les applaudit et, pour mériter encore mieux cet applaudissement, je leur fis réciter quelques scènes de tragédie. Les personnes qui connaissent un peu le monde savent qu'on est à présent dans ce goût-là à Paris, qu'on se fait un mérite d'imiter les tons de Baron [18] et de Beaubourg [19], et qu'il n'est point de personne de qualité qui ne se fasse un plaisir de réussir à cela. M. Du Noyer était charmé le soir de faire déclamer un peu ses enfants, et je n'aurais jamais imaginé que cela eût pu fournir des armes contre moi. Mme de Guirand ne pouvait se lasser d'admirer mes filles et de me remercier du plaisir que je lui avais procuré. Nous nous séparâmes tous contents les uns des autres, et le lendemain nous nous rassemblâmes chez Mme Dumarets. Monsieur son époux vint me prendre chez moi à l'heure marquée et, en entrant chez lui, il dit pour m'annoncer à la compagnie : « Voici Mme la comtesse Du Noyer », titre que je ne m'étais pas donné, et qui me conviendrait pourtant mieux qu'à bien d'autres qui le portent. Je ne crus pas devoir faire une querelle là-dessus à M. Dumarets, et je laissai passer cela sans le relever. Mais d'autres gens le relevèrent et m'en firent un crime en temps et lieu. Enfin, un jour que M. Sausin m'était venu voir, M. d'Orval entra dans ma chambre avec un ministre qui logeait aussi dans la même maison où nous étions. M. Sausin me demanda si mes filles n'avaient pas oublié à chanter depuis qu'elles avaient quitté Paris, et M. d'Orval se joignit à lui pour me prier de leur faire chanter un petit air. Elles chantèrent quelques scènes de l'opéra *Hésione* [20] et le lendemain Mlle de Laguerche me demanda si je ne connaissais pas un ministre qu'elle nomma. Je dis que non : « Quoi ! me répondit-elle, c'est celui qui était hier chez vous et qui n'y resta pas longtemps parce que mesdemoiselles vos filles chantèrent des airs d'opéra, ce qui le scandalisa un peu. — Je crois, dis-je alors, mademoiselle, qu'il aurait dû être plus scandalisé si je leur avais fait chanter un psaume. Cela n'aurait guère convenu dans une compagnie où l'on ne sait pas si tout le monde est dans les dispositions qu'on doit avoir pour un culte religieux. Et n'en déplaise à ce ministre, on ne doit pas risquer de faire des profanations. » Cela se passa, mais on faisait des annotations sur tout.

Cependant, après que l'on m'eut accordé la gratification dont je viens de parler, je fus chez Mlle de Dangeau pour lui demander la raison pour laquelle on avait publié que j'allais en Angleterre, puisque je n'en avais jamais eu le dessein ; et je me plaignis du tort que cela m'avait fait. Mlle de Dangeau me dit que ce tort se pourrait réparer, mais que l'on avait jugé à propos de répandre ce bruit pour dépayser M. Du Noyer et rendre ses recherches vaines ; et que, puisque je ne voulais pas quitter la Hollande, il fallait du moins quitter La Haye, où mes enfants n'étaient pas en sûreté tant qu'il y aurait un ambassadeur de France ; qu'ainsi, elle m'offrait un asile à Schiedam dans sa société, jusqu'à ce qu'on vît quel train les choses prendraient. Elle me conseilla d'y aller au plus tôt et de laisser croire au public que j'allais en Angleterre. Il fut encore résolu que je changerais de nom, et je fus intitulée Mme Darci. Je me conformai aux avis de Mlle de Dangeau : j'acceptai ses offres et je partis pour Schiedam dix jours après être arrivée à La Haye. Mlle de Dangeau se chargea de retirer la petite gratification qu'on m'avait faite et me dit qu'elle avait en main cinquante florins pour joindre aux cent cinquante que l'État m'avait donnés. Elle ne voulut jamais me dire d'où venait cette somme, et j'ai toujours cru que c'était des fonds que la reine avait laissés, et desquels Mlle de La Moussaye avait l'administration [...].

Lorsque j'arrivai à Schiedam, j'allai d'abord à la société présenter à Mlle de La Boutelière, qui en était directrice, un petit billet de Mlle de Dangeau. Il me parut qu'on se serait bien passé de mon arrivée. Cependant, comme je venais de bonne main, je fus reçue, et l'on me donna la chambre de Mlle de Dangeau, ainsi qu'elle l'avait marqué. D'abord toute la société vint nous examiner. Elle était composée d'environ vingt demoiselles fort graves et, pour la plupart, des astres sur le couchant [...]. L'heure du souper étant venue un peu après que je fus arrivée, on nous fit descendre au réfectoire où, par la charité de Mlle de Dangeau et les soins de Mlle de La Boutelière, on trouve suffisamment de quoi manger pour vivre et même assez bien accommodé, et c'est là tout ce que des personnes raisonnables peuvent demander. Comme je craignais encore pour la poitrine de ma petite Olympe, j'avais prié M. Tétard de me dire de quelle manière je devais la ménager, et il m'avait ordonné de lui faire prendre tous les matins du lait mêlé avec de l'eau, dans lequel il fallait éteindre un morceau d'acier. Je commençai dès le lendemain à mettre ce remède en pratique et, comme je vis qu'il faisait effet, je le continuai tout le temps que je restai à Schiedam, qui fut environ six mois. Et voici la vie que j'y ai menée. Comme j'étais à la fois moi, mon valet et ma servante, je me levais dès l'aube du jour pour aller dans la cour attendre la laitière. De là, je passais à la cuisine pour accommoder mon remède que j'allais ensuite faire prendre à ma petite. Quand cela était fait, avant qu'on eût commencé la prière du matin, j'y assistais, sinon j'y envoyais ma fille aînée, l'autre ayant besoin de rester plus longtemps au lit. Après cela, je faisais ce que j'avais à faire dans ma chambre jusqu'à la prière qui précédait le dîner, à laquelle je n'ai jamais manqué, à moins que je n'aie été malade. Après le dîner, je filais dans ma chambre jusqu'au soir et, après souper, au lieu d'aller me promener comme les autres dans le beau temps, je me renfermais encore jusqu'à la prière du soir, après laquelle chacune allait se coucher. Je ne crois pas qu'il y ait aucune de ces dames qui puisse démentir ce que je dis ici. Elles sont sans doute trop sincères, et je leur ai souvent ouï dire que les moines de la Trappe ne pouvaient pas pratiquer une plus grande retraite. M. Jurieu même me dit, lorsque je partis pour l'Angleterre, que l'on était fort édifié de ma conduite à la société de Schiedam. Mlle de Dangeau elle-même a souvent loué ma sobriété et mon humeur accommodante, et ne m'a jamais blâmée que de l'attachement que j'avais pour mes enfants et des grands soins que je me donnais pour eux. Elle me disait toujours que si je n'avais pas mes filles avec moi, j'en vaudrais deux fois mieux et que j'en serais beaucoup plus agréable.

Mais, après avoir parlé de la manière dont je vivais à Schiedam, il est juste de parler un peu de la manière dont on y vit et des règles de cette société fondée par Mlle de Dangeau et qui ne subsiste que par elle. Il y a ordinairement, comme je l'ai déjà dit, environ vingt demoiselles dont il y en a très peu qui payent pension, encore est-ce une pension très modique ; les autres y sont gratis, elles ont une chambre à deux. Le matin, elles se lèvent à sept heures et, dans un négligé très négligé, descendent les unes après les autres dans la cour, armées de leur pot de chambre et crachoirs qu'elles vont vider et rincer. Comme j'étais tous les matins à l'affût de la laitière, j'assistais à cette procession. Cet exercice de propreté étant fait, on s'assemblait pour celui de piété, qui commençait par la lecture d'un chapitre de la Sainte Écriture et se terminait par la prière. Chacune se retirait ensuite dans sa chambre pour s'habiller et faire ses petites affaires. Les unes avaient leurs amies avec lesquelles elles prenaient du café, et enfin on était libre de faire ce que l'on voulait jusqu'à onze heures et demie, que la cloche avertissait de descendre au réfectoire où on lisait encore un chapitre et chantait un psaume. Après avoir fait la prière, on se mettait à table précisément à midi, car la dévotion ne durait pas plus d'une demi-heure. Le dîner consistait un jour en un pot-au-feu avec du bouilli, le lendemain du rôti et une soupe au beurre, un autre jour du poisson. Après le dîner, on était encore libre jusqu'à sept heures du soir qu'on sonnait le souper. Après quoi, on pouvait aller se promener lorsqu'il faisait beau et, à neuf heures, on recommençait l'exercice du matin, c'est-à-dire la lecture d'un chapitre, le chant d'un psaume et la prière. Ainsi la journée finissait comme elle avait commencé. Ces demoiselles avaient chacune leur semaine pour officier et étaient ainsi prieures tout à tour. Mlle de Dangeau arriva à Schiedam peu de jours après moi : elle me donna alors une chambre et m'installa tout à fait dans sa société. Elle voulut même le premier soir que je fisse la prière et que ce fût par méditation. Je m'en acquittai le moins mal qu'il me fut possible, quoique je n'eusse pas eu le temps de m'y préparer. Et Mlle de Dangeau en aurait été contente si sa modestie avait souffert qu'en priant pour elle, je la traitasse de Dorcas[21]. Cela fit qu'elle ne me demanda plus de faire la prière.

J'appris d'elle que l'on attendait le roi d'Angleterre à La Haye et, comme j'avais dessein de le saluer pour implorer son secours et sa protection, je partis avec mes deux filles lorsque je crus qu'il pouvait être arrivé. Je passai encore par Delft, où je vis M. Baudan, mon bon ami qui était tout mon conseil et toute ma consolation. Ensuite, je me rendis à La Haye, où Mme de Béringhen et Mlle Laguerche me louèrent une chambre chez le nommé La Roche, marchand de vin. Il est nécessaire de remarquer que ce fut par les soins de ces dames que je logeai là, car dans les suites on m'en a fait un crime, quoique ce soit chez de très honnêtes gens et desquels je n'ai lieu que de me louer. Mme de Béringhen, toute bonne et toute obligeante, voulut prendre ma petite Olympe pendant quelques jours pour soigner sa petite poitrine, et Mme Fabrice, sa sœur, garda aussi quelque temps mon aînée dans la société de Mlle de Dangeau à La Haye. Cependant, comme tous les réfugiés avaient les yeux sur moi, on faisait cent raisonnements sur mon chapitre. Les uns louaient mon action et convenaient que j'avais fait un beau sacrifice ; les autres, pour en diminuer le prix et de peur que je ne vinsse moi-même diminuer leur portion congrue, inventaient mille calomnies, et cela sans que j'eusse encore fait ni mal ni bien, ni que l'on eût eu le temps d'apprendre quelque chose qui fût à mon désavantage. Ainsi, je puis dire que, dès le moment que je suis arrivée ici, on s'est acharné contre moi, et que l'œil de nos chers compatriotes a été malin parce qu'ils ont cru que nos souverains pourraient avoir de la bonté pour moi. Mais la malignité redoubla encore lorsque le roi d'Angleterre fut arrivé, car, après que j'eus eu l'honneur de lui faire la révérence et de lui donner un placet, Sa Majesté dit à milord Galloway et à M. de L'Étang : « Cette femme a fait une belle action, elle mérite qu'on fasse quelque chose pour elle, et j'en veux prendre soin. » Il n'en fallut pas davantage pour exciter l'envie et pour faire déchaîner les envieux [...].

Mme de Béringhen, qui avait mille bontés pour moi, me venait rapporter tous les jours les contes qu'on lui faisait qui, outre qu'ils étaient ridicules, se détruisaient encore les uns les autres. Tantôt on supposait que j'étais sortie de France parce que j'étais brouillée avec mon mari ; un moment après, on disait que c'était de son consentement et qu'il devait au plus tôt me venir joindre, parce que ses affaires étaient en désordre. Toutes raisons contradictoires, et qu'il me fut aisé de détruire en montrant à Mme de Béringhen la lettre suivante que je venais de recevoir de mon mari, auquel j'avais écrit dès que je fus arrivée à La Haye et que j'avais prié de me répondre à l'adresse de M. Baudan à Delft, n'ayant pas voulu lui dire en quel lieu je croyais me fixer. Voici ce que cette lettre contenait :

J'ai cru devoir cette réponse à la vôtre. Je ne veux point vous fatiguer par des reproches. Ainsi, lisez ma lettre avec attention, et faites-y les réflexions que votre esprit et votre conscience si délicate, ainsi que vous me marquez l'avoir, vous permettront de les faire. Vous savez que mes deux filles sont nées baptisées et ont vécu dans l'Église romaine, n'en connaissant point d'autre. Vous avez eu soin qu'elles en fissent les fonctions. Vous savez de plus que, par le droit de nature que Dieu a établi, les enfants appartiennent au père. Il est vrai qu'il s'est pratiqué autrefois, par des accommodements, que dans les mariages mi-partis les filles étaient de la religion de leur mère, en recevaient le baptême et y étaient élevées. Mais nous ne sommes pas dans le cas, puisque non seulement nous n'avons pas fait ces conventions, mais que vous vous êtes faite de ma religion en vous mariant. Vous avez toujours extérieurement vécu en catholique romaine ; vous avez même élevé mes filles dans cet esprit ; ainsi, vous n'avez nul droit sur elles. C'est un vol que vous m'avez fait, et un compte que vous vous chargez envers Dieu, plus terrible mille fois que celui de votre conscience. Dieu a-t-il décidé sur les deux religions ? Ce n'est pas l'ouvrage des hommes que ces disputes et séparations : je conviens que, sans une grâce pareille à celle de saint Paul, il est bien difficile, pour ne pas dire impossible, de changer de religion et de cœur, et que, se soumettant aux décrets de Dieu, l'on croit qu'il ne nous a pas fait naître de la religion dont nous sommes pour nous damner ; et l'on regarde comme un crime le changement que l'on ferait de l'état où Dieu nous a mis en naissant, outre l'habitude que nous avons contractée, qui est souvent plus forte que la nature même, qui nous maintient et fortifie sur ce principe, qui est le vôtre et celui de tous les hommes sans exception. Dites-moi, comment avez-vous pu et voulu changer l'état de vos filles ? Charger votre conscience de leur salut, et déterminer seule ce qu'un siècle et demi et tant d'habiles gens ont disputé sans en convenir ? Quelle certitude avez-vous que votre religion, fille de la romaine, qui s'en est séparée ; que cette fille, dis-je, ait étouffé sa mère, et l'ait réprouvée avec justice et connaissance de cause ? Pouvez-vous juger cette question sans trembler ? Et êtes-vous assez hardie pour mettre dans des doutes et des erreurs éternelles deux jeunes créatures innocentes ? Ne les avez-vous portées dans vos flancs que pour les rendre malheureuses ? Et leur donnerez-vous pour patrimoine une incertitude éternelle et un remords cruel, qu'elles vous maudiront dans la suite, quand la raison leur aura fait connaître ce que Dieu les avait fait naître, et ce qu'injustement, et contre les droits de Dieu et du sang, vous avez détruit en elles ? Tout ce que vous avez fait en votre vie vous est personnel, vous pouvez seule le réparer ; mais ce qui regarde les autres, comment vous en laverez-vous devant Dieu et les hommes ? À combien de remords exposez-vous votre conscience ? N'êtes-vous pas assez malheureuse par votre propre esprit et votre conscience, sans vous rendre coupable de l'esprit et de la conscience de mes filles ? Voilà tout ce que je suis obligé de vous dire. Vous ne m'entendrez jamais crier contre vous. Faites attention à ma conduite à votre égard : elle a toujours été douce et complaisante, peut-être trop. C'est ce qui fait mon crime aujourd'hui, mais je vous aimais et je ne suis né ni brutal ni crocheteur. Ainsi, n'appréhendez jamais que je change mon caractère ni mon amour. Je changerai mes plaisirs en larmes et déplorerai toute ma vie l'état de ma famille, mais je ne souffrirai jamais que personne me parle de vous dans d'autres termes que ceux que l'on vous doit. Ayez toute confiance en moi, treize années d'union vous ont assez fait connaître mon caractère. Quel mystère me faites-vous de me mander le lieu où vous êtes et où sont mes filles, et votre état présent ? Aurez-vous la méfiance et la faiblesse d'aller chercher dans les pays étrangers ce que vous avez toujours trouvé si sûrement en moi ? Parlez-moi à cœur ouvert : ce que vous faites, vos idées pour vous et vos filles, et la situation où vous êtes pour leur subsistance et la vôtre, et ce que je puis faire pour votre service. Mais point de mystère avec moi, ou bien rompons commerce pour jamais. Votre fils n'est pas informé de ce que vous avez fait, il en mourrait de douleur. Sa santé n'est pas bonne, j'en ai plus de soin que de moi-même. Je ne vous dis rien de moi, vous avez trop bien travaillé à mettre la dernière main à mes malheurs pour m'en plaindre et vous en fatiguer. Faites que ma fille aînée m'écrive, et surtout souvenez-vous que le crime que vous leur faites commettre et que vous commettez en leur personne est ineffaçable, et que vous ne pouvez jamais le réparer si vous ne le faites de bonne heure. Adieu.

À Paris, ce 30 de juin 1701.

On peut croire que Mme de Béringhen fut convaincue de la vérité après la lecture de cette lettre. Elle me pria de la lui donner pour confondre l'imposture de mes calomniateurs, mais je lui dis qu'il me suffisait qu'elle me fît l'honneur de me rendre justice; que je me faisais un plaisir de lui donner tous les éclaircissements qu'elle souhaiterait, de même qu'à Mlle de Dangeau; mais que je n'estimais pas assez tout ce tas de gens mal intentionnés, pour vouloir me donner la peine d'entrer en justification avec eux ni pour les faire entrer dans mes affaires [...].

Le lendemain, son valet m'apporta un billet par lequel Mme de Béringhen me marquait que la société était ce jour-là chez Mme Delmer, qui était de ses bonnes amies; qu'elle l'avait déjà prévenue sur mon chapitre, et que je pouvais compter que j'y serais très bien reçue; qu'ainsi, je n'avais qu'à me laisser conduire par le donneur du billet, qui effectivement me mena chez M. Delmer. Et, dès qu'il eut parlé à un valet, monsieur vint lui-même fort honnêtement me recevoir à la porte et me conduisit avec mes deux filles dans la salle où madame son épouse me fit l'accueil du monde le plus gracieux. Elle me parut fâchée de ce que la compagnie n'était pas plus nombreuse ce soir-là, où bien des personnes avaient préféré le plaisir de la promenade à celui du jeu. Je lui répondis comme je crus devoir le faire, et la conversation devint ensuite générale. Mme la comtesse de Tilli, dont le mérite est assez connu dans le monde, parut prendre du goût pour moi et me fit mille honnêtetés. Et M. de Monceau, qui revenait d'Aix-la-Chapelle [22], me dit qu'il avait été présent lorsque le comte de Dohna avait reçu une de mes lettres, par laquelle je lui apprenais mon arrivée en Hollande; et que, sur ce qu'il lui avait dit dans ce moment-là de moi, il en avait lui-même rendu des témoignages avantageux dans la société de Mlle de Dangeau, où certaines demoiselles avaient voulu donner un tour malin aux relations que j'avais avec ce seigneur. Je remerciai M. de Monceau de sa générosité, et mes manières et la jeunesse de mes enfants le confirmèrent dans la juste idée qu'il s'était formée de moi. Comme il n'y avait qu'une partie d'ombre ce soir-là, qui n'occupait pas beaucoup la compagnie, on voulut que mes enfants chantassent, et M. Delmer fit venir messieurs ses fils pour qu'ils dansassent avec elles. Et quand ce petit bal fut fini, pour mettre fin à ses honnêtetés, il fit mettre les chevaux à un de ses carrosses qui me ramena chez moi [...].

Qui eût jamais pu penser qu'une soirée passée de cette manière eût dû me faire du tort ? Cela arriva pourtant. Les réfugiés, envieux des honnêtetés que l'on m'avait faites, dirent hautement que je n'étais point sortie de France par un motif de religion, puisque j'allais chercher les plaisirs. Mme de Béringhen, que les bontés qu'elle avait pour moi rendait attentive à tout ce qu'on disait là-dessus, vint promptement m'en avertir. Je sus encore que l'on m'accusait d'avoir pris le titre de comtesse parce que, comme je l'ai déjà dit, M. Dumarets m'avait annoncée en cette qualité en entrant chez lui. On disait encore que ma fille aînée avait bu trop de café et mis trop de sucre dans ses tasses, ce qu'on trouvait très vicieux et qu'on ne manquait pas de m'imputer comme de grands défauts dans l'éducation de mes enfants. On concluait, parce qu'elles savaient chanter et danser, que je n'avais songé qu'à les élever dans la mondanité. Et d'autres, poussant leurs conjectures plus loin, soutenaient que, puisque mes enfants récitaient bien quelques scènes de tragédies, il fallait nécessairement qu'elles fussent échappées de quelque théâtre. Pour soutenir une pareille opinion, on était obligé de dire que je n'étais pas moi, et je fus contrainte de demander un certificat aux personnes desquelles j'étais connue. Mlle de Laguerche déclara qu'elle m'avait vue quinze ans auparavant chez mon oncle Petit à La Haye. Mme Guirand dit qu'elle m'avait vue ensuite à Paris chez Lausilion, où j'étais prisonnière pour la religion et où M. le maréchal de Lorges et M. l'évêque de Mirepoix m'avaient fait l'honneur de me venir voir pour me persuader à changer, ce que je n'avais point voulu faire malgré les caresses et les menaces de M. Cotton, mon oncle, duquel j'attendais une grosse succession [...].

Cependant l'exhortation que M. Olivier [23] m'adressa et les bénédictions qu'il donna à mes enfants firent l'effet que l'on souhaitait, et j'en fus si touchée que je ne pus m'empêcher d'y donner des larmes. M. Olivier était extrêmement doux, mais avec cela il ne put s'empêcher de me dire que j'avais donné un exemple sans exemple lorsque je m'en étais allée en France. J'aurais pu lui répondre que mon retour en Hollande était un exemple un peu plus rare, puisqu'on ne voit que trop de gens qui, las de souffrir, retournent aux oignons de l'Égypte [24], et très peu qui, comme moi, aient réparé cette faute. Et d'ailleurs, il avait assez paru par la conduite que j'avais tenue pendant longtemps en France que je n'y étais pas allée pour changer et que j'avais été la dupe des promesses que l'on m'avait faites là-dessus, comme je l'ai déjà dit. Et il n'est pas extraordinaire qu'une personne, aussi jeune que je l'étais alors, eût pu s'y laisser tromper. Je ne crus pourtant pas que ce fût le cas pour entrer en justification : il valait beaucoup mieux subir la censure qui, dans le fond, ne fut point rude. M. Olivier fit ensuite une très belle prière, et l'on remarqua que ma petite Olympe fut la première qui se mit à genoux avec des sentiments de piété dont on fut très édifié. Après avoir été reçue à la paix de l'Église, je songeai à y attacher mes enfants autant qu'il me serait possible ; et comme mon aînée avait douze ans, je résolus de la faire communier dès qu'on la trouverait assez bien instruite pour cela. Ainsi, je priai M. de Joncourt de vouloir bien se donner la peine de l'examiner. Je le trouvai d'abord fort prévenu de ce qu'on lui avait dit que j'avais pris plus de soin à perfectionner mes filles pour le monde que pour le ciel. Je répondis à cette accusation en priant M. de Joncourt de s'éclaircir lui-même du fait en interrogeant ma fille. Il le fit, et il fut convaincu de l'injustice qu'il me faisait, car il trouva la petite personne très bien instruite et lui en donna son certificat, que M. Olivier signa aussi avec connaissance de cause. Ils me donnèrent là-dessus mille louanges et blâmèrent extrêmement ceux qui m'avaient accusée d'avoir négligé le soin d'instruire mes enfants. En effet, il n'est rien de plus injuste que ces gens qui, parce qu'ils ne sauraient avoir plusieurs bonnes qualités à la fois, prétendent qu'elles sont incompatibles. D'ailleurs, il faut distinguer les temps, les lieux et les personnes : il aurait été joli au milieu de Paris et d'une famille ancienne catholique d'élever des filles de condition dans l'ignorance des choses du monde, à moins que de les avoir destinées à être religieuses. En vérité, il faut n'avoir guère de raison pour raisonner de cette manière, et pour trouver étrange que j'allasse à la cour et que je fusse dans le monde, puisque cela convenait à ma situation. On devait bien plutôt être surpris que j'eusse pu m'arracher à une situation aussi agréable que celle-là. Mais on n'avait garde de vouloir faire attention sur ce qui aurait pu attirer quelques louanges, et celles que le roi Guillaume et quelques personnes de considération m'avaient données avaient trop aigri les réfugiés.

Il me souvient qu'un jour que je sortais de l'église, un pauvre garçon courut après mon aînée et s'écria devant tout le monde : « Mon Dieu, voilà la fille de cette dame qui nous a fait sortir de prison ! » Mme de Béringhen, qui connaissait ce garçon, l'appela pour savoir ce qu'il voulait dire; mais, dès qu'il me vit, il voulut se jeter à mes pieds et dit à Mme de Béringhen que je l'avais tiré des prisons de la Conciergerie de Paris [...]. J'avoue, à ma honte, que j'avais en France bien plus de zèle et de charité que je n'en ai à présent : je visitais toutes les prisons, j'allais à la Tournelle soulager les pauvres galériens, ou du moins qui étaient destinés aux galères, et je cherchais dans le grand et le petit Châtelet ceux qu'on y détenait pour cause de religion. Je ne parle point de ces choses pour en tirer vanité, Dieu veuille me préserver d'avoir de pareils sentiments; mais je crois que je suis obligée, pour l'édification publique, de faire voir que je ne donnais point tout mon temps à la mondanité. Ceux qui m'ont connue de près savent que j'en trouvais pour remplir mes devoirs, et que le soin de mes enfants et de mon domestique en occupait la plus grande partie. C'est le témoignage que mon mari ne refusera assurément pas de me rendre. Mais, encore un coup, il y a bien des gens qui ne peuvent pas comprendre qu'on puisse être propre à plus d'une chose, et cela parce que l'on est accoutumé à juger des autres par soi. Je dois dire encore ici pour l'édification du prochain que, quoique j'aie été pendant treize années dans la religion romaine, je n'y ai pourtant jamais communié. J'ai été à la messe pour ne pas me faire soupçonner, et pour avoir par là la liberté d'élever mes enfants et de vivre à ma mode. Et j'ai été à confesse pour dire au confesseur que je ne croyais pas à la transsubstantiation et qu'ainsi je n'étais pas en état de communier, et j'en ai trouvé d'assez raisonnables pour convenir que j'avais raison et pour m'aider à éviter une chose pour laquelle je marquais avoir une si grande répugnance. Ainsi, en faisant le moins, j'évitais de faire le plus. Je sais que le moins était toujours trop, mais il fallait ou sortir de France pour s'en dispenser comme j'ai fait dans les suites, ou s'exposer à des persécutions que je n'aurais peut-être pas eu la force de soutenir et qui auraient privé mes enfants de l'instruction que je souhaitais leur donner.

Cependant, on continuait à La Haye à inventer mille calomnies contre moi pour tâcher de diminuer la considération que les personnes raisonnables me témoignaient et pour m'empêcher d'obtenir de l'État la pension que j'avais demandée. Je la sollicitai pendant quelque temps, mais comme on était à la veille de la guerre, on avait résolu de n'en donner à personne. Cependant, on eut la bonté de m'accorder deux cents florins de gratification, et l'on me fit espérer qu'on m'en donnerait autant tous les six mois. Le roi d'Angleterre était déjà parti, et milord Galloway aussi. Ainsi, n'ayant plus rien à faire à La Haye, je songeai à m'en retourner à Schiedam, et je fus chez Mme de Béringhen pour la remercier de toutes ses bontés. Mais j'y trouvai monsieur son fils [25] au lieu d'elle et, après quelques honnêtetés qu'il me fit, je fus extrêmement surprise de lui entendre dire qu'il blâmait l'action que j'avais faite en amenant mes filles hors de France; qu'il ne me convenait pas d'en disposer, puisque les enfants appartiennent au père; que, lorsqu'il avait été question de nommer saint Jean-Baptiste, on s'était adressé à Zacharie et non à Élisabeth [26], et que ça n'avait été qu'après que ce père muet eut écrit « Jean est son nom » que l'on avait déféré au sentiment de la mère, preuve incontestable de l'autorité absolue des pères. Ainsi, il ne fit pas de façon de me dire qu'il trouvait que j'avais fait une très mauvaise action et que c'était là ce qui l'avait empêché de se mêler de mes affaires; qu'il avait une fille en France qu'on lui retenait injustement, suivant le fondement qu'il venait de poser, et que ce serait autoriser la conduite de madame sa femme que de ne pas condamner la mienne, puisque le cas était à peu près pareil. Un discours de cette nature n'était pas fort consolant, aussi en fus-je très affligée. Je dis à M. de Béringhen que je le priais de vouloir bien consulter là-dessus quelques théologiens et que, s'ils convenaient que j'eusse mal fait d'amener mes filles, il serait aisé de les renvoyer, et que leur père les recevrait de bon cœur. M. de Béringhen me répondit alors que cela ne se pouvait plus et que je ferais encore un plus grand crime en les tirant de la bonne voie ; mais que, comme Dieu aurait eu mille moyens en mains pour les y amener, j'avais très mal fait de m'ingérer de cela et que c'était là le cas que saint Paul condamnait en disant : « Ne faites jamais mal afin que bien en vienne [27]. » « Quoi ! m'écriai-je, monsieur, j'ai donc fait un mal que je ne saurais réparer ? Hé ! vous m'annoncez là la peine des damnés. » Je m'en retournai chez moi fort triste, et j'y passai une très cruelle nuit. Mais, dès le bon matin, Mme de Béringhen vint me rassurer. Elle me dit qu'elle avait toujours évité que je me fusse trouvée avec monsieur son fils, croyant bien qu'il ne pourrait pas s'empêcher de me dire ses sentiments, mais qu'enfin il n'était rien moins qu'infaillible et que l'intérêt qu'il avait là-dedans par rapport à mademoiselle sa fille était bien capable de le préoccuper, et que cela ne devait pas me faire la moindre peine. M. de Joncourt prit aussi la peine de me venir voir là-dessus : il me dit que le consistoire n'était nullement de l'avis de M. de Béringhen ; qu'on approuvait mon action ; qu'on regardait mes petites filles comme des précieux bijoux ; que l'on priait Dieu de répandre sur elles ses plus saintes bénédictions, et sur moi une double mesure de sa grâce pour soutenir toutes les tentations par lesquelles il permettait que ma foi fût éprouvée. La visite de M. de Joncourt me consola autant que la conversation de M. de Bérignhen m'avait affligée, et je m'en retournai à Schiedam afin de pouvoir plus en repos me disposer à la communion et y disposer ma fille. Mais, avant de quitter La Haye, il faut que je parle un peu de ce qui s'y passa sur son sujet.

J'ai déjà dit qu'en sortant de France, j'avais formé le dessein de la marier avec mon cousin Cabin [28], et j'ajouterai à cette heure que ce dessein s'était très fortifié depuis que j'avais vu le cavalier. Il avait suivi le roi à La Haye, et j'avais été charmée de le trouver aussi accompli pour le corps et pour l'esprit, parfaitement honnête homme et généralement estimé. Comme la proximité lui donnait la liberté de me voir à toutes les heures, il venait passer dans ma chambre celles où il n'était pas obligé de faire sa cour, et il me parut, quand il eut vu ma fille, qu'il n'aurait pas été fâché que le projet que son père avait fait autrefois eût réussi. Nous en parlâmes ensemble, et il en écrivit conjointement avec moi à M. Du Noyer pour le prier de donner quelque chose à sa fille. Et cependant, je fis voir à mon cousin, en présence de M. Baudan de Delft, les nippes que j'avais apportées et que j'avais dessein de lui donner toujours par provision, me remettant entièrement pour ce qui me regardait aux soins de la providence et me réservant seulement l'espérance pour moi et pour ma cadette. Je ne voulais que mettre promptement l'aînée en sûreté, et l'évènement n'a que trop justifié la crainte que j'avais qu'elle ne se laissât séduire aux promesses de la France et de son père. Mon cousin me remercia fort des sentiments que j'avais pour lui et, comme je venais de recevoir une lettre du comte de Dohna par laquelle il m'offrait ses services, je lui écrivis pour le prier de s'employer auprès de M. Du Noyer, comme il me l'avait offert à Paris, et de tâcher de l'engager à approuver le mariage de sa fille et à y contribuer. Le comte de Dohna le fit et m'envoya en réponse celle que M. Du Noyer lui avait faite là-dessus.

De M. Du Noyer au comte de Dohna.
À Paris, le 6 d'octobre 1701.

Monsieur,

J'ai différé jusqu'à ce jour à répondre à l'honneur de la vôtre, parce que je n'ai pu joindre M. le marquis de La Charce plus tôt : il sort de chez moi et part demain pour Fontainebleau avec madame sa belle-sœur, qui a une affaire fâcheuse de laquelle il ne m'a pas informé. Il m'a dit vous avoir écrit et fait réponse à la vôtre à Maastricht. Je lui ai fait lire l'article de votre lettre, à laquelle il m'a assuré être très sensible. Permettez-moi de vous faire mon compliment de condoléances sur la mort de madame votre épouse [29]. À l'égard du mariage de ma fille, si sa jeunesse et mes affaires étaient les seuls obstacles, je passerais par-dessus pour avoir un gendre aussi accompli que M. Cabin, mais la différence de religion me fait éprouver combien il est triste d'unir des personnes de sentiments différents, et je ne consentirai jamais à ces sortes de mariages. Cependant, monsieur, je vous prie d'aider en tout, par votre crédit, Mme Du Noyer : elle a un mérite infini, et je ne puis me plaindre que de la différence de religion qui l'a toujours tourmentée et lui a causé tant de mouvements contraires à son repos et à son bonheur. Exhortez-là à me rendre mes filles, elles ne sont point nées de sa religion mais de la mienne, et elle ne peut ni ne doit changer leur état. Elle n'approuve pas les changements de religion, pourquoi fait-elle changer mes enfants ? A-t-elle des révélations qui lui aient ordonné ce qu'elle fait ? Pour elle, je n'ai rien à dire, mais pour mes enfants elle n'a nul droit sur elles. Et je la trouve hardie de se charger envers Dieu du changement de ces jeunes innocentes. Je ne vous fait point mon compliment sur ce que vous êtes brigadier ; il n'y a point de place que vous n'honoriez et ne méritiez, et j'espère vous voir généralissime. Cela vous est dû et ne peut vous manquer. Honorez-moi de votre souvenir et soyez persuadé que personne dans le monde n'est avec plus de considération que moi,

Monsieur,

Votre très humble et très obéissant serviteur,

M. Du Noyer écrivit à M. Cabin et à moi à peu près les mêmes choses ; et, comme M. Cabin ne pouvait ni ne devait se déterminer dans une affaire de cette nature sans en avoir conféré avec madame sa mère, il avait été résolu entre nous qu'il lui en parlerait dès qu'il serait arrivé en Angleterre. Elle m'avait déjà écrit une lettre fort obligeante et m'avait offert de prendre ma fille aînée auprès d'elle. Je l'en avais remerciée comme je le devais, et j'aurais fort souhaité de n'être pas obligée à accepter cette offre. J'avais mes raisons pour cela ; ainsi, comme elle avait marqué la même chose à Mlle de Laguerche, j'avais prié cette demoiselle de n'en pas parler, prévoyant bien l'effet que cela ferait. Elle me promit le silence là-dessus, mais il ne lui fut pas possible de le garder : on n'est pas femme pour rien. Ainsi, toute la ville sut en peu de jours que je pouvais me défaire d'une de mes filles et décharger par là l'État d'autant. Et cela donna un nouveau sujet, à ceux qui craignaient que je ne vinsse ici diminuer leur portion congrue, de se déchaîner contre moi et de crier que je devais absolument passer en Angleterre auprès de mes parents, puisque j'y pourrais trouver du secours. Chacun se mêlait de régler ma destinée et prétendait avoir droit de décider de mon sort [...].

Malgré tous les mouvements qu'on se donnait sur mon chapitre, je m'en retournai tranquille à Schiedam, après que le roi fut parti.

Mlle de Dangeau y vint aussi pour faire ses dévotions, et nous nous y disposions à son exemple par des bonnes lectures et des conversations convenables au temps. Mais quand celui de communier approcha, je fus toute étonnée que messieurs les ministres, auxquels j'avais donné le certificat de ceux de La Haye au sujet de ma fille et qui, après l'avoir examinée, l'avaient trouvée suffisamment instruite, me firent dire de me présenter à leur consistoire le samedi veille de la communion. J'y fus et, après y avoir exposé mes demandes, et être entrée et sortie pour donner le temps à la compagnie de délibérer là-dessus, il me fut répondu que ma fille était trop jeune pour communier ; que les Flamands le trouveraient mauvais et qu'ainsi, il fallait attendre encore quelques années pour se conformer à l'usage du pays. J'eus beau leur dire qu'on ne le suivait pas à La Haye, puisque ma fille y avait été admise à la communion, comme on le voyait par le certificat, tout cela fut inutile. Ils répondirent que le consistoire de La Haye n'était point leur maître, et il me fut impossible de les fléchir. Je me plaignis de ce que l'on ne m'avait pas fait plus tôt cette difficulté, puisque j'aurais pu mener ma fille communier à La Haye. Et comme je disais un peu vivement mes raisons là-dessus (car je souhaitais passionnément que ma fille fût attachée par ce lien à notre communion), ma vivacité choqua un de ces ministres, qui me dit que je parlais trop insolemment. Je lui répondis que j'avais appris de notre commun maître à ne pas rendre injures pour injures, et qu'ainsi j'écoutais les siennes sans émotion, quoique je ne crusse pas les avoir méritées. Ma modération l'irrita : il me dit que j'avais la mémoire heureuse, et qu'il était dommage que je n'eusse étudié. Je lui répondis que cette mémoire ne m'était pas tout à fait si nécessaire qu'elle l'aurait été à un prédicateur, mais que le bon Dieu dispensait ses dons comme il lui plaisait. Après quoi, je me retirai, laissant monsieur le ministre fort en colère, car il s'était appliqué l'endroit de la mémoire parce que c'était une chose qui lui manquait quelquefois.

Cette petite scène troubla un peu ma dévotion et fut cause que je ne communiai point cette fois-là. Ainsi, je puis dire que j'ai été traversée en tout, et que j'ai rencontré les amertumes et les peines là où je croyais trouver les consolations. On tirait pendant ce temps-là sur moi à grande force à La Haye : on y faisait mon procès sur ce que j'avais été chez les demoiselles d'Oudyk à la société, et sur ce que je me renommais du comte de Dohna et qu'il avait écrit pour moi. Heureusement, mes filles étaient trop jeunes pour qu'on pût mettre quelque galanterie sur leur compte. Ainsi, c'était sur le mien que l'on s'escrimait. Mme de Béringhen vint me voir à Schiedam et me conta une partie des sots contes que faisait la gent réfugiée, auxquels elle n'avait garde d'ajouter foi, puisqu'elle en connaissait elle-même la fausseté [...]. Cependant, toutes ces calomnies commençaient à me lasser : je ne m'étais point préparée à ce genre de supplice. J'avais compté sur la faim, la soif, le péril des voyages, mais non pas sur celui des faux-frères, quoique saint Paul l'eût éprouvé. J'avais cru que les réfugiés n'avaient qu'un cœur et qu'une âme. Et, n'ayant point mérité leur haine, j'en supportais impatiemment les effets, car c'était une hydre : on n'avait pas sitôt détruit une calomnie qu'un moment après, il en sortait cent autres. Et l'on a dans le refuge une maxime assez étrange et qui ne me paraît pas fort chrétienne, c'est qu'on ne veut jamais s'éclaircir de ce qui peut justifier le prochain. Après avoir débité cent contes qui n'auront ni vérité ni vraisemblance, si vous voulez aller chez ces gens-là pour les détromper, ils vous répondent que ce n'est pas leur affaire ; qu'ils ont dit ce qu'ils avaient ouï dire ; qu'ils ne s'embarrassent point de ce qui en est ; qu'ils n'y ont aucun intérêt, et parlent en même temps que vous pour ne point entendre vos raisons et être en droit de tenir le même langage. Il y en a même qui, quoiqu'ils sachent la vérité, la détiennent en injustice et, pourvu qu'ils puissent dire : « On dit telle chose », ils ne se croient pas obligés d'ajouter : « Mais je sais que cela est faux » ; et, en n'en parlant ainsi qu'à demi, ils détruisent la réputation du prochain et cela sans scrupule. Quand je parle en général des réfugiés, je ne prétends pas dire par là qu'ils soient tous de ce caractère : il y a parmi eux des personnes de mérite et d'une piété exemplaire. Et où en serait-on, bon Dieu, s'il n'y avait pas quelques bonnes âmes en faveur desquelles le Seigneur supporte le reste ? Mais le nombre en est petit, aussi bien que celui des élus. Et il arrive même quelquefois que les personnes les plus charitables se laissent prévenir par celles qui ne le sont point et qui, ne croyant pas qu'il y puisse avoir des gens assez méchants pour calomnier leur prochain, se persuadent que ce que l'on en dit est véritable. Et, n'ayant pas occasion de se détromper, ils restent dans des préventions qui sont désavantageuses à ceux qu'on a pris soin de leur noircir. Ainsi, on ne peut guère échapper ou à la malignité des uns, ou à la trop grande crédulité des autres [...].

Cependant, on continua à publier que j'avais grand tort de ne pas passer en Angleterre. Bien des gens me le conseillaient, mais je n'avais pas beaucoup d'envie de suivre leurs conseils. Je ne craignais rien tant au monde que d'être à charge à mes parents et, à moins d'obtenir une pension, je ne voulais point du tout leur aller tomber sur les bras [...]. Mais il arriva des choses qui me firent changer de dessein. J'avais écrit à Londres à mon cousin Des Étangs [30]. Je lui avais marqué quelle était ma situation, et je l'avais prié de faire souvenir milord Galloway de travailler à me faire avoir une pension, comme il me l'avait promis en partant et comme il semblait que la manière dont Sa Majesté avait parlé sur mon chapitre pouvait me le faire espérer. Je voyais que je n'avais rien de fixe ici, qu'il me faudrait tous les six mois recommencer mes sollicitations, au lieu qu'on me faisait espérer une pension sûre. Et pain pour pain, j'aimais encore mieux le manger auprès de mes proches. J'étais sensible aux bontés de mon cousin Des Étangs, que j'ai toujours tendrement aimé, car, outre les liaisons du sang, nous avons été bons amis dès notre enfance, et je me faisais une fort grande joie de le revoir. Étant à Londres, je pouvais donner ma fille à Mme Petit, qui continuait à me la demander, au lieu que si j'avais resté à La Haye, je n'aurais pu me résoudre à l'éloigner de moi. Ainsi, je trouvais bien des agréments à prendre ce parti-là. Je regrettais pourtant la Hollande, ce charmant pays que j'ai toujours tant aimé. Mais enfin, il fallut s'y résoudre. M. Baudan même le conseilla, lui qui avait toujours été d'avis contraire, et tous ceux que ma présence incommodait ici me virent partir avec joie. Ma résolution prise, il ne fut plus question que de chercher une occasion commode pour passer la mer. M. Jurieu, qui me faisait l'honneur d'être toujours de mes amis, voulut bien se charger de ce soin. Et, dès qu'il l'eut trouvé, il me fit écrire par Mlle de Béringhen [31], qui était pour lors chez lui, de me rendre à Rotterdam. J'avais déjà été à La Haye pour remercier Mlle de Dangeau et Mme de Béringhen, et pour prendre congé de toutes les personnes de ma connaissance. Chacun me souhaita mille bénédictions, et je me séparai bonne amie avec tout le monde. M. Jurieu me fit mille honnêtetés à Rotterdam, de même que Mlle de Béringhen. Et je partis avec sa bénédiction et entrai, par son conseil, dans un vaisseau de marchand qui devait mettre le jour même à la voile et qui, moyennant douze florins, devait nous mettre dans Londres au port de Sainte-Catherine. Mais le capitaine, qu'on nommait Baudoin, après nous avoir menés devant La Brille, nous y laissa plusieurs jours pour prendre des marchandises, et il laissa ainsi passer le bon vent [...].

Et, pour comble de chagrin, le matin que nous devions enfin faire voile, nous apprîmes par le capitaine, qui avait été coucher la veille à La Brille, la triste nouvelle de la mort du roi d'Angleterre [32]. Ce fut un coup de foudre pour moi. Je ne savais si je devais continuer ma route ou revenir sur mes pas. Mais enfin je me déterminai, me trouvant embarquée, à me laisser conduire aux vents, qui nous poussèrent en peu de temps à Londres. Il fallut, avant d'y arriver, essuyer l'incommodité de voir fouiller mes hardes. Et, après qu'elles eurent passé l'examen de plusieurs commis, il y en eut un qui jugea à propos de me prendre du galon d'argent que j'avais décousu d'une jupe, quoiqu'il fût aisé de voir qu'il n'était point neuf, puisque les bouts de soie y tenaient encore. Cet inexorable commis les prit toujours par provision, me disant que je n'aurais qu'à les venir réclamer à la coutume, qui est ce qu'on appelle en France « douane », m'assurant qu'on m'y rendrait justice. Comme la raison du plus fort est toujours la meilleure, je n'en pus point tirer d'autre de cet oiseau de rapine, et il fallut le laisser voler. Quand nous fûmes au port, le capitaine, après avoir reçu son argent, s'en alla à ses affaires. Chacun tira de son côté, et je restai avec mes filles et mes coffres, fort embarrassée et ne sachant comment sortir de là. Il passait continuellement des petites barques près de notre vaisseau, mais il n'y avait personne qui parlât français. Enfin, après avoir langui longtemps et ne sachant comment envoyer à mon cousin Des Étangs un billet que je venais de lui écrire pour le prier de m'envoyer chercher, je vis un homme assez brun pour que je puisse le croire français.

Cet homme s'approcha dès que je l'appelai. Et comme je le priai d'aller porter ma lettre, il me dit qu'il le ferait de tout son cœur, mais qu'il serait impossible que je puisse en avoir réponse ce jour-là parce qu'il y avait fort loin et qu'ainsi, si je ne voulais pas coucher encore cette nuit dans le vaisseau, je devais me hâter de prendre une petite barque, et qu'il s'offrait de me conduire où je voudrais aller. J'étais charmée de trouver dans le besoin un homme aussi obligeant que celui-là. Je suivis au plus tôt son conseil, et j'entrai avec armes et bagages dans la barque, qui me mena et qui nous conduisit jusqu'auprès du pont. Comme je ne voulus pas risquer de passer par-dessous, je fis arrêter auprès de la Tour, et je priai cet homme de me faire venir un carrosse pour faire le reste du chemin. Si j'avais su alors la carte du pays, j'aurais fait quelques pas à pied, et je me serais rembarquée ensuite, mais j'étais trop nouvelle débarquée pour savoir les êtres. Ainsi, je pris le parti d'attendre le carrosse. Je ne le voyais point venir, et je m'ennuyais extrêmement lorsqu'on vint me relever de paresse et que quatre ou cinq satellites, en se saisissant de mes coffres, me firent de grandes menaces dans une langue que je n'entendais point et me contraignirent d'entrer dans un carrosse où mes coffres furent apportés. Mon coquin de conducteur, qui venait de me jouer le tour, parut alors avec un carrosse et, faisant fort l'empressé, me dit que c'était des gens de la coutume, qui avaient droit de saisir les hardes lorsqu'on passait sans les aller déclarer ; qu'il était fâché d'avoir tant tardé, mais qu'il n'avait pas pu venir plus tôt. Cependant, on envoya chercher des connétables. Ce nom-là me donna d'abord une grande idée de leur charge, mais leur personne ne la remplit pas beaucoup ; car, au lieu des Montmorency[33] et des Lesdiguières[34], jadis connétables de France, les connétables en question sont des gens de métier qui sont à Londres pour l'office des sergents. Ils ont pour se faire respecter un petit bâton de commandement avec lequel ils vous touchent, comme autrefois Assuérus [35] lorsqu'il tendait la verge d'or, mais dans des vues bien différentes puisque la verge de ce roi de Perse donnait la grâce et que l'attouchement de celle des connétables de Londres fait perdre la liberté. On m'arrêta de cette manière dans le cabaret où, après avoir fouillé et refouillé dans mes coffres et dans mes poches, et jusque dans les cheveux de mes enfants, on s'avisa de vouloir regarder dans mon corps où j'avais justement caché mes bijoux par crainte des voleurs, les croyant là plus sûrement que dans mes coffres. Je les avais cousus dans un mouchoir sur mon estomac et je n'aurais jamais cru qu'on se fût avisé de les chercher là ; et on n'y aurait même jamais pensé, si une tabatière que j'avais par malheur mise dans mon sein ne leur eût fait remarquer qu'il pouvait y avoir là quelque chose. Dès que ces loups béants eurent aperçu cette proie, ils la dévorèrent des yeux et, pour témoigner leur joie, ils firent apporter des bouteilles de vin qu'il me fallut ensuite payer. Et, dans le temps qu'ils songeaient à me couper la bourse, ils buvaient fort civilement à ma santé. Cela me faisait enrager : j'avais encore le sang français, et je leur aurais jeté de bon cœur le verre qu'ils me présentaient à la tête. Ma fille aînée voulut se plaindre de ce qu'on se saisissait ainsi de ce qui était à nous, mais un de ces raisonneurs lui dit, avec un ton qui aurait fait trembler plus hardis qu'elle et en très méchant français, qu'elle était bien insolente de murmurer contre la justice ; que tout ce que j'avais là serait confisqué à la reine, puisque j'avais voulu frauder les droits et que nous n'en serions peut-être pas quittes pour cela. La pauvre petite se mit à pleurer et à crier : « Ha ! ma mère, où nous avez-vous menées ? » Je la rassurai autant qu'il me fut possible et, comme il était déjà tard, je demandai qu'il me fût permis de faire venir mes parents. On ne voulut point me laisser sortir, mais l'on consentit que ma fille aînée les allât chercher. Je fis appeler un carrosse qui la mena dans le Danemark street, où mes parents logeaient. Elle leur conta mon aventure, et mon cousin Des Étangs et mon cousin Cabin, son frère, vinrent dans le moment me trouver, et laissèrent ma fille auprès de ma tante. J'eus une fort grande joie de les voir ainsi venir à mon secours. Ils jugèrent à propos de laisser mes hardes entre les mains de ces gens-là, qui s'obligèrent de les représenter le lendemain à la coutume. Et après m'avoir témoigné le chagrin qu'ils avaient de cet accident et leur joie de mon arrivée, ils m'emmenèrent chez eux avec ma petite Olympe, l'aînée y étant allée d'avance, comme je l'ai déjà dit. Mes satellites ne furent pas trop contents du tour que cette affaire prit, ils auraient mieux aimé qu'intimidée par leurs menaces, je fusse entrée en composition avec eux. Mais mes cousins n'étaient point de cet avis-là, croyant bien qu'on me rendrait justice. Il n'y avait à craindre que les peines et les temps qu'il faudrait pour cela.

Mme Petit me reçut fort honnêtement, de même que Mme Des Étangs, sa belle-fille, que je trouvai très polie. Notre conversation ne fut pas longue, car il était déjà tard, et nous avions grand besoin de repos. Ainsi, nous fûmes nous coucher dans un bon lit que mon cousin Des Étangs nous avait fait préparer. Le lendemain matin, il eut la bonté de me conduire à la coutume où nous fûmes réclamer mes effets. M. Cabin, de son côté, était allé avant cela solliciter les amis qu'il avait dans ce tribunal, où mon cousin Des Étangs voulut bien parler pour moi. On me fit jurer que tout ce que j'avais là était à mon usage, et que je ne l'avais pas apporté pour en faire commerce. Et après quelques autres formalités, et quelques allées et venues, il fut ordonné que le tout me serait rendu, à condition de payer les frais et de dédommager ceux qui m'avaient arrêtée, ce qui me coûta cinq ou six louis et mes galons d'argent, que je n'ai jamais pu recouvrer, quelque soin que je me sois donné pour cela, celui qui s'en était saisi ayant toujours trouvé le secret d'être absent.

Quoique je fusse sortie assez à bon marché de cette affaire, elle m'avait causé tant de chagrin que je ne pouvais pas m'empêcher de la regarder comme un mauvais pronostic. En effet, ce voyage n'eut pas tout le succès que j'avais espéré : le roi était mort sans avoir signé la liste sur laquelle milord Galloway avait eu la bonté de me mettre, et mes espérances étaient par là déroutées. Mme Petit me dit même qu'elle était fâchée que ma fille eût dit tout haut en entrant chez elle que l'on m'avait pris des diamants ; que cela pourrait me faire du tort et fournir des armes aux malintentionnés, qui pourraient sur ce prétexte traverser le dessein qu'on avait de me faire obtenir une pension. Dès que j'eus fini l'affaire de mes hardes, je fus voir milord Galloway, qui me dit, en me voyant entrer, que je venais dans un bien mauvais temps. Cependant, il me promit de faire tout ce qu'il pourrait pour moi ; et comme toutes les personnes qui étaient sur la même liste que moi avaient les mêmes raisons de souhaiter que la reine voulût la signer, chacun faisait agir ses amis, mais on n'y voyait pas grande apparence.

Ainsi, je me repentais fort de n'être point retournée sur mes pas dès que j'eus appris la mort du roi, car il n'y avait pas moyen de courir les mers coup sur coup et, me trouvant ici, il fallait soutenir la gageure et y attendre les secours que la providence voudrait me donner. J'avais encore quelque rayon d'espérance du côté de la pension d'Irlande [36] ou sur la ressource du comité dont mon cousin Des Étangs m'avait parlé dans ses lettres, mais tout cela n'était pas chose prête, et Sa Majesté avait des affaires plus importantes à régler. Ainsi, il fallait se donner patience. Cependant, comme je ne voulais pas embarrasser plus longtemps Mme Petit, je priai mon cousin Des Étangs, avec lequel j'étais plus libre, de vouloir me faire trouver une chambre. Il logeait en même maison avec madame sa mère, il était de moitié de l'incommodité que j'y apportais, mais avec cela il était assez honnête pour ne vouloir pas que je me pressasse d'en sortir. Et comme je ne voulais pas abuser de ses bontés ni être plus longtemps à charge à ma famille, je me donnai moi-même les mouvements nécessaires pour cela, et je pris une chambre garnie dans le voisinage, dans laquelle j'entrai avec ma petite cadette huit jours après mon arrivée à Londres, laissant l'aînée auprès de Mme Petit. Comme je ne connaissais pas encore assez bien le pays pour pouvoir distinguer les bonnes connaissances d'avec les mauvaises, je me mis sur le pied de ne point recevoir de visites chez moi, et j'allais tous les après-midi chez Mme Petit. Mais je m'aperçus que, ne jouant point et ne pouvant pas par conséquent lui procurer de plaisir, elle se serait bien passée de me voir si souvent chez elle. Dès que je l'eus remarqué, je me gardai bien de me rendre incommode, et mes visites furent plus rares. Je m'attachai à Mme de Craissel, nièce de l'illustre M. de La Bastide, qui avait été le bon ami de feu mon oncle Cotton. Mme de Craissel et sa charmante fille avaient tout le mérite du monde et mille bontés pour moi. Je les voyais très souvent, et je puis dire que je n'ai jamais trouvé de plus agréable société. Nous fûmes ensemble voir le couronnement de la reine. Mme Petit souhaita que j'y menasse ma fille aînée parce que, comme elle avait déjà vu une cérémonie pareille à celle-là lorsque le feu roi avait été couronné, elle ne se souciait pas de revoir encore la même chose. Ainsi, elle voulut que je me chargeasse de contenter l'envie que ma fille avait de voir une chose aussi digne de sa curiosité. La nôtre fut pleinement satisfaite : nous avions fait arrher des places dans la grande et belle église de Westminster, célèbre par son antiquité, par la beauté de sa structure et par la magnificence des tombeaux qu'elle renferme. C'est là que reposent les cendres des rois de la Grande-Bretagne, et c'est là où se fait l'auguste cérémonie de leur couronnement.

CHAPITRE V [1]

Arrivée à Londres (1702) – Vie précaire – Nouvelle affaire de bijoux – Calomnies des réfugiés – La tante Petit fait des siennes – Requêtes de pensions – Projet de mariage pour Anne-Marguerite avec Jacob Constantin.

Le couronnement de Sa Majesté la reine Anne fut accompagné de toute la pompe ordinaire en pareille occasion. Les voûtes de l'église retentissaient des acclamations publiques, et jamais règne n'a commencé sous de meilleurs auspices. Le ciel a heureusement rempli les espérances que l'on avait conçues là-dessus. La piété de la reine a attiré mille bénédictions sur ses peuples et sur ses armes. On voit revivre en elle la reine Élisabeth. Le choix qu'elle a fait de ses ministres et des personnes qu'elle élève aux plus grands emplois prouve la justesse de son discernement. Et le mérite de ceux qu'elle honore de son estime ne peut que donner une idée très avantageuse de son bon goût ; ainsi, il suffit de faire des vœux pour la conservation d'une si belle vie, puisque c'est souhaiter par là tous les bonheurs ensemble aux peuples qui ont celui de vivre sous ses lois.

Au retour du couronnement, je ramenai ma fille aînée chez moi avec la cadette. On espérait toujours que la reine signerait la liste sur laquelle milord Galloway avait fait mettre mon nom ; et M. Brocas* me promettait, au défaut de cela, de me faire avoir une pension sur le comité, conformément à la première idée que l'on avait eue pour moi. Cependant, on armait à force et, dès que la guerre [2] fut déclarée, on mit en mer une flotte sur laquelle mes

---

* Ministre et chapelain de milord évêque de Londres [sur Pierre de Brocas, voir E.-O. Douen, t. I, p. 431].

cousins furent commander, ce qui me fit une fort grande peine : non seulement parce qu'il est triste de se séparer de ses proches, mais aussi parce que, mes affaires n'étant par réglées avant leur départ, je craignais fort que, lorsqu'elles ne seraient plus sollicitées par des personnes que le sang intéressait pour moi, elles n'auraient pas le même succès. D'ailleurs, je voyais reculer par là le projet de mariage que nous avions fait à La Haye, mon cousin Cabin et moi, et duquel Mme Petit ne m'avait pas encore parlé.

Mes affaires n'avançaient point du côté de la pension, et j'étais bien fâchée d'avoir quitté la Hollande où, quoique je n'en eusse pas de fixe, j'aurais pu compter, comme je l'ai déjà dit, sur deux cents florins tous les six mois. Je voyais que Mme Petit, plus attentive du côté de l'intérêt qu'à suivre les volontés de son mari et l'inclination de son fils, n'avait point d'envie que ma fille devînt la sienne. Je commençais même à m'apercevoir qu'elle était fâchée de s'en être chargée, par la supputation continuelle qu'elle faisait de ce qu'il lui en coûterait par an. Elle y fit surtout de très sérieuses réflexions lorsque, voulant aller passer l'été à la campagne, où l'on a accoutumé de se mettre en pension, elle vit qu'il lui en coûterait pour celle de ma fille autant que pour la sienne. Ainsi, ce double article de dépense commençait à la mettre de mauvaise humeur, et ma fille en souffrait tous les jours. Entre autres choses, un matin qu'elle avait laissé tomber par mégarde un peu d'essence de jasmin sur le plancher, madame sa tante s'emporta contre elle jusqu'à lui dire : « Je voudrais que vous fussiez encore en France. » La petite fille m'en fit ses plaintes, mais je lui dis de ne jamais rien répondre. Je voyais que Mme Petit n'aurait pas mieux demandé que quelque espèce de petit démêlé pour avoir un prétexte de la renvoyer et pouvoir dire ensuite : « Sa mère me l'a ôtée. » Ainsi, je n'avais garde de donner dans tous ses panneaux. Je comprenais que cela me ferait du tort dans le monde, où la raison du plus fort, ainsi que chez le loup, est toujours la meilleure : c'est pourquoi j'exhortai ma fille à la patience et lui ordonnai de soutenir la gageure jusqu'au bout [...].

M. Brocas m'apprit que l'on m'avait accordé vingt pièces par an, savoir quatorze pour moi et six pour la petite Olympe, et que, dans peu de jours, on me compterait cette somme. Je le remerciai et je remerciai Dieu de ce secours qui, quoique petit, pouvait pourtant, avec celui de quelques petits ouvrages, me donner le pain quotidien. Les six pièces de mon « tallies [3] » payaient le loyer de ma chambre; et, comme je sais me contenter de peu et me passer de ce que je ne puis avoir, je me voyais par là à l'abri de l'indigence et j'étais fort aise de n'être plus exposée à tomber sur le corps de mes parents.

Je n'avais plus d'inquiétude que pour la santé de ma petite Olympe, qui était extrêmement maigre et qui avait tout l'air de tomber en consomption. On me conseilla, pour l'en garantir, de l'envoyer pendant quelque temps à la campagne. Et M. de Belesbat [4], toujours honnête et obligeant, m'indiqua un endroit où il assura qu'elle serait très bien soignée et où il la recommanderait comme sa propre fille. C'était chez une femme où il avait été en pension pour apprendre l'anglais. Elle était bonne protestante. Elle demeurait à Greenwich où l'air est très bon et, comme elle avait beaucoup de considération pour M. de Belesbat, elle voulait bien, pour l'amour de lui, se charger de prendre un soin tout particulier de la santé de la petite fille et de lui apprendre en même temps la langue. Ainsi, c'était une vraie trouvaille que je n'avais garde de manquer. Je commençais donc à respirer et à espérer d'avoir enfin quelque repos, lorsque ma mauvaise étoile me suscita de nouveaux chagrins.

M. Saurin, ce ministre si connu et si admiré, était dans ce temps-là à Londres, où l'on rendait à son mérite la même justice que l'on a coutume de lui rendre partout où il est connu. Il voyait souvent Mme de Craissel qui, comme je l'ai déjà dit, me faisait l'honneur d'être de mes amies. Elle lui parla de moi et me parla beaucoup de lui, ce qui nous donna une envie presque égale de nous connaître. Le hasard, qui nous fit trouver quelques jours après en même lieu, en fit naître l'occasion. Et M. Saurin fit ensuite les démarches que l'on fait ordinairement pour entretenir une connaissance qu'on ne trouve pas désagréable. Comme la sienne me faisait beaucoup de plaisir, je répondis à cela comme je le devais. Outre son mérite personnel qui suffisait pour m'y engager et la qualité de compatriote, j'avais encore d'autres raisons pour m'intéresser en ce qui le regardait. Monsieur son père avait toujours eu beaucoup de liaison avec ma famille et une considération toute particulière pour feue Mme Saporta. Il l'avait toujours aidée de ses conseils, et c'était lui qui, comme je l'ai déjà dit au commencement de ces mémoires, avait dicté ce contrat si extraordinaire, par lequel mon père me cédait à Mme Saporta et avait mis par là toute la famille en paix. Ainsi, on ne doit pas s'étonner que je fusse bien aise de trouver dans le fils les sentiments que le père avait eus pour mes proches [...].

Je fus surprise lorsqu'il me dit qu'il savait que j'avais apporté d'assez belles pierreries de France; qu'il me conseillait en ami de tâcher de m'en défaire avantageusement; et qu'il pourrait peut-être m'y aider, parce qu'il y avait quelques anciens de son Église qui étaient joailliers et qui, à sa considération, pourraient en donner un prix plus raisonnable; que je pouvais lui confier mon secret, qu'il me promettait de garder, au cas que cela fût utile à mes affaires. Enfin, il me parla si amicalement et d'une manière à me faire croire qu'il avait des raisons si particulières pour être dans mes intérêts, que je crus devoir en agir avec ouverture de cœur. Ainsi, je tirai mon petit paquet de mon sein : je lui fis voir en quoi il consistait et lui fit confidence des intentions que j'avais eues pour mon cousin Cabin, d'où il pouvait conjecturer à peu près celles que j'avais pour ma fille. Il me fit à son tour quelques confidences là-dessus, et nous nous séparâmes très contents. Je lui laissai mes pierreries afin qu'il pût les faire estimer à loisir, et je refusai un billet de garde qu'il voulut m'en faire. Le même carrosse qui nous était venu prendre le matin nous ramena le soir, et M. Saurin le cadet, qui se chargea du soin de notre conduite, nous débarqua à la porte de Mme Petit, où je ramenai ma fille aînée.

Quelques demoiselles réfugiées, qui se promenaient dans la rue quand nous arrivâmes, murmurèrent des honnêtetés qu'on nous faisait et, croyant sans doute les mériter mieux, s'imaginèrent que c'était un vol qu'on leur faisait. On demanda à ma fille où elle avait passé la journée. Comme elle n'y entendait pas de finesse, elle n'en fit pas de mystère, et il n'en fallut pas davantage pour alarmer les nymphes grecques *. M. Saurin était le blanc de tous les cœurs. Ainsi, celles qui depuis longtemps le couchaient en joue, craignant les jeunes attraits de ma fille, firent ligue offensive et défensive contre elle, et ce ne furent plus, dès ce moment-là, que caquets. On ne pouvait rien dire contre elle, car elle était trop jeune pour que la médisance eût eu le loisir de l'attaquer. Mais c'était tous les jours nouveaux contes. On disait qu'elle allait se marier avec M. Saurin ; un moment après, on assurait que le mariage était déjà fait, et mille pauvretés de cette nature qui ne me faisaient nul plaisir, car il n'est pas agréable de fournir matière aux discours du public. Mais ce fut bien pis quelques temps après, et c'est ce que nous verrons dans les suites.

Il faut à présent revenir à Mme Petit qui, au lieu de me témoigner quelque joie de ce que j'avais obtenu la pension du comité, me faisait plus mauvaise mine depuis ce temps-là. J'allais pourtant toujours mon train. Je lui faisais ma cour à mon ordinaire, sans faire semblant de m'apercevoir de son froid. Quand ma fille aînée me voulait rapporter quelque chose, je lui imposais d'abord silence, sans vouloir approfondir des choses qui ne pouvaient que me chagriner et auxquelles je ne pouvais pas apporter du remède. Je ne pouvais m'imaginer d'où M. Saurin avait su que j'avais apporté des pierreries. Je croyais quelquefois que les gens de la coutume en avaient parlé à quelques marchands de Londres, quoiqu'il n'y eût guère d'apparence que les Anglais fissent attention là-dessus. Mais j'aurais plutôt cru toutes sortes de choses que de deviner la vérité, et je crois même qu'il y aura bien des personnes qui me soupçonneront de ne pas la dire dans cette occasion. Cependant, la chose est aisée à prouver, et ce fut de la bouche de Mme de Craissel que j'en fus instruite. Voici le fait. M. le baron de La Cour, gentilhomme gascon auquel j'avais rendu mille services dans le temps que M. Du Noyer était grand maître en empêchant que l'on ne dégradât ses bois et protégeant autant qu'il m'était possible ceux qui prenaient soin de ses biens ; M. de La Cour, dis-je, qui était un des chefs du comité, étonné de ce que

---

* On appelle à Londres l'endroit où loge la plupart des Français le quartier des Grecs.

Mme Petit, avec laquelle il était en liaison, ne l'avait pas sollicité pour moi, en dit son sentiment à des gens qui le redirent à Mme Petit. Et Mme Petit, par le mouvement d'une charité sans exemple, fut chez M. le baron de La Cour pour lui dire qu'elle était fort surprise que sa nièce eût demandé une pension au comité, ayant de quoi s'en passer puisqu'elle avait apporté pour plus de deux mille pièces de pierreries. Il s'en fallait bien les trois quarts, mais qu'importe, l'exagération était nécessaire. Et elle trouva à propos de s'en servir, ajoutant ensuite que si j'avais été en besoin, j'avais des parents en état de m'aider et qui n'auraient pas souffert que j'eusse cherché du secours ailleurs ; mais que puisque j'avais du bien, il était juste que je m'en servisse sans être à charge à autrui. Un discours si pathétique trouva M. de La Cour très disposé à ce que l'on souhaitait. On s'assembla au comité sur nouveaux frais ; et, le prétexte de ma prétendue opulence changeant l'espèce, après mûre délibération, on conclut à rayer mon nom de dessus la liste [...]. Mais elle n'eut pas lieu de s'applaudir longtemps d'un si heureux succès ; et, malgré le respect que j'avais pour elle, je fus obligée de me donner les mouvements nécessaires pour me faire rétablir ma pension. Je m'adressai pour cela à milord l'évêque de Londres, auquel je fis voir ce que c'était que ces malheureuses pierreries tant vantées, dont M. Saurin n'avait jamais pu trouver plus de six cents pièces et que je n'aurais pu vendre qu'à moitié valeur, les diamants étant pour lors à vil prix. Je lui parlai avec ouverture de cœur sur tout ce qui me regardait, et cet équitable prélat, convaincu de la droiture de mes intentions, chargea M. Brocas, son chapelain, de me faire rétablir la pension que l'on m'avait ôtée. Ainsi, je l'obtins une seconde fois, mais au lieu qu'elle avait été d'abord de vingt pièces, elle ne fut plus que de dix-huit. Je n'ai jamais su ce qui avait causé cette diminution. Je pris ce qu'on voulut bien me donner, et je ne demandai pas autre chose. Tous ceux qui, quelques jours auparavant, m'avaient été contraires ne dirent pas le petit mot dès que milord de Londres eut parlé ; et Mme Petit perdit dans un moment le fruit de toute la mauvaise volonté qu'elle avait fait paraître pour moi. Aussi ne put-elle plus dissimuler son chagrin, ni me pardonner le démenti que je lui faisais avoir là-dessus. Elle résolut pour s'en venger de me renvoyer ma fille [...].

Comme Mme Petit se contentait de dire qu'elle avait eu ses raisons pour en user ainsi, chacun voulait pénétrer ces raisons. Les uns disaient que M. Du Noyer était à Londres, que j'avais mené sa fille le voir et que Mme Petit, craignant qu'il ne la ramenât en France, me l'avait rendue pour qu'un pareil affront ne lui arrivât pas chez elle. Quoique cette opinion fût sans fondement, ce fut pourtant la plus générale, et les amis de Mme Petit eurent soin de la répandre partout. On ajoutait même, pour y donner plus de couleur, que j'avais mis ma cadette sous la conduite d'une papiste et qu'elle était chez des papistes à Greenwich, d'où, au premier jour, on la mettrait dans un vaisseau pour la faire passer en France. On assurait que j'allais tous les jours à la messe et que l'on savait que j'avais des relations très particulières avec l'ambassadeur d'Espagne, auquel je rendais compte de tout ce qui se passait à Londres. Il est pourtant bon de remarquer que, dans le temps qu'on parlait ainsi, il n'y avait plus d'ambassadeur d'Espagne en Angleterre, puisque la guerre était déjà déclarée, tant il est vrai que l'on parle souvent sans réflexion. On ne pouvait pas non plus m'avoir vue à la messe, puisqu'il est très sûr que la dernière que j'ai entendue a été à Mâcon, lorsque je sortais de France [...]. Le ciel permit pour confondre l'imposture que, dans le temps qu'on assurait que M. Du Noyer était incognito à Londres, Mme Petit en reçut la lettre suivante.

Madame,

J'ai reçu une lettre de Mme Du Noyer, votre nièce, qui me marque qu'elle a quitté la Hollande pour se rendre au lieu d'où elle m'écrit, où elle me marque avoir trouvé toute la protection dont elle prétendait avoir besoin, mais elle ne date sa lettre ni du jour ni du lieu où elle est. Comme je prends toujours toute la part que je dois à ce qui la regarde, malgré le chagrin qu'elle m'a fait en me quittant, je vous avoue que je suis inquiet de savoir où elle habite, ce qu'elle fait, et mes filles. Comme je crois que vous ne lui refusez pas vos conseils et votre secours à cause du nom de son père qui vous est si cher, je prends la liberté de vous prier de me faire savoir, à l'adresse de Du Noyer, grand maître des Eaux et Forêts dans le

Temple [5] à Paris, ce qu'elle fait, où elle est, où sont mes chères filles, et comme il faut que je leur écrive. J'attends avec beaucoup d'impatience de vos nouvelles, d'autant mieux qu'elles m'informeront de l'état de votre santé, à laquelle je m'intéresserai toujours beaucoup, ayant toujours conservé un respect très grand pour vous et pour feu monsieur votre époux, et toute l'estime et la considération que je dois à messieurs vos fils, dont le mérite m'est assez connu. J'ai l'honneur d'être,

Madame,
Votre très humble et très obéissant serviteur,
DU NOYER
À Paris, le 19 août 1702.

Qui n'aurait pas cru qu'une pareille lettre aurait désarmé Mme Petit, et tout au moins fait taire les sots contes auxquels elle avait donné occasion ? Mais point du tout. Elle demeura ferme dans sa résolution de ne point reprendre ma fille, m'envoya cette lettre par M. Brocas sans me faire savoir si elle y avait répondu ou non. Et, malgré ses propres lumières et le témoignage de sa conscience, elle ne fit pas de façon de dire et de laisser dire au public que c'était moi qui avais supposé cette lettre pour dépayser les gens. Mais M. de Belesbat lui donna un démenti bientôt après, car M. Du Noyer s'adressa encore à lui pour savoir de mes nouvelles et me fit tenir par lui la lettre que voici.

De M. Du Noyer.
À Paris, le 9 octobre 1702.

J'ai reçu vos deux lettres, une par la poste qui me marquait bien que vous n'étiez plus en Hollande et qui m'a fort embarrassé, et m'obligea dans le moment d'écrire à Mme Petit, votre tante, pour savoir où vous étiez, car vous avez eu la bonne coutume de ne mettre jamais la date du lieu ni du jour ; et la seconde, sous le couvert de M. de Bauregard. Cette dernière est pleine de tendresse, je vous en suis bien obligé. Je ne sais qui prend plaisir à me rendre plus malheureux que je ne suis, à me faire quitter mon bien, mes affaires, mon pays. J'ai perdu sur deux armements 10 000 écus ; à l'affaire de Sallé, 30 000 livres. Je serai obligé de payer pour Boulanger 11 000 livres au moins. Ne payant que la moitié de ses dettes, il faudra bien que je paye l'autre. Je tâcherai à réparer les pertes que j'ai faites. J'ai un logement magnifique dans le Temple qui ne me coûte que 150 livres par an, et je suis près de toute ma famille. Depuis deux mois que je suis de retour de Normandie, j'ai retiré mon fils de chez M. L'Host. Il a son lit à côté du mien, et il ne mange pas un morceau, ne se lève et ne se couche qu'en ma présence. Son pied n'est pas encore guéri, mais il s'avance par mes soins. Il se porte à merveille, à son pied près. Il fait l'admiration et l'amour de tout le monde. Il est poli, gracieux et très aimable. Il apprend à lire, à écrire et à chanter. Enfin, c'est tout ce que j'aime, tout mon plaisir et toute ma compagnie. Il ne lui manque rien, il ne mange que du bon. Et je souhaiterais de bon cœur que mes chères filles fussent avec lui pour me consoler comme il fait dans ma vieillesse, car enfin j'ai quarante-cinq ans. Vous me les avez enlevées et les avez sacrifiées à votre caprice. Vous êtes bien cruelle, et vous vous êtes chargée là d'un furieux paquet envers Dieu. Mais quand on quitte son mari, on est capable de tout. Dieu veuille vous toucher le cœur et vous faire entrer en vous-même sur la restitution que vous me devez de mes filles. Donnez-moi de leurs nouvelles, comme je vous en donne de mon fils. Je me porte bien, je les embrasse et vous salue.

Cette lettre prouvait bien que l'autre n'était pas supposée, et M. de Belesbat, qui me l'avait fait tenir, eut soin de rendre témoignage à la vérité là-dessus. Mais, malgré tout cela, la coterie de Mme Petit ne laissait pas de répandre son venin contre moi. Et le quartier qu'on appelle à Londres des Grecs [6] est si fécond en nouvelles que les plus ridicules y sont débitées sans apparence de raison ni de fondement. Et cela parce qu'un tas de Français désœuvrés y habitent, auxquels on pourrait appliquer avec justice cet ancien proverbe : « Qu'il faut tout pardonner à un Grec affamé. » [...].

Je pris la liberté de donner une requête pour Sa Majesté [7], dans laquelle je disais que je regardais ce que j'avais du comité commun comme une grâce provisionnelle qu'elle avait bien voulu me faire, et que je la suppliais très humblement de vouloir bien me fixer une pension sur d'autres fonds, afin que je ne fusse plus à charge à celui-là. C'était bien moins pour augmenter mon revenu que je fis cette démarche que pour dépiquer Mme Petit, que je voulais encore ménager, et pour apaiser tous ces gredins qui me haïssaient parce qu'ils croyaient que je diminuerais leur portion congrue. Comme les affaires deviennent presque toujours générales en Angleterre et que bien des gens postulaient comme moi des pensions, il fallait attendre comme eux pour avoir le même sort. Ainsi, le mien ne fut point décidé : on ne parla point de ces affaires pendant le voyage de Sa Majesté, et il fallut s'en tenir toujours au comité ; et cela sous peine de la vie, puisque je n'avais pas d'autre ressource [...].

Dans un quart d'heure d'humeur misanthrope, je m'avisai de rimer sur ce que M. Du Noyer m'avait marqué que si je ne revenais point auprès de lui, il romprait tout commerce avec moi. Et comme nous nous trouvions alors dans un renouvellement d'année, je lui envoyai ces vers :

> Quoi ! L'année finit, l'année recommence,
> Et je suis condamnée à garder le silence
> Ah, trop aimable hélas ! mais trop injuste époux,
> Permettez à mon cœur de s'expliquer à vous.
> Du centre des plaisirs de la fameuse ville,
> Qui se pare du nom du meurtrier d'Achille,
> Vous m'écrivez, ingrat, d'un ton plein de courroux,
> Que vous ne voulez point de commerce entre nous,
> Votre cœur consent-il à cet ordre barbare ?
> Quoi ! N'est-ce pas assez que la mer nous sépare,
> Craignez-vous que ma voix, par ses tristes accents,
> Puisse exciter chez vous de tendres mouvements ?
> Craignez-vous, au récit de tout ce que j'endure,
> De pousser un soupir ? Non, votre âme est trop dure.
> Votre cœur de rocher, ce cœur de diamant,
> N'a plus rien de l'époux, moins encor de l'amant.
> Après avoir par moi su gauchir l'indigence,
> Vous me laissez ici languir dans la souffrance.
> Vous savez vos enfants exposés à la faim,
> Sans leur donner, cruel, un seul morceau de pain.
> Vous vivez au milieu des plus molles délices,
> Quand vous livrez mon cœur aux plus cruels supplices.
> Mais malgré la rigueur d'un si dur traitement,
> Je vous aime toujours, et vous aime ardemment.

Voici la réponse que j'en eus :

Je viens de recevoir une lettre de vous en vers, sans date du jour ni du lieu. À quoi servent ces inutilités ? Me voulez-vous persuader que vous avez de l'esprit ? J'en suis assez convaincu. Que ne me répondez-vous en bonne prose à ma dernière ? Il me semble que je vous parle assez raisonnablement, et entre assez dans vos intérêts et ceux de mes filles, qui m'inquiètent beaucoup. Vous ne m'en dites pas un mot, sinon qu'elles sont exposées à la faim. Est-ce ma faute ? Comment, les aimant comme vous voulez que je le croie, les gardez-vous dans un état si malheureux et les privez-vous du bien-être pour lequel elles étaient nées ? Il me semble que si vous vouliez rentrer un peu en vous-même et examiner que, selon Dieu et la nature, les enfants de tout temps appartiennent au père, cette loi de Dieu et cet ordre de la nature, joints à l'état où sont mes filles et à ce qu'elles souffrent, vous devraient engager à me les rendre. Rien n'est plus juste. Vous en seriez vous et elles plus heureuses, et vous me mettriez par là en état de vous donner des marques solides que je n'ai jamais perdu pour vous le cœur d'amant et encore moins celui d'époux. C'est à quoi je vous exhorte de faire attention et de me parler à cœur ouvert, et non pas en poète. Car enfin, il faut faire une fin, et vous ne devez rien faire de mes enfants, ni ne pouvez me les ôter et les garder sans crime. Je ne les accuse de rien, ils sont trop jeunes. Mais souvenez-vous que si vous persistez à ne pas me les rendre, vous aurez tout le temps de vous en repentir, et que vous attirez la colère de Dieu et des hommes en révoltant la nature et me dérobant ce qui n'appartient qu'à moi seul. Souvenez-vous que, de dessein prémédité, vous vous êtes rendue malheureuse et que vous avez quitté Dieu en me quittant. Et vous vous rendez indigne qu'il vous écoute par le vol que vous m'avez fait de mes enfants. Encore une fois, si vous voulez finir vos peines, rendez-les-moi, et méritez par cette justice que Dieu et les hommes vous tendent les bras. C'est tout ce que je vous demande, pour gage de tout l'amour que vous voulez me persuader que vous avez pour moi. J'embrasse mes chers enfants, qui devraient bien m'écrire.

DU NOYER.

Si j'étais moins persuadée que je ne le suis des vérités de ma religion et que je ne jugeasse des choses que par les événements, j'aurais lieu de croire, par tous les chagrins que j'ai eus, que M. Du Noyer raisonnait sur de bons principes, mais je n'ai garde de les regarder comme des punitions du ciel. Ce sont bien plutôt des moyens dont il se sert pour éprouver ma foi. Il n'a pas tenu cependant à nos chers compatriotes qu'elle n'ait succombé sous d'aussi rudes épreuves. M. Du Noyer, de son côté, aurait beaucoup mieux fait de remédier aux besoins de ses filles par une petite lettre de change que d'exagérer par des discours lamentables la tendresse qu'il avait pour elles. Mais il n'était pas de cet avis-là, et je n'ai jamais reçu aucun secours de lui, ni directement ni indirectement. Il a, pour autoriser sa dureté, le prétexte des ordres du roi et des défenses d'envoyer de l'argent aux réfugiés, mais il sait bien en conscience que ces ordres n'ont jamais été exécutés que par des dénaturés, puisque nous avons ici nombre de Français qui reçoivent régulièrement tous les ans de petites pensions de leurs proches. Et je suis même persuadée que le roi a le cœur trop bon pour vouloir être obéi là-dessus à la rigueur. Il n'a fait ces sortes de défenses que « pro forma », et l'on n'a pas vu qu'il ait encore puni ceux qui les ont violées. Ainsi, je puis rétorquer à l'argument de M. Du Noyer et dire que c'est lui qui révolte la nature en abandonnant aux horreurs de la pauvreté deux jeunes enfants qui, selon lui-même, ne devraient pas souffrir des fautes de la mère et qui n'étaient alors ni en âge ni en état de pouvoir, de leur chef, la réparer. Un procédé si barbare donnait encore lieu à de faux raisonnements, car tantôt on assurait que je recevais de l'argent de France et je le niais pour obtenir une meilleure pension, et quelque temps après on assurait que M. Du Noyer ne m'en envoyait point parce qu'il était mal dans ses affaires et que j'avais contribué à les déranger en emportant avec moi pour plus de vingt-cinq mille écus de bijoux. On assurait même qu'il s'en était plaint à des personnes qui l'avaient écrit en Hollande, car les suppositions et les hyperboles ne coûtent rien dans le temps où nous sommes, surtout lorsqu'il s'agit de nuire au prochain [...].

Dans ce temps-là, je reçus une lettre du comte de Dohna qui m'apprenait son mariage avec la fille [8] du baron Von Bylandt et qui m'offrait en même temps de prendre ma fille aînée pour la mettre auprès de son épouse, où il m'assurait qu'elle serait tout aussi bien que les comtesses ses filles, puisque la manière dont il avait parlé de moi à sa femme l'engagerait sans doute à tous les égards que je pourrais souhaiter. Sa lettre était la plus obligeante du monde, et je pourrais encore la faire voir. J'y répondis comme je le devais, mais, n'étant pas dans le dessein de me prévaloir de l'offre qu'il me faisait pour ma fille, je lui dis que je ne pouvais pas me résoudre à me séparer d'elle, à moins que ce ne fût pour la donner à un mari. Je lui disais là-dessus que s'il en trouvait un qui convînt et auquel l'honneur de sa protection pût tenir lieu d'une partie de la dot, il me ferait plaisir de me le procurer ; que ma santé n'étant pas trop bonne, je serais fort aise de voir ma fille établie et à l'abri des tentations qu'elle pourrait avoir de retourner en France. Je lui témoignais qu'un gendre suisse me serait fort agréable par la liberté qu'il aurait d'aller demander mon bien à M. Du Noyer. Enfin, je parlais au comte de Dohna à cœur ouvert et comme à un bon ami. Il me répondit de même, m'assura qu'il chercherait les occasions de me faire plaisir et me proposa un capitaine de son régiment appelé M. de Fiennes, homme de condition et de mérite, mais d'une religion différente de la mienne. Il n'avait que ce seul défaut, mais ce défaut était d'une nature à ne pouvoir pas être passé. Ainsi, j'écrivis au comte que je lui étais bien obligée, mais qu'ayant quitté la France pour la religion, je ne pourrais jamais me résoudre à donner un mari catholique romain à ma fille, quelques avantages qu'il pût lui procurer, puisque ce serait un peu trop exposer la foi de cette jeune prosélyte ; et j'en revenais toujours à souhaiter un Suisse pour les raisons que j'ai alléguées et parce que je les croyais plus zélés pour la religion protestante. Voici la réponse que M. le comte fit à cette lettre.

À Nimègue, ce 1er février 1703

Madame,

Enfin je viens de trouver votre affaire, c'est-à-dire un très honnête homme pour mademoiselle votre fille. À la vérité, il n'est encore que lieutenant de cavalerie, mais il doit être avancé à toute heure. Il est sage comme un chaton et d'humeur à rendre une femme très heureuse. C'est de quoi je puis vous répondre, le connaissant depuis plus de vingt années et l'ayant toujours pratiqué. Il est au service de Frise, où l'on peut vendre ses charges quand on le veut. Il ne peut pas aller en Angleterre à présent, parce qu'il est de garnison sur la frontière, mais si vous pouvez envoyer Mlle Du Noyer à Delft chez M. Baudan, ma femme l'enverra chercher par une femme de chambre et mon maître d'hôtel, qui la conduiront ici où elle sera auprès de Mme la comtesse jusqu'à ce qu'elle ait vu et examiné si le cavalier est son fait. Car il ne faut jamais acheter chat en poche, et même quand elle serait mariée, elle pourra rester dans la maison jusqu'à ce qu'elle ait choisi le lieu où elle voudra s'établir. Mais, madame, je vous dirai qu'il n'y a pas de temps à perdre, car dans un mois pour le plus tard, je dois retourner à ma garnison qui est sur la frontière. Ainsi, j'attendrai incessamment votre réponse. Si mademoiselle votre fille pouvait amener avec elle une bonne femme de chambre qui sût bien monter des coiffures, lire et écrire pour entretenir mes filles dans la langue anglaise, je vous en serais bien obligé et tiendrais le marché que vous auriez fait. La poste va partir : voilà tout ce que le temps me permet de vous dire, et que je suis d'un très sincère cœur,

Madame,
Votre très humble et très obéissant serviteur,
                                             DOHNA FERRASSIÈRES.

Je communiquai cette lettre à Mme Selwin [9], qui me dit qu'elle avait toujours connu que le comte de Dohna avait un bon cœur et était bon ami, malgré toutes ses dissipations ; qu'ainsi, elle ne doutait point que, connaissant ma famille et ayant vu lui-même de quelle manière j'étais en France, il n'eût des vues convenables pour ma fille.

La petite personne de son côté, qui aimait extrêmement la Hollande, n'aurait pas été fâchée de s'y établir et, comme elle n'avait rien dans le cœur pour personne, elle était déterminée à faire ce qu'on croirait qui lui serait le plus avantageux. Cependant, je n'étais nullement d'avis de lui faire passer ainsi la mer sans moi, ne voulant pas la perdre un moment de vue. C'est pourquoi j'écrivis à M. le comte, après l'avoir remercié, qu'il me semblait que c'était au cavalier à faire les premières démarches et qu'il fallait attendre que ses affaires lui permissent de venir en Angleterre. Mme Selwin, qui était de même avis que moi, écrivit aussi en conformité au comte, qui lui répondit ce qui suit.

Du comte de Dohna à Mme Selwin.
Madame,

J'ai reçu vos deux lettres, et je vous répondrai à toutes les deux à la fois.

Premièrement, je vous dirai que le cavalier est bressan, de l'endroit où sont mes terres. Il se nomme M. Constantin. Il a deux frères qui ont servi en Irlande. L'un a été aide de camp de M. d'Auverkerque : c'est un joueur qui est même, à ce que je crois, à présent encore à Londres. Celui-ci est l'aîné, qui n'a jamais joué, et a toujours été très sage et posé. Je le connais dès mon enfance, et c'est le meilleur naturel du monde. Deux de ses sœurs ont sauvé mille pistoles, quoiqu'elles soient encore en France, qu'elles lui ont données. Il a d'ailleurs quelque chose de côté, car c'est un maître économe. Il a aussi quelques meubles. Il a toujours été attaché au service de Frise, où l'on peut vendre ses charges quand l'on veut. Il y est allé depuis quelque temps pour solliciter la lieutenance des gardes du corps du prince, qui est vacante. Il y a assez loin d'ici. Je lui écrirai, mais je ne crois pas qu'il puisse revenir avant une quinzaine de jours. Outre cela, il est de garnison dans la gueldre espagnole nouvellement conquise. Tous les officiers de ces garnisons-là ont ordre d'être à leur poste le premier de mars. Vous jugez donc bien qu'il n'y a pas d'apparence qu'il puisse passer la mer avant la fin de la campagne, d'autant plus que c'est un élément incertain pour la longueur du voyage. Pour après la campagne, je réponds corps pour corps qu'il fera ce voyage avec bien du plaisir. Je suis bien fâché de n'y avoir pas travaillé plus tôt. Cependant, ce qui est différé n'est pas perdu. Il a en vérité tout l'empressement imaginable, et je suis sûr que s'il était ici, il partirait demain [...].

Comme la requête que j'avais pris la liberté de donner à milord l'évêque de Londres n'avait pas encore été répondue, on me conseilla d'en présenter une autre. Mme Selwin la fit dresser en anglais, et une des mes filles, en mettant un genou en terre, la donna à Sa Majesté à la sortie de l'église. La reine la prit en souriant et la remit à milady Marlborough [10], qui était auprès d'elle. Je fus le lendemain en rendre compte à milord Galloway, qui était pour lors à Londres, et M. Brocas, que je rencontrai dans son antichambre, me dit qu'on savait déjà aux Grecs que j'avais présenté la veille une requête à la reine et qu'on se promettait fort de me traverser ; qu'on songeait même déjà à donner des mémoires contre moi. « Et sur quoi ? dis-je alors. — Je ne sais, me dit M. Brocas, mais vous avez bien des ennemis. — Est-il possible, m'écriai-je alors, que l'on ne me laissera jamais en repos ? Dix-huit pièces que le comité me donne alarment ceux qui bornent leur fortune à ces sortes de pensions et choquent la vanité de ma tante. Je tâche pour contenter les uns et les autres de me procurer d'autres secours sans qu'il leur en coûte rien, et ils veulent m'en empêcher. Ont-ils résolu de me faire mourir de faim ? Ou, parce que comme on dit qu'elle chasse le loup du bois [11], croient-ils par là m'obliger à retourner en France ? » M. Brocas trouva mes plaintes très justes, et milord, qui vint me joindre, les interrompit. Comme il ne s'amusait pas à écouter tous ces mauvais discours, il se contenta de me promettre ses sollicitations et me fit espérer un bon succès. Je sus ensuite que la requête avait été renvoyée à milord Gersey. Mme Selwin lui fit parler en ma faveur, et je ne doute point que je n'eusse obtenu ce que d'autres obtinrent quelques temps après si je m'étais donné celui d'attendre. Mais comme je me suis toujours oubliée moi-même pour mes enfants, je laissai là tous mes projets pour suivre celui de l'établissement de ma fille, que je croyais devoir être avantageux. Je n'y avais pas beaucoup pensé depuis la dernière lettre que le comte de Dohna avait écrite à Mme Selwin là-dessus, et je croyais la chose renvoyée, tout au moins au retour de la campagne [...].

J'écrivis ce que j'en pensais au comte, qui m'en désabusa par cette réponse.

À Nimègue, le 29 mars 1703.

Madame,

Je reçus hier matin le vôtre du 18 du courant, et le soir le cavalier en question me vint joindre, mais il n'a pu obtenir congé à cause de la conséquence de la conjoncture présente ; car milord Marlborough [12] étant venu lui-même, on trouverait étrange que nos propres officiers allassent en Angleterre. Ainsi, madame, si vous voulez finir cette affaire, il faudra que vous preniez la peine d'amener mademoiselle votre fille ici à Nimègue, où vous trouverez mon ami, qui a si bien fait qu'il y est de garnison, ayant pour cet effet changé de régiment. Pour moi et ma femme, je ne sais pas si nous ne serons pas obligés d'en partir avant votre arrivée, parce que l'on parle de faire un camp près de Maastricht, qui est de mon département. En tout cas, si j'en suis parti, vous y trouverez toujours le cavalier qui pourra conduire sa future chez nous. Il cherche déjà même à acheter une calèche pour cet effet, ayant déjà de très jolis chevaux. Nous resterons ici autant de temps que nous le pourrons. Nos affaires mêmes n'y sont pas tout à fait conclues, et je serais ravi de vous y recevoir. Si j'en étais parti, cela ne doit pas retarder l'affaire. Le cavalier est au désespoir de n'avoir pas pu faire le voyage. Il vous le témoignera assez par la joie qu'il aura ici de vous recevoir. C'est l'homme du monde le plus réglé. Il sait déjà où placer ce que vous donnerez à mademoiselle votre fille, et je puis bien vous assurer que vous ne sauriez jamais choisir un gendre plus honnête homme, ni d'un meilleur naturel, bon économe et entendant bien les affaires. Vous savez, je crois bien qu'une lieutenance de cavalerie vaut ici plus qu'une compagnie d'infanterie, et surtout avec mon ami qui ne fait rien que bien à propos. Enfin, madame, comptez que vous serez parfaitement satisfaite de la confiance que vous avez en ma probité et que vous aurez lieu de louer Dieu de l'établissement de mademoiselle votre fille. J'ai parlé au cavalier de son mérite et de la bonne éducation que vous lui avez donnée, mais modestement, afin qu'il soit surpris agréablement lorsqu'il verra son mérite de plus près [...]. Le galant meurt d'impatience.

Je suis, madame, très sincèrement,
Votre très humble et très obéissant serviteur,
DOHNA FERRASSIÈRES.

CHAPITRE VI [1]

Départ pour Nimègue (1703) – Mariage mal assorti – Installation à Delft.

Je partis de Londres avec un convoi et un vent très favorable qui nous conduisit sans mal ni frayeur à Willemstad [...]. Le lendemain de mon arrivée, il partit un bateau pour Dort, dans lequel je me mis. Le jour suivant, je fus à Gorcum, ensuite à Til, et j'arrivai enfin à petites journées à Nimègue. Dès que j'y eus mis pied à terre, je fus chez M. Van Munster, qui me donna cette lettre :

Du comte de Dohna à Mme Du Noyer, lorsqu'elle arrivera à Nimègue.
À Liège, le 17 avril 1703.

Madame,

J'ai été au désespoir d'être obligé de partir sans vous voir et sans conclure moi-même le mariage dont je me suis chargé, mais ce qui est différé n'est pas perdu ; et si vous voulez avoir la bonté de vous rendre au plus tôt à Maastricht auprès de Mme la comtesse de Dohna, ma femme, j'espère d'y être de retour dans un mois pour mettre la dernière main à cette bonne œuvre. Le cavalier y sera aussi, car il sera de notre armée, qui doit revenir incessamment après le siège de Bonn. Vous pouvez avoir cependant toute confiance en M. Van Munster, qui vous rendra cette lettre, et laisser en ses mains ce que vous avez d'effets ou d'argent comptant, dont je vous réponds. Il a un plein pouvoir de moi. Je suis très impatient d'avoir l'honneur de vous voir et suis,

Madame,
Votre très humble et très obéissant serviteur.

M. Van Munster, après m'avoir remis cette lettre, me fit conduire à la maison du comte de Dohna, où l'on m'attendait et où je trouvai un appartement qu'on avait préparé pour moi. On avertit pendant ce temps-là M. Constantin, que je vis entrer un moment après. Sa vue me surprit : je m'en étais formé une tout autre idée, et je le trouvai un peu trop vieux pour une fille de quatorze ans. Il me fit un compliment fort honnête et me dit qu'il s'était chargé avec bien du plaisir de la commission que M. le comte lui avait donnée en partant, et qu'il m'avait attendu avec beaucoup d'impatience pour me conduire sûrement à Maastricht. Nous n'eûmes aucune explication sur le sujet de mon voyage, mais je vis qu'il fut charmé de ma fille. Et il ne put s'empêcher de dire en la regardant qu'il s'apercevait bien que le comte était véritablement son ami.

Il avait en vérité bien raison d'être content, car je puis dire que ma fille était un petit bijou. Elle était formée pour le corps et pour l'esprit au-delà de son âge : la taille belle, l'air aisé, les manières nobles et douces en même temps, chose qu'on trouve rarement ensemble, car j'en connais ici qui croiraient déroger à leur noblesse antique par un sourire gracieux. Elle avait les mains, la gorge et les bras d'un blanc et d'une beauté enchantée, le plus beau teint du monde, de beaux grands yeux noirs, des cheveux châtains blonds et que la poudre faisait paraître du premier blond, avec de grandes paupières noires comme du jais, un petite bouche très vermeille et les dents les plus belles du monde. Avec cela, de l'esprit et de la politesse, beaucoup de brillant et de modestie ; et pour comble d'agréments, quatorze ans et deux mois. Ceux qui la connaissent ne m'accuseront pas d'en avoir fait un portrait flatté, et je n'ai pas cru que la qualité de mère dût m'empêcher de lui rendre justice.

Dès que M. Constantin nous eut quittées pour aller donner quelques ordres nécessaires, je dis à ma fille que je ne croyais pas que cet homme lui convînt ; qu'il était trop vieux et que je ne comprenais pas comment le comte avait pu imaginer un mariage si disproportionné. Elle me répondit que M. Constantin lui paraissait un fort honnête homme, que son âge ne lui faisait point de peine et que s'il n'y avait pas d'autre difficulté, celle-là ne devait pas m'arrêter; qu'elle n'avait point de volonté, et qu'ainsi je n'avais qu'à faire ce que je jugerais à propos. Je fus surprise de trouver tant de raison dans une si jeune personne. Cela m'engagea encore plus fortement dans ses intérêts et me causa une grande incertitude. Je n'avais pris aucun engagement avec M. Constantin. Nous n'étions pas même entrés dans aucune explication là-dessus, et il m'était aisé de donner un autre prétexte à mon voyage. Mais je craignais, après tout ce que M. le comte m'avait écrit à l'avantage de M. Constantin, et même par ce qui me paraissait de ses sentiments et de son humeur, de manquer l'occasion d'établir ma fille d'une manière avantageuse.

D'un autre côté, M. Constantin accusait quarante ans passés et n'avait rien dans ses manières, ni dans son ajustement qui sentît le galant. Il fallait se retrancher à chercher en lui un honnête homme, de la piété, de la douceur et du bien pour vivre, choses qui selon moi suffisent pour faire le bonheur d'une femme et que je croyais trouver chez M. Constantin. Cependant, je ne savais à quoi me déterminer. Trois jours se passèrent dans cette irrésolution, dans lesquels, sous prétexte de me reposer des fatigues du voyage, je restai dans ma chambre à faire des réflexions. M. Constantin se donnait mille soins pour ce qui nous était nécessaire. Il mangeait avec nous, et l'on nous servait assez proprement et sans profusion, comme je l'en avais d'abord prié. Il avait avec lui un ministre nommé M. Malbois, qui me tenait souvent compagnie et qui me parut d'abord instruit du sujet de mon voyage.

Il me dit même enfin que M. Constantin lui en avait fait confidence et l'avait prié de rester auprès de lui pour l'aider à faire les honneurs de la maison de M. le comte; qu'il était charmé du mérite de ma fille, qu'il en avait trouvé beaucoup plus qu'on ne lui en avait dit, mais qu'il craignait fort que cela ne fût pas réciproque; qu'il se faisait justice et se trouvait un peu trop vieux pour une si jeune et si belle personne, et que, pour qu'elle eût le temps de se mieux consulter là-dessus, il était d'avis de renvoyer cette affaire jusqu'après la campagne; que, pour cela, je n'avais qu'à voir si je voulais retourner à Londres, qu'il me donnait parole d'honneur d'y aller passer l'hiver; que si j'aimais mieux rester jusqu'à ce temps-là en Hollande, il ne manquerait pas de m'aller joindre dans le lieu que je lui marquerais, et qu'alors nous pourrions faire les choses avec mûre délibération ; que le comte de Dohna serait en quartier d'hiver, au lieu qu'à présent, ajouta-t-il, on ne saurait où le trouver puisque toutes les troupes étaient en marche et que M. Constantin devrait déjà d'être parti. Ma fille, qui était présente au discours de M. Malbois, le prit pour une défaite et répondit que M. Constantin devait avoir fait toutes ces réflexions pendant les trois mois que le comte de Dohna avait passés à ménager cette affaire et n'avoir pas attendu que nous eussions fait un voyage aussi fatigant et même périlleux dans un temps de guerre ; que les choses ayant été réglées par lettres et ne s'agissant que de l'entrevue, elle n'aurait pas cru que sa personne eût dû rompre le marché ; que, puisque l'âge de M. Constantin ne l'avait pas d'abord rebutée, il avait tort de vouloir lui faire faire trop d'attention là-dessus, et qu'il vaudrait bien mieux, au lieu de chercher à faire remarquer ce défaut, songer à le réparer par ses bonnes manières [...]. Comme cela regardait uniquement ma fille, je l'avais toujours laissé parler, étant bien aise qu'elle suivît naturellement son inclination et de pouvoir aussi connaître par là son penchant avant que la déférence qu'elle avait pour moi eût le temps d'agir. Car j'aurais été au désespoir de la contraindre dans une chose qui doit être libre et où chacun est pour soi. Je lui avais dit en partant de Londres de se bien consulter avant de me faire risquer ce voyage, que les choses étaient sur un pied à n'avoir plus besoin que de l'agrément des parties, que je croyais bien que sa personne ne romprait pas le marché, mais que si celle du cavalier ne lui plaisait pas, il serait fâcheux d'avoir fait une corvée inutile ; que, quoique le comte de Dohna le lui eût choisi, il pourrait peut-être n'être pas à son gré, et que cela m'embarrassait. Mais elle m'avait répondu que cela ne devait pas m'inquiéter ; que, dans une affaire qu'on faisait par raison, il ne fallait consulter que la raison même ; que le comte de Dohna, nous connaissant, savait bien ce qui devait nous convenir ; qu'il était trop de nos amis pour nous procurer une mauvaise affaire ; et que, pourvu que le mari qu'il lui destinait ne fût ni borgne ni bossu ni boiteux, qu'il eût de l'honneur, de la piété, qu'il lui donnât un rang dans le monde et suffisamment de quoi vivre, elle s'embarrasserait fort peu s'il avait les yeux noirs ou bleus, et que, pourvu que je fusse contente de sa figure, elle s'en accommoderait [...].

Je ne fis pas paraître le moindre mécontentement là-dessus, car, quand j'en aurais eu, j'avais trop de cœur pour le témoigner. D'ailleurs, persuadée que le bon Dieu sait mieux que nous ce qui nous est nécessaire, je remettais le soin de cette affaire à celui de la divine providence, à laquelle je m'étais entièrement abandonnée. Dans cette pensée, je m'allai coucher fort tranquillement avec mes deux filles, attendant le succès qu'il plairait au Seigneur. Et dès le lendemain, je vis entrer M. Malbois dans ma chambre, qui me dit que M. Constantin s'était enfin déterminé à profiter des bontés de ma fille et qu'il me l'amenait soumis à toutes mes volontés. M. Constantin entra un moment après et vint auprès de mon lit se mettre aux genoux de ma fille. Il lui dit qu'après un rude combat qu'il avait soutenu toute la nuit, elle avait été victorieuse dans son cœur et avait triomphé de toutes les raisons qu'il avait cru avoir pour différer cette affaire. Une des plus fortes était le manque de temps, car celui de son départ pour l'armée était déjà passé, et il risquait en tardant davantage de se faire mettre aux arrêts. Mais comme il ne pouvait jamais acheter assez un avantage comme celui-là, il était, disait-il, résolu à risquer le tout pour le tout. Il ajouta, en prenant une des mains de ma fille, que ce qu'il craignait le plus était de la trop aimer et qu'il serait le plus malheureux de tous les hommes si elle n'avait pas un peu de retour pour lui [...].

J'avais déjà dit à M. Malbois ce que je pouvais faire pour ma fille. Et comme nous entrâmes ce jour-là dans de plus grandes explications, je fis voir à M. Constantin le triste débris de ma fortune passée et lui montrai les pierreries que je destinais à ma fille. Elles consistaient en une croix avec le coulant, une paire de boucles d'oreilles avec les pendeloques et quatre bagues de diamants brillants. Et je les lui laissai afin qu'il eût le temps de les faire voir. Toutes ces choses-là n'avaient été estimées à Londres que six cent et quelques pièces, mais ceux à qui M. Constantin les fit voir à Nimègue lui dirent qu'il y en avait pour plus de huit mille florins, ce qui lui fit un fort grand plaisir, comptant bien qu'à s'en défaire en détail et à loisir on pourrait en avoir encore davantage, surtout si, par le moyen du comte de Dohna, on avait pu en faire quelque loterie. Cependant, il me les renvoya le lendemain fort honnêtement par M. Malbois, et il me dit ensuite qu'il se faisait conscience de me dépouiller, qu'il me restait encore une fille et que je ne devais pas l'oublier ni m'oublier moi-même ; que l'aînée avait assez de son mérite, et qu'il voudrait être assez riche pour me faire connaître sa générosité et combien il était touché de la mienne. Je lui dis que ma cadette était encore jeune, que les temps pourraient changer avant qu'elle fût en âge d'être établie, et qu'en attendant j'avais une pension de dix-huit pièces à Londres que j'espérais de changer bientôt contre une meilleure ; que j'avais encore quelque autre petite bagatelle et qu'enfin, je me croyais assez riche en me réservant l'espérance, après avoir assuré du pain à mon aînée et son salut en même temps en la donnant à un honnête homme.

M. Constantin me parut très sensible à toutes mes bonnes manières et y répondit en me disant que, puisque je voulais absolument donner cela à ma fille, il l'aimait trop pour s'opposer au bien que je voulais lui faire, et qu'il ferait en sorte que je n'aurais jamais lieu de m'en repentir. Je lui dis alors que je souhaitais que ces effets fussent vendus et placés au profit de ma fille, et qu'on me donnât des assurances ou une caution afin qu'au cas qu'elle vînt à mourir sans enfants, cela pût retourner à moi ou aux miens, et qu'aussi elle pût le retrouver toujours au cas qu'elle eût le malheur de le perdre ; que comme les personnes de sa profession étaient plus exposées que d'autres, il ne devait pas trouver mauvais qu'étant mère, je prisse toutes ces précautions. M. Constantin me dit alors que, bien loin de les condamner, il les approuvait très fort ; que non seulement il placerait cet argent pour ma fille, mais que, comme il avait, Dieu merci, de quoi vivre sans cela, il prétendait que l'intérêt se joignît tous les ans au capital afin de le grossir au profit de sa future ; qu'il voulait joindre encore à cela les dix mille florins dont le comte de Dohna m'avait parlé et qu'il comptait de faire venir avant la fin de l'été ; qu'enfin, il ne voulait vivre que pour ma fille ni travailler qu'à la rendre heureuse, et que je n'avais qu'à mettre sur un papier tous les avantages que je souhaitais qu'il lui fît, et qu'il signerait aveuglément. Si j'avais bien fait, j'aurais profité de ces bonnes dispositions et j'aurais fait dresser un bon contrat à l'avantage de ma fille, mais M. Malbois me fit comprendre que je trouverais toujours M. Constantin dans les mêmes sentiments et qu'il valait mieux attendre la fin de la campagne pour passer le contrat, puisque je pourrais avoir le temps de consulter mes amis là-dessus ; que, cependant, il fallait pour ma sûreté que M. Constantin fît un billet à ma fille des avantages qu'il avait envie de lui faire et qu'il s'obligeât à les lui confirmer par un contrat. Ce fut le mardi au soir que nous convînmes de toutes ces choses, et il fallait absolument faire publier les bancs le dimanche suivant parce que le temps du départ pressait [...].

J'avais eu grande envie de voir M. Ponce, mon ancien ami, qui était toujours ministre à Nimègue, mais M. Constantin m'avait dit, lorsque je lui en avais parlé, que M. Ponce était son ennemi mortel ; et ainsi, je n'avais pas insisté davantage, de peur de lui faire de la peine. Cependant, dès que la chose eut éclaté et que les bancs furent publiés, on vint me dire un matin que M. Ponce demandait à me voir. Ce fut M. Constantin lui-même qui me l'annonça et qui, le regardant comme un de mes amis, lui fit mille honnêtetés, fit apporter du café et ne parut point se souvenir des démêlés qu'ils avaient eus autrefois. M. Ponce, de son côté, le félicita sur son mariage et lui dit qu'il n'avait rien perdu pour attendre. Et je remarquai, au travers de tout cela, qu'il voulait me faire entendre que M. Constantin se mariait beaucoup mieux que ma fille, car il paraissait ne pouvoir revenir de son étonnement et, de temps en temps, il se récriait : « Pour cela, voilà un mariage que je n'aurais jamais deviné ! » Profitant même d'un moment que M. Constantin sortit de la chambre, il me serra la main et me dit : « Ah, madame ! Pourquoi ne vous ai-je pas plus tôt vue ? » Et en sortant, il trouva moyen de dire à ma fille qu'il me priait, au nom de Dieu, de venir prendre le thé chez lui l'après-midi et de ne rien faire que je ne lui eusse parlé [...].

Nous fûmes chez M. Ponce, qui nous attendait avec beaucoup d'impatience : « Quelle malheureuse étoile vous a conduite ici ? me dit-il. Et pourquoi, sachant que j'y étais et que je suis de vos amis, ne m'avez-vous point consulté dans une affaire de cette importance, sur laquelle je pouvais vous donner plus de lumière qu'un autre ? Quoi, une fille de condition, jeune et belle comme Mlle Du Noyer, la donner à M. Constantin ! C'est une chose que personne ne pourra comprendre. » [...]. M. Ponce me jura alors que mon intérêt était le seul motif qui le faisait agir : « Et preuve, dit-il, que j'agis sans passion et sans prévention, c'est que je conviens d'une partie de ce que le comte de Dohna vous a écrit sur son chapitre. » (Car, pour me justifier, je lui avais déjà fait voir sa dernière lettre.) « Il est honnête homme, continua-t-il, connu pour tel et pour fort zélé dans la religion. Bon officier, il passe pour avoir du cœur et, depuis plusieurs années qu'il a presque toujours été en quartier ici, on ne peut pas l'accuser d'avoir eu une mauvaise conduite. Il n'est ni débauché ni joueur, mais, madame, il a cinquante ans. Je le sais très bien. Et quoiqu'il n'en convienne pas, si vous y faites attention, vous vous en apercevrez aisément. Cette économie, par laquelle on a prétendu le louer, est un vice masqué, puisqu'il est d'une avarice qui le rend ridicule et qui ne saurait manquer de rendre mademoiselle votre fille très malheureuse. Sa sagesse est l'effet d'une humeur misanthrope et particulière, de laquelle une femme aurait bien de la peine à s'accommoder. Il est d'une mélancolie qui le rend un peu hypocondriaque et qui fait qu'il se traite toujours en malade. Le compte de l'apothicaire est plus gros chez lui que celui du boulanger, et l'on peut dire que c'est un vrai malade imaginaire. Jugez si une humeur comme celle-là pourra sympathiser avec celle d'une jeune et belle personne qui a été élevée en fille de condition et qui ne pourra jamais s'accommoder de toutes ces manières basses et sordides. Croyez-moi, ce serait un meurtre. Et voilà ce qu'on pourrait appeler coudre une pièce de drap neuf à un vieux vêtement. D'ailleurs cet homme n'a pas un sou. Ainsi, quelques avantages qu'il puisse vous faire, il n'en sera ni plus ni moins, puisque vous ne sauriez où les prendre et que les dix mille florins dont on vous a parlé ne sont point réels, non plus que ses prétendues épargnes. C'est que ce que je sais aussi positivement que son âge. Ainsi, vous ne pouvez vous retrancher que sur le revenu de sa lieutenance. J'avoue qu'il a de quoi vivre, mais qui vous répond que cet homme ne sera pas tué dès cette campagne et que mademoiselle votre fille ne se trouvera pas grosse et sans un sou ? Et quand cela n'arriverait pas, il est très sûr que les années et les infirmités de M. Constantin le mettront bientôt hors d'état de servir. Ainsi, bien loin d'espérer qu'il puisse jamais devenir capitaine de cavalerie, il sera trop heureux s'il peut obtenir une pension de deux ou trois cents florins par an le reste de ses jours, et mademoiselle votre fille sera à peine sortie de l'enfance lorsqu'il y rentrera. Beau régal pour elle ! Croyez-moi, ajouta-t-il, si vous voulez prendre un homme qui n'ait que la cape et l'épée, prenez du moins un jeune homme qui ait les manières du monde et qu'on puisse appeler un homme d'espérance, au lieu qu'encore un coup celui-ci ne peut apporter en ménage que les chagrins et les infirmités de la vieillesse. Le comte de Dohna, dont il a autrefois été écuyer, a voulu par ce mariage le récompenser de ses services passés, mais il n'est pas juste que ce soit à vos dépens. »

Le discours de M. Ponce me frappa, et ma fille le goûta si fort qu'elle se détermina d'abord à rompre son mariage. Nous convînmes pourtant de ne rien témoigner de tout ce jour-là afin qu'au cas qu'on sût que nous avions été chez M. Ponce, on ne pût pas lui imputer notre changement, quoiqu'il nous assurât pourtant que, quand M. Constantin le saurait, il ne s'en embarrasserait pas beaucoup puisqu'il n'avait fait que ce que sa conscience l'obligeait de faire [...]. Nous tâchâmes, cependant, de dissimuler nos sentiments jusqu'à ce qu'il fût temps de s'en expliquer. M. Ponce nous vint revoir pour qu'il ne parût aucune affectation et nous pria tous à boire du café chez lui le lendemain. Il parut même prendre part à la satisfaction de M. Constantin, qui, quelque violence qu'il se fît, n'était pourtant pas tranquille. Et il était aisé de voir qu'il se serait fort bien passé de la vue de M. Ponce. Le lendemain matin, il nous dit qu'il avait fait un rêve qui l'avait fort inquiété, parce qu'il n'en avait jamais fait de cette nature sans qu'il lui fût arrivé de grands chagrins. Il nous conta ensuite qu'il avait cru voir des serpents qui voulaient le mordre, que c'étaient ordinairement de mauvaises langues. Et, quoique M. Malbois lui dît pour le rassurer que les songes étaient des mensonges, il nous protesta toujours qu'il s'attendait à quelque grand chagrin et que ce ne pouvait être même que sur son mariage, puisque c'était son endroit le plus sensible. Comme j'ai toujours eu le cœur droit et susceptible de compassion, je fus touchée de la peine de M. Constantin, sachant surtout que ses pressentiments n'étaient que trop justes. Mais comme l'intérêt de ma fille me devait être plus cher que le sien, je persistai, quoiqu'à regret, dans la dissimulation jusqu'au jour marqué, qui était celui qu'on avait pris pour la consommation du mariage. Ce jour-là, ma fille se leva de bon matin et fut trouver M. Malbois, auquel elle dit qu'elle ne voulait absolument pas épouser Constantin [...].

Constantin fit tout ce qu'il put pour la persuader pendant le reste du jour. Et comme il ne put rien avancer, il consentit que nous partirions le lendemain pour la Hollande et se donna lui-même mille soins pour notre départ. Je fus si touchée de son procédé et de sa douleur que, pour le consoler, je lui promis d'aller d'abord à Delft consulter M. Baudan, qu'il savait être toujours mon oracle et qui avait assez de pouvoir sur l'esprit de ma fille pour lui faire entendre raison s'il trouvait à propos que le mariage s'achevât. M. Constantin me dit, les larmes aux yeux, qu'il me priait de parler pour lui, qu'il me devrait tout son bonheur, et qu'il pouvait m'assurer que je ferais en cela celui de ma fille ; que, quoiqu'il n'eût pas de grands biens, il n'avait jamais emprunté un sou, qu'au contraire il avait toujours eu cinquante pistoles au service de ses amis ; que sa femme ne manquerait jamais de rien ; que, quand même il ne pourrait pas avoir une compagnie de cavalerie en Frise, ce qu'il espérait pourtant, le comte de Dohna lui en donnerait toujours une d'infanterie dans son régiment, et que le comte Christophle[2], son frère, lui en offrait depuis longtemps une en Prusse ; qu'ainsi, sa femme pourrait choisir, qu'il se déterminerait pour le lieu qu'elle aimerait le mieux, et qu'il réparerait par ses complaisances tout ce que l'inégalité de l'âge pouvait avoir de choquant, quoiqu'il ne fût pas pourtant si vieux puisqu'il n'avait que quarante-quatre ans et qu'ayant toujours été réglé, il espérait n'être pas si tôt exposé aux infirmités de la vieillesse. Et sur ce que je lui dis que je craignais qu'il n'eût pas une bonne santé, il me répondit qu'il n'avait jamais eu recours à un médecin ni à un apothicaire, et qu'il se garantissait de maladie en observant un certain régime de vie propre à conserver la santé [...].

    M. Baudan fut fort surpris de me voir et plus encore de savoir ce qui se passait. Il me blâma beaucoup d'avoir rompu une affaire aussi avancée, et les conseils de M. Ponce, qu'il savait être ennemi de M. Constantin, lui parurent un peu suspects. Après cela, il me dit que, puisque M. Constantin était honnête homme et craignant Dieu de l'aveu même de ses ennemis, et qu'on ne pouvait rien objecter contre sa vie et ses mœurs, il ne comprenait pas ce qui pouvait nous avoir fait prendre ainsi le mors aux dents, puisqu'il ne nous avait jamais dit qu'il eût des monts d'or; qu'à l'égard de l'âge, il ne s'était point masqué, que nous l'avions vu; que lorsque j'avais témoigné à ma fille que cela me choquait, elle m'avait dit que l'âge ne lui faisait pas de peine; qu'il fallait y avoir réfléchi plus tôt, d'autant mieux que M. Constantin nous en avait donné le loisir, pendant tout le temps qu'il avait été lui-même indéterminé; qu'après tout, il risquait pour le moins autant que nous, puisqu'il se chargeait d'une jeune personne qui lui ferait apparemment des enfants qui l'engageraient à de la dépense, et qu'il fallait bien qu'il fût en état de soutenir tout cela puisqu'il l'entreprenait; qu'on voyait même que ce n'était pas l'intérêt qui le faisait agir, vu qu'il ne demandait rien et qu'il ne s'était déterminé au mariage que quand il avait aimé la personne, puisque les premiers jours il avait voulu éluder la chose. Enfin, il concluait qu'un honnête homme et craignant Dieu était ce qu'on pouvait trouver de mieux, puisque piété avec contentement d'esprit est un grand gain, et que tout le reste est casuel et périssable. Il ajouta encore que cette aventure ferait du tort à ma fille; qu'un mariage rompu après la publication des bancs donnerait une nouvelle matière à la calomnie; qu'on ne manquerait pas de dire que M. Constantin n'avait pas voulu d'elle; et que, comme elle n'était pas faite d'une manière à devoir par sa figure rompre un marché, on supposerait sans doute qu'il aurait appris quelque chose à son désavantage et que ce serait là ce qui l'aurait empêché de passer outre; que je devais m'attendre à tout ce que la médisance pourrait inventer de plus malin, et cela pour n'avoir pas plus tôt fait toutes mes réflexions et pour avoir écouté un peu trop tard les conseils de M. Ponce.

 Je trouvai le raisonnement de M. Baudan fort juste, mais je lui répliquai que, quelque chose qui dût arriver, je ne voulais pas qu'on pût me reprocher d'avoir forcé l'inclination de ma fille ; que quand elle avait voulu cette affaire, je l'avais voulue aussi, et que je cessais de la vouloir dès qu'elle ne la voulait plus ; que j'aurais pourtant bien souhaité qu'il y eût moins d'intercadence dans son fait, mais que, de peur d'être responsable des événements, je ne voulais pas seulement lui donner le moindre conseil là-dessus ; que je le priais néanmoins de lui dire son sentiment en bon ami et en chrétien, et que j'étais persuadée qu'elle y déférerait. M. Baudan me dit alors qu'il ne voulait pas non plus se charger des événements et que, cependant, il fallait prendre un milieu et terminer par quelque chose. Après quoi, il me fit écrire deux lettres. Dans l'une, je marquais à M. Constantin que ma fille persistait dans le dessein de ne pas achever son mariage, et moi dans celui de ne la pas contraindre ; que j'étais fâchée de n'avoir pas de meilleure nouvelle à lui donner ; qu'il pouvait prendre son parti là-dessus, et que j'étais toujours sa très humble servante. Dans l'autre, je lui disais au contraire que l'oracle de Delft avait parlé en sa faveur et que cela avait fait l'effet qu'il souhaitait sur l'esprit de ma fille ; que je la lui ramenais avec plaisir, comptant bien que cela lui en ferait ; qu'il n'avait cependant qu'à disposer toutes choses pour épouser dès que nous arriverions et à nous venir attendre à l'endroit où les chariots d'Utrecht arrivent.

 M. Baudan donna ces deux lettres à ma fille et lui dit, après lui avoir représenté toutes les raisons pour et contre, qu'elle était maîtresse de son sort et qu'après avoir lu ces deux lettres, on lui laissait la liberté d'envoyer à la poste celle qu'elle jugerait à propos. Il lui dit d'aller dans une autre chambre se consulter seule ; que je ne voulais ni la contraindre ni même lui donner aucun conseil, et qu'il avait voulu que j'écrivisse ces deux lettres afin de pouvoir être un témoin irréprochable de la liberté que je lui avais laissée ; que c'était son affaire, que c'était à elle à y songer sérieusement et à se déterminer suivant son inclination. La petite fille sortit avec ces deux lettres et vint nous rapporter celle du refus, après avoir mis de son mouvement à la poste celle où je disais que nous retournions à Nimègue. M. Baudan fut bien aise qu'elle eût pris ce parti-là, par toutes les raisons que j'ai déjà rapportées, et la petite personne fut bien aise aussi de s'être déterminée [...].

Le lendemain matin, nous prîmes le chariot de Nimègue, où nous arrivâmes le soir fort heureusement. M. Constantin et M. Malbois se trouvèrent à l'endroit où nous descendîmes et nous donnèrent la main pour aller au logis. Quoique M. Constantin fût toujours poli et honnête, je ne le trouvai point aussi content que je l'aurais cru. J'en demandai la raison à M. Malbois, qui me dit tout bas que les choses étaient un peu changées et que, puisque je devais revenir, il aurait été à souhaiter que je ne fusse point partie ; que M. Constantin avait reçu une lettre du frère qu'il avait à La Haye, qui, n'ayant été averti que fort tard de son mariage, n'avait pas pu plus tôt lui en dire son sentiment, ni venir lui-même à Nimègue parce que, suivant son calcul, il craignait de n'y pas arriver à temps ; que, malgré tout cela, il avait eu l'imprudence de le blâmer d'avoir fait un coup comme celui-là de sa tête et, sans lui en avoir demandé son avis, d'avoir pris une fille d'un âge si disproportionné au sien ; une fille qui, outre qu'elle était jeune, était d'une si petite taille qu'elle en paraissait encore plus enfant, donnant par là un plus grand ridicule à la chose, et, ce qui était encore bien pis, une fille de la main du comte de Dohna qui, apparemment, voulant se défaire de quelque maîtresse, lui avait fait l'honneur de le choisir pour couvrir ses iniquités ; que quand cela ne serait pas, le monde le croirait toujours et que le comte ne passerait jamais pour un homme à qui l'on dût se fier du choix d'une femme ; enfin, qu'il était très mortifié d'avoir un frère qui se fût donné sur ses vieux jours un pareil travers. Cette lettre, qui n'était pas fort consolante, arrivant dans un temps où M. Constantin avait lieu de se plaindre des intercadences de ma fille et dans un temps où elle était absente, le détermina à la rupture. Et lorsqu'il reçut celle que je lui écrivais de Delft, il fut dans les auberges, dans les cafés et partout où il put rencontrer des Français, la faire lire afin qu'on fût bien instruit qu'il ne tenait qu'à lui d'achever son mariage : et cela, pour détruire des bruits contraires qui avaient couru après mon départ [...].

Toutes ces réflexions me firent passer une très mauvaise nuit, et M. Constantin de son côté ne fut pas sans agitation. M. Malbois, qui couchait avec lui, lui représenta le tort qu'il avait de ne plus vouloir ce qu'il avait tant souhaité et de faire attention aux raisonnements chimériques de son frère : « Vous voyez, lui disait-il, qu'il ne vous parle que par prévention. Il vous dit que Mlle Du Noyer est petite : vous savez qu'elle est grande et de belles taille. Il y a deux ans qu'il ne l'a vue : elle n'en avait que douze quand elle est arrivée à La Haye, et il s'imagine qu'elle ne doit pas avoir grandi depuis ce temps-là. Il ne fait pas réflexion qu'elle n'en avait qu'onze quand elle a vu le comte de Dohna à Paris et que, depuis trois, il ne l'a point vue. Il suppose que, la tenant de sa main, quoique la mer entre deux, vous devez craindre qu'il n'y ait là quelque chose ou du moins appréhender qu'on le croie. Ne voyez-vous pas bien que votre frère est un misanthrope, qui est fâché que vous ne l'ayez pas consulté avant d'avoir poussé les choses aussi loin et fâché peut-être de vous voir en état de lui donner des neveux qui le priveront de votre dépouille ? Croyez-moi, chacun a son petit intérêt dans la vie. Ainsi, vous seriez bien fou de renoncer au vôtre et à votre satisfaction pour déférer à ses visions hétéroclites. Mlle Du Noyer est bien née et bien élevée. Et quand cela ne suffirait pas, pour vous rassurer contre l'humeur galante du comte, il vous doit suffire qu'il ne l'a point vue depuis trois ans. Vous le savez, puisque vous l'avez toujours vu ; et tout le monde sait que, depuis son retour à Paris, il n'a pas passé en Angleterre, de sorte que le diable, tout fin et tout méchant qu'il est, ne peut pas faire qu'on ait le moindre soupçon là-dessus. » M. Constantin était plus que convaincu du raisonnement de M. Malbois, et la vue de ma fille avait déjà bien ébranlé la résolution qu'il avait formée en son absence. Ainsi, après quelques combats, il se détermina à conclure. M. Malbois lui fit comprendre que s'il en usait autrement, sa conscience lui reprocherait le tort qu'une rupture d'éclat comme celle-là pourrait faire à ma fille, et que, sensible à cet affront, je ne manquerais pas d'engager le comte de Dohna à s'en ressentir, puisqu'en quelque manière, cela rejaillissait sur lui ; qu'assurément, il lui saurait très mauvais gré d'avoir si mal répondu à l'honneur qu'il lui faisait de se mêler de ses affaires et d'en avoir mal usé avec une femme de condition, pour laquelle il n'ignorait pas qu'il avait de la considération. Toutes ces raisons déterminèrent M. Constantin à prendre le bon parti et, lorsque je le vis entrer le lendemain matin dans ma chambre, je fus surprise de ce qu'au lieu de me dire adieu, M. Malbois m'annonça qu'il le ramenait encore une fois souple comme un agneau. Il est vrai qu'avant toute autre œuvre, il voulut faire une récapitulation de tout ce qui s'était passé : « Vous savez, me dit-il, madame, que quand vous êtes arrivée ici, je n'ai point marqué d'empressement pour une affaire que je trouvais pourtant beaucoup plus avantageuse que je ne l'avais imaginé ; et que, me rendant justice et ne me croyant pas tout le mérite qu'il fallait pour posséder une aussi charmante personne que mademoiselle votre fille, je vous ai fait faire attention sur mon âge, sur mon peu de fortune et sur tout ce qui pouvait parler contre moi. J'ai même voulu éluder cette affaire et la renvoyer à une autre fois. Vous en avez paru choquées l'une et l'autre, et je me suis déterminé à la chose que quand j'ai cru connaître que mademoiselle votre fille la souhaitait. Alors, n'ayant plus rien à souhaiter moi-même et persuadé qu'on ne pourrait jamais me rien reprocher puisque, bien loin de me masquer, je cherchais à vous faire ouvrir les yeux sur mes défauts ; alors, dis-je, je me suis entièrement donné à mademoiselle votre fille et, quoiqu'elle m'ait paru un peu indifférente, je ne me suis pas rebuté, croyant qu'elle ne voulait que me punir d'avoir pu hésiter quelque temps à me déterminer. Enfin, elle s'est déterminée elle-même et a paru faire les choses de bonne grâce. Personne ne l'y forçait. Elle l'a dit elle-même aux magistrats. Les bancs ont été publiés et, après cela, sans avoir aucun lieu de se plaindre de moi et pendant que je suis toujours le même, elle change tout d'un coup et m'expose à être la risée de toute la terre. On publie ici qu'elle n'a pas voulu de moi, et cent choses toutes injurieuses et très désagréables. C'étaient là des raisons assez fortes pour m'obliger de me venger à mon tour en faisant dire au public que c'était moi qui n'avais pas voulu. Votre retour ici en était une preuve, et ma vengeance aurait été remplie s'il n'avait pas fallu l'exercer sur moi-même en me privant de tout ce qui peut faire mon bonheur. D'ailleurs, je suis honnête homme et ne veux point ni que vous puissiez vous plaindre de moi, ni pouvoir me rien reprocher à moi-même. Ainsi, il ne tiendra encore qu'à mademoiselle votre fille, et je risquerai de rester tout aujourd'hui ici. »

Ma fille lui répondit qu'il ne fallait qu'une heure pour bénir le mariage, M. Malbois en ayant déjà depuis longtemps la permission et qu'ainsi, comme on devait épouser à Huburgues, M. Constantin pourrait partir de là pour l'armée dès le même jour : « Non, dit-il, nous reviendrons ici, et je ne partirai que demain quoi qu'il en puisse arriver. Mais il faut, ajouta-t-il en s'adressant à ma fille, que je vous parle en particulier. » Après cela, la tirant à côté, nous entendîmes qu'il lui dit : « Je veux me marier pour être heureux et pour vous rendre heureuse autant que je le pourrai. C'est pourquoi, mademoiselle, parlez-moi à cœur ouvert : m'épousez-vous de bon cœur ? — Oui », dit-elle. Il insista encore : « Au moins, ne faites rien par complaisance pour madame votre mère. Je ne veux vous tenir que de vous, et toutes vos irrésolutions m'ont fait craindre que vous ne vous soyez pas bien consultée. Vous êtes votre maîtresse encore un coup, ne faites rien par contrainte. » Elle lui dit qu'il se moquait, qu'elle avait assez fait voir qu'elle ne savait pas se contraindre, puisque, les bancs publiés, elle s'était dédite, et qu'elle ne serait pas venue si elle ne l'avait bien voulu puisque l'on avait remis la chose à sa volonté. Et là-dessus, elle lui conta l'aventure des deux lettres que M. Baudan m'avait fait écrire et le choix qu'elle avait fait de celle qui avait été remise à la poste : « Eh bien ! dit-il, allons donc nous marier puisque vous m'assurez que vous le voulez bien et que vous ne vous en dédirez plus ! Je veux croire que les mauvais conseils de M. Ponce vous avaient gâté l'esprit, et la seule grâce que je vous demande, c'est de ne le plus voir. » On alla en même temps chercher un chariot, car il n'y eut pas moyen de trouver un carrosse, et l'on disposa toutes choses pour ce petit voyage.

Je louai Dieu de ce dénouement, car j'avais frémi de penser qu'il faudrait m'en retourner avec la honte d'être revenue à faux. Ainsi, j'avais une fort grande joie d'être échappée à ce danger, lorsque j'y retombai de la manière du monde la plus bizarre. M. Constantin avait déjà fait partir tout son équipage et n'avait plus rien à Nimègue qui lui appartînt. Ainsi, ma fille dit qu'il était inutile d'y revenir, qu'il fallait bien fermer la maison du comte en partant et donner les clefs à M. Van Munster, son avocat ; après quoi, M. Constantin n'aurait qu'à partir d'Huburgues, puisque ce village était aussi bien sur sa route : « Mais, dit-il, cela ne se peut pas. Il n'y a point d'appartements meublés, et nous ne saurions où coucher. — Eh ! Qu'est-il besoin de se coucher ? répondit-elle. Il n'est pas encore dix heures, nous aurons épousé avant midi. Nous dînerons ensuite et, sur les trois ou quatre heures, vous pourrez partir. Ce sera toujours autant de chemin avancé. » M. Constantin se mit à rire et dit que cela ne faisait pas son compte ; qu'il avait besoin d'une bonne nuit et qu'il fallait qu'il la passât avec elle. Elle répondit qu'elle ne l'entendait pas ainsi ; qu'elle voulait bien être mariée avant son départ afin qu'en cas qu'il mourût, l'on ne pût point la calomnier, mais qu'aussi elle ne voulait pas s'exposer, au cas qu'elle dût être veuve durant cette campagne, à être la mère d'un orphelin. M. Malbois voulut lui faire comprendre que son discours n'était pas obligeant pour M. Constantin. Elle soutint toujours que c'était pourtant son intention et jura qu'elle ne changerait point. M. Constantin, après avoir tâché inutilement de la fléchir, monta en haut sans rien dire et descendit avec une paire de pistolets. Il passa auprès de moi sans que je fisse réflexion au dessein qu'il pouvait avoir. Il entra dans l'écurie et, un moment après, je le vis paraître à cheval au milieu de la cour : « Adieu, madame, me cria-t-il. Avez-vous quelque chose à me commander pour l'armée ? » Je voulus le rappeler, mais il donna des deux [3] et disparut au plus vite. M. Malbois courut après, mais il était trop loin pour qu'on pût se faire entendre de lui. Et ma fille, qui avait d'abord été dans la rue et qui s'égosillait à force de crier : « Revenez, M. Constantin, je ferai ce que vous voudrez ! », n'avait fait que battre l'air inutilement et certifier à tous ceux qui l'avaient vue qu'on la fuyait.

Comme c'était le jour de l'Ascension, et dans une heure et une saison où les rues sont pleines de monde, une aventure aussi mortifiante ne manquait pas de témoins. Elle rentra tout essoufflée et toute décoiffée à force d'avoir couru, et me trouva dans la dernière désolation. Toute ma fermeté m'avait abandonnée et je ne pus pas m'empêcher de m'emporter contre ma fille, dont les caprices m'exposaient à la calomnie. Je lui reprochai même un peu durement les complaisances que j'avais eues pour elle, et la manière dont elle en avait abusé en se jouant de moi et me faisant aller et venir, dire oui et non suivant sa fantaisie. Je me reprochais à moi-même mon indulgence et j'étais au désespoir.

M. Malbois tâcha de calmer mon emportement et de me consoler. Il dit qu'il serait toujours prêt à témoigner comment la chose s'était passée et à détruire tout ce que la calomnie pourrait inventer. Mais moi qui connaissais la politique du refuge et qui savais qu'on ne veut jamais d'éclaircissement qui tende à la justification du prochain, je prévoyais que le témoignage de M. Malbois me serait inutile parce qu'on ne voudrait pas l'écouter. Et sensible au tort irréparable que cette aventure allait me faire, je ne trouvais pas de termes assez forts pour exprimer l'état où je me trouvais, lorsque tout d'un coup j'entendis crier : « Voici M. Constantin ! » Un remords de conscience l'avait fait revenir sur ses pas. Il me demanda pardon de cette algarade, les choses se rajustèrent et nous montâmes dans le chariot qui nous attendait depuis longtemps. M. Malbois se munit d'une bible en français afin de pouvoir lire la liturgie en notre langue, et, après une petite heure de chemin, nous arrivâmes au village. On fit en même temps ouvrir l'église, et M. Malbois fit la cérémonie. Il me souvient que ma fille lui dit avant d'entrer dans l'église : « Au moins, monsieur, n'ajoutez rien à la liturgie et n'allez pas vous aviser d'aggraver les obligations que les femmes doivent remplir. » Nous rîmes de cette précaution, et je ris aussi d'une inquiétude de M. Constantin qui me parut un peu à contretemps, car, voulant peigner sa perruque et n'ayant pas trouvé son peigne dans sa poche, il renversa tout ce qui était dans le chariot pour le chercher. Comme il me semblait qu'il devait être occupé de tout autre chose dans un temps comme celui-là, je lui dis : « Voilà bien de quoi vous donner tant de mouvement pour un peigne de corne ! Allez, vous devriez être charmé de perdre les cornes où tant d'autres les trouvent, et cela est d'un très bon augure pour vous ! » Une plaisanterie comme celle-là devait être pardonnable dans un jour de noce, cependant on m'en a fait un crime comme nous le verrons dans les suites [...].

Le lendemain, on régla toutes choses pour le départ. M. Constantin me pria de vouloir bien lui garder sa petite femme jusqu'à son retour ou de la laisser en bonnes mains si j'étais obligée de passer en Angleterre avant la fin de la campagne, auquel temps il me promit de faire un contrat à l'avantage de ma fille dans lequel, outre qu'il lui assurerait tout ce que je voulais lui donner, il lui assurerait encore sur ses biens la somme de douze mille florins, et qu'il placerait l'un et l'autre à son profit, ayant de quoi vivre de sa paye. Pour sûreté de sa parole, il lui fit un billet signé de la veille des épousailles dans lequel il disait avoir reçu de Mlle Du Noyer sa fiancée la somme de douze mille florins qu'il promettait lui reconnaître lorsqu'ils feraient leur contrat de mariage et qu'il consentait qu'elle reprît au cas qu'il vînt à mourir avant d'avoir fait ledit contrat [...]. Je lui offris honnêtement de lui remettre dès ce moment-là les pierreries, mais il ne voulut point s'en charger que nous n'eussions réglé toutes choses de la manière que j'avais stipulée. Ainsi, je remis les pierreries dans mon coffre avec la quittance de douze mille florins faite à ma fille, et je me disposai pour prendre le lendemain le bateau de Rotterdam et aller à Delft, dont je préférais le séjour à toutes les autres villes de Hollande, par la consolation que je trouvais auprès de M. Baudan et parce aussi que, Delft étant un lieu de retraite et proprement un séminaire, je ne croyais pas que la médisance s'avisât de m'y venir chercher et que, n'ayant autre chose à faire qu'à laisser écouler le temps, je pouvais le passer là en repos. J'avais pris toutes mes mesures pour partir le lendemain, et M. Constantin, après avoir prié M. Malbois de se charger du soin de notre embarquement, avait pris le chemin de l'armée quelques heures avant la nuit, lorsque tout d'un coup nous le vîmes rentrer. Son retour nous surprit. Il y donna un tour obligeant et dit que, n'ayant pas pu faire beaucoup de chemin avant la nuit, il était revenu sur ses pas pour la passer avec sa femme. Je crus et je crois encore pieusement que c'était là la véritable raison, mais on a pourtant cru qu'il en avait une autre et que M. Malbois, qui avait fait et béni son mariage, lui avait mis martel en tête, quoiqu'il ne fût assurément ni d'un âge ni d'une tournure à devoir donner de la jalousie. Quoi qu'il en soit, M. Constantin revint et, quoiqu'il comptât de repartir le lendemain, il resta et nous fit rester à Nimègue, après quoi chacun prit de son côté. Il nous mena au bateau et monta un moment après à cheval. J'arrivai le lendemain à Delft avec ma petite troupe. M. Baudan nous vit arriver avec plaisir et s'informa de la manière dont les choses s'étaient passées. Il frémit au récit que je lui fis des deux alarmes que j'avais eues et me dit que si cette affaire avait manqué d'une manière aussi désagréable pour moi, la médisance m'aurait déchirée. Il ajouta même qu'elle avait déjà commencé [...].

Je ne sortais que pour aller à l'église, et mon unique plaisir était d'aller tous les jeudis à une espèce de société qui était chez M. Baudan, et que composaient M. et Mme Benoist, M. de La Treille, Mlle Reinaud fille, Mme et Mlle Noguier, M. et Mme Baudan, et Mlle de Rivecour. On m'avait fait l'honneur de m'agréger dans cette société avec mes deux filles, et ce fut là ce qui m'attira tant d'envieux. Qui l'aurait cru, que trois tasses de café par tête toutes les semaines, qui n'étaient point bues au préjudice de celles des autres puisque chacun avait toujours sa portion congrue ; qui l'aurait cru, dis-je, que cela eût pu me faire regarder de mauvais œil ? Ce fut pourtant tout mon crime. « Quoi, disait l'une, d'un ton important et décisif, ma sœur ne vient point à cette société, et la petite Olympe de Mme Du Noyer qui, quoique plus grande, est pourtant beaucoup plus jeune, y sera reçue ! Cela n'est pas souffrable. — Et que fait Mme Du Noyer chez M. Baudan ? disait une vieille envieuse que l'on prendrait pour l'Envie en original. Qu'y fait-elle et à propos de quoi est-il si fort dans ses intérêts ? Souffrirons-nous cette concurrence, nous qui sommes ici depuis plusieurs années et qui avons tant de peine à nous souffrir les uns les autres ? » Là-dessus, on forma une ligue offensive et défensive contre moi, et, à l'exemple des voleurs qui, après s'être battus tout le jour pour le partage de quelque butin, s'unissent dès qu'il s'agit de combattre le prévôt, cette troupe ennemie travailla de concert à me tirer d'un lieu où ma présence leur faisait ombrage.

Le moyen le plus sûr aurait été de me détruire dans l'esprit de M. Baudan, mais il n'aurait pas été facile. M. Baudan me connaissait et avait connu la fausseté des calomnies qu'on avait vomies contre moi puisque, dans le temps qu'on les inventait, les lettres qu'il recevait pour moi et que je l'avais prié d'ouvrir lui faisaient voir le contraire. Ainsi, étant trop habile homme pour donner dans ces panneaux-là et trop bon chrétien pour pécher contre ses propres lumières, il n'y avait pas moyen de lui gâter ni l'esprit ni le cœur. D'ailleurs, qu'est-ce qu'on aurait pu dire ? Je ne voyais personne. Et comme je n'étais ni opulente ni fainéante, je passais mes journées à faire des coiffes de perruque pour un nommé M. Bouchon, diacre de l'église française, qui était logé à ma porte. Et cette occupation, qui ne devait point être blâmable, fournit pourtant un nouveau sujet de crier contre moi, tant il est vrai que l'on manquait de sujets légitimes [...].

CHAPITRE VII [1]

Correspondance de Mme Du Noyer avec son gendre Constantin – Drame conjugal – Un gendre récalcitrant – Vol et procès.

Pendant que tous ces contes se faisaient à Delft, M. Constantin était à l'armée, attendant la fin de la campagne avec beaucoup d'impatience. Il avait été mis aux arrêts en arrivant parce qu'il était arrivé un peu tard, et il tâchait d'adoucir ses ennuis par des lettres tendres qu'il écrivait à sa femme et qui faisaient enrager les envieux, car on aurait voulu persuader au public que M. Constantin était parti mécontent d'un mariage fait avec trop de précipitation et qu'il n'avait nulle envie de venir retrouver sa femme. Ces lettres détruisaient l'imposture. J'en pourrais faire voir encore un bon nombre. Voici la première qui me tombe sous la main :

De M. Constantin à madame sa femme.
De la grande armée, le 20 août 1703.

Je sais ma bonne et chère amie que je vous dois une réponse. Il y a plus de malheur que de ma faute si je ne l'ai pas fait. Je me flattais qu'une de vos lettres me dédommagerait d'une partie de mes fatigues, mais, puisque cela n'est pas, faites-moi, je vous prie, le plaisir que dans peu de temps je puisse recevoir de vos nouvelles. Je tâcherai cependant de vous envoyer au plus tôt cent florins pour que vous achetiez les choses dont vous pourriez avoir besoin. Si l'on ne m'avait pas volé deux écharpes et deux coiffes toutes neuves, vous les auriez reçues. Je vais travailler à vous procurer tout l'agrément que je pourrai. Tâchez cependant de ne vous pas ennuyer. Nous sommes bientôt à la fin de la campagne. Il y a six jours que nous sommes devant Huy, l'on n'a pas encore ouvert la tranchée, ni dressé aucune batterie : je crois que cette place nous tiendra encore quinze ou vingt jours. Ce que j'oublie à vous dire, Mme Du Noyer vous l'apprendra. J'espère qu'elle vous communiquera sa lettre et que vous lui ferez voir la vôtre. Songez quelques fois à moi, je vous en prie ma chère et bonne amie, et croyez que je suis,

Votre très humble et affectionné ami et serviteur.

J'avais eu envie de repasser en Angleterre avant la fin de la campagne et, pour cela, j'avais songé à laisser ma fille en pension à Delft chez la veuve d'un ministre et à remettre à M. Baudan les pierreries que j'avais dessein de lui donner, afin qu'il eût la bonté de prendre soin des intérêts de ma fille, et de lui faire faire tous les avantages et donner toutes les assurances dont j'ai déjà parlé. Mais il ne voulut pas se charger de ce dépôt et me conseilla ou de vendre moi-même ces pierreries et d'en placer la valeur avant de partir, ou d'attendre à remettre moi-même ma fille entre les mains de son époux. La peine qu'elle avait à se séparer de moi me détermina à ne la point quitter, et la tendresse maternelle l'emporta sur le soin de mes affaires qui demandaient ma présence à Londres où, infailliblement, j'aurais obtenu une pension de la reine [...]. Cependant, je me déterminai à attendre le retour de M. Constantin pour lui remettre moi-même ma fille et régler ses intérêts que je préférais aux miens. J'en donnai avis à M. Constantin, comme cela paraît dans un endroit de la lettre qui suit :

De M. Constantin à Mme Du Noyer.
De la grande armée, le 20 août 1703.

Je n'ai reçu aucune de vos nouvelles, madame ma très chère mère, non plus que de ma bonne amie, depuis la lettre que vous avez pris la peine de m'écrire du 26 juillet. Il y a longtemps que j'y aurais fait réponse, si les longues marches de l'armée et les fréquents commandements ne m'avaient occupé pendant plus de quinze jours. Je n'étais pas cependant sans espérance de recevoir quelque lettre de ma bonne amie, parce que je crois qu'elle a plus de loisir pour écrire que moi. J'ai été voir M. le comte de Dohna trois fois. À chaque fois, il m'a fallu faire plus de cinq lieues. Il est toujours bien de vos amis. Il s'est rencontré que le même jour que j'ai reçu votre lettre, il en a reçu aussi une de vous. Il m'a protesté qu'il n'avait pas su jusqu'alors que Mlle Du Noyer et moi fussions mariés.

Quoique M. Petit le lui eût assuré, il avait peine à le croire parce que, lorsque vous fîtes ce voyage à Delft, je lui avais écrit que l'affaire était rompue, et que depuis il n'avait reçu aucune de nos nouvelles. Il n'avait garde d'en recevoir de moi, car je ne lui avais pas écrit, comptant de le voir à l'armée. Il compte de se retirer en Suisse, après la campagne. Je crois qu'il vous l'aura marqué, vous ne devez pas douter qu'il ne soit bien de vos amis et qu'en tout ce qu'il pourra vous rendre service, il ne le fasse. Il m'a témoigné d'être dans le dessein de me rendre service auprès de milord Marlborough et de me recommander au prince d'Orange. J'ai appris que l'on doit faire à Londres deux régiments de dragons réfugiés pour envoyer au Portugal. M. le duc d'Ormond en a la direction pour le choix des officiers. Il est fort ami de M. le comte de Dohna. Si vous voulez me faire la grâce de lui écrire pour le prier d'écrire à ce duc pour me faire avoir une compagnie, je suis fort persuadé que je l'obtiendrai à sa seule recommandation, et j'en retirerais autant d'avantage que si j'avais un régiment dans les Hollandais. Il faudrait, s'il vous plaît, le lui demander comme si c'était vous qui eussiez eu cette pensée et m'en donner un mot d'avis, afin que je lui en parle et que nous nous trouvions dire la même chose. Je prends ce détour pour ne pas passer tout à fait pour importun, car je trouve qu'il fait assez pour moi de vouloir parler à milord Marlborough et au prince d'Orange. Si cela arrive, je ne serai pas en peine de vendre ma place. Je trouve une personne qui m'en offre de l'argent. Je ne reçois aucune nouvelle de mon frère : l'on me trouvera bien si l'on a affaire de moi. Il n'est pas possible d'avoir présentement congé, comme vous l'avez cru. Il n'y a personne qui osât le demander. Il faudra que j'attende pour le faire que nous soyons entrés en garnison. Quoique je ne sois pas trop bien avec mon colonel, je ne crois pas qu'il me le refuse. Pour la garnison, je crois que les généraux ne savent pas encore où nous serons envoyés. Ma bonne amie doit être assurée que je ne manquerai pas de le lui faire savoir. Je la prie cependant de ne se pas impatienter : je ne manquerai point de lui envoyer cent florins le plus tôt que je le pourrai. Je suis surpris que M. Baudan vous ait refusé une chose où il n'y avait pour lui ni peine ni risque, mais les ministres se font des fantômes de rien, ils ont peur de leurs ombres. Je vous dirai que je ne suis pas de son sentiment, qui est de faire vendre ce que vous avez voulu lui laisser en dépôt. C'est une chose qu'il ne faut point faire voir que l'on ne soit comme assuré de la vendre. Il n'y a que les personnes qui en cherchent qui puissent en donner la valeur. Si les joailliers savaient que ces choses fussent à vendre, ils les décrieraient en sorte que vous ne pourriez plus vous en défaire en Hollande ni en Allemagne, qui est le pays le plus propre pour cela ; car qu'est-ce que la perte de quatre ou cinq mois d'intérêts à deux pour cent en comparaison de celle du tiers ou de la moitié du capital qu'il faudrait assurément perdre en se hâtant de vendre ? Sans compter qu'avec quelqu'une de ces pièces, on pourrait peut-être avoir quelque emploi par le moyen de M. Le Monnon, qui est bien de mes amis. C'est un homme d'esprit et capable de bien conduire une affaire : je ne doute point qu'avec cela et son crédit, je ne puisse obtenir quelque emploi dans une des terres du prince d'Orange, dont il a été précepteur et dont il est fort aimé. Si cela manque, je trouverai à Berlin M. le comte Alexandre de Dohna [2], qui a tout pouvoir. J'en suis assez connu pour espérer que si l'un ne manque, l'autre ne manquera pas. En pareille occasion, un bijou est plus utile que de l'argent qu'on n'oserait offrir à des personnes de considération. De quelque manière que la chose tourne, vous y aurez la même part que nous. Et jusqu'à ce que nous ayons mis ordre à nos affaires, nous pourrons bien vivre avec ma paie, je suis assez bon économe pour cela. Tâchez seulement que nous puissions avoir la servante de La Haye pour nous servir après la campagne et croyez, madame ma très chère mère, que je suis du meilleur de mon cœur,

Votre très humble et très obéissant serviteur.

[...]

J'écrivis à M. Constantin que nous allions l'attendre à La Haye, où il aurait apparemment des affaires après la campagne et où il serait plus à portée de venir joindre sa femme. M. Constantin crut sans doute que nous trouvions la solitude de Delft trop ennuyeuse, et, quoiqu'il eût peut-être mieux aimé que nous y fussions restées, il ne laissa pas d'approuver ce que j'avais fait. Je pris une chambre que je louai pour un mois chez le beau-frère de Toulouse, marchand qui, quelques jours après, conduisit le comte de Dohna chez moi. Ce seigneur, qui ne m'avait pas vue depuis Paris, me fit mille honnêtetés et nous donna des nouvelles de M. Constantin, qui devait selon toutes les apparences le suivre de près. Il me promit de nouveau de travailler à l'avancement de sa fortune et de le faire son aide de camp, au cas qu'il allât commander en Portugal, comme il y avait beaucoup d'apparence. Le bien qu'il pouvait et qu'il disait avoir envie de faire à mon gendre, et les liaisons d'amitié que nous avions eues à Paris étaient d'assez bonnes raisons pour m'obliger à recevoir ses visites et pour que les gens raisonnables ne s'en scandalisassent pas. Mais comme il en est peu de ce genre, il se trouva des personnes qui glosèrent là-dessus et qui, parce qu'il ne leur convenait d'avoir commerce qu'avec des crocheteurs, blâmèrent sans raison celui que j'avais avec le comte, qui venait prendre du café chez moi et que je ménageais à la prière de M. Constantin autant que par la considération que j'avais eue pour lui en France. Madame son épouse me pria à manger chez elle et souhaita que ma fille Constantin l'aidât à rendre ses visites. Cela redoubla la mauvaise humeur des réfugiés, qui croient qu'on ne saurait briller que ce ne soit à leurs dépens et qui ne sauraient voir en autrui les agréments qu'ils n'ont pas sans tâcher de leur en faire des crimes. On ne pouvait reprocher à ma fille que celui d'être aimable, crime qu'on ne lui a jamais pardonné [...].

Un mois s'était déjà passé à La Haye. Et comme je n'avais pas cru devoir louer ma chambre pour plus longtemps, je fus obligée d'en prendre une autre et je me logeai chez un tailleur appelé Montauban. Je voyais fort peu de monde : je ne sortais presque jamais, et il ne venait chez moi que deux ou trois dames de notre province et un baron béarnais [3], qu'une réputation de piété rendait vénérable et qui paraissait plus propre à donner de bons conseils aux dames qu'à gâter leur réputation. Enfin, je ne croyais pas que la manière dont je vivais pût donner atteinte à la mienne. Le comte m'avait amené M. le prince d'Auvergne [4], qui avait envie d'acheter un de mes diamants et qui en conclut le marché dans cette dernière maison, où je n'eus l'honneur de le voir qu'une seule fois. Il me fit son billet de la somme dont nous convînmes en présence des personnes qui étaient avec lui dans ma chambre. Le comte de Dohna, à son exemple, voulut avoir aussi une de mes bagues et m'en fit son billet ; après quoi, ayant su que M. Constantin ne pouvait pas avoir de congé et qu'il était en garnison à Deventer, j'y conduisis sa femme et je menai avec moi ma petite cadette, parce que je voulais aller de là à Groningue voir mon oncle Noguier, que j'étais bien aise de consulter sur le contrat de mariage que nous étions convenus de faire.

J'apportais avec moi les bijoux et les billets de ceux que j'avais vendus, et, le cœur tout rempli de bonnes intentions, je ne doutais point que les choses ne tournassent d'une manière agréable. J'avertis M. Constantin de notre marche, et il ne manqua pas de venir nous attendre à l'endroit où l'on met pied à terre. Il nous conduisit à son appartement, qui n'était pas le plus réjouissant du monde ; car, après avoir traversé une boutique, et enfilé une allée longue et obscure, et à tous égards à perte de vue, on arrivait dans un je ne sais quoi, qu'on ne saurait appeler cour et qui, quoiqu'il fût découvert, était pourtant inaccessible aux rayons du soleil. Ce cloaque servait d'antichambre à une caverne qui ne recevait du jour que par là et qui, quoiqu'elle n'en fût séparée que par une muraille de vitres à l'antique, n'en était pas mieux éclairée. Il y fallait de la chandelle à midi, cela est au pied de la lettre ; mais, en revanche, il y faisait grand jour pendant toute la nuit, et la lune y donnait si fort à plomb que ma fille croyait avoir changé d'hémisphère et s'imaginait être aux antipodes. Les trois murailles opaques, qui, avec la transparente, formaient le carré de cette lugubre demeure, étaient enfumées et toujours suantes ou couvertes de salpêtre, et leur nudité en faisait voir les défauts à découvert. Un bedsteede, ou lit en forme d'armoire, dans lequel il y avait moins de duvet que de paille, en faisait tout l'ornement, et quelques chaises éclopées achevaient la magnificence. Enfin, cet antre ressemblait si fort aux descriptions que Mme d'Aulnoy faisait des cavernes des ogres qu'on aurait cru qu'elle avait pris son modèle là-dessus. Et l'on peut bien croire qu'un appartement comme celui-là n'était pas fort propre à inspirer la joie à une jeune personne. Ce fut pourtant là où ma fille fut conduite. On me fit ensuite monter par un casse-cou, et, à l'aide de quelques planches pourries, j'arrivai dans un galetas qu'on appela ma chambre. Elle était longue et percée des quatre côtés. Un toit brodé de plusieurs gouttières en formait le plafond, et toute cette quantité de fenêtres étaient placées de manière que, de quelque côté qu'on tournât la vue, elle ne pouvait s'étendre que sur les tuiles du voisinage ; de sorte que ces grandes ouvertures paraissaient moins faites pour procurer de l'agrément que pour faciliter les rendez-vous que les quatre vents se donnaient tous les soirs dans cette froide demeure, où Borée présidait toujours. Un bedsteede, qui n'était fermé par aucun rideau et qui me servait alternativement à me coucher et à m'asseoir, avec une table estropiée et chancelante, auraient rempli tout l'inventaire de mon ameublement si je n'avais fait monter là une malle qui me servait à plus d'un usage [...].

M. Constantin nous avait parlé à Nimègue d'un Genevois, appelé M. Favre, qui était capitaine de son régiment. Et, je ne sais plus à propos de quoi, ma fille lui demanda si ce M. Favre était aussi à Deventer, et moins encore, pourquoi une pareille question déplut à M. Constantin, car elle ne l'avait jamais vu. Cependant, il lui répondit brusquement si elle avait quelque affaire avec lui qui l'obligeât à en demander des nouvelles. Elle répondit que non, et il n'en fut plus parlé. Le lendemain matin, M. Constantin mena sa femme à l'église. Elle était habillée et coiffée fort proprement, et une grosse pluie, qui survint fort mal à propos, dérangea beaucoup l'économie de sa parure. M. Constantin la fit mettre à l'abri sous un auvent et ne voulut jamais accepter l'offre d'un manteau qu'un cavalier, que je sus ensuite être M. Favre, lui avait faite fort gracieusement.

L'après-midi, le temps se remit au beau, et nous fûmes tous ensemble à l'église, où un cavalier, que je ne connaissais point et qui était pourtant le même, me fit compliment sur mon arrivée dans ce pays-là et me dit que, quand il croirait ne pas m'incommoder, il se donnerait l'honneur de me venir voir. Je ne répondis à son compliment que par une révérence, et nous retournâmes dans notre triste taudis. Ma fille proposa alors d'aller chez le ministre, où l'on s'attendait bien de la voir parce que la coutume veut que les nouveaux venus débutent toujours par là. M. Constantin aurait bien voulu changer cet usage, et une des deux vieilles filles chez qui il s'était logé, qui entrait fort dans ses sentiments et qui aurait bien voulu gouverner elle seule la petite femme, lui dit tout ce qu'elle put pour la détourner de cette visite : « Que voulez-vous aller faire là ? lui disait-elle. On vous donnera du café, vous serez obligée à en donner une autre fois : tout cela n'est qu'occasion de dépense. — Mais, disait ma fille, si je manque à les voir, ils se le tiendront pour dit, et, si je passe ici six mois comme il y a apparence, j'y vivrai en loup-garou. Il n'y a que trois familles françaises qui, de votre aveu, sont raisonnables et vivent en société : pourquoi

Chapitre VII

faut-il que je leur paraisse d'une humeur assez bizarre pour ne pas avoir de commerce avec les honnêtes gens ? »

Ces raisons me paraissaient les meilleures du monde : je ne me mêlai pourtant jamais à la dispute, j'attendis la décision et, comme elle fut conforme aux intentions de ma fille, je fus avec elle chez le ministre où l'on s'attendait à nous voir venir. Les trois familles s'y étaient assemblées : on nous servit du café et du sucre abondamment, on causa et, en se séparant, il fut résolu que l'on irait le lendemain chez l'autre femme de ministre. Cela fut exécuté, et le mardi la femme d'officier eut son tour. Elles nous rendirent ensuite nos visites tour à tour, et celui de la demoiselle veuve de ministre se rencontra justement le vendredi. Elle avait envoyé demander si elle n'incommoderait pas, et on lui avait fait répondre qu'on l'attendait, lorsque M. Favre fit faire le même compliment par son valet. Ma fille vint me consulter avant de répondre, mais, ne voulant pas m'ingérer de décider un pareil cas, je la renvoyai à son mari qui lui dit de faire comme elle voudrait. Ainsi, comme elle avait accepté la visite de la veuve du ministre, elle crut qu'elle ne pouvait refuser celle de M. Favre sans lui faire affront et, ne voulant pas attirer des affaires à son mari, elle répondit que M. Favre lui ferait beaucoup d'honneur. Il entra un moment après avec la demoiselle, qui était suivie de ses trois filles, me fit son compliment en homme poli, après quoi la conversation fut toujours générale. M. Constantin fit servir fort honnêtement le café, quoiqu'il ne fût pas dans le goût de ces sortes de dépenses, car je lui ai souvent ouï dire qu'avec ce qu'il en coûtait pour ces sortes de collations, on aurait de quoi faire un bon repas, en quoi je trouve qu'il n'avait pas tout le tort. Cependant, il faut vivre avec les vivants et se conformer à leur usage.

Pendant que nous buvions notre café auprès de notre morfondante cheminée, M. Constantin, voulant faire les honneurs de sa femme qui était en déshabillé, dit pour l'excuser qu'elle avait eu la colique toute la nuit. M. Favre lui offrit alors du vin de Saint-Laurent, qu'il disait être merveilleux pour ces maux-là. M. Constantin le remercia et dit qu'on lui en avait enseigné dans quelque cabaret. M. Favre continua à offrir le sien, après quoi il dit qu'il croyait cette chambre très malsaine, et, comme le lit paraissait fort humide, il pria M. Constantin d'accepter un lit de camp qu'il avait rapporté de l'armée et qui lui était pour lors, à ce qu'il disait, inutile. M. Constantin le refusa honnêtement. Et quand les dames avec qui il était venu jugèrent à propos de se retirer, il s'en retourna avec elles, et nous songeâmes à souper. Pendant que nous étions à table, le valet de M. Favre entra avec une bouteille qui n'était pas plus grande que celles où l'on met l'eau de la reine d'Hongrie [5], et, s'adressant à M. Constantin, il lui dit que son maître lui souhaitait le bonsoir, de même qu'à Mme et Mlle Du Noyer, et qu'il leur envoyait cette bouteille de vin de Saint-Laurent. M. Constantin la refusa ; et le valet, qui craignait peut-être d'être grondé s'il la rapportait, la posa sur une table et court encore. Ce fut cette malheureuse bouteille qui, comme une autre pomme de discorde, mit la discorde dans ce ménage et servit utilement la malignité de ceux qui avaient déjà travaillé à gâter l'esprit de M. Constantin, qui, dans son emportement, dit des choses qui faisaient bien voir que l'on avait voulu lui donner des impressions désavantageuses de sa femme. Car, après l'avoir prise à partie sur ce qu'on lui avait envoyé du vin, disant qu'on n'aurait jamais fait un pareil présent à une honnête femme et qu'il fallait qu'on la crût une ivrognesse, il dit qu'il prétendait rectifier les éducations de Paris ; que si je l'avais élevée à avaler le vin de Champagne, il fallait qu'elle changeât de manière. Je ne fus jamais si étonnée que de ce compliment-là, à moi qui ne bois jamais ni vin ni cervoise. Il ajouta encore que le prince d'Auvergne avait mangé et bu avec moi à La Haye, et que la débauche avait été outrée. Il est pourtant très sûr que je n'ai jamais bu que du café avec ce prince. Si j'avais mangé avec lui, je m'en ferais un honneur, bien loin de m'en défendre. J'ai souvent mangé à Paris avec des princes de sa maison et qui lui étaient proches. Ainsi, quand je dis que cela n'est pas, c'est pour dire la vérité et faire voir jusqu'où va l'imposture parmi le peuple réfugié. Enfin, après bien des injures que ma fille avait souffertes patiemment, il poussa la chose jusqu'à lui dire qu'elle n'avait qu'à aller voir à Paris comment se portait l'enfant qu'elle avait eu du duc de Bourgogne [6]. Pour lors, ma fille perdit patience.

Elle dit à son mari que, puisqu'il avait de pareilles idées d'elle, elle ne pouvait pas être en sûreté auprès de lui ; qu'elle ne voulait vivre qu'avec les gens qui lui rendaient la justice qui lui était due et qu'elle demandait réparation d'une accusation aussi horrible. Il répondit qu'il n'avait rien avancé qu'il ne fût en état de prouver ; que les lettres qui étaient venues de France là-dessus étaient entre les mains de Messieurs les États [7] et, s'adressant à moi : « Vous pouvez, me dit-il, madame, reprendre votre fille. Je n'ai rien à vous, vous n'avez rien à moi. Séparons-nous quittes. » Mlle Cailat, femme de cet officier français qui était établi à Deventer, fut témoin de cette affreuse scène et, craignant peut-être qu'elle ne fût enfin ensanglantée, elle m'entraîna avec mes deux filles dans le galetas appelé ma chambre, où je passai une des plus cruelles nuits qu'on puisse jamais imaginer. M. Constantin ne se coucha point : nous l'entendions promener à grands pas, crier comme un désespéré, amorcer des pistolets, et jamais homme n'a paru plus furieux. On pouvait tout craindre de ses violences, et nous n'avions ni clef ni verrous pour nous en garantir. Mais ce que Dieu garde est bien gardé, et nous en fûmes quittes pour la peur [...].

L'heure du départ étant venue et n'y ayant pas la moindre apparence de réconciliation chez M. Constantin, j'envoyai chercher mon coffre et je fus surprise de ne le voir pas venir. On me dit d'abord qu'on n'avait pas trouvé la clef de la chambre, mais, après plusieurs allées et venues, on fut obligé de me dire que M. Constantin s'était saisi de cette malle, qu'il en avait fait son chevet, qu'il l'avait entourée de pistolets et s'était mis lui-même en sentinelle pour en défendre l'approche. Ce procédé me surprit. Je ne comprenais pas quel droit il pouvait avoir sur un coffre où il n'y avait que des hardes à moi et à ma cadette, et comment il osait s'en saisir ainsi de son autorité. Il m'aurait été aisé de remédier à cela en m'adressant à M. Favre qui, se reprochant d'avoir été la cause, quoiqu'innocente, de tous mes chagrins, y aurait remédié sur-le-champ. Mais cette même raison m'empêcha de recourir à lui, de peur d'aigrir la jalousie que M. Constantin avait prise si mal à propos sur son chapitre. Ainsi, j'aimai mieux prendre encore le parti de la douceur et employer l'entremise du ministre, qui me rapporta pour tout résultat que M. Constantin avait su par sa femme que le billet de douze mille florins qu'il lui avait fait à Nimègue était dans cette malle, et qu'il ne la rendrait que quand on lui aurait remis ce papier. Je répondis que s'il était dans cette malle, il fallait pour l'en tirer qu'il me fût permis d'y fouiller ; qu'on n'avait qu'à la faire apporter où j'étais, que je l'ouvrirais en présence de M. le ministre, et que, si le billet s'y trouvait, je le lui mettrais en main.

Le ministre, après avoir fait son rapport, m'apporta un mémoire que M. Constantin prétendait que je devais signer, dans lequel il était spécifié que je ne me servirais jamais du billet de douze mille florins. Je le signai, comptant que la malle viendrait après sans difficulté. Mais, au lieu d'elle, je vis un acte mieux circonstancié, dans lequel je m'obligeais à garder ma fille sans rien demander à M. Constantin, qui de son côté me faisait une quittance réciproque. M. le ministre m'exhorta à signer cet acte, disant qu'une bonne réconciliation remettrait un jour les choses sur le pied qu'elles devaient être et que ma complaisance, dans une occasion où M. Constantin était obstiné, le porterait peut-être à des sentiments plus doux ou, du moins, en le mettant dans son tort, tournerait à sa confusion et à ma louange. Je voulus bien avoir cette déférence pour M. le ministre, mais elle fut sans effet. Car M. Constantin, voyant qu'on lui accordait tout et ne sachant plus que demander, s'avisa de tout refuser et se détermina à garder ma malle [...]. Je me résolus donc à abandonner mon coffre, jusqu'à nouvel ordre. Par bonheur, j'en avais tiré la plupart de mes pierreries, que je portais presque toujours sur moi sans qu'on s'en aperçût, mais le peu que j'avais d'argent y était ; et je me trouvais fort embarrassée pour les frais de mon voyage. Si j'avais engagé quelques diamants, cela aurait fait voir que je les avais sur moi et aurait pu me faire suivre. J'aimais mieux qu'on les crût dans ma malle et, voulant laisser tout le monde dans cette erreur, je pris le parti de vendre quelques bagatelles. Ma fille donna sa bague de mariage et la boîte du portrait de son mari. Tout cela fut vendu par un tiers pour une très petite somme, et, à l'entrée de la nuit, nous prîmes le chemin de Zwol où nous n'arrivâmes qu'après que les chariots de

Groningue furent partis. Il fallut encore en louer un exprès, ce qui fut encore augmentation de dépense ; et après bien des peines et des fatigues, nous arrivâmes le troisième jour de notre marche et sans un sou dans la célèbre ville de Groningue. J'y trouvai mon bon oncle, bien vieilli depuis seize ans, et ma cousine sa fille, fort aimable.

Mes chagrins ne me laissaient pas goûter la joie que je me faisais de les revoir après une si longue absence. Je ne savais quasi ce que je leur disais, et leurs consolations me furent d'un grand secours pour m'empêcher de perdre l'esprit. Mon oncle écrivit à M. Constantin et au ministre de Deventer pour tâcher de rajuster les choses avant que ce démêlé eût fait un plus grand éclat. Il exhortait M. Constantin à venir chercher sa femme et à me rapporter mon coffre. Et il priait le ministre de le porter à cela, lui disant qu'il devait connaître le bonheur qu'il avait d'être entré dans une alliance qui lui faisait honneur et d'avoir une femme qui méritait tout autre chose que les duretés qu'il lui avait dites, et qui avait été élevée d'une manière à ne pas connaître les noms des crimes qu'il lui avait reprochés ; qu'elle avait senti vivement des reproches aussi injurieux et aussi mal fondés, mais qu'il fallait espérer qu'avec de meilleures manières, on lui ferait oublier ce mauvais traitement ; qu'elle avait le naturel bon et assez de déférence pour faire tout ce qu'il jugerait à propos qu'elle fît. Mon oncle attendait un heureux succès de ces lettres, et l'on tâchait de soulager ma douleur par cette espérance, mais elle se trouva vaine. M. Constantin écrivit une lettre fort sèche à mon oncle, dans laquelle il lui disait que sa femme l'avait quitté sans propos ni demi pour suivre madame sa mère, et que, comme il ne l'avait pas chassée, elle pouvait revenir quand elle le jugerait à propos ou rester où elle était. Le ministre écrivait en conformité et marquait que M. Constantin n'avait pas voulu laisser partir mon coffre, mais qu'il le lui avait confié dans sa maison et qu'ainsi, on ne devait pas en être en peine. Mon oncle, indigné du peu d'égards que M. Constantin avait pour lui, trouva à propos que je fisse saisir mon coffre chez le ministre de Deventer. Nous envoyâmes pour cela une procuration sur les lieux, mais ma civilité me coûta ma partie. J'avais ordonné qu'on fît compliment à M. le ministre avant d'exploiter chez lui, et cela lui donna le temps d'avertir M. Constantin, qui fit d'abord transporter mon coffre ailleurs. Ainsi, j'en fus pour mes frais, et, par les grâces du dévot personnage, cette démarche fut infructueuse. Il fallut prendre patience [...].

M. Constantin vint à La Haye, où des gens qui n'étaient pas plus dans ses intérêts que dans les miens lui donnèrent des conseils violents, mais il fallait pour les mettre en pratique que je fusse sur les lieux ; si bien que, pour me faire venir dans le piège, il fut résolu que l'on me ferait des propositions d'accommodement. M. Baudan fut prié de m'écrire là-dessus. Mais, après y avoir un peu réfléchi, il dit à M. Constantin de ne pas le compromettre mal à propos et de prendre garde de ne pas le faire servir d'instrument à mes chagrins ; qu'il ne voulait être qu'instrument de paix et qu'il ne s'accommoderait pas d'être mis à un autre usage. Cette précaution de M. Baudan intimida M. Constantin, qui vint chercher à La Haye des personnes plus traitables. Ce fut le dévot baron béarnais, dont j'ai déjà parlé, et un nommé le baron de S***, que j'avais connu chez une femme de Nîmes et qui, depuis plusieurs années, paraît à La Haye comme un second Melchisédech [8]. Ces deux barons m'écrivirent conjointement que M. Constantin paraissait très fâché de l'emportement qu'il avait eu à Deventer ; qu'il aimait sa femme à l'adoration et ne souhaitait rien tant que de se remettre bien avec elle ; qu'ainsi, si je souhaitais la paix, je n'avais qu'à partir lettre vue et mener ma fille avec moi ; que son mari lui ferait toutes les réparations qu'elle pourrait souhaiter, lui marquerait une vraie tendresse d'époux, à moi une de fils, et à ma petite Olympe une de frère ; qu'il me rendrait ma malle ou coffre avant toute œuvre et que j'aurais tout lieu d'être contente de mon voyage, mais qu'il fallait se hâter de le faire parce que M. Constantin ne pouvait pas rester longtemps à La Haye. Cette lettre était signée par les deux barons de Jasses et de S***.

Dès que je l'eus reçue, je n'hésitai point à me mettre en chemin, et, guidée par un esprit de paix, je bravai les frimas et les glaces qui me tenaient depuis quelque temps assiégée à Groningue. Je mis quelques diamants en gage afin d'avoir de quoi partir, et, après avoir passé la Zuiderzee avec assez de péril, je me rendis à La Haye avec mes deux filles, très fatiguée et très morfondue. Mes officieux barons me conduisirent dans une chambre à trois florins par semaine, que l'on me fit payer en entrant. Et, sur ce que je trouvai qu'elle n'était pas la plus commode du monde, M. le baron de Jasses me répondit que je n'en aurais pas à faire pour longtemps, réponse dont je me suis toujours souvenue et qui ne se trouva que trop juste puisque, deux jours après, je fus mise à la Castelenie *. Je croyais trouver mon coffre en arrivant, comme on me l'avait marqué; mais quand je le demandai, on me dit d'attendre au lendemain, et l'on se retira pour me laisser coucher. Le lendemain, je ne me trouvai pas plus avancée, car, au lieu de me faire apporter mon coffre, on me vint faire de nouvelles propositions d'accommodements dans lesquelles M. Constantin demandait que je fisse une constitution à ma fille disant que j'avais voulu lui donner des bijoux. Je répondis que j'étais prête à tenir ce que j'avais promis, aux conditions dont nous étions convenus, c'est-à-dire que M. Constantin donnerait une sûreté ou par caution ou de quelque autre manière afin que ma fille sût où trouver ce que je lui aurais donné et qu'en cas qu'elle vînt à mourir sans enfants, il pût revenir à moi et aux miens. Il me semble que ces conditions étaient assez raisonnables. Elles ne furent pourtant pas acceptées, et l'on ne cherchait qu'à m'amuser par tous ces pourparlers. Ma malle avait été ouverte; et comme on n'y avait pas trouvé mes bijoux, on avait cru que, les portant sur moi, il n'y avait qu'à me mettre la main dessus pour les attraper, mais on se trompa, car je les avais laissés à Groningue.

Cependant, M. le baron de Jasses m'avertit, je ne sais dans quelle vue, de ne pas expliquer si clairement mes intentions parce qu'il savait que celles de M. Constantin n'étaient pas droites; qu'il n'avait pas envie de bien vivre avec ma fille, mais que, comme il savait qu'on l'obligerait à lui donner une pension, il voulait m'obliger à commencer par lui faire une dot afin de la lui faire adjuger par son entretien et de s'en débarrasser ainsi à mes dépens. On exigea un grand secret pour cet avis-là, que je crus très sincère et

* Auberge où l'on arrête les gens avant de les mettre en prison.

dont je profitai dans les suites en disant que M. Constantin n'avait qu'à commencer par me rendre mon coffre, puisqu'il l'avait pris contre le droit des gens et comme l'on va à maraude ; qu'il n'avait ensuite qu'à se remettre avec sa femme, après quoi je ferais tout ce qui dépendrait de moi pour entretenir la bonne intelligence. On vint me rapporter que M. Constantin n'était pas content de cela, qu'il ne voulait pas s'en fier à moi ni me rendre mon coffre que nous ne fussions convenus de tout. Ce n'était point là ce qu'on m'avait écrit à Groningue. Cependant, quoique j'eusse lieu de me plaindre de ce manquement de parole, pour n'avoir rien à me reprocher, je dis à ces messieurs que, comme j'avais éprouvé à Deventer que M. Constantin changeait fort souvent de sentiments, je souhaitais qu'il mît toutes ces prétentions par écrit, qu'il les signât et qu'après cela, j'y répondrais. Je proposai aussi de prendre des arbitres et d'en passer par tout où ils voudraient. Mais j'avais beau apporter toutes les facilités imaginables, c'était toujours à recommencer, et ces intercadences de M. Constantin étaient l'effet des conseils de son frère, qui ne souhaitait point la propagation de la race Constantine. Quand je parle du frère, c'est toujours de Philippe, car le cadet est un très honnête homme, qui s'occupe moins des affaires d'autrui que du jeu et qui n'a eu nulle part à toutes ces divisions domestiques.

 Enfin, après m'avoir amusée pendant deux jours, c'est-à-dire autant de temps qu'il en fallait pour obtenir la permission de me faire arrêter, je fus enlevée et mise à la Castelenie sur un faux exposé, car, pour brouiller les choses et se dispenser de me rendre mon coffre, on me demandait six mille florins, à quoi l'on avait estimé les pierreries que j'avais eu envie de donner à ma fille. Il n'y a rien de si aisé que de faire arrêter les gens, sauf à en payer la façon quand on le fait mal à propos. Ce fut ce que M. Constantin éprouva, car les mauvais conseils qu'on lui donna dans cette occasion lui coûtèrent plus de douze cents florins, outre le blâme qu'il s'attira par une action aussi violente. Car il était quasi inouï qu'un gendre eût fait emprisonner sa belle-mère parce qu'elle avait eu envie de lui faire du bien. On peut croire aussi qu'un pareil procédé me fit bien changer de sentiment. Ainsi, suivant ceux de mon avocat et ne m'étant engagée à rien par aucun écrit, je fus dispensée de faire du bien à un ingrat, et M. Constantin perdit par sa faute tout le fruit de ma bonne volonté. Je fus près de trois semaines à la Castelenie, toujours à ses crochets, car, quoiqu'il fît tous ses efforts pour me faire transférer sous la Porte*, disant qu'un réfugié ne pouvait pas fournir si longtemps aux frais de la Castelenie, les juges, indignés de son odieux procédé, n'eurent aucun égard à ces remontrances et voulurent que je restasse au même endroit jusqu'à ce que l'affaire fût décidée. Il avait d'abord dit qu'il prouverait par actes que je lui devais les sommes pour lesquelles il m'avait fait arrêter, mais tout ce qu'il put produire fut une lettre que j'écrivais à un seigneur de mes amis, dans laquelle je disais que je destinais mes pierreries à ma fille aînée afin de pouvoir par là lui procurer un établissement convenable.

Il n'y avait point de dessus à la lettre, mais elle était écrite et signée de ma main. On la fit signifier à mon avocat, qui vint m'en avertir en prison. Je lui dis qu'il était vrai que j'avais écrit cette lettre, mais que je demandais qu'on interpellât M. Constantin à serment pour savoir où il l'avait prise, parce que j'étais bien sûre qu'elle était dans mon coffre et qu'ainsi, il fallait qu'il l'eût ouvert pour l'en avoir tirée, chose que je ne croyais pas que la justice approuvât. Mon expédient réussit. M. Constantin, interrogé s'il n'avait point trouvé cette lettre dans mon coffre, répondit qu'oui. Il fut aisé de conclure qu'il l'avait ouvert : on le condamna à me le rendre avec tout ce qui était dedans. Ainsi, la preuve qu'il prétendait en avoir tirée lui devint inutile, et je fus élargie sous ce qu'on appelle caution juratoire, c'est-à-dire que si, dans les suites, il avait pu donner des preuves suffisantes, j'aurais été obligée de me retrouver pour subir un nouveau jugement. Celui-là me rendait ma liberté. Mon avocat vint me l'annoncer et me dit en même temps qu'il me conseillait de rester là jusqu'au soir, que mon dîner et mon souper étaient payés, et qu'il n'était pas à propos de sortir de là en plein jour. Je restai donc, mais je ne vis point arriver de dîner. Et quand, après avoir resté assez longtemps à jeun, je voulus demander la cause de ce retardement, on me dit que M. Constan-

* Prison ordinaire de la cour.

tin ayant été obligé de payer dès le matin ma journée, comme cela se pratiquait tous les jours, il était ensuite venu à midi avec son procureur manger à eux deux mon dîner et mon souper à la fois, sachant que j'avais obtenu ma liberté et ne voulant pas que je profitasse de ces derniers frais qu'il avait été obligé de faire. Ce raffinement d'économie parut si bizarre qu'on aurait eu peine à se le persuader si les gens de la Castelenie et le procureur même, qui avait aidé à manger ma portion congrue, ne l'eussent certifié.

Dès que je fus hors de prison, M. Constantin fit signifier à sa femme qu'elle eût à se trouver le lendemain à une certaine heure à un bateau qu'il lui marquait pour aller avec lui à Nimègue chez une Mlle de Polge, où il voulait qu'elle restât. Cette manière de parler ainsi par exploit n'était pas fort tendre : ma fille demanda un jour pour trousser son petit bagage, mais M. Constantin, qui ne faisait toutes ces formalités que pro forma, se contenta de mener deux témoins au bateau pour leur faire voir que ma fille n'y était pas. Après quoi, il partit au plus vite, craignant que, par représailles, je ne le fisse arrêter à son tour pour l'obliger à me rendre mon coffre conformément à la sentence de la cour, malgré laquelle il jugea à propos de le garder. Ce ne fut que trois ans après que je l'obligeai à me le rendre, ce qu'il fit après en avoir ôté le billet de douze mille florins dont il a déjà été parlé [...].

Malgré tout ce qui s'est passé, si M. Constantin pouvait encore trouver le moyen de faire revenir sa femme et qu'ils vécussent bien ensemble, je lui donnerais non seulement les six mille florins à quoi il estimait les pierreries que j'avais destinées à ma fille, mais encore l'intérêt de cette somme depuis le jour de leur mariage, à condition que cela lui fût assuré à elle ; auquel cas, je veux bien que ces mémoires soient un testament authentique en sa faveur, qui annule toutes les autres donations que je pourrais avoir faites depuis et qui ne sauraient être d'aucune valeur au préjudice de celle que je déclare ici devant Dieu avoir faite antérieurement à ma fille aînée, aux conditions susdites, et que les mauvais procédés de M. Constantin m'empêchèrent d'effectuer [...].

Je n'entendis point parler de lui pendant tout le temps que je fus à la Castelenie, mais le jour que je devais en sortir et que j'étais en peine de trouver une chambre pour me loger, un inconnu vint dans la prison m'en indiquer une et me dit qu'un de mes amis, qui ne voulait pas être nommé, l'avait prié de se charger de ce soin. Je me doutai d'abord que ce pouvait être le baron de Jasses, et mes conjectures se trouvèrent justes. Je n'osais quasi me fier d'abord à cet inconnu. Je craignais que l'on ne me tendît encore quelque autre panneau, mais enfin je me hasardai à en courir les risques. Et comme j'avais besoin d'une chambre, j'envoyai ma fille louer celle qu'on venait m'offrir, et j'y fus coucher dès le même soir avec le secours du prince d'Auvergne qui me donna de quoi lever mon arrêt, sans quoi je n'aurais pas pu jouir de la liberté qui m'y était accordée. Il me rendit là un bon office que mes plus intimes amis m'avaient refusé, et j'ai encore eu lieu dans la suite de connaître sa générosité et la droiture de son cœur; car, M. Constantin l'ayant été trouver pour lui demander le diamant qu'il savait que je lui avais vendu, ce prince lui répondit que s'il avait un diamant à moi, ce serait à moi seule à qui il le rendrait. Et pour éviter toute sorte de disputes, au cas qu'on eût voulu le faire jurer, il m'envoya promptement redemander son billet et me remit mon diamant en main, quoiqu'on l'eût fait arrêter dans les siennes. Je ne saurais assez me louer d'un procédé aussi honnête, et je ne puis m'empêcher de le publier, puisque je n'ai pas d'autre moyen d'en témoigner ma reconnaissance.

CHAPITRE VIII [1]

Les Mémoires – *Correspondance secrète* – *Du Noyer, pourquoi pas ?* – *Une maison* – *L'année 1707* – *Jalousie entre les deux sœurs* – *Disparition de la cadette* – *Dîner chez le comte de Dohna.*

Au sortir de la Castelenie, je fus loger dans cette maison que l'inconnu m'était venu offrir. Quoique cela sentît un peu l'aventure et que cet air de mystère eût dû me faire craindre qu'on ne me jouât quelque tour, je m'abandonnai là-dessus à la providence, et l'on me mena chez des Flamands, où une fille qui écorchait un peu le français nous installa dans une chambre des plus dégarnies, qu'il fallait pourtant payer bien cher. C'était dans un quartier des plus reculés et des moins habités de La Haye, mais dont la vue était enchantée. Cette maison n'avait ni cour ni jardin, non plus que celle de Mme Perinel *, mais la plus belle vue du monde ; et je dirai, comme elle : « C'est ma folie que la vue. » Ce fut dans cette solitude que je commençai d'écrire ces mémoires. Comme je commençais à connaître la mauvaise foi qui règne dans le monde, je m'en retirais entièrement. Je ne voyais presque personne : je ne sortais que pour aller à l'église, et je me contentais de me promener par les yeux, en portant la vue sur les vastes prairies que je découvrais de ma fenêtre. L'inconnu qui m'avait indiqué ce logement se fit ensuite connaître à moi. C'était un prosélyte qui, comme je l'avais imaginé, s'était donné le soin de me loger à la prière du baron de Jasses. Je n'ai jamais compris dans quelle vue

---

* Voyez Dancourt dans la comédie des *Vacances* [acteur et auteur dramatique, Florent Carton dit Dancourt (1661-1725) fit représenter sa comédie le 31 octobre 1696 à Paris].

ce dernier m'avait rendu service. Je ne sais si ce fut un remords de conscience qui le fit agir ou si l'envie de savoir ce que je faisais lui fit souhaiter que je fusse chez des gens qui puissent lui en rendre compte. Ce qu'il y a de sûr, c'est qu'ils en tenaient des registres, car j'entendis un jour que la fille recommandait à sa mère de se souvenir qu'il était venu chez les « frans juffrouw twee paer mensch ». Je retins ces termes du mieux que je pus pour me les faire expliquer, et je sus que cela voulait dire qu'il était venu ce jour-là deux paires d'hommes chez les dames françaises.

Comme je ne faisais rien qui n'eût pu soutenir la critique la plus sévère, je me serais fort peu embarrassée de cette espèce d'inquisition et j'aurais resté dans ce taudis, si l'on ne m'avait avertie que cette maison ne me convenait pas et que la fille parlant français y avait fait certain commerce. Cette manière de compter ainsi deux paires d'hommes, parmi lesquels elle confondait cordonnier, boulanger et autres gens nécessaires auxquels l'entrée des couvents les plus austères est permise, me fit croire qu'elle jugeait des autres par elle, ce qui ne m'aurait pas été trop avantageux. Et je sortis de cette maison qui, si l'on en croit la critique scandaleuse de ces petites gens, avait été un peu trop fréquentée. Je crus trouver plus de douceur chez les Français, et j'allai me loger chez une Dauphinoise réfugiée qui, selon la manière de son pays, cachait sous une dissimulation outrée les plus mauvais sentiments du monde et, en roulant les yeux au ciel, déchirait le prochain dès qu'elle croyait y pouvoir trouver du profit. Elle avait une fille en qui le brandevin [2] opérait souvent, ce qui la rendait, disait-on, fort tendre ; et malgré tant de défauts et une misère qui les obligeait à implorer la charité du consistoire [3], ces créatures étaient aussi insolentes que si elles avaient vécu dans l'état du monde le plus innocent et le plus commode.

Voilà ce que produit cette grande liberté que l'on fait avec raison sonner si haut dans les républiques, mais dont le petit peuple abuse si fort que les gens de condition en sont les esclaves. Le moindre valet et la plus salope servante sont ici en droit de faire citer leurs maîtres devant les magistrats pour le moindre emportement et sur des querelles que l'on viderait ailleurs à coups de bâton. On ne sait ce que c'est que de garder la subordination. Madame la balayeuse se plaint effrontément qu'une femme de qualité lui manque de respect et l'appelle impertinente sans que cette femme de qualité puisse en tirer d'autre raison qu'une compensation d'injures comme s'il s'agissait d'égal à égal, ce qui rend le peuple si insolent qu'il en devient impraticable, surtout le peuple français qui outre toujours les choses et qui, pour se dédommager de la dépendance dans laquelle il a vécu dans son pays, abuse de la liberté dont il jouit dans celui-ci et, n'ayant pas la droiture et le bon cœur des Hollandais, se sert de cette même liberté pour nuire au prochain et satisfaire la vanité, l'avarice et les autres vices qu'il a réfugiés avec lui, avec lesquels il pervertit la simplicité et la franchise des habitants naturels de ces provinces.

C'est ce qu'on a lieu d'examiner quand on est obligé de loger, comme j'ai fait, quelque temps en chambre garnie, où l'on découvre, par le commerce qu'on est forcé d'avoir avec ces sortes de gens, leurs fausses idées toujours proportionnées à la portée de leur caractère, et la malignité avec laquelle ils tirent leurs conjectures et empoisonnent les meilleures actions par la règle infaillible qui fait qu'on juge des autres par soi. Outre la malice qui leur est naturelle, ils sont encore portés à nuire au prochain et à le calomnier par la curiosité de certaines personnes dont ils reçoivent des charités et dont ils ménagent la bienveillance par les nouvelles, vraies ou fausses, qu'ils leur content [...]. Ces sortes de nouvelles se débitent ordinairement le dimanche à l'église, dans l'intervalle qui est entre les deux prêches de l'après-midi. Comme il n'est pas assez long pour que l'on s'en retourne chez soi et qu'il l'est trop pour qu'on veuille le passer en des méditations convenables à la sainteté du jour et du lieu, on l'emploie à se rendre des visites d'un banc à l'autre, et l'on voit toutes ces bonnes dévotes ainsi rassemblées par divers pelotons qui, après les premiers compliments, se content tour à tour les nouvelles de leur quartier et se font part les unes aux autres des histoires les plus scandaleuses de la ville. Quelle scène pour ceux qui n'y sont pas accoutumés d'entendre parler dans la maison de Dieu des crimes qui, selon le saint apôtre, ne devraient pas être nommés entre les chrétiens. C'est pourtant ce que j'ai entendu bien des fois sans sortir de ma place, car ces dames parlent assez haut pour cela. Quelquefois elles disputent pour et contre avec beaucoup de chaleur, ce qui m'a fait souvent souhaiter que le Seigneur parût avec son fouet de cordelettes, comme il fit autrefois contre les vendeurs de pigeons [4]. Il aurait encore bien plus de lieu de se plaindre de l'usage que ces dames font de cette maison d'oraison et de leur reprocher qu'elles en font une caverne de brigands, puisque c'est le théâtre de leurs médisances. Mais si ce fouet ne paraît pas à leurs yeux, elles pourraient bien le sentir un jour, et leur irrévérence pourrait bien les faire chasser de cette sainte maison comme elle les a privées de la liberté dont nous jouissions autrefois dans le sein de notre désolée patrie. Eh! Que diraient ces zélés protestants qui, au risque de leurs vies, s'assemblent encore dans les bois [5] où, à l'exemple du prophète Élie, ils se cachent pour n'être pas obligés de fléchir les genoux devant Baal [6] ? Que diraient-ils si, échappés à la grande tribulation, ils pouvaient venir voir ici le mépris qu'on fait des saints lieux, eux dont le zèle s'est étendu jusqu'aux pierres de la maison de Dieu et qui se sont exposés à être ensevelis sous ces masures en s'y assemblant malgré les défenses et les menaces des puissances de la terre? Quel scandale pour des cœurs véritablement touchés de la froissure de Joseph de voir fouler ainsi les parvis de la maison de Dieu! Cela me choquait extrêmement dans le commencement de mon refuge, mais ensuite on se fait à tout, et tout tourne en coutume [...].

Comme je commençais dès lors à devenir un peu misanthrope, j'écoutais toutes ces pauvretés de sang-froid, et elles ne m'inspiraient qu'un souverain mépris. Je m'éloignais toujours du monde et, renfermée dans ma chambre avec mes filles, je n'ouvrais ma porte qu'à un très petit nombre de personnes dont la bonne volonté m'était connue et qui m'en avaient donné des marques au plus fort de mon adversité. J'attendais toujours que M. Constantin produisît les preuves qu'on lui avait permis de chercher, et, comme je n'étais sortie que sous ma caution, je restais à La Haye afin de me représenter en temps et lieu, et je poursuivais la restitution de mon coffre. Cependant, je travaillais pour gagner la vie de ma famille. Je fournissais des coiffes de perruque à plusieurs perruquiers. J'en faisais de fil et de soie, et je m'avisai ensuite de faire des bourses dans lesquelles, pour me servir de l'expression de M. Fléchier*, je trouvai le secret de mêler l'or avec la soie, à l'exemple de la femme dont parle Salomon. C'était ainsi que je faisais subsister mes enfants, sans faire tort à personne et sans être à charge de qui que ce soit. Quand le labeur de mes mains ne suffisait pas, je portais quelque bijou au Lombard [7]. Mme Constantin travaillait aussi à mon exemple, mais ce qu'elle gagnait était pour aider à acheter les petites hardes qui lui étaient nécessaires. La petite ne m'était pas d'un grand secours et ne servait qu'à faire des commissions. Cette vie unie et retirée, qui devait, ce me semble, m'attirer des louanges, ne me mettait pourtant pas à l'abri de la médisance [...].

On faisait toujours de mauvais contes à Mme Constantin. Tantôt on lui disait que son mari avait été marchand, qu'on le savait original; d'autres assuraient qu'il avait été chirurgien en Barbarie et citaient effrontément les gens auxquels ils prétendaient qu'il avait ensuite vendu ses outils. De là, on concluait que je n'avais donné dans un mariage, à tous égards si mal assorti, que parce que, n'ayant pour elle aucune tendresse, j'avais voulu de gaieté de cœur la rendre malheureuse : « Vous voyez bien que votre mère ne vous a jamais aimée, lui disait-on, puisqu'elle vous a tirée d'un lieu où vous commenciez à briller et où vous aviez lieu d'attendre un établissement avantageux. Mais ce n'était pas là ce qu'elle cherchait, et l'on sait trop bien qu'elle vous a toujours haïe et qu'elle n'a aimé que votre petite sœur. » [...]. On dit à la petite femme que, puisqu'elle trouvait tant de dureté dans le cœur de son époux, elle devait rappeler la tendresse que son père avait eue pour elle et lui écrire de son chef; que s'il était en colère, ce ne pouvait être que contre moi; qu'il fallait lui faire valoir que sa grande jeunesse ne lui avait pas permis d'entrer dans le projet que j'avais fait de sortir du royaume, ni de s'opposer au mariage que je l'avais obligée de faire; qu'ainsi, tout le ressentiment tomberait sur moi et

---

* Fléchier dans *L'Oraison funèbre de Madame la Dauphine* [Esprit Fléchier, évêque de Nîmes].

qu'elle pourrait recevoir des marques solides de l'amitié de son père. On lui recommanda surtout de me cacher cette démarche, que la réponse de M. Du Noyer découvrit. Elle était adressée à notre Dauphinoise qui avait prêté sa chambre à ma fille pour écrire cette belle lettre, et, malgré toutes les précautions que l'on avait prises, on ne put pas s'empêcher qu'elle ne tombât entre mes mains. Je vis par là que cette lettre de M. Du Noyer à sa fille était venue sous le couvert de M. Hennequin de Rotterdam, auquel il lui disait de s'adresser pour trouver les moyens de passer en France. Je fus surprise du mystère que ma fille m'avait fait dans cette occasion. Je lui en dis mon sentiment. Elle m'assura qu'elle n'avait voulu que sonder le cœur de son père en lui écrivant comme elle avait fait, et qu'elle avait suivi en cela le conseil des personnes les plus dévotes. Elle me nomma même deux dames vénérables qui avaient été de cet avis, m'assurant qu'elle n'était pas capable de succomber aux tentations de la France, quoique les mortifications du Refuge fussent très capables de rebuter une jeune personne et la médisance des réfugiés propre à faire douter quelquefois d'une religion professée par de si méchantes gens. Je convins avec elle que la religion était très mal professée, mais je ne convins pas qu'on dût lui imputer la faute du mauvais religionnaire : « Je ne suis pas mieux édifiée que vous, lui dis-je, de la conduite des réfugiés, et je crois même que le roi de France ferait beaucoup plus de catholiques si, au lieu de boucher les issues de son royaume et d'envoyer ceux qui essayent d'en sortir fortifier leur foi sur les galères, il les faisait spectateurs pendant quelques temps des mouvements du refuge. » [...]

Je lui fis comprendre que toute la médisance des réfugiés ne pouvait pas la damner, que le mal était pour celui qui le commettait, et les fautes personnelles, au lieu qu'un culte idolâtre ou hypocrite dont elle ne pourrait pas se dispenser en France serait capable de la perdre. Je détournai ainsi dans ce temps-là le malheur que je n'ai pu éviter trois ans après, mais je faillis moi-même succomber sous les tentations dont je l'avais garantie et céder au torrent qui me persécutait. Et voici ce qui pensa en être la cause. Une femme d'officier, qui faisait fort l'empressée auprès de moi, me conta une nouvelle que son mari me certifia. Et ils me dirent l'un et l'autre qu'étant chez une nommée Mme Debonnaire avec Mme Champagni et une Mme Hermanus, que je ne connais ni d'Ève ni d'Adam, la conversation avait roulé sur moi et que l'on avait dit que M. le baron de Walef, colonel des dragons, étant venu me voir, m'avait trouvée couchée avec un paysan. Les horreurs ne coûtent rien à imaginer chez les réfugiés, et on les croirait familiers avec les plus grands crimes à voir de quel petit air aisé ils en parlent. Pour moi qui n'ai pas été élevée à les entendre seulement nommer, je frémis à ce récit. On m'assura qu'on ne me le faisait que pour me donner occasion de confondre l'imposture : je crois pourtant que, sous ces belles apparences d'amitié, on avait en vue de me faire du chagrin et de m'aigrir contre des personnes de qui on en avait peut-être reçu. Si c'était l'intention de ces donneurs d'avis, elle fut pleinement remplie. J'eus la sottise de m'affliger d'une chose dont je devais rire et qui se détruisait d'elle-même, et j'écrivis à Mme Debonnaire la lettre du monde la plus vive. Je lui disais que des horreurs pareilles à celles qu'on débitait chez elle ne pouvaient être imaginées que par des personnes qui fussent ou qui eussent été dans le cas qu'on osait m'imputer ; et qu'en prêtant attention à des calomnies atroces, elle dérogeait à son nom et s'éloignait de cette débonnaireté à laquelle l'héritage de la terre a été promis. Je la picotais encore là-dessus par des allusions qui avaient rapport à certaines histoires que l'on m'avait faites sur son compte, car, comme je l'ai déjà dit, chacun a la sienne et personne n'échappe à la médisance des réfugiés [...].

Je n'avais aucune consolation de nul endroit, et, quoique j'eusse écrit plusieurs lettres à M. Du Noyer depuis le démêlé de M. Constantin, je n'en avais reçu aucune nouvelle. Son silence m'inquiétait beaucoup, et, pour l'obliger à le rompre, je lui écrivis la lettre suivante.

De l'auteur de ces mémoires à M. Du Noyer

Serait-il possible, mon cher Du Noyer, que, de tant de lettres que je vous ai écrites, il n'y en eût pas une qui fût arrivée jusqu'à vous ? Et se peut-il, si vous en avez reçu, que vous soyez insensible à l'état où je suis et aux malheurs qu'elles vous ont annoncés ? Vous ne manquerez pas de dire que je me les suis attirés. Je m'attends à cette réponse, mais, quand vous remonterez jusqu'aux motifs qui m'ont obligée à me séparer de vous, vous y trouverez ma justification. J'ai écouté la voix du Seigneur, qui dit qu'il faut renoncer à soi-même pour le suivre. J'ai cru que cette voix s'adressait à moi et que je devais lui obéir. Hélas ! Si vous saviez combien le repos de ma conscience coûte de trouble à mon cœur, tout votre ressentiment ferait place à la compassion. J'ai voulu me sauver et, puisque de sérieuses réflexions sur l'éternité ont eu la force d'envoyer les Fieubet[8] aux camaldules[9] et de faire tant de chartreux et de moines de la Trappe, vous ne devez pas vous étonner qu'elles aient pu faire de moi une réfugiée. Il faut selon l'Évangile se couper un bras, s'arracher un œil quand l'un ou l'autre peut faire obstacle à notre salut. J'ai fait plus que tout cela, je me suis arraché le cœur en m'arrachant d'auprès de vous. Les larmes que j'ai répandues sont de fidèles témoins de la violence que je me suis faite, et l'on peut juger de ce que votre absence me fait souffrir par la manière dont je suis changée et l'impression que la douleur a faite sur ma santé. Ne croyez pas que ce soit l'effet de la misère du refuge. Non, de tant de maux dont je suis accablée, il n'en est point que je ressente si vivement que celui d'être éloignée de vous et le chagrin que votre silence me cause. Le garderez-vous toujours, ce cruel silence dans lequel vous vous obstinez ? Ne me donnerez-vous jamais de vos nouvelles et de celles de mon cher fils, et ne trouverez-vous pas quelque moyen de me tirer de l'embarras où m'a jetée le mariage de votre fille ? C'est un nouveau sujet de plainte que vous avez contre moi, mais je vous renvoie encore là-dessus à mes principes. J'ai voulu assurer son salut en la mariant, et Dieu n'a pas voulu que je pusse avoir de la joie de ce mariage. Ah, mon cher, que vous êtes vengé ! Que ne pouvez-vous me voir pour en être convaincu ! Vous ne trouveriez en moi aucun vestige de moi-même. Pour mon esprit, vous en pouvez connaître le changement par celui de mon style, et il vous sera aisé de juger de son désordre par celui de cette lettre. Enfin, tout est changé chez moi excepté mon cœur. Ce cœur, dont vous connaissez la délicatesse et qui sait si bien aimer, est toujours le même pour vous, malgré la dureté du vôtre. Avez-vous oublié que, dans une saison comme celle-ci, vous m'avez promis une tendresse éternelle ? Hélas, que les temps sont changés ! Ces moments si chers à mon souvenir sont solennisés par mes larmes, pendant que vous les employez peut-être à tout autre usage. Mais, à la bonne heure ! Je ne vous reproche rien, et je me reproche, Dieu merci, encore moins. Je crois que, me connaissant comme vous faites, vous devez en être bien persuadé et que, quand la calomnie aurait joué son rôle à Paris, elle n'aurait pas pu faire chez vous d'impression à mon désavantage. Ma conduite passée vous répond de la présente : souvenez-vous de tout ce que j'ai fait pour vous. Je ne me plains pas de votre ingratitude. Je serais encore prête à vous donner nouvelle matière d'être ingrat en vous sacrifiant toutes choses, excepté mon salut. Oui, si vous étiez dans les pays les plus barbares, j'irais vous trouver, fusse chez les anthropophages, pourvu qu'il ne fallût exposer pour vous que ma vie ; et vous ne voulez pas venir jusqu'ici ! Avez-vous entièrement étouffé les sentiments de la nature et n'écouterez-vous point la voix du sang qui vous parle pour vos pauvres filles ? Si vous ne voulez pas venir jusqu'ici, venez du moins à Aix-la-Chapelle. Vous en obtiendrez aisément la permission sur le moindre prétexte de maladie. Dès que vous y serez, j'irai vous y joindre, et vous n'aurez pas lieu d'avoir regret à votre voyage. Toute sorte de raisons et votre intérêt même vous engagent à le faire. Je ne vous en dis pas davantage : j'attends votre réponse là-dessus. Et si vous me refusez cette satisfaction, je pars pour les antipodes, et vous n'entendrez jamais plus parler de moi. Peut-être que de tant de mers que je traverserai, il s'en trouvera quelqu'une qui sera pour moi le fleuve d'oubli. Comptez que je suis femme de résolution, et prenez là-dessus la vôtre. Embrassez mon cher fils, parlez-lui quelquefois de moi et soyez sûr que je ne cesserai de vous aimer qu'en cessant de vivre, et que je vous en donnerai des marques jusqu'à mon dernier soupir,

A. M. PETIT DU NOYER.

[...]
Il me donna rendez-vous à Anvers et m'écrivit pour cela la lettre qui suit.

De Fontainebleau, le 3 octobre 1704.

Je vous ai écrit le 4 d'août, et vous devez avoir reçu ma lettre. En un mot et pour la dernière fois, si vous êtes dans les sentiments que vous me marquez, et si vous voulez que je le croie et en reprenne d'autres que ceux que votre départ m'a imposés, commencez par me donner des marques essentielles de votre tendresse en me remettant mes deux filles. Pour cet effet, rendez-vous avec elles à Anvers et, lorsque le gouverneur écrira à M. l'abbé Tiberge que vous y serez, je vous irai voir, et vous aurez tout lieu d'être contente. Si vous ne topez pas à ce que je vous propose, ne m'écrivez plus. Vous savez qu'Anvers est aussi sûr pour vous et pour elles que toutes les villes du monde, puisque les Français qui sont sortis du royaume, même pour crimes, y sont en sûreté. Ainsi, point d'excuse sur ma proposition et montrez-moi par votre déférence et soumission à mes volontés les sentiments que vous devez avoir pour moi. S'ils sont tels que vous me le marquez par votre lettre, rendez votre réponse à M. l'abbé Tiberge, qui est toujours votre bon ami. Suivez ses conseils, il ne vous trompera jamais. Ou faites ce que je vous demande, ou ne m'écrivez jamais plus.

DU NOYER.

[...]

L'envie de revoir M. Du Noyer et de confondre tous les faux raisonnements qu'on faisait sur mon chapitre me détermina, toutes réflexions faites, à l'aller trouver à Anvers, malgré le risque qu'il y avait à courir. Comme je ne voulais point y exposer Mme Constantin et qu'étant mariée, j'avais un prétexte légitime de dire que je n'était pas en droit de disposer d'elle, je pris le parti de la laisser ici, d'autant mieux que j'espérais qu'elle pourrait se raccommoder avec son mari. J'avais prié les amis sur lesquels je comptais le plus de travailler à cela, et, après l'y avoir exhortée elle-même et avoir pris des mesures pour qu'elle ne manquât de rien pendant mon absence, je la laissai ici sous les auspices de personnes auxquelles je la recommandai, et je partis avec ma cadette sans dire de quel côté j'allais.

Ce ne fut qu'à la première couchée que je m'en expliquai avec ma petite compagne de voyage. Je lui dis que j'allais joindre son père à Anvers; mais au lieu que cette nouvelle lui donnât de la joie, je m'aperçus que ma résolution l'avait fort scandalisée. Elle s'en affligea extrêmement et fit tout ce qu'elle put pour m'en détourner. Elle ne me laissa presque pas dormir de toute la nuit et me dit là-dessus des choses si fort au-dessus de son âge que, sachant que Dieu tire sa louange de la bouche des enfants, je ne pus pas m'empêcher de croire qu'il ne lui inspirât tout ce qu'elle me disait. J'en étais touchée d'autant plus qu'elle me protestait que, quoiqu'elle connût le danger auquel j'allais l'exposer, elle ne pouvait pas se résoudre à me quitter et qu'elle me suivrait partout, quand ce serait même aux enfers; qu'ainsi, ayant à répondre pour elle et pour moi, je devais réfléchir à ce que je faisais.

Le lendemain matin, elle s'éveilla tout en larmes, disant qu'elle avait rêvé qu'on l'avait mise dans un couvent à Anvers. Enfin, elle fit tant qu'elle m'empêcha ce jour-là de continuer ma route. J'avais beau lui dire qu'un peu de fermeté nous tirerait d'affaire, qu'elle n'avait qu'à en témoigner à son père, elle me répondait à cela que je savais ce qu'il m'en avait coûté autrefois pour m'être trop fiée à moi-même dans un cas pareil, et combien l'on risque en s'exposant à la tentation ; que, quand je pourrais y résister, je devais craindre de l'y voir succomber. Et enfin, elle dit tant de choses que, quelque envie que j'eusse de voir M. Du Noyer et quelque forte que fût ma résolution là-dessus, je la rompis entièrement, ne voulant pas me charger du salut de cet enfant, dont la piété m'édifiait si fort que j'aurais cru commettre un crime impardonnable si je ne l'avais pas secondée.

Dès qu'elle me vit échappée à cette tentation, elle tâcha pour m'empêcher d'y retomber de m'empêcher de retourner sitôt à La Haye. Et comme j'avais dit en partant que je ne reviendrais que dans un mois, elle me persuada d'aller passer ce temps-là à Brême [10], où j'avais depuis longtemps envie d'aller voir M. Icard, ministre de Nîmes, qui y est établi et qui a toujours eu pour moi une amitié de père. Il nous reçut de la manière du monde la plus tendre et la plus obligeante. Je ne pouvais pas tomber en meilleures mains pour me fortifier dans la résolution que j'avais prise de ne plus penser à regarder en arrière [...].

Comme je ne voulais plus penser à la France, je songeai à me procurer le couvert dans ce pays-ci [11] en y achetant une petite maison. J'en trouvai une qui me convenait : je l'eus bon marché, mais, comme je ne pouvais y entrer qu'un an après l'avoir achetée et qu'à peu près dans ce temps-là je devais toucher d'une personne à qui j'avais vendu quelques effets l'argent dont je devais payer cette acquisition, je priai mon débiteur de répondre pour moi à celui qui vendait la maison et de se charger de le payer dans le temps. Le contrat fut passé sur ce pied-là, et il n'était plus question que de laisser écouler cette année, dont j'attendais la fin avec impatience. Ce fut pendant ce temps-là que se donna la fameuse bataille de Ramillies [12], où la valeur de Son Altesse milord Marlborough, si fatale aux ennemis de l'État, leur gagna des provinces et remporta une victoire si signalée qu'elle peut être mise au rang de celles du Grand Alexandre et doit nous empêcher de traiter l'histoire de

Quinte-Curce [13] de roman, puisque celle de milord duc, que l'avenir traitera sans doute aussi de fabuleuse et dont nous sommes à présent témoins oculaires, nous fait voir que rien n'est impossible au héros. Dès qu'on put savoir le détail de cette grande action, ma fille s'informa avec empressement de la destinée de son époux pour lequel, malgré toute la mésintelligence, elle s'intéressait autant que son devoir pouvait l'exiger. Elle apprit que M. Constantin avait été pris et blessé. Cette nouvelle la toucha, elle lui en marqua sa douleur par une lettre fort tendre, à laquelle elle joignit une recommandation très forte pour son oncle [14], qui était trésorier de l'armée de France en Flandres. Elle porta ces deux lettres à feu M. Olivier, ministre avec lequel j'avais toujours été en liaison et qui était un saint homme. Elle le pria de les donner au frère de M. Constantin et de le prier de les faire tenir sûrement. M. Olivier fut si édifié de la conduite de ma fille qu'il lui donna un certificat dans lequel il rendait témoignage très avantageux de ses sentiments et de son bon cœur. Les lettres furent remises à M. Constantin frère, mais ma fille ne reçut aucune réponse là-dessus. Elle sut par voie indiscrète que son mari s'était tiré d'affaires et était retourné à son régiment, et elle fut fort mécontente du peu de considération qu'il lui marquait. Cela la mit de mauvaise humeur. Elle me dit que bien des gens avaient voulu la persuader que je ne l'aimais pas, puisque je négligeais de lui faire rendre justice, et qu'il n'était pas naturel que j'eusse laissé M. Constantin en repos sans l'obliger à lui donner une pension, ce qui était la chose du monde la plus aisée à obtenir dans ce pays-ci.

Je connus par ce raisonnement que des gens malins se mêlaient de mes affaires, et, pour leur ôter tout prétexte de gâter l'esprit à ma fille, chose à laquelle je voyais qu'on visait, je me déterminai à aller à Leeuwarden [15] plaider contre M. Constantin. C'était là où il fallait l'attaquer, parce que c'était là où on lui payait ses appointements. Je m'embarquai pour ce pays-là avec ma petite famille au commencement de l'hiver. Je portais avec moi des lettres de recommandation pour les seigneurs dont la protection m'était nécessaire, et je puis dire que je n'ai jamais rien vu de si poli que la noblesse frisonne, et j'eus tout lieu de me louer de leurs honnêtetés et de leur bonne justice. La demande de ma fille ne souffrit pas la moindre difficulté, et M. Constantin fut condamné à vivre avec elle ou à lui donner le tiers de ses gages, dont on lui compta d'abord un mois. Après un succès si prompt et si heureux, nous ne songions qu'à retourner à La Haye, lorsque nous apprîmes que M. Constantin, à qui quelques réfugiés avaient écrit à Nimègue ce qui venait de se passer, en était d'abord parti et s'avançait à grandes journées pour se pourvoir contre cet arrêt et en empêcher l'exécution. Je jugeai à propos de l'attendre à Leeuwarden afin de n'être pas obligée d'y retourner et d'en faire à deux fois [...].

M. Constantin galopait nuit et jour pour venir joindre sa femme, mais ses empressements n'avaient pas le motif qu'ils auraient dû avoir. Dès qu'il fut arrivé, on proposa le raccommodement, mais il répondit à ceux qui lui en parlèrent qu'il ne voulait qu'empêcher que sa femme eût prise sur son bien, qu'il allait travailler à faire casser la sentence qu'elle avait obtenue, et que, s'il n'y avait pas moyen d'échapper à l'alternative de lui donner de quoi vivre ou de vivre avec elle, il prendrait alors ce dernier parti. On peut bien croire qu'une jeune et belle personne, qui se voit applaudie partout et qui croit devoir inspirer des sentiments un peu plus tendres à un mari, n'est pas fort contente de le voir dans de pareilles dispositions. Elle en fut si indignée qu'elle me protesta que si je la lui livrais, au cas qu'il la réclamât, elle s'échapperait d'abord de ses mains pour aller trouver son père en France.

M. Constantin présenta requête à la cour, et il lui fut ordonné de vivre avec sa femme ou de lui continuer la pension qu'on lui avait adjugée. Il n'hésita pas à prendre son parti : il lui fit signifier de le suivre. Elle répondit qu'ayant passé trois ans sans prendre aucun soin d'elle, sans répondre à ses lettres et ne la réclamant à présent que pour éviter de lui donner de quoi vivre, elle ne devait pas avoir une grande idée de sa tendresse ; qu'elle était fort aise d'avoir connu ses sentiments et de lui avoir donné lieu de les faire connaître au public ; qu'en demandant à vivre avec elle, il faisait voir qu'il ne pouvait rien alléguer qui lui fût désavantageux, que ce témoignage lui suffisait et qu'elle le remerciait de ses offres. Dès qu'il vit qu'on ne les acceptait pas, il les réitéra. Ce ne furent que significations, peut-être était-ce de bon cœur ; et comme on dit que les objets émeuvent les puissances, la vue de sa femme et tout le bien qu'il en entendait dire pouvaient bien avoir réveillé sa tendresse. Mais comme cela venait un peu après coup, on y donna une explication moins obligeante. D'ailleurs, M. Constantin ne s'y prenait pas fort galamment. Il vint deux ou trois fois lui dire de se tenir prête pour partir et entra toujours escorté de deux gardes du corps. Et lorsque ma fille lui demandait pourquoi il amenait pareille compagnie, il répondait que c'était pour témoigner. Ce procédé la rebutait si fort qu'elle protesta qu'elle ne voulait point absolument aller avec M. Constantin, et, lorsqu'il prétendit l'y obliger par justice, elle en fut si effrayée qu'elle s'évanouit et tomba ensuite malade [...].

Comme les chagrins se suivent, il m'en arriva presque en même temps un autre. Celui qui était chargé de payer la maison que j'avais achetée et qui avait une pareille somme à moi était parti de La Haye et, comme il y avait laissé quelques affaires et qu'il ne vint pas précisément dans le temps marqué, l'on ne manqua pas de présumer qu'il ne reviendrait plus. Cela alarma ses créanciers, et le maître de la maison, prétendant qu'elle était à lui puisqu'il n'en était pas entièrement payé, refusa de m'y laisser entrer et la loua à d'autres. Ainsi, il fallut être encore un an mal logé, ce qui me fit bien de la peine. J'en eus encore beaucoup à retirer mon argent des mains de ce dépositaire. Je fus obligée de l'aller chercher à Bruxelles et de me payer à diverses reprises en nippes, sur lesquelles j'ai dans les suites beaucoup perdu et dont quelques-unes ont causé mes plus grands malheurs [...].

Mme Constantin reçut encore des lettres de France à mon insu et, comme j'avais découvert autrefois l'adresse de la Dauphinoise, il fallut changer la marche pour me dérouter ; et le bureau d'adresse fut établi chez une Hollandaise où logeait un vieux gentilhomme proscrit de France, qui venait quelquefois me voir et que j'avais eu lieu de croire tantôt mon ennemi et tantôt mon ami [...]. Quand je fus convaincue que les lettres que Mme Constantin recevait de France étaient adressées chez lui, il commença de me devenir suspect. Je le lui fis connaître, et il cessa de me voir chez moi, mais je ne pus jamais empêcher ma fille d'avoir commerce avec lui. Elle, qui sur tout autre chapitre n'avait rien de caché pour moi et qui n'aurait pas fait un pas ni une démarche sans mon approbation, me trompa là-dessus le plus finement du monde, et cela dans le temps que je m'en défiais le moins et qu'elle avait le plus d'ouverture de cœur pour moi. Ce fut par un quiproquo que je sus qu'on les lui adressait chez l'hôtesse du vieux Français dont je viens de parler, et il m'en tomba une en main que j'ai encore, où cette adresse était écrite tout du long. J'en parlai confidemment à un bel esprit, ami de ce Français et normand comme lui, qui me promit de veiller là-dessus et de dérouter cette correspondance, d'en faire même une petite mercuriale à Mme Constantin et de la détourner des idées qu'elle aurait pu avoir de ce côté-là. Mais soit que tout fût de concert pour me tromper, ou je ne sais par quel autre malheur, il me fut impossible d'éviter celui que je craignais.

Je m'y pris pourtant de toutes les manières pour le prévenir, ce malheur, et j'employai pour cela les moyens les plus efficaces. Je tirai ma fille à part et, en présence de sa sœur, je leur dis à l'une et à l'autre que, comme je pouvais mourir, il était bon qu'elles fussent instruites de mes affaires. Je leur montrai mes papiers et leur fis voir que, par la vente de certains effets et par le recouvrement de quelques autres que j'avais laissés chez des amis en sortant de France, je m'étais fait une petite somme d'argent qui, dans les commerces où je l'avais risquée, avait augmenté de beaucoup. Il y en avait une partie à Londres chez M. Couvreur, banquier, et le reste était encore sur des actions qui ne me rapportaient aucun intérêt, mais dont, après un certain temps, je devais retirer les fonds avec des augmentations considérables, à moins qu'il n'arrivât des malheurs auxquels les négociants sont exposés et contre lesquels on ne saurait parer. J'avais mieux aimé m'exposer à ce risque que de languir dans la misère. Ainsi, dès que j'eus renoncé à demander des pensions et que je me fus déterminée à vendre toutes ces petites nippes qui m'avaient tant fait d'envieux, quoiqu'elles ne dussent rien à personne, comme je vis que le revenu ne pouvait pas me donner de quoi vivre et que je n'étais pas d'avis de manger le fonds pièce à pièce, j'aimai mieux m'en priver pendant quelques années et me trouver après cela tout d'un coup à mon aise, et en état de pouvoir faire une figure convenable, d'autant mieux que ces années de peine se passaient pendant que mes enfants étaient assez jeunes pour ne les pas sentir, et que j'avais assez de force et d'adresse à travailler pour pouvoir gagner ce nécessaire dont, Dieu merci, je ne les ai jamais laissé manquer. C'était dans ce temps-là que je faisais des coiffes de perruque, des bourses, et qu'avec ces secours et sans en demander jamais à personne, je tâchais de couler ces temps d'indigence après lesquels je m'étais fait un plan pour le reste de mes jours le plus agréable du monde. J'y touchais quasi alors et, en entrant dans cette maison que j'avais déjà achetée d'avance, je me voyais en état d'avoir en même temps de quoi me faire un revenu considérable. Ainsi, comme l'espérance d'un bien prochain aide beaucoup à supporter un mal présent, je ne sentais quasi plus toutes mes peines parce que je les voyais prêtes à finir.

Je fis remarquer la même chose à mes filles et qu'elles se trouveraient justement dans le bien-être lorsqu'elles seraient dans un âge à pouvoir mieux en sentir l'agrément. Mme Constantin me parut donner dans ma pensée et fort contente de la découverte qu'elle venait de faire. Elle me dit naturellement que la crainte de manquer un jour de pain lui avait fait écouter les propositions de son père, mais que, puisqu'elle en voyait ici d'assuré, elle ne songerait plus à me quitter. Je crois même qu'elle parlait sincèrement dans ce temps-là, mais, comme gens plus fins qu'elle se mêlaient de ses affaires, ils lui eurent bientôt tourné l'esprit, et cette malheureuse année qu'il fallait encore laisser écouler avant d'entrer dans ma maison et que je regardais comme la dernière de mes peines fut aussi celle où je reçus les plus grands chagrins.

Un jour que je parlais avec Mme Constantin de choses et d'autres, et que je me faisais par avance une idée agréable de la manière dont nous serions chez nous et de l'arrangement de cette maison où j'avais beaucoup d'impatience d'entrer, je m'aperçus que ma petite Olympe était descendue. Je la fis appeler pour dîner : elle ne répondit point, et on la chercha inutilement dans tout le quartier. Cette disparition, à laquelle je n'étais pas accoutumée, m'alarma, mais sa sœur me fit comprendre que l'heure devait me rassurer et qu'il n'y avait pas apparence qu'elle fût tombée en plein midi dans un canal comme il semblait que je le craignais. Elle fut dans tous les endroits de la ville où j'avais des connaissances et ne la trouva nulle part. La nuit vint sans que j'en susse des nouvelles, et mes alarmes redoublèrent si fort que je ne comprends pas comment je pus soutenir sans mourir l'état où je me trouvai alors. Je courais les rues sans savoir où j'allais et sans vouloir recevoir aucune consolation. Mon aînée avait beau me prier de prendre un peu de repos, il n'y avait pas moyen : mon esprit n'en était pas capable, et je serais morte enfin dans ces cruelles agitations si des voisins, touchés de mon état, ne m'étaient venu dire sur les onze heures du soir qu'ils croyaient que ma fille était dans une maison qu'ils m'indiquèrent [...].

J'appris par cette aventure à ne plus faire fond sur personne, puisque cette petite Olympe, qui, quelques années auparavant, m'avait empêchée par ses pleurs et ses exhortations d'aller trouver son père à Anvers et m'avait marqué un si bon cœur et de si beaux sentiments, avait été ensuite capable d'écouter et de suivre les mauvais conseils qu'on lui avait donnés, et de former la résolution de me quitter pour toujours sans être ébranlée par la douleur qu'elle m'aurait causée et qu'elle aurait dû partager avec moi si elle avait eu le naturel aussi bon que je l'avais cru. Après cela, je ne pouvais plus compter sur la piété ni sur l'amitié de personne, car ceux qui m'avaient joué ce beau tour étaient ou paraissaient être de mes amis, et faisaient profession de la religion protestante. Ainsi, je ne savais quasi à qui me fier, et j'étais dans des inquiétudes continuelles, car, quoique cette petite fille me parût fort revenue de cet égarement et qu'elle me protestât qu'elle en avait un repentir très sincère, je craignais toujours quelque fâcheux retour. Et comme mon aînée avait toujours, malgré moi et à mon insu, des relations avec le vieux Français dont j'ai parlé et son hôtesse hollandaise chez qui les lettres de France arrivaient, j'avais des appréhensions de tous les côtés. J'espérais pourtant que, si je pouvais attraper la fin de l'année et mettre mes filles dans une maison commode où l'on aurait toutes les commodités de la vie, elles ne songeraient pas à en sortir pour aller chercher mieux ailleurs. Ainsi, je flottais entre l'espérance et la crainte, et il me tardait de voir promptement écouler cette fatale année. Mais elle était marquée pour être une des plus malheureuses de ma vie, puisqu'il m'y arriva un des plus grands chagrins que j'aie jamais eus et que tous les autres y prirent leur source.

Je vivais avec mes filles plutôt en sœur qu'en mère. Elles avaient assez de raison, et je les avais eues assez jeune pour qu'il y eût cette espèce d'égalité entre nous. D'ailleurs, je crois qu'il vaut mieux se faire aimer que se faire craindre, et je n'ai jamais approuvé que l'on menace les enfants du père ou de la mère comme on les menacerait du bourreau. Il me semble qu'il vaut beaucoup mieux gagner leur confiance, puisque par là on peut les empêcher de tomber dans des fautes que l'envie de se cacher de ceux dont ils craignent la trop grande sévérité leur fait ordinairement commettre. Ainsi, suivant cette maxime, mes filles étaient avec beaucoup de douceur auprès de moi. Et comme elles n'avaient pas cette crainte qui fait souhaiter aux autres enfants d'être hors de la présence de leur mère, elles s'y plaisaient. Nous avions des conversations ensemble qui leur étaient agréables et plus utiles que celles qu'elles auraient pu avoir avec des personnes de leur âge, dont je puis dire qu'il s'en trouverait peu qui eussent l'esprit aussi formé ni tant de connaissances et même d'usage du monde qu'elles en ont eu dès leur plus tendre enfance. C'est de quoi on s'est aperçu à Paris dans le temps que Mme Constantin y est arrivée, et dont mon beau-frère a rendu témoignage dans les lettres qu'il m'a écrites là-dessus, où il dit que ma fille a été l'admiration de ceux qui l'ont vue et que son éducation m'a fait beaucoup d'honneur.

J'aurais eu en effet tout lieu de m'en applaudir et d'être contente dans ma petite famille, malgré tous les chagrins du dehors, si une espèce d'antipathie ou de jalousie qui était entre les deux sœurs ne m'avait troublée au-dedans et n'avait été un surcroît de chagrin pour moi. Je m'en étais déjà aperçue dès la France, et, pour en prévenir les suites et garder l'équilibre, j'avais été obligée de me ranger du parti le plus faible en prenant celui de la petite, qui était inférieure à sa sœur en force comme en âge. Mais cette espèce de préférence, qui était un effet d'équité, passa dans l'esprit de certaines gens pour une distinction de cœur, et l'on s'imagina que j'aimais mieux ma cadette que mon aînée. On décidait pourtant là d'une chose de laquelle je n'ai jamais bien pu décider moi-même. Je les ai toujours tendrement aimées toutes deux sans savoir de quel côté penchait mon cœur, et, s'il a quelquefois pris parti, ç'a toujours été pour celle qui, dans ce moment-là, avait le plus de besoin de mes soins. Cependant, il n'y avait pas moyen de les persuader de cette vérité. Elles étaient jalouses tour à tour l'une de l'autre, se querellaient fort souvent sur des riens et mettaient par là ma patience à de fâcheuses épreuves. Enfin, un soir que j'avais la migraine et que, par conséquent, j'étais d'un peu plus mauvaise humeur qu'à mon ordinaire, elles s'avisèrent de se gronder. Je les priai de mon lit de se taire : il n'y eut pas moyen, la dispute s'échauffa au contraire. Et au lieu que ce n'était d'abord que des paroles, il y eut des coups donnés, et la petite se laissa tout d'un coup tomber par terre, disant que sa sœur lui avait donné de son pied dans le ventre et paraissant prête à mourir. Pour lors, je ne fus pas maîtresse de moi-même. J'avais effectivement vu lever le pied et, croyant le mal aussi grand qu'on le faisait, je sautai du lit et, trouvant des pincettes sous ma main, j'en donnai un coup sur le bras de Mme Constantin. Elle peut me rendre ce témoignage que, si j'ai eu cette vivacité, ce n'a pas été pour quelque chose qui me regardât personnellement et que je ne me suis jamais fâchée que des querelles qu'elle avait avec sa sœur.

Cela se passa de cette manière, et il n'en fut plus parlé. Nous nous couchâmes et, le lendemain matin, étant obligée de sortir pour des affaires, je pris la petite avec moi de peur que la querelle de la veille ne se renouvelât, et je priai Mme Constantin de ne pas sortir du logis que je ne fusse revenue. Elle me le promit et ne me tint pas parole, car je ne la trouvai plus à mon retour. Et comme je m'imaginai qu'elle pourrait être allée chez ce vieux Français dont le commerce m'était devenu suspect, je fus l'y chercher et je l'y trouvai effectivement buvant du thé avec le bel esprit normand et l'hôtesse hollandaise. Je la trouvai un peu émue : tous les autres parurent déconcertés lorsque j'entrai et interdits comme des gens qui craignent qu'on ne les ait écoutés, ce qui me fit croire que la conversation avait roulé sur mon chapitre et que l'on n'avait pas fait des vers à ma louange. Comme Mme Constantin a la peau la plus belle du monde, le coup de pincette que je lui avais donné la veille avait un peu marqué sur son beau bras, et je m'imagine que c'était là-dessus que ces gens de bien avaient pris leur texte. Ils me regardèrent tous avec des yeux où la malignité était peinte, et je ne restai pas longtemps dans un lieu que j'avais droit de regarder comme un pays ennemi.

Mme Constantin me suivit, mais, lorsque je voulus lui demander dans la rue pourquoi elle n'avait pas resté au logis, je fus surprise de l'entendre se rebeller et me dire qu'elle ne l'avait pas ainsi jugé à propos ; qu'elle n'était plus un enfant à qui on pût dire : « Ne bougez pas de là ! », ni lui donner des coups de pincette ; qu'elle avait dix-huit ans, qu'elle était mariée et qu'elle prétendait faire sa volonté ; que les gens de bon sens la traiteraient de bêtes si, à son âge, elle se laissait ainsi mâtiner. Elle me dit cent autres choses de cette nature, où je reconnaissais l'esprit des deux Normands et de l'hôtesse hollandaise qui, n'ayant ni honneur ni crainte de Dieu et étant fort peu de chose d'ailleurs, ne pouvait que lui donner des conseils proportionnés à sa bassesse et à son mauvais caractère. Ainsi, je vis que ces trois personnes, dont elle n'était que l'écho, lui avaient entièrement gâté l'esprit. Je fis tout ce que je pus pour le lui remettre, mais il n'y avait pas moyen. Elle ne voulut pas manger et, à force de s'animer, elle devint si furieuse que, si je croyais la force des charmes et des enchantements, j'aurais cru qu'on lui aurait mis quelque chose de pareil dans le thé qu'on lui avait fait boire. Elle voulut à toute force sortir, mais je m'y opposai, voyant bien qu'on lui avait conseillé de me quitter et que, n'ayant pas osé la retenir le matin de peur de se faire des affaires, on lui avait fait promettre de sortir de son mouvement l'après-midi. Ainsi je tâchai de la persuader qu'elle n'était pas en état de sortir et qu'il fallait attendre qu'elle fût un peu plus tranquille. Mais elle ne voulait point entendre de raison, et je ne savais plus comment faire pour la retenir, lorsque j'entendis un carrosse qui arrêtait devant ma porte.

C'était celui de M. le comte de Dohna, qui était de retour

d'Espagne depuis quelques jours et qui, s'étant souvenu de moi après une absence de trois ans, m'avait fait l'honneur de me venir voir dès son arrivée et m'avait fort honnêtement rendu une bague que je lui avais vendue autrefois sur son billet, et que M. Constantin avait fait saisir entre ses mains. Il l'avait toujours gardée depuis, mais, à son retour d'Espagne, il avait bien voulu me la rendre et reprendre son billet. Nous avions encore quelques affaires à régler ensemble, car M. Constantin m'avait fait citer en justice pour ravoir certain ballot que M. Malbois m'avait fait tenir de Nimègue à Delft par son ordre, et que j'avais laissé à Delft en dépôt chez un perruquier. M. Constantin avait été l'y faire saisir. Or ces hardes appartenaient à M. le comte de Dohna, chez qui M. Constantin les avait prises. Ainsi, sans entrer dans les discussions qui pouvaient être entre eux, j'avais voulu, avant de m'en défaire, savoir à qui je devais précisément les rendre, et je les avais gardées en attendant le retour du comte et en attendant qu'il m'eût rendu ma bague. Ainsi, il était question de régler ce petit différend, mais il n'y avait pas moyen d'en parler dans le trouble où était Mme Constantin et dans celui où j'étais moi-même.

Le comte de Dohna lui parla en honnête homme et en homme craignant Dieu, et lui dit que tous ceux qui lui donnaient des conseils contre sa mère et qui cherchaient à mettre la division dans les familles étaient des malhonnêtes gens, qui devaient lui être suspects et qui, sans doute, avaient leurs vues ; qu'ainsi elle prît garde de n'en être pas la dupe ; qu'il ne fallait jamais mettre la tendresse d'une mère en compromis avec tout ce que les étrangers pouvaient dire ; qu'elle devait se souvenir de la manière dont je l'avais toujours aimée ; qu'il l'avait vu dès la France, où, toute petite qu'elle était, je ne pouvais pas faire un pas sans elle ni trouver du plaisir où elle n'était pas. Enfin, il lui fit une exhortation dont elle parut touchée. Elle m'embrassa en pleurant et fit connaître que son plus grand chagrin était la peur qu'elle avait que je ne pusse pas oublier celui qu'elle venait de me donner. Je l'embrassai tendrement pour la rassurer, et je lui dis que je n'avais point accusé son cœur de tout ce qu'elle m'avait dit ; que j'avais vu qu'elle ne l'avait répété que machinalement, et que je la priais seulement d'éviter à l'avenir les compagnies dangereuses et les conseils pernicieux. Après cela, pour tâcher de la réjouir et de dissiper toutes ses idées chagrinantes, je priai le comte de me prêter son carrosse pour aller nous promener au Voorhout. Il le voulut bien et sortit afin de pouvoir plus tôt me le renvoyer. Mais, avant de sortir, il me dit que, pour mieux calmer nos esprits et cimenter la réconciliation, il était d'avis qu'après nous être promenées, nous vinssions souper chez lui : « Aussi bien, me dit-il, nous réglerons la petite affaire dont nous n'avons pas pu parler à l'heure qu'il est. » [...].

Je promis donc au comte d'aller souper avec lui au retour de la promenade et, pour prévenir toutes choses, de peur qu'on ne fît là-dessus quelques mauvais contes à M. Constantin, je priai le comte de Dohna de faire souper avec nous un officier bressan, appelé M. Frére, qui est de même ville que M. Constantin et son ancien camarade. M. le comte me le promit et tint parole. Après cela, comme on n'avait en vue que de faire plaisir à Mme Constantin, on lui demanda ce qu'elle aimait mieux manger. Elle se détermina pour une tourte de pigeons, et je me repentis bien ensuite de n'avoir pas opiné à autre chose. Le comte nous renvoya son carrosse un moment après être sorti de chez nous, et nous fûmes nous promener tout le reste de la journée et débarquer ensuite chez lui. J'avais voulu obliger Mme Constantin à manger un morceau avant de sortir du logis, mais elle m'avait dit qu'elle se sentait encore trop suffoquée et qu'il fallait attendre qu'elle eût pris l'air. J'y consentis, croyant qu'elle en aurait meilleur appétit le soir. Ainsi, elle était encore à jeun lorsque nous entrâmes chez le comte. On servit un moment après. Elle mangea beaucoup de tourte et but de deux sortes de vins, quoique ce fût en très petite quantité. Ce mélange dans un estomac qui n'était pas bien disposé et la pâtisserie qui est d'elle-même indigeste, tout cela la suffoqua, et nous la vîmes tout d'un coup tomber évanouie. M. Frére, qui était assis auprès d'elle, fut le premier qui s'en aperçut et qui fit ce qu'il put pour y remédier. Jamais frayeur n'a été égale à la mienne. Je faisais des cris épouvantables. Je la croyais morte, et le comte avait toutes les peines du monde à me rassurer. Nous la portâmes sur un lit où, après l'avoir frottée avec de l'eau de la reine de Hongrie, elle commença un peu à revenir, mais ce ne fut que pour mieux sentir son mal. Elle dit qu'elle se sentait mourir, demanda un ministre pour demander pardon à Dieu du chagrin qu'elle m'avait donné ce jour-là et d'avoir écouté mes ennemis. Elle voulait toujours que je fusse auprès d'elle, me disant à tout moment : « Ma chère mère, me pardonnez-vous de bon cœur ? Je ne saurais mourir en repos que vous ne m'en ayez assurée. Est-il possible que j'aie été capable d'en user si mal avec une si bonne mère ! Priez Dieu qu'il me le pardonne et qu'il me fasse miséricorde dans ce dernier moment où je vais me présenter devant lui. » Après cela, elle demandait encore un ministre, me priait de me consoler de sa perte et de me conserver pour sa sœur qu'elle me recommandait. Tous ces discours me mettaient dans l'état du monde le plus pitoyable [...].

Cette aventure, dans laquelle on ne pouvait trouver que matière à me plaindre et dont M. le comte dit qu'il avait été très édifié parce qu'il avait connu la délicatesse de conscience de ma fille par les remords qu'elle avait du chagrin qu'elle m'avait donné, et en même temps ma tendresse et mon bon cœur pour elle par les alarmes que j'avais eues de son mal, et la désolation où il m'avait vue là-dessus ; cette aventure, dis-je, a été tournée autrement par la malice de certains réfugiés, mais il y a des faits si faux et si calomnieux qu'ils ne méritent pas d'être réfutés. Si pourtant il y a quelqu'un qui veuille s'inscrire en faux contre ce que je dis ici, il n'a qu'à apporter ses preuves et se soumettre, au cas qu'elles ne soient pas trouvées bonnes, à encourir la peine due aux calomniateurs. Sur ce pied-là, je l'attends de pied ferme ; mais, surtout, qu'il se démasque, car je ne veux point combattre de fantôme ni d'ennemis anonymes. Après que la santé de ma fille aînée fut rétablie et qu'elle me parut revenue des égarements de raison où les mauvais conseils avaient pensé la jeter, et que la cadette m'eut marqué toute la confusion et tout le repentir qu'elle avait de l'escapade qu'elle avait été capable de faire, je commençai à me tranquilliser un peu et à songer à mes petites affaires. Celles qui me restaient à régler avec M. le comte de Dohna étaient de si peu d'importance qu'après avoir lu l'inventaire des hardes que M. Constantin m'avait envoyées et m'avoir prouvé par la déclaration du même M. Constantin qu'il les avait prises dans sa maison à Nimègue, il me dit que, comme elles lui appartenaient, il m'en faisait présent et me pria de vouloir bien garder ces guenilles pour me dédommager de l'intérêt du prix de la bague qu'il venait de me rendre et qu'il avait eue trois ans en ses mains. Et parce qu'il y avait eu des gens qui avaient prétendu que c'était moi qui avais pris ces hardes dans la maison de M. le comte à Nimègue lors du mariage de ma fille, il me remit la déclaration de M. Constantin, qui démentait cette calomnie et qui me donnait le moyen de la détruire, car elle était et est encore en ces termes, puisque je l'ai conservée en original :

Je soussigné déclare que le paquet de hardes que M. Malbois, ministre à Nimègue, a envoyé par mon ordre à Mme Du Noyer à Delft appartient à M. le comte de Dohna ; lesquelles hardes, ladite dame Du Noyer a données en garde à M. Bouchon, maître perruquier à Delft, lequel je prie de donner les hardes à M. Le Croze, secrétaire de M. le comte de Dohna, ou à celui qui aura ordre dudit comte ; lesquelles hardes consistent en un lit de plume, un traversin de plume, deux coussins de plume, deux couvertures de lit, une d'indienne, l'autre de laine blanche, cinq paires de draps de lit, quatre taies d'oreiller, quatre nappes, deux douzaines de serviettes. Fait au camp, près Sinterron, le 20 août 1704.

CONSTANTIN.

M. le comte de Dohna, en me remettant ce billet, me fit aussi celui qui suit :

Je soussigné certifie et promets que je ne demanderai jamais rien à Mme Du Noyer touchant certains hardes ou meubles m'appartenant, et que M. Constantin lui avait envoyés de Nimègue. En foi de quoi, j'ai signé le présent billet. Fait à La Haye, le 17 août 1707.

DOHNA FERRASSIÈRES.

[...]

CHAPITRE IX[1]

Jean Cavalier (1707) – Son idylle avec Olympe – Remariage de M. Du Noyer – Départ d'Anne-Marguerite (1708) – Une maison de campagne – À la poursuite de Cavalier.

Il se trouvera sans doute des gens qui diront que je rapporte des circonstances dont on n'a que faire, mais, comme j'en puis tirer des éclaircissements qui me sont nécessaires, je prie le lecteur de me pardonner des inutilités qui peuvent m'être utiles. Après avoir fini cette petite affaire de la manière dont je viens de le dire, je songeai à tirer parti des marchandises que mon débiteur de Bruxelles m'avait données en paiement. J'envoyai à mon beau-frère à Paris des étoffes des Indes et des tabatières d'Angleterre, et il ne me restait plus qu'une veste de tissu d'argent qui valait vingt louis. Comme cette étoffe venait de Paris, il n'aurait pas été fort à propos de l'y renvoyer. Ainsi, il fallut songer à s'en défaire ici, et l'on me conseilla d'en faire une loterie à un louis le billet. Je priai mes amis d'y mettre, et mon nombre n'était pas encore complet lorsque, par le plus grand malheur du monde, je rencontrai dans la boutique d'un marchand ce fameux Cavalier[2], qui a tant fait parler de lui en bien et en mal et qui n'avait point encore détruit cette réputation d'héroïsme qu'il avait autrefois usurpée. Il revenait d'Espagne où son régiment avait été taillé en pièces; et comme il avait été obligé de se faire panser ici des blessures qu'il avait reçues à la bataille d'Almanza[3], il ne faisait que de commencer à sortir quand je fis sa fatale rencontre. Elle me fut d'abord très agréable. Je ne l'avais jamais vu, quoique j'eusse fait bien des pas pour cela quelques années auparavant lorsqu'arrivant ici de Piémont avec la qualité de colonel dont Son Altesse Royale, le duc de Savoie[4], l'avait honoré, tout le monde avait eu la folie de courir après lui. J'y avais couru comme les autres, mais la foule était si grande lorsqu'il entrait dans l'église ou qu'il passait dans les rues que, comme il est fort petit, il n'y avait pas moyen de le voir à moins de faire comme Zachée[5]. Et comme je n'étais pas de cette humeur, les difficultés me rebutèrent, et ce célèbre mitron traduit en colonel partit pour le Portugal sans que je le visse. On le fit ensuite passer pour mort, et j'eus du regret de n'avoir pas pu contenter ma curiosité sur son chapitre. Ainsi, lorsqu'il fut ressuscité et de retour ici, je me fis un plaisir de ce que le hasard me donnait occasion de le voir. Pour pouvoir mieux l'examiner, je lui proposai de mettre à ma loterie. Je pris ce prétexte pour entrer en conversation avec lui ; et comme j'étais prévenue en sa faveur et que d'ailleurs, connaissant la bassesse de sa naissance, je ne devais m'attendre à trouver en lui ni esprit ni politesse, je le trouvai beaucoup moins sot que je ne l'avais cru et d'un air si jeune que, ne pouvant pas comprendre comment il avait eu le temps de faire si fort parler de lui, je crus effectivement qu'il y avait quelque chose là-dedans qui n'était pas naturel. Et cette prévention fit que je lui accordai avec plaisir la permission de me venir voir, que j'avais refusée à bien des personnes qui, à tous égards, valaient infiniment plus que lui. Il ne manqua pas de profiter de cette permission et, dès le lendemain, je le vis venir chez moi. Comme ce jour a été un des plus malheureux de ma vie, ou du moins celui où mes plus grands malheurs ont pris leur source, je m'en suis toujours souvenue [...].

Il vint ce jour-là l'après-midi. Il était de la meilleure humeur du monde et, quoiqu'il n'ait ni éducation ni savoir-vivre, il a pourtant une hardiesse et une vivacité qui réjouissent, et dont on doit lui tenir compte parce qu'il n'est pas obligé de savoir mieux. Comme tout le monde sait son histoire, je crois qu'il n'est pas fort nécessaire que je me donne la peine de la faire. Je dirai seulement en passant qu'il est fils d'un paysan d'Anduze, habitant d'un village appelé Ribaute, qu'il apprit le métier de boulanger et fit son cours de boulangerie à Anduze, à Nîmes et à Montpellier ; qu'il fut ensuite à Genève et qu'y ayant laissé brûler une fournée de pain, le maître qu'il servait, chagrin du dommage qu'il lui avait causé, s'en vengea par quelques coups de pelle dont le mitron cévenol voulut avoir raison en justice ; et qu'enfin, les parties ayant été mises là-dessus hors de cour et de procès, le maître en fut pour son pain brûlé et Cavalier pour ses coups. Une aventure aussi fâcheuse ne lui laissant aucun espoir de pouvoir se placer encore à Genève, où il avait si mal réussi à chauffer le four, il prit la résolution de retourner dans son pays. C'était à peu près dans le temps des soulèvements des Cévennes. Il n'était bruit que des camisards. Cavalier publia qu'il allait les joindre, que Dieu lui avait inspiré ce dessein et lui avait ordonné d'aller secourir ses frères ; qu'il ne pouvait pas résister à sa voix et que, dans peu de temps, on entendrait parler de lui. Une pareille vision le fit d'abord passer pour fou. On crut que le désespoir lui avait fait tourner la cervelle, et son maître se reprocha les coups qu'il lui avait donnés. Ainsi, pour n'être pas l'occasion de sa perte, il tâcha de l'empêcher en avertissant les ministres du danger auquel ce pauvre misérable s'exposait en rentrant dans la Babylone [6]. Les ministres lui parlèrent, mais ce fut en vain ; et, malgré toutes leurs exhortations, il prit à pied le chemin de chez lui et y arriva sans qu'il lui fût arrivé aucune mauvaise aventure, sa petite mine et son mauvais équipage ne faisant nullement soupçonner qu'il vint au pays pour en chercher.

Après qu'il eut essuyé les réprimandes de ses parents sur son retour et que sa mère surtout, qui était très bonne protestante, lui en eut marqué son chagrin, il fut trouver ses anciens camarades, qui venaient de signaler leur valeur en assassinant l'abbé du Chaila [7] et quelques autres persécuteurs. Il leur parla de ses voyages avec la même emphase que le souriceau de La Fontaine [8] contait les siens à sa mère la souris. Il pouvait effectivement dire comme lui : « J'avais franchi les monts qui bornent cet État », puisqu'il avait été par-delà les Alpes. Il avait de plus vu monter la garde aux bourgeois à Genève et faire l'exercice. Ainsi, comme au pays des aveugles les borgnes sont rois, notre voyageur fut d'abord en grande considération parmi des nouveaux guerriers plus experts « au dia et au hur hoo » qu'au « demi-tour à droite et demi-tour à gauche ». Ils le présentèrent à leur chef, qu'on nommait Roland [9], sous lequel il porta le mousquet pendant quelques mois. Toute l'habileté de ces messieurs consistait à savoir courir et fuir à propos, et profiter de l'avantage des lieux dont ils connaissaient le terrain. Et comme ce terrain n'était rien moins qu'uni, au lieu de marcher en troupes, ils couraient par bandes dans tous ces défilés et tombaient sur le corps de ceux qui s'y attendaient le moins. Cavalier fut heureux dans quelques-unes de ces courses. Ce bonheur fut d'abord imputé à la connaissance que ses voyages lui avaient donnée, mais il y donna un autre tour et se donna comme un second Moïse, disant que Dieu lui avait commandé de partir de Genève pour venir retirer son peuple de cette nouvelle Égypte. Je ne sais s'il regardait sa fournée de pain brûlée comme le buisson ardent, mais je sais bien qu'il s'établit en peu de temps sur le pied de prophète dans son pays, malgré ce qu'en dit l'ancien proverbe.

Dès que cette opinion fut reçue, il se donna carrière là-dessus par de nouveaux enthousiasmes qu'il prétendit avoir en présence des siens, dans lesquels, après des agitations et des contorsions terribles, il prophétisait tout haut. Et pour qu'on ne m'accuse pas d'en imposer ici, je suis bien aise de prouver ce que j'avance en citant quelques endroits d'un livre intitulé *Le Théâtre sacré des Cévennes* [10], *ou Récit de diverses merveilles nouvellement opérées dans cette partie de la province du Languedoc*. Ce livre a été imprimé à Londres et contient un amas de dépositions rendues par quantité de camisards qui sont dans cette ville ou qui y ont été. Le nommé Jacques Bresson dit dans le dernier article de la sienne, page 23 : « Pendant que j'étais dans la troupe, j'ai vu bien des fois M. Cavalier, notre chef, dans les agitations et dans l'inspiration. » [...]. Certificat de Jean Cavalier de Sauve [11], sur le supplice du nommé Languedoc, page 117 : « Je certifie que le susdit sergent vint dans notre troupe, comme la chose est ci-dessus racontée, etc. Il fut exécuté par le commandement de M. Cavalier qui, sans doute, avait reçu quelque ordre de l'esprit, et il fit une mort édifiante. Dans la troupe où j'étais, nos chefs, et particulièrement M. Cavalier, étaient doués de grâces extraordinaires. Aussi les avait-on choisis à cause de cela, car ils n'avaient aucune connaissance de la guerre ni d'autre chose. Tout ce qu'ils avaient leur était donné miraculeusement sur-le-champ. Dès qu'il s'agissait de quelque chose, on allait ordinairement au frère Cavalier : "Frère Cavalier, lui disait-on, car il ne voulait pas être traité de monsieur, encore qu'il eût cinquante bons gardes et qu'il fût mieux obéi qu'un roi. Frère, telle et telle chose se passe : que ferons-nous ?" Aussitôt, il rentrait en lui-même et, après quelque élévation de son cœur à Dieu, l'esprit le frappait. On le voyait un peu agité, et il disait ce qu'il fallait faire. »

On peut voir, par ce que je viens de rapporter, que Cavalier était roi, sacrificateur et prophète dans sa troupe, et qu'on lui en avait donné le commandement par la prévention des peuples et peut-être aussi par quelque raison de politique qui fit que les plus éclairés y consentirent, étant bien aise de laisser gouverner un petit garçon qu'ils comptaient de gouverner eux-mêmes. Quoiqu'il en soit, on lui déférait tous les honneurs, quoiqu'il n'eût pas toujours autant de part que bien d'autres aux avantages que sa troupe recevait, et qu'il s'occupât plus des fonctions ecclésiastiques que des militaires. Il bénissait des mariages, baptisait des enfants et administrait la sainte Cène, comme nous l'avons déjà vu, quoiqu'il n'eût d'autre mission pour cela que celle qu'il prétendait avoir reçue d'en haut. Le même livre que je viens de citer parle de quantité d'autres miracles, entre autres d'un homme qui fut mis sur un bûcher par ordre de M. Cavalier afin de convaincre les incrédules et qui, comme s'il eût été de la nature des salamandres, en sortit sans que les flammes eussent osé l'incommoder. Tous ces miracles augmentèrent la réputation de Cavalier et la confiance qu'on avait en lui, et ce qu'il avait dit en partant de Genève se trouvant parfaitement accompli, on ne douta plus que ce ne fût un homme envoyé de Dieu d'une manière extraordinaire. Cependant il ne fut pas le seul chef, comme on se l'était imaginé ici fort mal à propos ; il ne le fut que d'un détachement ou d'une troupe. Les camisards étaient séparés en plusieurs bandes qui faisaient leurs courses en différents endroits et étaient commandées par Roland, Ravanel, Catinat, Abraham Mazel [12], et autres. M. le maréchal de Villars [13], qui voulait apaiser ce soulèvement et faire succéder la douceur aux cruautés que son prédécesseur avait exercées dans le pays, après avoir tenté vainement de gagner tous ces chefs que je viens de nommer et les ayant trouvés inébranlables, résolut de gagner du moins Cavalier en espérant que, s'il pouvait le détacher des autres, cette division causerait la perte de la troupe et que la prévention où l'on était sur son chapitre donnerait un grand branle à tout le reste. L'on lui offrit donc l'amnistie que les autres avaient refusée, et des emplois au-dessus de ses espérances et de sa portée qui flattèrent sa vanité et l'engagèrent à se rendre aux sollicitations et aux caresses de ce maréchal qui, par ce coup d'adresse et de prudence, trouva le secret d'apaiser ce soulèvement et de terminer cette guerre intestine qui, par rapport à la conjoncture, ne laissait pas d'être fâcheuse par la diversion qu'elle causait.

Les choses tournèrent comme le maréchal l'avait prévu, et il eut tout lieu de s'en applaudir. L'exemple de Cavalier scandalisa les uns, intimida les autres, quelques-uns même s'y laissèrent entraîner, et ce fut une pierre d'achoppement qui causa la division si fatale à toutes les sociétés. Cavalier, ébloui des promesses qu'on lui avait faites, demanda et obtint la permission d'aller à Paris. Ce fut pendant ce voyage que l'on acheva d'exterminer tous ces malheureux camisards. Roland fut surpris et tué dans ces rochers inaccessibles. On découvrit la marche de Ravanel et de Catinat, qui furent tous deux brûlés. Et quoiqu'on reprochât tout ce sang à Cavalier et que l'on dît hautement qu'on crierait vengeance contre lui, il trouva encore le secret d'apaiser ce murmure ; et lorsque pour des raisons à lui seul connues il jugea à propos de sortir du royaume, ceux des siens qui l'avaient devancé et qui le suivirent dans les pays étrangers y publièrent qu'il avait abandonné ses frères par ordre de l'esprit, qui voulait le rendre un instrument utile à sa gloire dans d'autres pays et qui, par des routes inconnues à la sagesse humaine, l'avait conduit dans celui où il était alors, qui était la Suisse. Ce bruit s'y répandit d'abord. Le peuple y ajouta foi, et ce même Cavalier, dont le nom et la conduite avaient été en horreur quelque temps auparavant, se vit couru et regardé comme quelque chose d'extraordinaire.

M. Merlac, fameux ministre de Lausanne, et quelques autres personnes éclairées n'eurent garde de donner dans ces panneaux-là. Cependant, on ne jugea pas à propos de désabuser les crédules. On crut que la prévention du peuple en faveur de Cavalier lui tiendrait lieu de mérite et de valeur ; que son nom épouvanterait les ennemis, et qu'on en pourrait faire un épouvantail à chènevière, s'il m'est permis de parler ainsi, tant on comptait sur le penchant que les hommes ont à donner dans le merveilleux. Je crois que ce fut dans la même vue que Son Altesse Royale le duc de Savoie lui permit de lever un régiment à son service, qui fut composé de camisards dont les officiers, de même que les soldats, étaient jardiniers, tailleurs, savetiers et tous gens de même volée. Il fut quelque temps en Piémont à la tête de cet illustre corps, mais, voulant ensuite se faire voir et admirer en d'autres lieux, il obtint de Son Altesse Royale la permission de venir dans ces provinces et des recommandations auprès de Messieurs les États. Ce fut alors qu'on vit arriver ici ce héros de nouvelle impression et qu'il y fut couru, comme je l'ai déjà dit. On poussa même la folie si loin qu'une demoiselle des plus célèbres parmi les réfugiés lui dit, avec la plus grande confiance du monde, en présence d'une nombreuse assemblée : « Courage, mon cher M. Cavalier, faites-nous rétablir l'édit de Nantes : humiliez le tyran, ajoutait-elle en lui prenant les mains, humiliez le tyran ! » Je ne crois pas que Messieurs les États eussent autant de confiance en sa valeur. Cependant, comme on armait pour mettre une flotte en mer, on jugea à propos que Cavalier fût de cet embarquement, pour les mêmes raisons que j'ai déjà alléguées, et on lui donna permission de faire un second régiment. Je ne sais ce qu'il s'imagina quand il se vit ainsi devenu homme d'importance et deux fois colonel en si peu de temps, lui qui entendait encore moins l'exercice de la pique que celui de la pelle et du fourgon, quoiqu'il se fût assez mal servi de l'un et de l'autre à Genève. Quoiqu'il en soit, après avoir fait une espèce de régiment qui n'a jamais été complet et avoir dissipé l'argent que l'État lui avait donné sans remplir le nombre ni les conditions qu'on lui avait prescrites, il partit pour le Portugal. Et lorsque la flotte aborda sur les côtes d'Angleterre, il débarqua malgré les défenses de ses supérieurs et fut saluer la reine, comptant qu'il était au-dessus des lois et que son nom valait bien une cérémonie.

Il trouva les esprits aussi prévenus en sa faveur dans ce pays-là qu'ils l'avaient été ailleurs. On criait « Hooray !» dans les rues de Londres lorsqu'on le voyait passer. Lorsqu'à son retour à Portsmouth, M. de Lillemarais voulut qu'il fût mis aux arrêts, comme ayant violé les lois militaires, la reine eut la bonté de le faire relâcher ; et cette distinction fut encore un surcroît de bonne fortune pour lui. Enfin, comme elle était de beaucoup au-dessus de ses espérances, elle se trouva aussi au-dessus de ses forces. Il ne put la soutenir, la tête lui tourna, il oublia ce qu'il avait été pour songer qu'à ce qu'il était alors ; et, le rang de colonel le faisant aller de pair avec quantité de grands seigneurs, il se crut grand seigneur comme eux, se donna des airs de petit maître, joua, donna dans toutes sortes de débauches au Portugal et en Espagne, où son diminutif de régiment fut taillé en pièces à la bataille d'Almanza, où il fut lui-même pris et laissé parmi un tas de morts après qu'on l'eut percé de coups.

Je ne sais si son courage le rendit trop téméraire et si c'est à sa valeur ou à sa mauvaise conduite qu'on doit imputer la perte de ceux que l'État lui avait confiés, mais j'ai ouï dire à nos généraux qu'il aurait été plus propre à conduire un troupeau de cochons qu'à mener un régiment en bataille. Franchement, l'un devait lui être plus naturel que l'autre, et je crois que c'est aussi pour cela qu'on n'a jamais voulu rétablir son régiment, quoique l'on ait refait ceux qui avaient été dans le même cas. On l'a distingué des autres colonels d'une manière qui ne lui est pas fort avantageuse, et il a tout l'air de ne l'être plus qu'en peinture. Cependant, après avoir su faire le mort pour conserver sa vie, il sut aussi se tirer de la compagnie des morts parmi lesquels on l'avait laissé et se traîner chez les vivants pour leur demander du secours. On lui en donna, et la manière dont il s'était tiré de ce dernier péril fit encore crier miracle. Il revint à La Haye, où sa réputation fleurissait encore, parce qu'on n'avait pas eu le temps d'apprendre toutes les fredaines qu'il avait faites ; et ce fut alors que j'eus le malheur de le connaître.

Mais je m'aperçois qu'après avoir dit que je ne voulais parler de lui qu'en passant, je me suis engagée insensiblement à faire quasi l'abrégé de son histoire parce que, pour excuser la faiblesse que j'ai eue de me prévenir en sa faveur, il était à propos de parler de celle où presque tout le monde était sur son chapitre et de ce qui l'avait causée. Ainsi, j'espère que l'on me pardonnera cette longue digression. Je reviens donc à présent où j'en étais demeurée, c'est-à-dire à la première visite que ce héros de Gonesse [14] me rendit [...]. Il regarda ma petite Olympe avec des yeux qui marquaient que les siens avaient fait impression sur son cœur et, quoiqu'elle n'eût que quinze ans et que Mme Constantin, qui en avait dix-huit, fût plus belle, et de beaucoup plus faite pour le corps et pour l'esprit, il se déclara pour la cadette, ne pouvant pas avoir de vues raisonnables pour une femme mariée, ou se faisant assez de justice pour ne pas en avoir d'autres chez moi. On s'aperçut de son attachement dès cette première visite [...].

Sa recherche fut vive. Il devint amoureux de ma fille dès le premier jour qu'il la vit ; et, par un effet d'une sympathie étonnante, ma fille prit les mêmes sentiments pour lui, et je m'en aperçus presque en même temps. Ainsi, le désir de la rendre heureuse en la rendant contente me détermina autant en faveur de M. Cavalier que toute la prévention où j'étais alors sur son chapitre. Et, ses vœux étant acceptés de ma fille, la tendresse que j'ai toujours eue pour elle me fit accepter les propositions que je savais qui lui étaient agréables et qui paraissaient avantageuses. Le zèle dont M. Cavalier semblait s'être signalé pour la religion me répondait de la persévérance de ma fille, et cette valeur tant vantée me le faisait regarder comme un protecteur que le ciel m'envoyait dans cette terre étrangère. J'espérais par cette acquisition être dédommagée de toutes les peines que j'avais essuyées et réparer mes pertes les plus sensibles. Enfin, je croyais trouver en lui un second fils, après avoir perdu le seul que Dieu m'avait donné et qui me flattait de si belles espérances par tous les avantages qu'il avait reçus du ciel pour le corps et pour l'esprit, et par des sentiments au-dessus de son âge. M. Du Noyer avait eu la même dureté de ne m'en donner aucune nouvelle pendant plusieurs années, et j'appris celle de sa mort par des gens qui, croyant que je la savais, en parlèrent sans précaution et me causèrent la plus cruelle de toutes les surprises. Je comptais les années de ce cher enfant, et j'attendais avec impatience qu'il fût en âge de voyager, comptant bien que son bon cœur l'engagerait à me venir voir. J'avais même tout lieu d'espérer que, s'il était un jour maître de son bien, il ne m'oublierait pas comme son père avait fait. Ainsi, en le perdant, je perdais toute ma consolation et toutes mes espérances, et je n'avais plus compté depuis ce temps-là de trouver aucun agrément dans la vie. Quoique j'eusse fait en sorte de pouvoir m'assurer du pain et d'en laisser à mes filles, je ne croyais pas même pouvoir être sensible à la joie. Cependant, la recherche de M. Cavalier m'en donna. Un prophète dans ma famille, un homme dont le Saint-Esprit avait emprunté les organes et de la bouche duquel tant d'oracles étaient sortis, qui, avec une poignée de gens, avait fait tête à des maréchaux de France et obligé son roi à capituler avec lui, le défendeur de la religion : tout cela était bien agréable pour une personne qui a tout quitté pour cette même religion [...].

Cette situation temporelle, ces dons spirituels et sa piété qui me répondaient des bénédictions du ciel, les conseils de quelques-uns de mes amis et, plus que tout, l'inclination de ma fille, tout m'engagea à ne me pas opposer à cette affaire que M. Cavalier me proposa peu de temps après sa première visite. Je lui dis qu'il me faisait honneur, que ma fille était trop jeune et que le mariage de mon aînée ne m'avait pas donné assez de satisfaction pour me presser d'en faire un second ; que, cependant, je ne voulais pas, parce que l'une n'était pas heureuse, empêcher l'autre de le devenir ; et qu'ainsi, je lui laisserais suivre son inclination là-dessus sans la contraindre en rien, comptant bien que, si elle se déterminait en sa faveur, elle trouverait en lui ce grand bien dont parle saint Paul, c'est-à-dire la piété et le contentement. Après cela, je lui fis comprendre qu'il ne devait pas compter sur une grosse dot, à moins qu'il n'y eût un retour en France. Il se récria d'abord là-dessus, disant que ce n'était pas là ce qu'il avait en vue ; qu'une demoiselle qui avait de la naissance, du mérite et qui était à son gré était tout ce qu'il cherchait ; qu'il ne demandait pas autre chose, et qu'il n'était pas embarrassé de la faire vivre avec éclat et de soutenir le rang que ses emplois l'obligeaient de tenir dans le monde : « Mais, madame, dit-il, je ne me suis hâté de vous expliquer mes sentiments que pour vous faire voir qu'ils sont tels qu'ils doivent être et que je ne viens chez vous que dans des vues légitimes, n'étant pas capable d'en avoir d'autres pour une personne comme mademoiselle votre fille. » Cette distinction me parut superflue, car je le croyais trop saint pour en avoir d'autres avec qui que ce pût être, tant il est vrai, comme dit l'Écriture, que Satan se déguise souvent en ange de lumière : « Enfin, continua-t-il, madame, je vous ai dit mes intentions, mais je dois vous dire aussi qu'il ne m'est pas possible de les effectuer présentement, car, outre que je suis entièrement occupé à solliciter le rétablissement de mon régiment, j'ai encore mille affaires sur les bras. Mes appointements ne m'ont point été payés depuis près de deux ans ; il faut crier misère pour les avoir, et c'est ce qu'un mariage ne prouverait pas. D'ailleurs, j'ignore encore quel sera mon sort et si l'on me renverra servir en Espagne ou au Portugal, ce qui ferait de la peine à une femme qui m'aimerait et que je ne pourrais pas mener si loin. Ainsi, il est plus à propos d'attendre que mes affaires soient réglées et que je sois en état de mettre d'abord les choses sur le pied où elles devront rester. Cependant, comme il ne serait pas juste que mademoiselle votre fille manquât les occasions de s'établir et que je ne veux pas non plus qu'elle me quitte pour un autre, voilà un papier, dit-il, qui nous mettra tous d'accord et qui l'obligera à avoir un peu de patience. » Ce compliment me fit rire. J'ouvris ce papier, et j'y trouvai :

Je soussigné promets à Mlle Catherine-Olympe Du Noyer de l'épouser dès que mes affaires me le permettront, et, au cas que je vinsse à mourir sans l'avoir fait, je veux et entends qu'elle jouisse des mêmes droits que si elle était épousée, la regardant devant Dieu comme telle. Fait à La Haye, le premier janvier 1708.

CAVALIER.

Je voulus refuser cette promesse et lui faire comprendre qu'on serait assez à temps à parler de cette affaire lorsqu'il serait en état de l'achever, mais il insista toujours à vouloir qu'elle fût réglée, disant que, s'il venait à mourir, ma fille pourrait en vertu de cette promesse obtenir une pension, puisqu'ici un acte de cette nature où le nom de Dieu est intervenu est un mariage authentique. Enfin, il fit paraître tant de bonne foi dans cette occasion qu'il n'y eut pas moyen de s'en défendre ni de s'opposer à l'inclination de ma fille, qui me dit ensuite que je l'aurais fait vainement puisqu'elle se serait servie du privilège que l'on a dans ce pays-ci de disposer de soi, dont des personnes de la première qualité s'étaient servies quelques temps auparavant. Ainsi, je ne dois pas me reprocher d'avoir consenti à ce que je n'aurais pu empêcher. Cependant, M. Cavalier, qui avait eu ses vues en faisant cette démarche, fit quelques jours après tomber la conversation sur le peu de fond qu'on devait faire sur les gens et se récria beaucoup sur l'ingratitude des réfugiés, disant qu'après avoir exposé son sang et sa vie pour les rétablir chez eux, ils se déchaînaient ici contre lui et faisaient ce qu'ils pouvaient pour le perdre, après qu'il avait tout fait et tout risqué pour les sauver ; que pas un de ceux dont il avait secouru les proches en Languedoc ne lui offrait ici le moindre secours, quoiqu'on sût bien qu'il n'était pas payé. Enfin, il me dit un discours si touchant que je me crus obligée par les liaisons que j'avais avec lui et même par générosité de lui offrir tout ce qui dépendait de moi. Il me remercia de mes offres, disant qu'il allait passer en Angleterre, où il espérait de toucher de l'argent et d'obtenir de la reine que son régiment fût refait [...].

La surveille de son départ, il fit entendre à ma fille que des personnes qui avaient remarqué son attachement lui avaient dit de prendre garde à ses affaires ; que j'avais voulu tromper M. Constantin ; que je le tromperais lui, à moins qu'il ne prît ses précautions avec moi pour m'obliger à tenir ce que je promettais, et enfin cent contes de cette nature qu'il n'avait écoutés qu'à peine et sans y faire aucune attention, puisqu'il n'avait jamais eu des vues intéressées ; qu'il aurait toujours de quoi vivre avec sa paie, et qu'il savait où trouver quarante mille francs en cas de besoin ; qu'il n'y avait que le présent de difficile parce que, n'ayant pas été payé de longtemps, il se trouvait un peu en arrérages, mais qu'il espérait que la reine remédierait à cela. Ma fille me rapporta cette conversation et me dit qu'elle aurait bien souhaité que j'eusse pu convaincre M. Cavalier de la fausseté de tout ce qu'on lui avait dit ; et comme cela ne se pouvait qu'en lui donnant quelque marque de confiance, j'eus la complaisance de lui donner une lettre de crédit sur M. Couvreur, banquier de Londres, qui avait quelques effets à moi et auquel je remettais tous ceux que je pouvais retirer et ramasser de mon débris. M. Cavalier parut surpris de ma générosité et plus que convaincu de ma bonne foi. Il voulut d'abord refuser ce secours et il ne l'accepta que pour me faire plaisir, comptant bien, disait-il, qu'il ne lui serait pas nécessaire et qu'il me rendrait ma lettre telle que je la lui donnais. Il la mit pourtant à bon compte dans sa poche et m'assura que tout ce qu'on pourrait lui dire sur mon chapitre ne serait jamais capable de diminuer la confiance qu'il avait en moi, et qu'il ne souffrirait pas même qu'on lui parlât en d'autres termes que ceux que l'on devait. Et là-dessus, il me dit qu'il avait brusqué un lieutenant colonel de ses amis qui avait voulu s'ingérer de lui donner des avis qu'il ne lui demandait pas. Il me fit connaître ensuite que ce lieutenant colonel était un jardinier de Nîmes, nommé Billiard [15], à qui il avait fait commander son régiment de Piémont.

Ce jardinier travesti, à qui j'avais fait mille honnêtetés quand Cavalier l'avait mené chez moi, s'était opposé à son attachement dès qu'il avait vu que la chose était sérieuse ; et je ne pouvais pas comprendre pourquoi il s'opposait ainsi aux inclinations de son colonel. Je lui savais même mauvais gré de sa mauvaise humeur, tant il est vrai qu'il ne faut pas condamner les gens sans les entendre, car ce pauvre plante-choux avait plus de raison en cela que je ne croyais, comme nous le verrons dans la suite. Cependant, Cavalier se moquait de tout ce qu'il pouvait lui dire et voulait même, pour se délivrer de ses réprimandes, l'empêcher de faire le voyage d'Angleterre ; mais il n'y eut pas moyen, et ce mentor jardinier passa la mer avec lui. Quelques camisards aussi échappés du Piémont restèrent à La Haye, et tous ensemble firent ligue offensive et résolurent de déranger les affaires de leur chef, c'est-à-dire les affaires du cœur. Billiard devait y travailler en l'occupant de tout autre chose à Londres, et les autres en tâchant de brouiller les cartes à La Haye. Pour cela, un des camisards qui y étaient restés vint chez moi sous prétexte de faire des compliments et, avec un air ingénu, me parla des merveilles que Dieu avait opérées dans les Cévennes, des grâces qu'il avait faites à M. Cavalier en lui donnant le don de prophétie et celui d'évangéliser, me parla des sermons qu'il lui avait entendu faire, qu'il mettait au-dessus de ceux de M. Saurin. Et, après m'avoir bien exagéré tous ces avantages, il déplora le malheur de celui qui en était déchu par sa mondanité, mais il se consola en disant que cela avait été ainsi prédit et que Dieu le rappellerait pour faire son œuvre après qu'il l'aurait châtié en l'anéantissant; qu'il fallait que les prophéties fussent accomplies et qu'elles étaient expresses là-dessus : « Ainsi, dit-il, quand on a publié qu'il était mort en Espagne, je n'ai eu garde de le croire, sachant bien qu'il faut qu'il fasse encore de plus grandes choses que celles qu'il a faites et que l'on s'attend qu'il doit rétablir l'Église de Dieu. Ainsi, je ne pouvais pas croire qu'il fût mort comme je ne croirais pas non plus qu'il se mariât, quand tout le monde me l'assurerait, parce que je sais qu'il ne saurait se marier. »

Quoique je fusse bien persuadée qu'il entrait un peu de fanatisme et de vision dans les discours de ce pauvre camisard qui, depuis, par excès de zèle, s'est allé faire rouer ou brûler au pays, je ne laissai pas de m'en inquiéter. Cet anéantissement, cette certitude qu'il ne devait pas se marier, tout cela me faisait de la peine et, dans la vue d'en savoir davantage, je dis au camisard qu'il pouvait me venir voir quelquefois. Il ne demandait pas mieux. Ainsi, il n'eut garde d'y manquer et, dans diverses conversations que j'eus avec lui, il m'apprit des choses assez extraordinaires. Premièrement, comme il avait envie de nous dégoûter de Cavalier, il débuta par dire qu'il le connaissait de longtemps et qu'il l'avait vu pétrir bien des fois. Tout cela ne fit pas d'impression, nous le savions; mais ce qui me surprit, ce fut d'apprendre que ce saint personnage, dans le temps de ses enthousiasmes, menait une petite paysanne avec lui qu'on appelait Isabeau [16], et que cette paysanne prophétisait aussi et se rendait nécessaire à la troupe par des avertissements qu'elle leur donnait de la part de Dieu; et cela pendant qu'elle mangeait et couchait avec Cavalier, chose qui paraissait fort opposée à la sanctification et que celui qui me le contait attestait néanmoins, ayant été témoin oculaire de tout et n'ayant, à ce qu'il disait, voulu croire qu'après avoir vu, tant il trouvait de contradiction là-dessus. Après cela, il se retranchait à dire que les secrets de Dieu étaient impénétrables et que, ce qu'il y avait de sûr, c'est que Cavalier avait été prophète, mais qu'en Espagne, il s'était laissé entièrement séduire ; qu'il s'était donné des airs, prétendant que c'était son mérite qui lui avait procuré tous les avantages qu'il avait eus dans les Cévennes, au lieu de donner gloire à Dieu là-dessus ; qu'il avait même désavoué tous les miracles dont il avait parlé en arrivant ici, et qu'ayant contristé le Saint-Esprit, il s'était retiré de lui et l'avait livré à sa mauvaise conduite. Tous ces discours me faisaient de la peine, mais ils n'étaient pas capables de dégoûter ma fille, qui était si prévenue pour ce faiseur de pain qu'elle se faisait un point de religion de l'entêtement où elle était pour celui qu'on disait l'avoir défendue. On voulut l'empêcher qu'elle ne reçût de ses lettres, mais il prit des mesures pour qu'elles ne tombassent pas entre les mains de ces camisards.

Cependant, la première visite qu'il fit à Londres fut celle de M. Couvreur, qui lui compta cent livres sterling sur mon compte, avec lesquelles il se divertit pendant deux mois à Londres ; après quoi, il prit encore soixante pièces chez le même M. Couvreur pour repasser en Hollande. Mais, avant son retour, ceux qui avaient juré ma perte, jaloux de la consolation que j'aurais du mariage de ma fille avec Cavalier, voulurent m'empêcher de la goûter en me causant une des plus grandes afflictions que j'aie eue de ma vie et recommencèrent tout de nouveau à mettre en tête à ma fille Constantin de s'en retourner en France. On lui facilita les moyens d'avoir là-dessus des correspondances avec son père chez l'hôtesse du vieux Normand ; et enfin, le médecin Helvétius étant venu à La Haye, on fit si bien qu'on la détermina à se mettre sous sa conduite pour l'engager à me quitter. On lui mit en tête que, mariant sa sœur avec Cavalier, je lui donnerais tout ce que je pourrais avoir ; qu'elle aurait le chagrin, n'étant que femme d'un lieutenant, de la voir au-dessus d'elle par le rang de colonel que Cavalier avait. Enfin, on en revint encore à la vieille note que j'aimais mieux sa sœur ; et, pour achever de la déterminer, on lui fit croire que son mari devait venir pour l'obliger de force à vivre avec lui. Tout cela était faux, mais la pauvre petite le crut ; et, dans le temps que je m'en défiais le moins et qu'elle me marquait le plus de tendresse, elle trouva le secret de me quitter sans que j'eusse pu pénétrer son dessein, ce qui fait bien voir que fines gens se mêlaient de cette affaire.

Il n'y avait plus que trois mois à attendre pour entrer dans la maison que j'avais achetée, et je me faisais un plaisir de lui donner son petit appartement comme elle le souhaitait et de le lui meubler proprement. Nous faisions ensemble nos petits projets là-dessus, et je me faisais un plan le plus agréable du monde de vivre en repos avec elle, dès que Cavalier aurait épousé sa sœur, car, quoique j'aie toujours tendrement aimé cette cadette, j'aurais pourtant préféré de passer mes jours avec l'aînée, dont l'humeur sympathisait mieux avec la mienne. Ainsi, lorsque j'espérais d'être la plus heureuse, je vis mes espérances entièrement renversées par le départ d'une fille dont la présence faisait ma plus grande consolation [...]. Le quatorze de février 1708, Mme Constantin, après avoir dîné, me parut souhaiter de voir l'opéra de *Cadmus*[17], que l'on venait de mettre sur pied. Je tâchai de la détourner de ce dessein, parce qu'il faisait un grand froid ce jour-là et que je craignais pour sa santé, mais elle marqua tant d'envie de voir cette pièce que je ne voulais pas m'opposer à ce plaisir qu'elle pouvait prendre sans crime. Je lui recommandai de sortir des premières et de se faire ramener par une personne de ma connaissance, qui s'en serait fait un plaisir. Elle me promit tout ce que je voulus et sortit sans qu'il parût qu'elle eût aucun dessein dans l'âme, et je ne l'ai plus revue depuis [...].

Le chagrin que mon aînée venait de me donner me fit prendre la résolution de l'oublier, résolution très difficile à exécuter quand on est aussi tendre mère que je le suis. Cependant, je voulus l'essayer. Je fis mon testament, dont M. Cavalier devait être exécuteur et rendre à mon aînée la moitié de mon bien au cas qu'elle revînt dans ce pays pour y professer la religion protestante, sinon je donnais tout à la cadette ; et, au cas qu'elle vînt à mourir ou à suivre l'exemple de sa sœur en allant en France, je le substituais à

Cavalier qui, dès qu'il eut appris mon affliction, m'écrivit la lettre du monde la plus touchante, me priant de me conserver pour ma cadette, m'assurant qu'elle et lui me consoleraient de tous mes chagrins et me faisant espérer que nous pourrions bien aller voir Mme Constantin plus tôt que je ne croyais. Cette lettre calma un peu mes grandes agitations, et les soins que ma cadette prit de moi dans cette occasion m'empêchèrent de succomber sous le faix de la douleur.

Un jour que je revenais de Delft à La Haye avec elle en bateau, elle tâcha de me persuader d'acheter une maison de campagne qui était à vendre sur ce canal, à un endroit appelé Geesbrug. Je fus avec elle par complaisance voir ce que c'était; et comme le marché me parut assez bon et que ma fille avait une grande envie de le conclure, je crus que je devais lui donner cette satisfaction. Cinq maisons dépendaient de celle que nous devions habiter, et le loyer qu'on en retirait payait l'intérêt du prix de toutes les six, de sorte qu'on avait une maison de campagne dont la vue était enchantée et un très beau jardin pour rien, et cela à une demi-lieue de La Haye, où toutes les demi-heures on peut aller en entrant dans les bateaux qui passent devant la porte. Je trouvais toutes les facilités que je pouvais souhaiter à ce marché; ainsi, il fut bientôt conclu.

M. Cavalier arriva peu de temps après de Londres, aussi peu avancé que lorsqu'il y était allé, mais tout rempli de belles espérances et de cent projets différents, dont aucun n'a réussi; la bourse très mal fournie, puisqu'il n'avait roulé à Londres qu'à mes dépens et n'en était sorti que par mon moyen. Dès son arrivée, il accourut avec empressement chez moi pour me témoigner la part qu'il prenait au chagrin que j'avais reçu et pour revoir sa chère Olympe, qui, pour détourner la conversation des sujets qui causaient ma tristesse, parla après les premiers compliments de l'acquisition que je venais de faire de toutes mes maisons de campagne. M. Cavalier me fit son compliment là-dessus, après quoi il me dit que, cette affaire étant faite sous mon nom, M. Du Noyer pourrait comme maître des biens de sa femme venir réclamer ceux-là qui, étant en fonds, ne pouvaient pas être mis à couvert et dans lesquels Mme Constantin avait aussi droit d'entrer en partage, au cas que la paix rétablît l'union entre la France et ce pays-ci. Je lui dis que ce n'était pas mon intention et que, regardant ma cadette comme l'unique enfant de la promesse et celle qui devait être ma consolation, je prétendais qu'elle eût seule ma dépouille, en quoi je trouve à présent que j'avais tort puisque les biens périssables de ce monde ne doivent point entrer dans les affaires de religion mais suivre les règles que la nature a prescrites, le temporel ne devant point être mêlé avec le spirituel. Et puisque les consciences ne doivent point être gênées, il faut laisser aux gens la liberté du choix, sans chercher à le faire pencher d'un côté plus que d'un autre en mettant les biens dans une des balances et lui faisant par là entraîner l'autre. C'est ce qu'on fait pourtant et en France et ici, où je trouve qu'on a également tort là-dessus. Et si j'étais à recommencer, la différence de religion entre mes enfants ne m'obligerait jamais à en mettre dans la disposition de mes biens, puisque c'est faire trop de cas de ces biens que de prétendre les mettre en compromis avec ceux du ciel.

Quoi qu'il en soit, j'étais dans des sentiments tout opposés à ceux que j'ai à présent, lorsque M. Cavalier me fit voir que Pimpette[18] ne pourrait pas se prévaloir seule de l'achat que je venais de faire. Ainsi, consultant beaucoup plus mon ressentiment que le sang et la nature, je tâchai de trouver un expédient pour cela : mettre ce bien sur la tête de Pimpette, c'était tomber dans le même inconvénient puisque, par les droits que les pères ont sur ce qui appartient aux enfants, M. Du Noyer aurait pu se rendre maître de ce qui était à sa fille. De sorte qu'après s'être tourné de tous les côtés, M. Cavalier ne trouva pas de meilleur moyen que de faire mettre ces maisons sous son nom, supposé que je voulusse m'en fier à sa bonne foi, ce qui ne souffrit pas la moindre difficulté, car, le croyant un homme envoyé de Dieu pour défendre son Église, un prophète, un second Moïse, je n'avais garde de douter de sa bonne foi. Je fis donc faire le transport de toutes ces maisons à son nom. J'en payai tous les frais, et, après avoir fait meubler celle que je gardais pour moi à mes frais et dépens, bâti un pavillon sur l'eau pour augmentation d'agrément et fait beaucoup d'autres réparations, je lui en donnai une clef, et il s'en servait beaucoup plus que moi. Je lui faisais le plaisir de s'en faire honneur et de dire que tout cet enclos de maisons lui appartenait. Il recevait sans façon les loyers de celles qui étaient louées en vertu de son prétendu droit. Il est vrai que, pour ma sûreté, au cas qu'il fût venu à mourir, il m'avait fait un contre-billet par lequel il déclarait qu'il ne faisait que prêter son nom et n'avait rien à prétendre à ce bien [...].

Le comte de Dohna me fit avertir de prendre garde à ce que je faisais et de ne me point fier à ce fripon qui me tromperait infailliblement comme il trompait toute la terre. Au lieu de profiter d'un avis si salutaire, je le regardai comme calomnieux. Je fus chez le comte pour lui dire qu'il avait tort de se laisser prévenir contre un homme qui avait eu le courage de combattre pour la vérité et la gloire de la défendre, et contre un homme dont Leurs Hautes Puissances avaient reconnu le mérite en le faisant colonel. Le comte me répondit que, le hasard seul ayant mis les armes aux mains de Cavalier, on ne lui devait pas tenir compte de ce qu'il avait fait, puisqu'il l'avait fait sans savoir ce qu'il faisait ; que toute sa vaillance n'avait consisté qu'à profiter de l'avantage des lieux [...]. Après cela, il me dit que, sachant que j'avais prêté des sommes considérables, et très considérables pour une réfugiée, à Cavalier ; que je lui avais donné un diamant qu'il connaissait, une montre d'or qu'il avait vue aussi et qu'il savait d'original que j'avais achetée chez un marchand qu'il me nomma ; que, sachant encore que les maisons dont il se faisait honneur m'appartenaient et que M. de Normandie m'avait compté l'argent que j'avais donné pour les payer, il ne pouvait que me blâmer d'avoir eu tant de confiance et le blâmer encore plus lui d'en avoir abusé ; qu'il était indigne à un honnête homme de dépouiller ainsi une femme dans le dessein de la tromper, car, dit-il : « Ce drôle-là vous trompera à coup sûr. Ainsi, voyez si vous ne pourriez pas trouver les moyens de tirer votre épingle du jeu, car il ne sera jamais en état d'épouser mademoiselle votre fille, étant très sûr qu'il n'aura jamais ni régiment ni avancements et qu'étant accablé de dettes, ce que l'État lui donnera ne pourra jamais suffire à les payer. De sorte qu'à moins qu'il ne prenne le parti de s'aller faire rouer en Cévennes, je ne vois pas qu'il y ait grand-chose à faire pour lui. »

Comme le comte était l'un de nos généraux, ces nouvelles ne devaient pas me paraître apocryphes. Cependant, je ne voulus pas y ajouter foi, mais, comme s'il eût été destiné à ne m'en donner que de mauvaises ce jour-là, il m'apprit que M. Du Noyer, mon cher époux, avait une autre femme à Paris qui portait mon nom et remplissait ma place impunément, et me dit qu'il savait cela d'un nommé M. de Poligny, qui arrivait de ce pays-là. Dans le temps qu'il parlait, on vint annoncer ce même M. de Poligny et, après l'avoir salué, je lui dis : « Vous croirez sans doute, monsieur, être à la comédie d'Amphitryon, car vous trouvez ici Mme Du Noyer après l'avoir laissée au pays d'où vous venez. — Il est vrai, me dit-il, madame, que je connais particulièrement en France Mme Du Noyer, dont le mari qui loge avec elle dans le faubourg Saint-Germain a été grand maître des Eaux et Forêts et est fait d'une telle manière. » Il me fit là-dessus le portrait de mon infidèle d'une manière à ne pouvoir pas le méconnaître. Ainsi, je ne pouvais pas douter du fait, quoiqu'il soit étonnant que dans un pays très chrétien on souffre pareille chose. M. de Poligny me conseillait de prendre la poste pour aller tirer raison de cet affront et faire enfermer cette Mme Du Noyer postiche ; et, dans le premier mouvement de ma colère, j'écrivis à Paris que j'étais prête à y retourner. Mon époux en prit l'alarme et, voulant jouir en repos de tout mon bien et de ses nouvelles amours, pour ne point entrer en compte ni en condamnation, il fit ce qu'il put pour m'intimider et écrivit à Mme Constantin au couvent des Nouvelles Catholiques où elle demeure une lettre qu'elle me renvoya sans doute par son ordre, car elle n'aurait pas osé le faire autrement. Il paraissait par cette lettre que M. Du Noyer avait vu celle que j'avais écrite à ma fille, car il lui marquait :

Je vous envoie, ma très chère fille, la lettre de votre mère, qui sera la dernière que vous en recevrez, ayant pris les précautions nécessaires afin que toutes celles qu'elle vous écrira soient brûlées sans être décachetées. Je vous prie de n'en lire aucune et de ne lui en écrire jamais, et, comme votre père, je vous l'ordonne. Son commerce me désobligerait sensiblement. Je me suis bien aperçu que votre bon cœur vous faisait conserver des sentiments de tendresse pour elle : respectez-la, mais point de commerce. Et si sa fantaisie lui faisait naître l'envie de venir ici, elle éprouverait de quelle façon l'on traite ceux qui ont la démangeaison de s'illustrer par leurs livres et par leurs écrits [19]. J'ai hésité si je vous renverrais sa lettre : brûlez-la.

Il n'y avait pourtant rien dans cette lettre ainsi condamnée au feu qui n'eût dû faire plaisir à un bon serviteur du roi, puisque je disais à ma fille que le désir de la revoir et l'amour de ma patrie me déterminaient à y retourner. Mais comme ma présence aurait dérangé le nouveau ménage de M. Du Noyer, qui lui tenait sans doute plus au cœur que les intentions de Sa Majesté, pendant qu'on sollicitait les autres à revenir, il tâchait de m'en empêcher par ses menaces, qui n'auraient pas été capables de m'intimider ni de m'empêcher de partir si le zèle que j'ai toujours eu pour ma religion ne m'avait arrêtée dans les lieux où il m'est permis de la professer. Cependant, on pourrait accuser justement M. Du Noyer de s'être opposé à mon retour, ce qui ne donnerait pas une idée fort avantageuse de la bonté de son cœur ni de son zèle pour la religion et pour les intentions de son roi.

Mais, pour revenir à Cavalier, quoique le comte ne m'eût pas tout à fait persuadée par ce qu'il m'en avait dit, son discours n'avait pas laissé de m'inquiéter. Je n'avais pas voulu convenir des faits ni avouer que je lui eusse fait tant de bien et, n'osant confier ce secret à personne, je ne savais à qui demander conseil là-dessus. D'ailleurs, j'étais trop avancée pour pouvoir reculer, et ma fille avait un si fort attachement pour cet homme que, si j'avais eu de la foi pour les enchantements, j'aurais cru qu'il en serait entré dans cette affaire, n'étant pas naturel qu'une personne de quinze ans eût pu se fixer de cette manière et avoir des sentiments au-dessus de tout ce que Mlle de Scudéry [20] nous a dit de ses héroïnes de roman. Elle ne voulait avoir de l'esprit que quand elle lui parlait, ni paraître aimable qu'à ses yeux. Et quand il partit pour l'Angleterre, elle coupa ses cheveux afin qu'on ne pût pas l'obliger à se coiffer pendant son absence. Enfin, elle avait des délicatesses que personne avant elle n'avait eues et une constance qui n'est nullement la mode. Il ne faut pas cependant croire qu'elle eût pris son modèle dans les romans, puisqu'elle n'en a de sa vie lu aucun.

Ainsi, il était étonnant qu'au sortir de sauter sur la corde et en quittant les jeux les plus enfantins, elle eût pris tout d'un coup des sentiments si formés et donné ainsi dans l'héroïsme [...].

L'événement a fait voir qu'il ne songeait qu'à me tirer jusqu'à mon dernier sou, et il arriva dans ce temps-là une aventure qui ébranla beaucoup la foi que j'avais eue en lui. Car, un matin qu'il vint prendre du café chez moi et que ma fille lui proposait d'être parrain avec elle de l'enfant d'une personne qui nous avait servies, il s'en défendit, disant que les engagements qu'on prenait dans ces occasions-là étaient trop forts puisque, si le père ou la mère de l'enfant venait à mourir, on était chargé du soin de son éducation et de le faire élever dans la religion. Enfin, il lui dit tant de choses qu'il lui ôta l'envie d'être marraine. Nous parlâmes ensuite d'autres choses et, quand il sortit et que ma fille lui demanda s'il irait le soir à l'église, il répondit en turlupinant qu'il ne priait pas si souvent le bon Dieu ; car, pour faire le petit maître, il se donnait des airs de plaisanter sur les choses saintes.

Cependant, l'heure de la prière étant venue, ma fille eut envie d'y aller, et j'y fus avec elle. Comme nous n'étions pas placées l'une auprès de l'autre et que j'étais fort loin du parquet, je ne sus ce qui s'y était passé que lorsque ma fille vint me prendre pour sortir et qu'après avoir demandé si je n'avais point vu qui était le parrain de l'enfant qu'on avait baptisé, elle me dit avec une émotion épouvantable que c'était M. Cavalier. Cela me surprit, mais, ne voulant point donner de scène au public, je tâchai de cacher ma surprise et de ramener ma fille au logis, ce qui ne me fut pas possible. Elle courut à la porte de l'église attendre Cavalier et lui donna quelques coups de pied en sortant, dont il ne fit pas semblant de s'apercevoir quoiqu'il les eût très bien sentis. Il ramena ensuite sa commère, qui était une Hollandaise vieille, laide, bossue et enfin faite exprès pour empêcher les gens d'avoir de la jalousie.

Ma fille fut pourtant assez sotte pour en prendre dans cette occasion, et elle s'offensa surtout de ce qu'il avait fait pour une autre ce qu'il lui avait refusé et du mystère qu'il avait fait là-dessus. Effectivement, la chose n'était pas excusable : il s'en excusa pourtant par des raisons bonnes ou mauvaises. Il écrivit à ma fille que la laideur de la demoiselle devait l'avoir empêchée de le soupçonner de mauvaise foi ; qu'il avait été surpris et n'avait pas pu se garantir de cette corvée. Et enfin, après avoir boudé quinze jours, on se raccommoda. Or, ce qu'il y a de plus traître à cela, c'est que, deux jours avant ce baptême, il m'avait écrit qu'un créancier le pressait extrêmement et m'avait priée de lui prêter trois cents florins pour le payer. Je ne les avais pas, mais, comme ma fille était au désespoir de ce que je ne pouvais pas donner ce secours à son amant et qu'elle craignait même qu'il ne prît de là occasion de se défier de mon bon cœur ou de mon opulence, je me déterminai pour lui mettre l'esprit en repos et pour essuyer ses larmes à porter la seule bague de prix qui m'était restée au Lombard et à emprunter quatre cents francs dessus. On ne m'en avait demandé que trois, mais, dès que M. Cavalier eut dit un mot à l'oreille à ma fille, elle me pria de donner encore les cent florins qui me restaient. Ainsi, il les emporta tous quatre, et ce fut justement pour faire les frais de ce baptême.

Après que Cavalier se fut raccommodé avec ma fille, il vint un jour la prier de ne pas trouver mauvais qu'il menât la créature avec laquelle il avait tenu l'enfant et une de ses sœurs à peu près aussi laide à l'Opéra, parce que c'était une honnêteté qu'il était obligé de faire. Ma fille ne s'y opposa point ; et comme le roi de Pologne [21] devait y aller ce jour-là et que d'Amsterdam, d'Utrecht et même des provinces les plus éloignées on courait en foule à La Haye pour le voir, elle ne voulut pas en laisser échapper l'occasion et me pria de vouloir bien la mener aussi à l'Opéra. J'y consentis avec plaisir, et j'aurais bien fait plus de chemin pour voir un roi aussi digne d'admiration. On nous mit dans une loge vis-à-vis de celle où le monarque était placé. Ainsi, j'eus tout lieu d'être satisfaite. Sa Majesté nous fit même l'honneur de tourner les yeux de notre côté et de regarder ma fille avec quelque espèce d'application. Elle demanda même qui c'était, pendant que M. Cavalier était errant dans l'amphithéâtre pour tâcher de placer ces deux figures gothiques ou plutôt grotesques dont il était embarrassé. Après que l'opéra fut fini et lorsque nous voulûmes descendre, nous trouvâmes Sa Majesté sur la montée, qui dit assez haut en regardant ma fille : « Elle est encore plus belle de près que de loin. » Un pareil témoignage était fort glorieux, aussi excita-t-il l'envie. M. Frikston *, qui était auprès du roi dans ce moment-là, donna la main à ma fille pour descendre jusqu'en bas, et, quand nous y fûmes, il nous pria le plus honnêtement du monde de prendre un des carrosses de Sa Majesté pour retourner chez nous. Je ne crus pas devoir refuser une chose qui me faisait bien de l'honneur et qui même était fort commode, parce que je logeais assez loin de l'Opéra et qu'il est toujours tard quand on en sort. Ainsi, j'acceptai le carrosse qu'on avait la bonté de m'offrir et qui nous ramena ma fille et moi au logis. Toutes les personnes qui sortaient en foule de l'Opéra furent témoins des honnêtetés que nous reçûmes dans cette occasion; mais comme il y en eut qui les virent avec des yeux d'envie, ceux-là tâchèrent de donner un tour malin à la chose afin que ma fille ne pût pas en tirer vanité [...].

Cavalier vint le lendemain nous dire qu'on lui avait fait compliment là-dessus. Il savait bien à quoi s'en tenir, car, après s'être débarrassé de ses deux antiques, il était venu au logis et nous avait trouvées toutes deux seules auprès de notre feu. Ainsi, il ne parla de cela que comme d'un conte très ridicule. Mais comme ma fille a toujours eu quelque disposition à la poésie et qu'en un besoin l'amour sert d'Apollon, elle fit des vers sur cette aventure et les envoya le lendemain à Cavalier. Comme elle ne sait point faire de mystère des liaisons qu'elle a eues avec lui, dont le but était très légitime, je ne crois pas devoir supprimer ces vers, qui pourront peut-être faire plaisir au lecteur :

> *On t'a dit, mon cher Cavalier,*
> *Que l'auguste roi de Pologne,*
> *Touché de ma petite trogne,*
> *Avait voulu t'encornailler;*
> *Cela est faux, ou que je meure,*
> *Il ne m'a pas fait cet honneur.*
> *Mais quand il l'eût voulu, crois-moi, je te le jure,*
> *J'aurais fermé les yeux à toute sa grandeur.*

* Chambellan du roi de Pologne et l'un de ses favoris.

> *J'admire de ce roi la valeur éclatante ;*
> *Mais je ne puis que l'admirer.*
> *Pour mon cher Cavalier ma tendresse est constante,*
> *Et lui seul me fait soupirer.*
> *À posséder ton cœur, à régner sur ton âme,*
> *Je borne mon ambition ;*
> *Et je brûle pour toi d'une trop vive flamme,*
> *Pour pouvoir ressentir quelque autre passion.*
> [...].

Il répondit à ma fille d'une manière qui dément ce que Molière nous dit dans *Le Bourgeois gentilhomme*, car ce n'est ni prose ni vers. Je crois pourtant qu'il a cru rimer, et il paraît du moins que ç'a été son intention. Ceux qui auraient vu cette réponse en manuscrit n'auraient sans doute jamais pensé qu'elle eût dû être imprimée, et je ne crois pas qu'ils l'eussent trouvée digne de la presse. Elle y sera mise pourtant, et j'espère même qu'elle plaira par la raison qui fait que les doguins * plaisent :

> *Lorsque j'ai reçu vos beaux vers,*
> *Sans les regarder de travers,*
> *J'ai bien vu que c'était de l'esprit*
> *De mademoiselle Petit ;*
> *Car il n'y a jamais eu de déesse*
> *Qu'elle ait fait des vers de cette politesse,*
> *Il n'y a jamais eu de La Fontaine ni Boileau*
> *Qu'ils aient fait des vers aussi beaux,*
> *Et sans que je fusse ivre,*
> *J'ai bien vu que ces vers n'étaient pas pris d'un livre.*

Voilà quelle était la poésie de M. Cavalier et le sublime effort de son génie. Il suffit d'en donner une idée sans fatiguer le lecteur par l'entière lecture du poème. Tout cela ne dégoûtait point ma fille. Elle disait qu'il n'était pas obligé de savoir mieux et qu'on pouvait

---

* Les doguins ne sont beaux qu'à force d'être laids [chiens de petite taille, résultant du croisement du dogue commun et du petit danois].

être fort honnête homme quoiqu'on fût fort mauvais poète. Enfin, il n'y avait pas moyen de la faire revenir de son entêtement, et, au plus fort de sa colère, dans le temps de ce baptême qui l'avait si fort irritée, lorsque j'étais d'avis de rompre avec lui et de lui demander en justice le bien qu'il avait à moi, elle s'y opposa, me priant de ne point jeter le manche après la cognée et de garder quelque ménagement avec le seul homme qui pouvait la rendre heureuse. J'aurais pourtant bien fait de lever le masque avec lui et de me faire payer. Je lui aurais épargné bien des crimes, et je me serais épargné bien des malheurs. Mais j'ai toujours été la victime de mon bon cœur, et je me suis oubliée moi-même pour faire plaisir aux miens. J'en souffre, et je souffrirais sans m'en plaindre si je pouvais souffrir seule.

Cependant, Mlle Olympe, après m'avoir empêchée de faire ce que je devais, s'avisa, croyant se venger de M. Cavalier, d'écrire à Paris pour demander à son père les moyens d'y retourner. Son père lui répondit, et une femme qui logeait dans mon voisinage ne fit nulle difficulté de recevoir ces lettres et de ménager toute cette intrigue. M. Du Noyer marquait à sa fille de s'adresser au vieux médecin Helvétius, père de celui qui est établi à Paris et qui y avait emmené ma fille Constantin. Je trouvai moyen d'intercepter quelques-unes de ses lettres [...]. Je les fis voir à Cavalier, croyant que son propre intérêt et celui de la religion lui feraient prendre des mesures pour rompre absolument toutes ces correspondances. Il me le promit, mais j'ai su depuis par ma fille qu'au lieu de seconder mes intentions en la dissuadant de retourner en France, il lui avait au contraire conseillé de prendre ce parti-là, l'assurant que, si elle pouvait lui procurer les moyens de faire sa paix, il l'y suivrait au plus tôt. Et lorsqu'elle voulut opposer la religion à cela, il lui dit que Dieu se contentait du cœur, ce qui fait bien voir que celui de notre nouveau saint n'était pas le plus droit du monde [...].

Cavalier continuait toujours à voir ses affreuses commères ; et quand ma fille le grondait là-dessus, il disait qu'il avait ses raisons, que ces créatures avaient des amis et des connaissances souterraines qui pouvaient lui être utiles dans ses affaires et que c'était pour cela qu'il les ménageait. Et de peur qu'on ne crût qu'il avait quelque attachement pour elles, il en parlait avec le plus grand mépris du monde et les appelait « Leelÿcke Beesten », qui veut dire en français les laides bêtes. Je ne pouvais comprendre quel service il en attendait, car c'étaient des espèces de Melchisédech, qui n'avaient ni biens ni parents et qui, pour tout titre de noblesse, étaient filles d'un maître d'école. Mais j'ai su ensuite le nœud de cette affaire et que ces créatures, qu'une longue expérience avait rendues habiles en l'art de duper, le leurraient de l'espérance de lui faire épouser une veuve qui porte un très beau nom, qui a plus de cent mille écus et qu'elles se vantaient de gouverner absolument. Cavalier n'avait garde de parler de cela et se retranchait sur les services qu'elles pouvaient lui rendre en sollicitant quelques clercs ou commis de nos seigneurs les États. Mais comme son intention était de tromper, Dieu a permis qu'il se soit trompé lui-même, puisqu'au lieu de la veuve qu'il couchait en joue, il a été obligé d'épouser une de ces deux carcasses, et son sort a été encore pire que celui d'Ixion*.

Malgré les sollicitations de ces belles dames, les affaires de Cavalier n'avançaient point, et il n'était plus en état de nourrir ses officiers camisards, qui étaient ici sans emploi. Ainsi, ils songèrent à prendre leur parti, et Billiard, ce jardinier de Nîmes dont j'ai parlé, par un zèle bien plus à admirer qu'à imiter, se détermina à retourner dans ce pays-là. Mais, avant de partir, il me fit dire que, s'il était opposé à l'attachement que son colonel avait pour ma fille, c'était parce qu'il était marié au pays avec cette Isabeau dont j'ai déjà parlé ; qu'il avait lui-même signé la promesse qu'il lui avait faite, à laquelle quantité d'autres camisards avaient souscrit ; et qu'ainsi, ne pouvant pas en conscience consentir qu'il se moquât de Dieu, il avait voulu l'empêcher de tromper ma fille [...]. Cavalier, après leur départ, nia le fait comme beau meurtre et dit que,

---

* Ixion embrassa une nuë au lieu de Junon, c'est pourquoi il est sur la rouë. La comparaison pourra peut-être devenir complète quelque jour [Ixion tenta de séduire Héra, l'épouse de Zeus. Pour voir jusqu'où irait Ixion, Zeus façonna une nuée en tout point semblable à la déesse. Ixion s'unit alors à la nuée. Zeus le prit en « flagrant délit » et le condamna au supplice éternel, dans le Tartare : il l'attacha à une roue enflammée et ailée, possédant quatre rayons tournant sans cesse].

quand il aurait eu quelques engagements avec cette petite paysanne, il était dispensé de les remplir parce que, depuis qu'il l'avait quittée, elle avait eu une fort mauvaise conduite et qu'ainsi la conscience ne l'obligeait à rien là-dessus. Il renouvela encore ses protestations et parla d'une manière à persuader les plus incrédules, et encore plus des personnes qui étaient prévenues en sa faveur. On s'étonnera sans doute que j'aie été assez sotte pour me laisser tromper par un homme d'un esprit et d'un génie si bornés, mais c'est justement ce qui faisait que je m'en défiais moins. Car, le croyant craignant Dieu, je n'avais garde de le soupçonner de mauvaise foi, quoique dès ce temps-là il eût résolu de me duper, comptant toujours d'épouser sa veuve comme on lui faisait croire qu'il le pourrait [...].

M. Cavalier, ne pouvant rien obtenir ici et m'ayant tiré jusqu'à mon dernier sou, se détermina à passer en Angleterre pour tâcher d'y chercher fortune. Son départ affligea ma fille, parce qu'on levait des troupes dans ce pays-là pour les envoyer au Portugal et qu'elle craignait qu'on n'y envoyât son cher mitron. Mais que faire ? Je n'avais plus de moyen de le faire subsister ici, où il n'avait eu de secours que de moi. Ainsi, après qu'il eut essuyé plus de cinquante procès avec toutes les personnes qui avaient eu affaire à lui, tant d'officiers vivants que veuves d'officiers morts, chirurgiens et autres, qui voulaient tous l'obliger à restitution, il partit pour éviter d'autres créanciers qui étaient prêts à lui tomber sur le corps ; et il me promit positivement de ne point s'engager dans aucun voyage de long cours sans avoir achevé son mariage que le désordre de ses affaires avait toujours reculé. Mais comme, après son départ, on nous assura qu'il devait aller au Portugal, je crus qu'il était à propos de finir d'affaires avec lui d'une manière ou d'une autre ; et comme de temps en temps j'avais de certaines défiances que je condamnais pourtant un moment après, j'y fis alors un peu d'attention et je me déterminai à passer après lui en Angleterre. Ma fille fut de mon avis, et nous fîmes voile au plus vite [...].

Toutes ces intercadences firent tomber ma fille dans cette espèce de maladie que les Anglais appellent consumption, et ce mal fit un si grand progrès que l'on désespéra presque de sa vie, qui sans le secours du lait d'ânesse était dans un très grand danger. Cavalier fit paraître tant de douleur de la voir dans cet état que les plus fins y auraient été trompés. Il était attentif à tout ce qui pouvait lui faire plaisir, lui tenait compagnie, envoyait à tous moments savoir de ses nouvelles et, par ses soins empressés, il désarma toute ma colère. Mais, pendant qu'il jouait ainsi son rôle et un soir que ma fille était dans le redoublement de sa fièvre, la femme chez qui je logeais vint me dire qu'un valet de M. le colonel demandait à me parler pour chose très pressée. J'ordonnai qu'on le fît entrer, quoique l'heure fût un peu indue, car il était près de minuit et c'était justement la veille de Pâques. Dès qu'il fut dans ma chambre, il me pria de faire sortir mon hôtesse parce qu'il avait à me parler en particulier et, fouillant dans ses poches, il fit semblant de chercher une lettre pour donner temps à la femme de sortir ; mais, par je ne sais quel pressentiment, je lui fis signe de rester et je dis à ce garçon qu'il n'avait qu'à parler hollandais s'il ne voulait pas être entendu. Pour lors, perdant patience, il vint comme un furieux auprès de ma fille, disant qu'il la voulait étrangler. Et tirant à moitié un grand sabre, je crois qu'il lui en aurait fendu la tête si l'hôtesse ne l'eût menacé de le livrer à l'ouache, qui est ce qu'on appelle en Hollande « klapperman », c'est-à-dire un homme qui répète les heures de la nuit et qui veille à la sûreté publique. Cette menace le fit fuir, et mon hôtesse le mit dehors par les épaules.

Le lendemain, je fis mes plaintes à un « justice de paix », et ce maraud fut arrêté. Mais comme à Londres on peut donner des cautions pour éviter d'entrer en prison, l'hôte de Cavalier cautionna ce valet, ce qui sonna très mal dans le monde. Cependant, au bout de huit jours, je pouvais le faire mettre à Newgate [22], où on lui aurait fait dire les raisons qui l'avaient porté à commettre cet attentat, et je crois que cela aurait débrouillé un affreux mystère. Mais Cavalier, qui craignit ce dénouement, vint demander la grâce de ce malheureux, disant que le vin lui avait fait faire cette extravagance ; que, s'il entrait une fois à Newgate, on ne pourrait peut-être pas empêcher qu'il ne fût pendu ; et qu'ayant le cœur aussi bon que je l'avais, je me le reprocherais toute ma vie. Enfin, il se servit si bien du pouvoir qu'il avait sur l'esprit de ma fille et sur le mien qu'il obtint ce qu'il demandait et renvoya au plus vite en Hollande un témoin qui pouvait le perdre et qui, après que je lui eus pardonné, dit à des personnes de ma connaissance qu'il n'avait fait que ce que son maître lui avait commandé. Comme Cavalier était en fort mauvais prédicament à Londres, on ne douta point de la chose ; et comme je n'étais point encore tout à fait revenue de la bonne opinion que j'avais eue de lui, je ne pus jamais me persuader qu'il eût pu être capable d'une action aussi noire. Mais, à présent que je le connais, j'en suis entièrement convaincue. Il croyait apparemment que les gens ne coûtaient pas plus à tuer dans ces pays-ci que dans les Cévennes, et qu'il n'y avait que cela à faire pour se dispenser de tenir ce qu'il avait promis à ma fille et pour éviter de me rendre ce qu'il me devait. Et effectivement l'expédient était commode et des mieux imaginés. Ce valet a servi depuis ce temps-là chez M. le comte de Lagnasco[23] ; et si Cavalier voulait nier le fait que je viens d'avancer, il me serait aisé de le prouver par les témoins et les procédures qui furent faites à Londres, et même par toutes les lettres qu'il m'écrivit sur ce sujet. Voici, entre autres choses, ce qu'il marquait à ma fille après qu'elle eut pardonné à ce malheureux :

De M. Cavalier

J'ai reçu l'honneur de la vôtre. Je n'ai pas douté un moment de votre générosité, ce n'est pas d'aujourd'hui que je l'ai éprouvée. Je sais que vous vous faites un plaisir de rendre le bien pour le mal, marque d'un bon cœur. J'ai chassé ce drôle. Vous ne le verrez plus portant mes livrées. Je suis bien aise que vous vous trouviez mieux. Je voudrais bien vous voir ce soir, mais j'ai été si accablé toute la journée que je ne puis me reconnaître. Si je vous écris sans rime ni raison, ne le trouvez pas mauvais, car je ne puis plus tenir la plume. Je vais me reposer. Mes respects à madame votre mère. Je souhaite que vous soyez rétablie entièrement d'ici à samedi, nous irons à Marylebone prendre l'air. Adieu, je vous souhaite le bonsoir et le bonjour. Adieu mes amours : je vous remercie. Je suis votre serviteur de bon cœur.

CAVALIER.

[...]

Il donna à ma fille la bague de mariage qu'elle a encore, où les noms de l'un et de l'autre sont gravés, ce qui est le plus fort engagement qu'on puisse prendre en Angleterre. Et si elle m'avait secondée dans ce temps-là, il est très sûr qu'elle serait sa femme, car je l'avais déterminée à envoyer chercher une dispense et à se marier à la manière anglaise, c'est-à-dire incognito. Mais comme elle crut qu'il avait plus de penchant à attendre que l'on fût en Hollande et qu'elle ne voulait pas lui faire la moindre peine, elle fut d'avis de renvoyer la partie, et nous convînmes de repasser ensemble dans ces provinces et d'y finir toutes nos affaires en arrivant. Mais, après qu'il eut réglé celles qui le retenaient en Angleterre, qu'il eut touché l'argent de la reine et satisfait les créanciers qui l'avaient fait arrêter, il vint me prier de permettre qu'il prît les devants et de rester encore trois semaines après lui à Londres, parce que, dans ce temps-là, il saurait positivement si son régiment serait rétabli ; auquel cas, n'ayant plus de mesures à garder, il m'écrirait de venir et se marierait au vu et au su de tout le monde. Et si toute espérance lui était ôtée là-dessus, il comptait de revenir au plus vite, de se marier et de se retirer avec sa femme en Irlande pour y vivre en réfugié et y manger la pension que la reine lui avait promise : « Ainsi, disait-il, madame, comme ce dernier parti pourrait bien être le plus sûr, vous vous épargneriez la peine de passer deux fois la mer. Pour faire réussir le premier, il est bon même qu'on ne nous voie pas ensemble. On a déjà écrit dans ce pays-là que j'étais marié, on n'en douterait plus alors, et il est sûr que les affaires d'un garçon s'avancent toujours mieux. » [...].

J'étais cependant restée sans argent et même sans espérance d'en avoir d'aucun endroit, car ma fille avait écrit dans le plus fort de son mal à son père et avait tiré sur lui pour trente pistoles qui furent cruellement refusées, M. Du Noyer ayant répondu au banquier qui lui présenta le billet que si sa fille devait de l'argent, on n'avait qu'à la faire arrêter ; et cela dans le temps que cette pauvre enfant était presque mourante et que le médecin lui écrivait lui-même son état. Si l'on veut des exemples de dureté, en voilà sans doute un bien fort. Comme j'avais des sentiments bien opposés à ceux-là, je m'étais donné tous les mouvements imaginables pour avoir les moyens de la soigner et de tâcher de la rétablir, et je m'étais si fort engagée pour cela qu'il n'y avait plus de sûreté pour moi à Londres. J'attendais donc avec impatience les quarante guinées que Cavalier m'avait promises afin de pouvoir m'acquitter. Mais, après avoir bien attendu parce que les vents avaient été contraires, je reçus une de ses lettres, par laquelle il me marquait qu'on ne devait lui compter son argent qu'à huit jours de vue et qu'il ne pouvait pas m'en envoyer plus tôt. Il fallut prendre patience, quoiqu'en enrageant, mais ce fut bien pis lorsqu'il m'apprit l'ordinaire suivant que l'on l'avait fait arrêter à La Haye. Je vis alors de quelle importance il était pour moi de passer en Hollande, et je me tournai de tous les côtés pour en trouver le moyen [...].

Cavalier m'écrivait cependant toutes les postes pour me prier d'avoir un peu de patience et me rassurer sur les alarmes qu'il croyait que sa prison me causait, m'assurant que dans peu de jours il serait hors d'affaires et qu'il viendrait nous rejoindre à Londres pour, de là, aller vivre en Irlande, voyant bien qu'il ne devait pas attendre que son régiment fût rétabli. Il écrivait aussi les plus grandes tendresses du monde à ma fille et faisait les plus plaisantes descriptions du monde de la manière dont il était à la Castelenie, qu'il comparait à l'enfer à cause des fréquentes visites que lui rendaient avocats, procureurs et autres gens vêtus de noir, qui lui parlaient un langage qu'il n'entendait point. Mais il avait beau faire l'agréable et me repaître de belles espérances, je n'en étais pas plus tranquille et je souhaitais, dans ces moments-là, d'avoir des ailes d'aigle ou du moins d'hirondelle pour pouvoir traverser la mer. L'événement n'a que trop fait voir combien mes craintes étaient fondées puisque, pendant qu'il m'amusait par toutes ces belles écritures, on m'écrivit de La Haye qu'il était sorti de prison et qu'il épousait le lendemain la personne [24] qui l'avait aidé à en sortir. Je fus frappée comme d'un coup de foudre en apprenant cette nouvelle. Ma fille ne voulut point y ajouter de foi, et j'avais bien de la peine moi-même à la croire et à penser qu'il pût y avoir un homme aussi abominable et capable d'une perfidie de cette nature.

Dans le temps que nous hésitions là-dessus, je reçus une lettre de lui par laquelle il me marquait qu'il ne doutait pas que le bruit qu'on faisait courir à La Haye ne passât jusqu'à Londres ; qu'on disait qu'il se mariait et que même on l'en avait félicité dans les rues ; que les uns lui faisaient épouser des Hollandaises qu'il ne connaissait point, et que les autres lui donnaient Mlle Binvillier *, qu'il n'avait point vue depuis son retour d'Angleterre ; qu'il avait voulu me prévenir là-dessus parce que, de l'humeur dont il connaissait sa chère Pimpette, il croyait qu'elle pourrait bien ajouter foi à ces ridiculités ; que, cependant, elle devait être assez accoutumée aux menteries du public pour ne pas donner dans de pareils panneaux et lui faire assez de justice pour ne pas le croire capable d'une pareille perfidie. On ne pouvait pourtant pas la pousser guère plus loin, puisque cette lettre, qui est actuellement entre les mains de mon avocat, était datée du même jour qu'il s'est marié. Il me marquait ensuite qu'il était sorti de prison et me priait de rester encore huit jours à Londres, parce qu'il ne savait pas encore si on ne le rétablirait point ; qu'on lui donnait de nouvelles espérances là-dessus et que, dans huit jours, il viendrait nous joindre ou nous rappellerait à La Haye. On peut aisément comprendre qu'il ne demandait ces huit jours qu'afin que je ne vinsse pas troubler le plaisir de ses noces par mes poursuites, auxquelles il s'attendait bien [...]. Il n'y avait point d'autre parti à prendre que de passer promptement en Hollande pour, en vertu de sa promesse, faire casser son mariage et, en vertu de ses billets, me faire payer ce qu'il me devait et le chasser de mes maisons de campagne, dont il avait l'impudence de jouir, qu'il avait même essayé de vendre ou engager, et où, dans mes propres meubles, les mêmes qui y sont encore à présent, il avait eu le front de mener sa digne compagne. Non, plus j'y pense, il faut que ce malheureux n'ait ni honneur ni conscience, et qu'il ne croie pas même en Dieu ; car enfin, le croyant, il devrait craindre sa colère. Et s'il avait seulement de l'honneur, il devrait mourir de honte des tromperies qu'il m'a faites.

* À présent Mme de Bellemar.

CHAPITRE X[1]

Mariage de Cavalier (1709) – Retour de Mme Du Noyer et de sa fille cadette à La Haye – Rencontre avec le comte de Winterfelt – Manigances de Cavalier – Mariage de Pimpette – Préparatifs pour un nouveau départ.

[...]
Le premier objet qui frappa ma vue en entrant à La Haye fut ce malheureux Cavalier. Et une vision si odieuse animant encore ma colère, je courus chez un avocat au lieu de songer à me reposer, et je pris des mesures pour le faire arrêter dès le lendemain en vertu de ses billets et pour protester de nullité contre son mariage en vertu de sa promesse. Mais si sa vue m'avait aigrie, la mienne l'avait extrêmement alarmé. Il se doutait bien de ce que je venais faire à La Haye ; ainsi, il prit le parti d'en sortir pour se dérober à mes poursuites. Il fut caché pendant quelques jours et obtint, je ne sais sur quel prétexte, ce qu'on appelle une sûreté de corps : c'est-à-dire un arrêt par lequel il était défendu à tous ses créanciers de s'en prendre à sa personne, offrant de donner des cautions suffisantes dès qu'on aurait prouvé la justice des demandes qu'on pourrait lui faire. Il fit signifier cet arrêt à ses créanciers qui étaient en bon nombre, et l'on ne manqua pas de m'en donner copie, après quoi il revint à La Haye, comptant pour rien la honteuse posture. Car il avait dit effrontément qu'il ne me devait pas un sou, et je prouvais publiquement le contraire par son billet et par les certificats de M. Couvreur, qui lui avait compté cent soixante guinées par mon ordre, chose qu'il avait absolument niée et qu'un honnête homme n'eût pu ensuite avouer sans mourir de confusion. Il avait voulu vendre et ensuite engager mes maisons de campagne, pro-

testant qu'elles lui appartenaient, quoique M. de Normandie, qui m'avait compté l'argent pour les payer, et le notaire qui avait passé le contrat d'acquisition fussent bien sûrs du contraire, et je confondais son impudence par la déclaration qu'il m'avait faite là-dessus, dans laquelle il confesse qu'il n'a fait que me prêter son nom.

Comme tout le monde savait à La Haye les engagements qu'il avait avec ma fille, il s'était avisé, pour autoriser ceux qu'il voulait prendre avec une autre, de dire qu'elle était morte à Londres ; et comme on savait qu'elle y avait été très malade, on n'eut pas de peine à croire qu'il eût été à son enterrement et à ajouter foi à toutes les circonstances qu'il inventa pour persuader le public là-dessus. Mon retour et celui de ma fille découvraient toutes ces fourberies, et la promesse de mariage que je remis entre les mains des juges prouvait son mépris pour les lois divines et humaines, et l'aurait sans doute fait condamner à des peines afflictives dans ce pays où l'équité de nos souverains veut que la bonne foi soit observée. Je pouvais même faire casser son mariage en vertu de cette promesse et parce qu'outre cela, il y avait encore des nullités ; car, de peur que je n'arrivasse avant qu'il eût consommé son crime et ne voulant pas le commettre à demi, il n'avait pas fait publier tous les bans ni observé les formalités nécessaires en pareil cas. Ainsi, il allait porter la peine de ce crime, s'il n'en eût éludé la punition par un autre encore plus grand.

On aura de la peine à croire qu'il ait pu faire quelque chose de pis et que j'eusse dû craindre de plus grands malheurs ; moins encore que ma confiance me les eût attirés, car, après ce que je venais d'éprouver, tout le genre humain devait m'être devenu suspect. Aussi, disais-je hautement que, quand saint Paul descendrait du ciel, je ne me fierais pas à lui. Dieu voulut punir ma témérité et me faire voir ma faiblesse en permettant qu'un faux saint Paul et un saint Pierre supposé, qui, bien loin d'être descendus du ciel, ont tout l'air, s'ils ne se repentent, de n'en prendre jamais le chemin ; Dieu, dis-je, pour m'humilier, permit que je fusse la dupe de ces deux imposteurs et qu'une aventure aussi cruelle achevât de mettre le comble à mes malheurs.

Trois jours après mon arrivée et au plus fort de mes poursuites, je me retirai un soir chez moi avec ma fille. C'était — car ce jour m'a été trop fatal pour ne l'avoir pas remarqué — c'était, dis-je, celui auquel on faisait des réjouissances publiques et des prières pour le gain de la fameuse bataille d'Oudenaarde. Je rentrais chez moi l'esprit tout préoccupé de mes affaires lorsque je vis paraître un grand homme laid qui, me parlant à moi-même, me demanda la maison de Mme Du Noyer. Cet homme me parut un camisard; et comme tout ce qui avait quelque relation à Cavalier me donnait de l'horreur, par un instinct que j'aurais bien fait de suivre toujours, je lui fermai la porte au nez. Cette brusquerie ne le rebuta point. Il me pria au travers des vitres de mon voorhuys * de vouloir bien lui ouvrir, m'assurant qu'il était honnête homme, connu pour tel, qu'il s'appelait Saint-Pierre [2] et était ingénieur au service de l'État, qu'il avait à me donner des avis de la dernière importance sur les affaires que j'avais avec Cavalier. Et pour me donner une idée avantageuse de lui, il me dit qu'il venait de s'entretenir sur mon chapitre avec M. Desrieux, major du défunt régiment de Cavalier, auquel j'avais parlé le matin. Cette dernière circonstance était véritable, et je me crus obligée d'entrouvrir un peu ma porte pour prier cet homme si officieux d'attendre au lendemain à me faire connaître sa bonne volonté, car, lui dis-je : « Monsieur, vous ne devez pas vous étonner si je ne vous laisse point entrer chez moi à l'heure qu'il est, rien ne ressemblant plus à un honnête homme qu'un fripon. Et après les tours que Cavalier m'a joués, je dois compter que, pour couronner tous ses crimes et vider tous nos différends, il me fera assassiner s'il le peut. Vous pourriez être envoyé pour cela; ainsi, trouvez bon que, ne vous connaissant pas, je ne me fie point à vos paroles et que je ne vous laisse entrer chez moi qu'au grand jour. — Je le veux, madame, répondit-il en souriant, et j'espère que demain vous aurez une idée plus juste de moi. Cependant, je ne m'offense pas de vos soupçons, car, après la tromperie qu'on vous a faite, vous ne sauriez avoir trop de circonspection. Mais je croyais que ma physionomie me dût rendre de meilleurs offices, et je ne me serais jamais attendu à être pris pour un assassin. Je ne vous en veux pourtant pas de mal, conti-

---

* Vestibule ou entrée de la maison.

nua-t-il en riant toujours, et, pour vous faire voir que je suis sans rancune, si vous voulez me faire l'honneur de me donner demain matin une tasse de café, je vous donnerai des preuves certaines de la part que je prends à vos malheurs et peut-être même des moyens de les adoucir. » Après cela, il s'en alla, et je fermai sur lui à gros verrous la porte que j'avais toujours soin de tenir de toute ma force.

Il ne manqua pas de revenir le lendemain matin. Et après m'avoir fait la guerre sur ma terreur panique de la veille, il me dit qu'il y avait plus d'un an qu'il souhaitait d'avoir l'honneur de me connaître et de me rendre ses devoirs ; qu'il avait prié Cavalier de lui procurer cet avantage ; que ce malheureux le lui avait promis et l'avait toujours amusé sans avoir voulu lui tenir parole, craignant sans doute qu'il ne me donnât des avis salutaires comme il l'aurait assurément fait.

« Quoi ! m'écriai-je en l'interrompant, vous aviez donc des liaisons avec lui, et je n'avais pas tort de vous refuser hier ma porte.

— Vous en aviez bien vous-même, madame, me répondit-il, et de bien plus fortes puisque vous vouliez lui donner votre bien et mademoiselle votre fille. Et si une personne qui a autant de discernement que vous en a été trompée, je puis bien aussi l'avoir été. Je l'ai d'abord regardé avec cette admiration que tout le monde avait pour lui et que vous ne lui aviez pas refusée. Je me suis laissé entraîné au torrent qui le suivait ; et quoique, par tout ce que j'ai su depuis de sa conduite en Espagne et ce que j'en ai vu moi-même ici, je fusse bien revenu de cette idée que je m'étais formée, je ne l'aurais pourtant jamais cru aussi scélérat qu'il l'est. C'est par la manière dont il en a usé avec vous qu'il s'est entièrement démasqué et qu'en devenant l'horreur de tout le genre humain, il est devenu l'objet de toute la mienne. Et si fort que, quand ce régiment chimérique dont il s'est flatté et dans lequel il m'avait promis une compagnie, se ferait, je ne voudrais pas y entrer, dût-on m'en faire lieutenant colonel. J'aimerais mieux porter le mousquet ailleurs que de commander sous un si détestable chef. Mais, madame, continua-t-il, de quoi vous affligez-vous ? Est-ce de son mariage ? Vous devriez bien plutôt vous en réjouir, puisque par là vous évitez d'en faire un très méchant. Eh! quel dommage aurait-ce été, ajouta-t-il en regardant ma fille, qu'une aussi charmante personne eût été le partage d'un malheureux qui ne s'était élevé que par le crime et que le crime fait rentrer dans la crasse et la bassesse où il est né ; qui, sous prétexte de religion, a exercé dans les Cévennes les plus horribles cruautés, commis des meurtres, violé, volé et dont les brigandages l'ont rendu plus odieux que Barrabas[3] ! Qu'aurait dit M. Du Noyer d'une pareille alliance ? Et qu'auriez-vous dit vous-même, madame, quand vous auriez bien connu cet indigne gendre, méprisé de toute la terre et dont la honte aurait rejailli jusqu'à vous ? Vous seriez sans doute morte de regret d'avoir fait un pareil choix. Convenez donc que Dieu sait mieux que nous ce qui nous est nécessaire. Il est trop juste pour avoir permis un assemblage si mal assorti, et il réserve sans doute une plus heureuse destinée à mademoiselle votre fille. Sa naissance, son mérite, la bonne éducation que vous lui avez donnée et même les beaux sentiments qu'elle a marqués pour cet indigne, son attachement, sa constance, tout cela la fera rechercher par des personnes qui lui conviendront beaucoup mieux que ces gens que le caprice du hasard fait et défait bientôt après. Ainsi, pendant que Cavalier porte la peine de son crime avec la vieille haquenée[4] que son mauvais génie lui a fait préférer, vous devez jouir du plaisir de la vengeance qu'il vous a lui-même procurée ; et pour la rendre plus complète, songez à faire un mariage aussi avantageux que le sien est ridicule [...]. La personne que j'ai en vue est un jeune seigneur allemand, comte de Winterfelt, qui a de belles terres dans le pays de Wurtemberg, à cinq lieues de Stuttgart qui, comme chacun sait, est dans le plus beau pays du monde. J'y ai passé six des premières années de mon refuge, et je me suis toujours repenti de n'y avoir pas resté. Ainsi, j'embrasserais avec joie l'occasion d'y retourner, car j'espère que si cette affaire réussissait et si j'avais contribué au bonheur de mademoiselle votre fille, vous voudriez bien vous employer pour moi et vous servir du crédit que votre mérite vous donnerait infailliblement à la cour du duc pour engager ce souverain à me donner la direction des colonies qui sont dans ses États. Je l'ai eue autrefois ; et comme on ne me peut blâmer que de l'avoir quittée par cette inquiétude française qui fait qu'on n'est jamais bien qu'où on n'est pas, je ne doute point qu'à votre prière, on ne me la redonnât. Et je bornerais tous mes souhaits à passer là le reste de mes jours, surtout les devant passer auprès d'une personne qui a autant d'esprit, de mérite, etc., que vous en avez. Dans le temps que j'étais dans ce pays-là, le gentilhomme dont je vous parle était tout jeune. J'ai connu madame sa mère, qui est veuve et qui avait apporté plus de quatre cent mille francs en dot. Elle est d'Augsbourg, où elle a une sœur sans enfants qui jouit de vingt-cinq mille livres de rentes substitués à ce jeune seigneur, qui en a déjà huit ou dix en fonds de terre dont il est le maître, madame sa mère s'étant retirée avec son douaire à Augsbourg.

— Mais, dis-je, vous ne pensez pas à la proposition que vous me faites, et il n'est guère à propos de parler de noces quand on n'est occupé que de procès et d'embarras.

— Pourquoi pas, madame, me dit-il, quand ces noces qu'on vous propose sont d'une bien plus grande conséquence que les procès dont vous parlez ?

— Mais, continuai-je, vous ne faites pas que je m'assure réflexion à ce que vous dites, car quelle apparence qu'un seigneur riche, jeune et avec tous les avantages dont vous venez de parler s'avisât de se marier avec une étrangère qu'il ne connaît point et qui ne pourrait lui porter en dot que les procès et les embarras dont je vous parle ? Ce serait tout ce qu'on pourrait attendre d'une forte passion que vous ne sauriez supposer dans votre Allemand, puisqu'il n'a jamais vu ma fille.

— Qu'en savez-vous ? me dit-il. Et outre qu'elle peut inspirer ces sentiments dès la première vue, que savez-vous encore si je n'ai point d'autres moyens de faire réussir une affaire que je n'aurais garde de vous proposer si je ne la croyais très faisable ? Sachez, continua-t-il, que le jeune seigneur dont je vous parle et que j'ai connu dès son enfance a une entière confiance en moi et que j'ai un pouvoir absolu sur son esprit.

— Cela étant, interrompis-je, vous ne devez pas en abuser en lui faisant faire un aussi mauvais marché, car la naissance de ma fille ne lui procurant aucune alliance dans son pays et celles qu'il ferait en France lui étant inutiles, il n'y aurait que l'argent comptant qui pût suppléer à cela. Et comme il ne le trouverait pas chez moi, il lui conviendra beaucoup mieux de l'aller chercher dans sa patrie.

— Vous me faites tort, madame, répondit cet hypocrite, si vous croyez que je fusse capable de sacrifier ce jeune seigneur à vos intérêts. Me préserve le ciel d'une pareille pensée et de faire du bien aux dépens des autres ! Non, madame, je ne vous cède point en générosité, et ce qui me plairait dans cette affaire, c'est qu'elle ferait le bonheur de tous et que j'y trouverais le mien par le plaisir que j'ai à faire du bien et par le secours dont je vous ai parlé, que j'attendrais d'une âme aussi reconnaissante que la vôtre et dans lequel je trouverais toute ma fortune. Ainsi, pour me rendre plus intelligible, je m'en vais vous expliquer de quoi il s'agit. Sachez donc, continua-t-il, que le gentilhomme en question est d'une des meilleures maisons d'Allemagne, allié même à des princes, puisqu'il y a eu autrefois des souverains dans sa famille. C'est un fait connu, et dont il vous sera aisé de vous éclaircir. Monsieur son père avait un peu dérangé ses affaires par sa dépense, et son fils est à la veille de les ruiner entièrement par un travers dont le mariage que j'ai en vue peut seul le garantir. Car comme il est son maître par la mort de son père et par celle d'un frère aîné, et que dans ses voyages il a fait recrue d'une belle Anglaise qu'il mène depuis deux ans partout avec lui et que cette Anglaise, qui se dit de la première qualité puisqu'elle porte le nom de Stuart (quoique je sois persuadé que c'est une aventurière), a pris un si grand ascendant sur lui qu'il est à craindre qu'elle ne se fasse enfin épouser, en le sauvant de cet écueil, je lui rendrais le plus important de tous les services. Et ce mariage que vous croyez qui ne lui serait pas avantageux ferait sa fortune parce qu'il le garantirait du plus grand des malheurs et l'empêcherait de faire la plus haute des folies.

— Mais, répliquai-je, au lieu de lever la difficulté, il me semble que vous la rendez encore plus forte puisqu'il ne s'agissait tantôt que de surmonter l'obstacle de l'intérêt, et qu'il s'agit à présent et de celui-là et d'un autre encore plus fort qui est la prévention du cavalier en faveur d'une autre. Ainsi, voilà deux obstacles au lieu d'un.

— Il me semble, répondit-il, qu'il me suffit d'avoir levé celui qui, selon vous, devait m'empêcher d'agir ; et puisque, comme je viens de vous le faire voir, je le puis et que même je le dois autant pour l'intérêt de mon ami que pour le vôtre, la confiance qu'il a en moi et dont je ne me servirai que pour son avantage me répond du succès de mes soins. D'ailleurs, l'article de l'intérêt est déjà tout décidé ; car comme il y avait renoncé en faveur de cette indigne maîtresse qui n'a ni biens ni parents, il n'y a pas apparence qu'il s'avisât d'y songer avec une personne comme mademoiselle votre fille, surtout étant aussi généreux que je le connais, car son plus grand défaut est de pousser la libéralité jusqu'à l'excès et d'être ce qu'on appelle très mauvais ménager. Ainsi, comme vous le régleriez et que vous prendriez le timon de ses affaires, vous les rendriez bientôt meilleures et, par vos épargnes, vous lui revaudriez ce qui peut manquer à la fortune de mademoiselle votre fille, et feriez la mienne à tous égards. La prévention où il est pour une autre ne me paraît pas un obstacle plus fort. Au contraire : puisqu'il est capable d'aimer, il ne faut que faire changer d'objet à cet amour, et c'est ce que le mérite de mademoiselle votre fille, secondé de mes persuasions, ne manquerait pas de faire, et d'autant plus aisément qu'il connaît votre nom et votre famille. Car il vient de Paris, ou Mme la comtesse de Saint-Paul, sa sœur, qui connaît beaucoup M. Du Noyer, tient un rang très considérable. Ainsi, comme elle a de l'esprit infiniment et qu'elle pourrait engager monsieur votre époux à rendre justice dans les suites à sa fille, il se trouverait aussi que ce mariage deviendrait à tous égards avantageux à tout le monde, et que les parents des uns et des autres en seraient très contents. Ceux de M. de Winterfelt, que son attachement pour une vagabonde alarme extrêmement, seraient charmés de l'échange quand il n'y aurait pas un sou à prétendre. Et M. Du Noyer, malgré la différence de religion, serait très content d'apprendre que sa fille fût entrée dans une maison aussi illustre que celle de Winterfelt et qu'elle eût épousé le frère de Mme la comtesse de Saint-Paul, qui est en fort grande considération à la cour et à laquelle le roi donne une pension considérable dont elle pourrait bien se passer, puisque son époux l'a laissée maîtresse en mourant de tous ses biens et tutrice d'un fils unique qui a quarante mille livres de rentes. Je crois que vous comprenez bien que cette dame allemande se trouve transplantée à Paris parce qu'elle avait épousé un Parisien, et qu'elle y reste parce qu'elle y a de grands biens et que ses affaires l'y obligent. Je m'imagine qu'elle trouve le secret de concilier l'intérêt de ses affaires avec celui de sa religion, et je dois vous dire à propos de cela une chose qui vous fera peut-être de la peine, quoiqu'elle ne le doive pas, c'est que le cavalier en question est luthérien; et c'est cela même qui diminuerait la répugnance de M. Du Noyer là-dessus, car les catholiques romains sympathisent plus avec les luthériens qu'avec nous à cause de ce culte extérieur qui a plus de rapport avec le leur.

— Comme je sais, répliquai-je, que nous ne différons des luthériens que sur des choses qui ne sont point essentielles pour le salut, puisque nos synodes ont admis ceux de la confession d'Augsbourg à notre communion, cette difficulté ne m'arrêterait pas. Mais quoique vous puissiez me dire et quelques avantages que vous me fassiez voir dans l'affaire que vous me proposez, je ne saurais pourtant y penser et je ne la trouve nullement de saison. Cependant, j'ai toute la reconnaissance que je dois avoir d'un procédé aussi généreux que le vôtre.

— Vous ne devez point m'avoir d'obligation, me dit-il, de ceci, puisque je ne fais que suivre le penchant que j'ai à obliger les honnêtes gens et à prendre le parti de ceux à qui on fait du tort, et que j'ai rendu des services aussi considérables à des personnes que je n'estimais pas, à beaucoup près, autant que je vous estime, et que je n'avais tant de raison d'estimer. Outre que nous sommes tous obligés de faire du bien, surtout à nos compatriotes dans une terre étrangère où la même cause nous a obligés de nous réfugier; outre cela, dis-je, votre famille m'est aussi connue que votre mérite. Je suis né dans votre province, et tout m'engage dans vos intérêts. Ainsi, je vois avec douleur le peu d'attention que vous y faites vous-même et que, par je ne sais quel entêtement que je n'oserais appeler caprice par le respect que j'ai pour vous, vous négligez une occasion que le ciel vous envoie pour vous dédommager de tous vos malheurs, pour le bonheur d'une fille qui vous est chère et pour le repos du reste de vos jours. Et il faut assurément que quelque mauvais génie vous empêche d'en profiter. »

Il se leva là-dessus avec un air de franchise et un obligeant chagrin que je ne pouvais assez admirer et qui auraient trompé plus fins que moi.

« Mais, dit alors ma fille, croyez-vous, monsieur, que, quand vous auriez persuadé ma mère, vous n'eussiez plus rien à faire après cela ? Je sais l'obéissance que je lui dois, mais comme je sais qu'elle n'en exigera jamais une aveugle de moi là-dessus et que ses complaisances passées me font espérer qu'elle en aura encore à l'avenir, j'ose bien vous assurer qu'à moins que je ne change de sentiment, il ne sera pas aisé de m'obliger à changer la résolution que j'avais faite de n'épouser jamais que Cavalier. Ainsi, puisqu'il n'est plus digne de mon estime, je ne veux plus en avoir pour personne, et je tiendrai la promesse que je lui ai si souvent faite de n'aimer jamais que lui.

— Il tient si mal les siennes, répondit cet homme, que je ne vois pas que vous soyez fort obligée à garder la vôtre, d'autant mieux qu'elle ne pouvait être que conditionnelle, puisqu'en lui permettant de l'aimer toujours, vous supposez sans doute qu'il devait toujours vous aimer. Ainsi, c'est lui qui la rompt, et vous ne devez pas vous punir de ses fautes. Il vaudrait bien mieux, continua-t-il, essayer si vous ne trouveriez point quelqu'un qui fût digne du bonheur que cet ingrat a négligé et qui pût vous faire oublier son ingratitude. Voyez le cavalier dont je vous parle, il pourra peut-être faire cet effet ; et en tout cas, sa vue ne vous engagera à rien.

— Ah, mon dieu ! dis-je alors, ne me l'amenez point ici. Dans la situation où je suis, cela ferait causer les gens, et je ne veux pas leur en donner de nouveaux sujets.

— Eh bien ! répondit-il, je le puis faire trouver dans quelque promenade.

— Passe pour cela », répliquai-je.

Il prit alors congé de moi et me laissa si surprise de la manière dont il compatissait à mes peines que je crus que Dieu voulait peut-être se servir de lui pour les adoucir [...]. Le lendemain, je vis encore paraître le même homme. Et comme il était dimanche et que je ne pouvais pas ce jour-là travailler à mes affaires, je consentis à aller prendre un peu l'air hors de la ville. Nous en sortîmes ensemble et nous rencontrâmes peu de temps après M. le comte allemand, qui se promenait sur le bord d'un canal suivi d'un valet de bon air. Saint-Pierre nous quitta pour l'aller joindre et revint un moment après nous le présenter : « Madame, me dit-il, voilà M. le comte de Winterfelt dont j'ai eu l'honneur de vous parler. » Ce ne furent d'abord que révérences de part et d'autre, après quoi le prétendu seigneur, par des compliments où il avait soin de faire entrer quelques germanismes, nous exagéra la joie qu'il avait de nous avoir rencontrés. Comme je le croyais allemand, je lui trouvais assez d'esprit parce que je supposais que la difficulté de s'énoncer en notre langue l'empêchait de faire briller tout celui qu'il en avait. Sa figure était de celles dont on ne dit mot. Il était petit, mais il paraissait assez bien fait dans sa petite taille. Il était fort blanc, portait ses propres cheveux que nous crûmes blonds et qui, dans les suites, se sont trouvés roux ; et somme toute, à une grande maigreur près, il n'avait rien de rebutant. Et comme il était très jeune, car il n'accusait que vingt-deux ans et n'en paraissait pas même davantage, on pouvait croire qu'il prendrait de l'embonpoint dans la suite et qu'il en serait beaucoup mieux [...].

Pour ne pas tenir plus longtemps le lecteur en suspens, il faut donc lui apprendre que Cavalier, se voyant entièrement perdu par mon retour, toutes ses tromperies découvertes et ne sachant comment échapper à mes poursuites, s'avisa pour les éluder d'imaginer le projet le plus damnable que l'enfer eût pu lui inspirer. Il communiqua son dessein à La Fond, qu'il savait être aussi méchant que lui et qui, sous l'espoir de récompense, se chargea de l'exécution.

Ce La Fond, que j'avais cru homme de bien et qui, par des airs hypocrites, en avait imposé à d'autres avant moi, s'est découvert ensuite un des plus grands marauds qu'il y ait au monde. Car, outre que ses liaisons avec Cavalier et l'horrible tromperie qu'il m'a faite prouvent assez cette vérité ; outre cela, dis-je, il a trompé une infinité de personnes et n'a vécu jusqu'ici que de ses fourberies, dont il fait métier marchandise. Il s'était produit ici sur le pied de réfugié, se disant ingénieur à la pension de l'État ; et comme il ne manque pas d'adresse, on l'en avait cru sur sa parole, et je le regardais comme tel [...]. Ce maître fourbe, qui se vantait d'avoir été officier et qui parlait effrontément de ses campagnes, n'en a jamais fait qu'en qualité de vivandier ; et la plus noble de ses fonctions a été de vendre du café à l'armée pour être à portée de voler et de duper les officiers qu'il jugeait d'humeur à se laisser déniaiser. Il a pour cela un talent admirable, et il l'a si bien fait valoir partout qu'après s'être dépaysé bien des fois et étant trop connu pour trouver encore des dupes dans les lieux où il avait passé, il vint enfin pour mes péchés en dernier ressort à La Haye se masquer en dévot.

Comme de la conformité des inclinations naît ordinairement l'amitié, ce fut le sujet de celle que La Fond eut pour Cavalier, puisqu'il ne pouvait rien trouver qui lui convînt mieux et que, quand il aurait cherché par toute la terre, il n'aurait pas pu se mieux assortir. Cavalier, qui le connaissait habile en l'art de fourber et homme à tout entreprendre parce qu'il n'avait rien à perdre, le consulta dans le trouble où mon retour d'Angleterre l'avait mis ; et il fut résolu dans cet infernal conseil que, pour m'empêcher de poursuivre une affaire de laquelle Cavalier ne pouvait attendre que sa ruine, il fallait m'en susciter quelque autre qui pût m'occuper assez pour suspendre mon ressentiment et ma vengeance. Cela n'était pas aisé. On ne pouvait m'imputer aucun crime, je n'avais d'autres dettes que celles que j'avais contractées pour Cavalier, et ceux à qui je devais étaient trop honnêtes pour qu'il pût espérer de les faire entrer dans ses desseins. Ainsi, ces deux monstres ne trouvèrent rien qui leur convînt mieux que de proposer un mariage pour ma fille et de le faire paraître si avantageux que, comme on n'aurait plus de regret à Cavalier, on fût aussi moins animé à se venger de lui et que, ma fille étant mariée, elle ne pût plus le poursuivre criminellement pour l'exécution de sa promesse, ni par conséquent faire casser son mariage. D'ailleurs, en choisissant un homme qui lui fût dévoué, il comptait d'avoir bon marché des sommes qui m'étaient dues ; et c'était assurément l'expédient du monde le mieux imaginé. Mais comment pourrat-on penser sans horreur à un crime de cette nature ? Et si l'on ne le voyait point, le pourrait-on croire ? Pourrait-on croire qu'un homme fût assez démon pour sacrifier une fille de condition de cette manière, après avoir dépouillé la mère de tous ses biens, après lui avoir manqué de foi à elle au mépris d'une promesse aussi expresse que celle qu'on a vue ? Qu'après toutes les marques d'amitié qu'il avait reçues de moi, les bonnes manières que j'avais eues en l'obligeant, les serments qu'il avait faits de les reconnaître jusqu'au dernier soupir, la passion qu'il avait marquée pour ma fille et le sincère attachement qu'il avait eu pour moi : qu'après tout cela, dis-je, il eût poussé la méchanceté jusqu'à mettre le comble à sa perfidie, à son ingratitude et à mes malheurs en sacrifiant cette demoiselle qui avait lieu d'espérer une heureuse destinée, et détruisant sa fortune et mon repos par l'indigne mariage qu'ils projetèrent ? Car comme il leur fallait un homme qui fût entièrement à leur dévotion et qu'un homme d'honneur n'aurait pas voulu entrer dans toutes ces manigances, ils choisirent un chevalier d'industrie [5] qui, quoique jeune, avait déjà fait bien des friponneries, et que La Fond se chargea de perfectionner et de bien instruire. Il se chargea encore de venir proposer la chose ; et comme il ne fallait pas qu'elle vînt d'un endroit suspect, il se présenta d'abord sous le nom de Saint-Pierre et n'avoua celui de La Fond que quand il connut que j'avais quelque confiance en lui.

Ce fut pour se l'acquérir qu'il se déchaîna si fort contre Cavalier et qu'il m'en dit tant de vérités. Et comme il avait su de ce malheureux que j'avais un bon cœur et des sentiments généreux, il me prit par mes endroits sensibles et, en contrefaisant l'honnête homme, le compatissant, l'ennemi des injustices, le protecteur des malheureux, il me donna l'opinion du monde la meilleure de lui. Il eut même l'adresse de supposer son prétendu comte né dans le Wurtemberg, parce que Cavalier lui avait dit sans doute que j'avais conservé une idée très avantageuse de ce charmant pays, dont il m'avait souvent entendu parler avec éloge. Enfin, tout contribua à mon malheur. Et, pour prendre les choses de plus haut, Dieu le voulut comme cela pour me châtier de mes péchés ; et il se servit de ces malheureux comme de verges qui mériteraient bien d'être jetées au feu de cette vie pour les garantir du feu éternel.

Cependant, pour reprendre les choses où je les ai laissées et où le fourbe La Fond les avait conduites, l'Allemand, avec ses airs tendres et ses offres de nous mener voir ses biens ou de les quitter pour venir se transplanter en Hollande, ne faisait pas grand progrès sur le cœur de ma fille. Ainsi, comme tous les soirs on allait rendre compte à Cavalier de ce qu'on avait avancé et consulter sur ce qu'on avait à faire, il fut résolu dans ce triumvirat de changer de batterie ; et, croyant que je serais peut-être plus sensible, comme les scrupules n'avaient garde d'arrêter ces sortes de gens et que La Fond s'est mêlé de tous les métiers, il vint le lendemain d'un air insinuant me dire que l'Allemand était charmé de moi et qu'il lui avait dit confidemment : « La fille me plaît bien, mais je suis encore plus amoureux de la mère. Et si elle voulait de moi, je la préférerais. » Le dessein était de voir comment je prendrais la chose, et si l'on eût remarqué que la déclaration m'eût fait quelque plaisir, on aurait changé le dessein du mariage en celui d'une galanterie criminelle afin de m'obliger ensuite à faire ce que cet amant aurait voulu et à céder à Cavalier les sommes qu'il me doit. Mais comme j'étais bien éloignée d'avoir de pareilles dispositions, je n'eus garde de pénétrer dans l'intention de ces marauds, et il leur était beaucoup plus aisé de séduire mon esprit que mon cœur. Ainsi, tournant la chose en raillerie, je dis à La Fond que M. le comte était fort poli, mais qu'il n'avait pas besoin de me faire des déclarations d'amour pour me mettre dans ses intérêts puisque, si cette affaire convenait à ma fille et qu'elle lui convînt à lui-même, je ne m'y opposerais pas, n'ayant en vue que de la rendre heureuse et contente. Comme ils virent qu'il n'y avait rien à faire de ce côté-là, ils continuèrent leur premier dessein et, quoiqu'il m'en soit arrivé les plus grands malheurs, j'aime encore mieux les souffrir que les avoir mérités ou évités par des crimes [...].

Le faux Allemand continuait toujours à faire paraître les sentiments du monde les plus nobles et les plus désintéressés ; et enfin, à force de les opposer à ceux de Cavalier, ma fille commença à croire qu'elle aurait été plus heureuse avec lui qu'avec ce mitron. La grande naissance, les belles terres et, plus que tout, le rang qu'elle comptait de tenir dans une cour où elle pouvait se flatter de ne pas déplaire, tout cela commença de lui faire faire des réflexions. Le désir surtout de faire enrager Cavalier en faisant un mariage aussi avantageux que le sien avait été ridicule la détermina à écouter des propositions qu'elle avait d'abord rejetées. Quand on s'informa de la maison de Winterfelt, on sut qu'elle était des plus illustres et des plus riches [...]. C'était tous les jours nouvelles découvertes, ou sur le mérite de monsieur, ou sur ses biens : « Il me fait enrager, disait ce fourbe de La Fond, car au lieu de parler de ses belles terres, de ses parents, des héritages qu'il attend, il ne dit pas un mot de tout cela. Il semble que les gens sont obligés de deviner qu'il est grand seigneur. Ah ! qu'un Gascon ferait bien mieux valoir tous ces avantages ! — Les Allemands sont si loin de la Garonne, disait le faux Allemand, qu'il ne faut pas s'étonner s'ils n'ont pas les mêmes inclinations. Et pour moi, j'aime mieux surprendre agréablement que de tromper les espérances que j'aurais données. » Cependant, profitant des leçons de son précepteur, il contait tous les jours nonchalamment quelque chose qui lui était avantageux. Tantôt le mariage de sa sœur aînée avec le comte de Saint-Paul qu'elle avait préféré à quantité de seigneurs allemands et qui, en voyageant dans le Wurtemberg, était devenu amoureux d'elle et l'avait amenée à Paris, où on l'avait autant admirée qu'en Allemagne, parce qu'elle était une des plus belles personnes du monde et des plus spirituelles. Il nous disait par manière d'acquis qu'elle avait eu trente mille écus en dot et pour plus de dix mille francs de bijoux, sans qu'on eût dérangé les pierreries qui étaient héréditaires dans la maison et qu'on gardait pour la femme qu'il épouserait [...].

Dans une autre séance, il parlait d'une sœur qui avait été mariée à un gentilhomme de son voisinage et qu'il avait eu la douleur de voir mourir. Il en exagérait la beauté, le mérite et la douleur de son époux lorsqu'il l'avait perdue, nous répétait cent extravagances blasphématoires qu'il avait dites dans cette occasion. Après cela, il parlait de la mort de son frère, dont il feignait d'être fort touché, quoiqu'elle lui eût valu l'héritage de la maison, et dont il ne se consolait que parce que, sans cet héritage, il n'aurait pas pu prétendre à Mlle Du Noyer.

Je ne comprends pas où ce fripon pouvait pêcher toutes ces relations fabuleuses, je ne lui trouve pas assez de génie pour les avoir composées lui-même ; et il y avait des enchaînements d'intrigue et des aventures si suivies qu'il faut assurément qu'il les eût lues dans quelques romans, car tout était roman. Cette maîtresse passionnée n'était qu'une chimère forgée à plaisir, et il ne connaissait d'autre Stuart qu'une actrice d'opéra qui s'était donné ce nom et à laquelle même on assure qu'il n'avait jamais parlé.

Tous ses châteaux étaient en Espagne. La comtesse prétendue de Saint-Paul était une nommée la Le Grand, femme de quelque petit sous-commis français qu'elle avait quitté pour courir le monde. Il n'y avait de vrai dans son éloge que l'esprit et la beauté dont on dit qu'elle ne manque pas et dont on dit aussi qu'elle a su faire usage puisque, profitant de la faiblesse des amants que cette même beauté lui avait procurés à la cour de Vienne, elle avait eu l'adresse de pénétrer des secrets qu'elle avait ensuite révélés en France, où elle s'était par là procuré du pain. C'était là cette prétendue comtesse de Saint-Paul, qui ne pouvait l'avoir été tout au plus que clandestinement [...].

Quand La Fond, cet insigne fourbe, s'aperçut que nous commencions à donner dans ses pièges, il redoubla ses efforts et, entrant un jour chez moi tout hors d'haleine : « Madame, me dit-il, je suis dans le plus grand étonnement du monde. J'ai parlé à ce vilain mitron de Cavalier, qui a eu l'effronterie de me dire et de jurer qui plus est qu'il ne vous doit rien, que vous n'avez de lui ni billets ni promesse, et qu'il prétend bien vous faire condamner aux dépens et à lui faire réparation pour l'avoir attaqué mal à propos. — Est-il possible, m'écriai-je, qu'il soit assez impudent pour cela ! Tenez, monsieur, dis-je alors en lui montrant et promesse et billets, voilà de quoi le confondre. Vous connaissez son écriture, lisez ! » Il lut donc premièrement la promesse qu'on a déjà vue ci-devant et ensuite :

Je soussigné confesse devoir à Mme Du Noyer les sommes spécifiques ci-dessous :

Premièrement cent pièces faisant florins	1 100
Plus soixante pièces faisant florins	660
Plus dix louis d'or faisant florins	95
Plus reçu la somme de cent florins	100
Plus reçu mille florins	1 000
Plus reçu quatre cents florins	400
Plus reçu deux cents florins	200
Plus encore deux cents florins	200
Plus cent cinquante florins	150
Plus cinquante florins	50
Plus cent florins	100
Total	3 955 [4055]

Monnaie de Hollande, que je promets de payer à ladite dame dans un an d'aujourd'hui, et l'intérêt de ladite somme à quatre pour cent pendant ledit temps. Fait à La Haye, le 2 avril 1709.

CAVALIER.

Il n'avait pas mis dans ce billet l'intérêt de cet argent depuis qu'il en jouissait ni le diamant de deux cents pistoles, la montre et la chaîne d'or, la tabatière et d'autres bijoux qui, tout ensemble, faisaient plus de trois mille florins. Et il m'avait envoyé ce billet fait comme il lui avait plu dans une lettre, lorsqu'il croyait partir pour le Portugal. Cependant, La Fond lut encore cette déclaration :

Je soussigné déclare et confesse n'avoir nulle prétention sur le jardin et maisons de Geesbrug appartenant à Mme Du Noyer, quoique lesdites maisons aient été achetées sous mon nom, et promets de laisser ladite dame jouir paisiblement et en plein de tous les biens appartenant auxdites maisons, à condition que ladite dame sera garante contre toutes sortes de demandes ou de prétentions que quelqu'un pourrait avoir sur lesdites maisons et avoir recours à moi comme étant achetées en mon nom, et qu'au cas de vente desdites maisons, ladite dame m'en donnerait la préférence au cas que je voulusse les acheter, promettant encore à ladite dame de la laisser jouir paisiblement desdites maisons. Fait à La Haye, le 2 avril 1709.

CAVALIER.

Il avait fait cette déclaration à sa mode et me l'avait envoyée en même temps que le billet d'argent prêté.

La Fond plia les épaules après avoir lu les uns et les autres, et me dit d'un air où la franchise paraissait peinte : « Je n'avais pas besoin de voir cela pour être convaincu de ce que vous me disiez et de la mauvaise foi de ce mitron, mais je voudrais bien que vous voulussiez me confier ces papiers afin que je pusse le confondre en les lui montrant devant les gens qui étaient présents quand il a tout dénié. — Pour les originaux, dis-je, vous trouverez bon que je ne les risque pas, il pourrait vous les arracher. Mais je vais vous en donner des copies collationnées. » Il s'en contenta, n'osant pas se rendre suspect en insistant, et je lui donnai encore un mémoire des bijoux, des meubles que j'avais mis à Geesbrug et de toutes les réparations que j'y avais faites. Après quoi, il vint me redire que Cavalier convenait du fait, mais qu'il comptait de me lasser à force de chicanes et de me faire manger à plaider ma maison, qui était la seule chose qui avait échappé à son pillage : « Cependant, dit-il, je lui ai fait grand peur du factum[6]. Je lui ai dit qu'il était terrible et qu'on ne pourrait après cela le regarder dans le monde que comme un second Mahomet moins habile que le premier, puisqu'après avoir abusé les peuples comme lui, il n'avait pas eu l'esprit de se conserver le même crédit. J'ai dit que je vous avais empêchée de le faire imprimer, ainsi il faut effectivement attendre encore un peu pour voir ce que cette menace opérera. Cependant, ajouta-t-il, je vous conseille de vous donner du repos et de laisser à M. le comte le soin de tirer parti de ce fripon. Il changera bientôt de note quand il verra qu'il aura à faire à si forte partie ; car, outre que ce seigneur lui donnerait sur les oreilles s'il lui raisonnait, il fera venir des lettres de son pays pour les puissances, et votre affaire sera bientôt faite. Mais pour cela, il faut commencer par l'autre. Il me semble qu'ayant autant de confiance que vous en avez en moi, vous devez être contente et du bien et de la naissance de ce seigneur ; et pour sa personne, vous le connaissez déjà assez, et quand vous le verriez un siècle, vous le connaîtrez toujours le même, car c'est l'humeur du monde la plus égale. Comme il n'a pas le défaut de votre nation, vous découvrirez tous les jours en lui et plus d'esprit et mille bonnes qualités qu'il ne cherche point à faire paraître. Dès qu'il mènera une vie réglée, et que le repos et la satisfaction de l'esprit lui auront donné un peu d'embonpoint, il sera beau garçon. » Et en effet, comme j'ai découvert depuis qu'il mettait alors deux doigts de blanc et de rouge, il paraissait assez joli à force d'artifice et de soins.

Enfin, ma fille commença à prendre du goût pour lui et pour cette grandeur future qu'on lui promettait. Elle disait qu'il ne fallait que le voir et l'entendre pour se convaincre qu'il était homme de condition ; et son éducation et les beaux sentiments, tout confirmait une si fausse opinion. Ainsi, au bout de quinze jours, pendant lesquels ces fourbes furent toujours régalés chez moi, l'affaire fut conclue [...]. La Fond servit de père au marié et attesta aux magistrats de cette ville-là que ce gentilhomme était allemand, luthérien de religion et seigneur de Winterfelt. Il prit les mêmes titres et qualités dans son contrat de mariage que La Fond signa. M. Baudan, charmé de cette fortune, donna pour la faciliter sa maison pour domicile au prétendu comte jusqu'au jour de ses épousailles et fut même fort content de lui. Car, comme on lui avait fait sa leçon et que La Fond venait souvent à Delft pour lui faire répéter ses rôles, il ne disait que ce qu'il devait dire. Il offrit à M. Baudan un appartement dans son château et de l'envoyer chercher quand il voudrait dans une de ses berlines. Cependant, comme il avait envoyé tous ses gros bagages d'avance à Francfort et que Mme Stuart avait pris le reste avec elle, il n'avait ni linge ni robe de chambre, ni d'autre habit que celui qu'il avait sur le corps. Et comme on n'avait pas le temps d'attendre les lettres de change qui devaient venir et qu'il fallait pourtant se mettre en équipage, il fallait que j'en fisse les avances, et j'achevai de m'abîmer en lui achetant du très beau linge, un habit complet et aussi magnifique qu'il convenait à sa prétendue qualité. Mme la comtesse fut aussi équipée à proportion.

Les mêmes raisons qui avaient obligé La Fond à vouloir que le mariage se fît à Delft l'obligèrent, de peur que la fourberie ne se découvrît à La Haye, de dire qu'il ne fallait pas y mener les nouveaux mariés, de peur d'exposer M. le comte à se battre avec

Cavalier et de peur aussi qu'on ne lui dît quelque chose qui pût troubler la paix domestique. Car, quoiqu'on lui eût conté la chose comme elle était, on aurait pu y mêler du venin et donner des préventions à ce jeune homme qu'il était bon qu'il ne prît pas. Ainsi, toutes réflexions faites, il fut résolu qu'ils resteraient à Delft jusqu'à leur départ pour l'Allemagne, où La Fond s'offrit de les aller conduire, prétendant que je devais passer l'hiver à La Haye pour finir l'affaire de Cavalier et, après avoir réglé toutes celles que je pouvais avoir, partir au printemps pour n'y plus retourner. La chose était fort bien imaginée, car on aurait fait de ma fille ce qu'on aurait voulu avant que je me fusse aperçue de la tromperie. Cependant, le contrat de mariage avait été dressé en hollandais et, voulant pousser la générosité à bout et faire autant de plaisir à ma fille que l'affaire de Cavalier lui avait causé de chagrin, j'avais signé ce qu'elle avait voulu sans m'en informer. Et, attentive à ses petits intérêts, elle y avait fait mettre une donation de tous les biens que j'avais en Hollande et de la moitié de ceux de France, donation qui est nulle puisqu'elle est faite à un Allemand, seigneur de Winterfelt dans le duché de Wurtemberg, et non pas à un fripon né à Bruxelles, comme s'est trouvé cet imposteur. Cependant, pleine de ce prétendu bonheur, après avoir établi les nouveaux mariés dans une auberge à Delft, où ils étaient à bouche que veux-tu [7], je revins à La Haye faire part de ma joie à mes bons amis, qui en étaient charmés comme moi [...].

Cependant Cavalier fut un soir chez moi. Et quoique j'eusse dû le jeter par les fenêtres, je voulus pourtant avoir la patience de l'écouter et voir jusqu'où irait son effronterie. Je crois que, dans ce temps-là, il était mécontent de La Fond, car il me parut avoir envie de s'accommoder ; et quand je le renvoyai à cet entremetteur, il m'en parla avec mépris et démentit tout ce que l'autre lui avait fait dire. Il voulut ensuite tâcher d'excuser sa conduite sur la nécessité où il avait été de faire ce qu'il avait fait pour sortir de prison, me jura que, vingt-quatre heures auparavant, il n'aurait pas cru en être capable. Je lui répondis qu'il n'était plus question de cela ; que j'étais trop contente du mariage de ma fille pour me plaindre du sien puisque cela l'avait garantie de la honte qu'elle aurait eue d'être la femme d'un maraud comme lui, que toute la terre méprisait au point de ne vouloir pas même être au même banc que lui à l'église et que, dès qu'il entrait en quelque endroit, les honnêtes gens en sortaient. Je lui dis toutes ses vérités de sang-froid. Et comme il les méritait, il les écouta patiemment et me dit qu'il était assez puni de son crime pour que je dusse le lui pardonner ; et qu'enfin, puisque j'étais si contente de mon gendre, il était bien aise de me dire que c'était à lui que j'avais toute l'obligation de cette affaire ; qu'il l'avait imaginée et indiquée à celui qui en avait été l'entremetteur. Et avec une dissimulation digne de l'enfer, il ajouta : « M. Du Noyer sera bien content d'avoir un gendre gentilhomme, lui qui craignait tant de se mésallier avec moi. »

La Fond, qui venait tous les soirs me rendre visite, entra là-dessus dans ma chambre. Il rougit en voyant Cavalier qui, en rougissant aussi, s'en alla au plus vite. Je crois que j'aurais pu ce soir-là profiter de leur mésintelligence ; mais, dès qu'il fut sorti, La Fond, prenant ses airs d'autorité que le zèle qu'on a pour les gens autorise, me gronda de ce que j'écoutais ce menteur. Et quand je lui dis qu'il m'avait priée de permettre qu'il allât voir les nouveaux mariés à Delft afin de convenir tous ensemble et de prendre des arbitres pour régler les choses sans procès, il me dit de me bien garder de cela, que c'était un piège qu'il tendait à la réputation de ma fille, que, n'étant pas content de tous les maux qu'il lui avait faits, il voulait donner de l'ombrage à son mari afin de la rendre par là malheureuse et troubler toute sa félicité, dont il ne pouvait souffrir qu'elle jouît. Enfin, il me dit tant de choses pour augmenter l'horreur que j'avais pour cet indigne que je n'en voulus plus entendre parler — et cela afin que l'autre ne pût point se passer de lui et que la récompense fût plus forte.

Après cela, il me dit qu'ayant une occasion de faire porter des hardes jusqu'à Francfort, il était d'avis d'y envoyer mes meubles, que M. le comte ferait ensuite porter dans son château ; que, quoiqu'il en eût de très beaux, les miens serviraient toujours quand ce ne serait que de modèle pour en faire à la mode. Cela dit, il détendit lui-même mes tapisseries et mes lits, prit mes tables des Indes et, après avoir arraché tout jusqu'au moindre clou, il en fit des ballots qu'il fit emporter sur-le-champ, supposant que le bateau partait le lendemain matin. Et l'on a jamais su ce que tout cela était devenu. Il voulut même que je fisse sortir une femme qui me servait afin qu'elle ne sût rien de tout cela, me faisant croire qu'il avait ses raisons pour agir ainsi mystérieusement. Pendant tout cela, M. le comte passait fort agréablement le temps à Delft. Les meilleurs vins n'étaient pas assez bons pour lui qui, quoiqu'allemand, ne buvait point de bière. Il faisait grande chère et grand feu : on cherchait une femme de chambre et un valet français pour Mme la comtesse, qui se donnait de grands airs et qui n'était pas moins contente que son époux. J'allais les voir très souvent, et je n'avais jamais tant de joie que quand je faisais ces petits voyages. Dès que je manquais un jour, je recevais d'abord des lettres tendres et intéressées, car on me demandait toujours quelque chose ; et comme je ne venais jamais les mains vides, j'étais toujours la très bienvenue [...].

De Mme la comtesse de Winterfelt à Mme Du Noyer.
À Delft, le 19 octobre 1709.

Si j'avais le talent de bien écrire, et vous le loisir de lire mes lettres, je vous assure, madame ma très chère mère, que je me ferais un plaisir de vous décrire la vie que nous menons, qui est la plus charmante du monde. Mon mari est toujours le même, c'est-à-dire le plus aimable et le plus aimé de tous les hommes. Il me fait quatre baisers à votre intention que je vous rendrai à la première vue. Faites-en toujours deux à M. de Saint-Pierre en déduction, et je vous en tiendrai compte. Mon mari vous prie de nous venir voir demain, je vous en supplie aussi. Menez-nous ou envoyez-nous M. de Saint-Pierre ; et si vous nous écrivez, mandez-nous comment va l'affaire avec ce fichu mitron cornu. Si vous aviez autant de plaisir à nous faire des visites que nous en avons à les recevoir, vous n'en seriez, je vous assure, pas si chiche, vous qui avez été si libérale pour moi. Les bontés dont vous m'avez comblée et dont vous voulez me combler encore sont des marques de votre générosité, sans compter toutes les autres que ce papier ne saurait contenir. Mais, à propos de générosité, j'attends encore une grâce de la vôtre. Ayez donc la bonté de m'envoyer le tailleur afin que mon corps soit fait au plus tôt, le cordonnier anglais pour des mules et des souliers, la toile pour les chemises de mon mari et les miennes, son habit ou du moins l'étoffe et doublure pour le faire. Il faut quatre aunes et demie de drap gris de perle, neuf aunes de chagrin bleu, une roquelaure [8] d'écarlate avec deux rangs de boutons d'or. Mettez-le tout dans votre coffre, dont vous nous ferez présent. Joignez-y des porcelaines, un manchon, un éventail, une montre et une tabatière d'Angleterre, une pièce de futaine pour faire des camisoles, un chapeau avec un plumet gris, une perruque blonde et des bas de soie gris de perle. Il faut aussi donner à M. de Saint-Pierre de quoi payer l'hôte de mon mari à La Haye et cinquante-cinq florins pour payer le valet qu'il a renvoyé. Si je n'avais pas peur d'abuser de votre bonté et de vos forces, je vous demanderais encore du taffetas vert pour doubler la courtepointe des Indes que vous nous avez donnée et deux jupons d'Angleterre. Il faut aussi du gros de Tours couleur de feu pour doubler la robe de chambre violet et or que vous avez donnée à mon mari, de la mousseline pour garnir deux douzaines de chemises. Mais peste ! J'oubliais le meilleur, le nerf de la guerre, sans quoi l'on ne peut rien : j'espère que vous vous souviendrez que nous n'avons pas le sou. Cela me fait beaucoup de peine, parce que mon mari ne s'était jamais vu sans avoir dix pistoles dans sa poche. Ceci soit dit en passant, ayez la bonté d'y remédier et surtout, continuez-moi l'honneur de votre amitié. Si l'amour se paye par l'amour, je n'en suis pas indigne, soyez-en persuadée, comme du respect avec lequel je suis

Votre très humble et très obéissante servante.

Quoique cette lettre et les autres fussent toujours remplies de nouvelles demandes dont j'étais absolument accablée, elles me faisaient pourtant un sensible plaisir par la part que je prenais à celui de ma fille et à cette fortune qu'on prétendait qu'elle avait faite. Cependant, les lettres de change ne venaient point, et Saint-Pierre, autrement dit La Fond, me donnait avec son adresse extraordinaire des raisons pour prétexter ce retardement. Mais comme l'hôte de Delft ne se payait point de tout cela et qu'il demandait, d'un ton peu gracieux, environ trois cents florins à quoi se montait la dépense que ces nouveaux mariés avaient faite chez lui, à laquelle Saint-Pierre avait contribué puisqu'il allait tous les jours se faire régaler chez eux, où le bon vin coulait de source pendant que j'étais seule à La Haye, chargée de leurs commissions et de tout le souci du dénouement de la pièce, je voyais qu'ils se ruinaient où ils étaient, et je ne voyais point de jour de les faire partir.

J'achevais de me ruiner par les continuels présents qu'ils me demandaient, sous prétexte que, ne pouvant pas trouver en Allemagne les choses dont ils avaient besoin, il fallait en faire ici provision pour longtemps, prétendant que cela leur épargnerait bien de l'argent et leur ferait honneur dans leur pays. Ainsi, comme je n'avais plus d'autres intérêts que le leur, ils me persuadèrent aisément de leur sacrifier la seule chose qui m'était restée et de vendre cette pauvre maison que j'aimais tant, dans laquelle j'avais souhaité avec tant d'empressement d'entrer et où je n'avais eu le plaisir de rester que deux ans. Ce sacrifice me coûta beaucoup, et je le fis pourtant de bonne grâce, croyant le faire au bonheur de ma fille. Je fus même obligée de vendre cette maison la moitié moins de ce qu'elle valait, parce que je n'avais pas le temps d'attendre qu'il se trouvât des gens qui en donnassent un prix plus raisonnable [...].

Il y avait deux jours que je n'avais été voir les nouveaux mariés, mais j'avais su par Saint-Pierre qu'ils se portaient bien et qu'ils étaient toujours les plus contents du monde. Ainsi, si accablée de peines et de fatigues, je m'étais mise au lit où, quoique Saint-Pierre en eût ôté les rideaux, je ne laissais pas de dormir profondément, lorsque dans mon premier sommeil on vint frapper à ma porte d'une manière qui alarma tout le quartier. C'était un courrier extraordinaire que madame la comtesse m'avait dépêché dans la nuit pour m'avertir que, sur les neuf heures du soir, son hôtesse ne m'ayant point vue depuis quelque temps et sachant bien que j'étais la payeuse, avait paru alarmée de mon absence et qu'elle était entrée dans leur chambre pour leur dire que, la dernière barque étant arrivée sans moi, elle voulait savoir comment ils prétendaient faire pour les payer ; qu'ils mangeaient et buvaient toujours à bon compte, que ce compte grossissait, quoique j'eusse de temps en temps donné de l'argent en déduction, et que, puisque je ne venais pas et qu'on les renvoyait toujours à moi, elle voulait absolument savoir où s'en prendre ; que M. le comte, scandalisé de ce manque de respect, lui avait jeté la nappe au nez, que l'hôte était entré avec un couteau et que, pour apaiser leur fureur, elle leur avait dit que leurs hardes seraient leur caution ; que là-dessus ces brutaux s'en étaient saisis et les avaient emportées dans une autre chambre, obligeant même M. le comte à se déshabiller afin d'avoir son justaucorps; qu'il avait voulu mettre l'épée à la main, mais que l'hôte avec son couteau l'avait obligé de rengainer au plus vite : « Enfin, ajoutait-elle, ma chère mère, si vous ne venez au plus vite nous tirer de ce coupe-gorge, craignez les plus grands des malheurs. » Toute cette lettre était d'un style épouvanté et épouvantable, et qui sentait si fort le récitatif des tragédies que je crois qu'elle l'avait un peu puisé dans les œuvres de Racine qu'elle lisait dans ce temps-là. Cependant, j'en fus extrêmement alarmée, et je ne doutai point que ma fille ne fût dans un fort grand danger puisqu'elle n'avait pas attendu qu'il fût jour pour m'en avertir. Ainsi, après avoir assuré son courrier que je partirais par la première barque et l'avoir renvoyé, j'attendis le jour avec une impatience qui ne me permit pas de me rendormir [...].

Je trouvai M. le comte au lit, où sa femme me dit qu'il avait tremblé et pleuré toute la nuit, d'où je ne tirai pas trop bon augure pour sa bravoure. Elle m'était déjà un peu suspecte depuis que je l'avais vu donner six florins à un carrosse pour aller de Leyde à Delft, n'osant pas faire ce trajet en bateau parce qu'il faisait un peu de vent et qu'il craignait de périr dans cette petite navigation. Il n'avait pas eu moins de peur du couteau de son hôte, et quelques « Sacrement ! *» lâchés à propos lui avaient ôté l'envie de manger et de dormir. Je le rassurai de mon mieux, après quoi je fis venir un notaire qui inventoria toutes les hardes que ces gens avaient prises et qui, après s'en être chargé lui-même, leur paya ce qui leur était dû. Ils s'excusèrent d'un procédé si violent sur ce qu'on les avait avertis que je ne viendrais plus et que, comme on aurait pu sortir les effets sans qu'ils s'en fussent aperçus, on leur avait conseillé de s'en assurer. Je reçus leurs excuses tout comme si elles eussent été bonnes ; et les choses étant ainsi pacifiées, M. le comte, peu sensible à l'affront qu'il avait reçu, fut dans une fort grande joie d'être échappé au couteau.

Cependant, nous approchions du dénouement. Et après cette catastrophe, il fallait absolument qu'on découvrît ce qu'on n'avait plus moyen de cacher : Saint-Pierre vint pour cela à Delft, après que j'eus donné ordre à tout. Je crois même que c'était lui qui

---

* Jurement favori des Hollandais.

avait fait donner l'avis à l'hôte pour voir si j'aurais encore de quoi remédier à ce désordre ou pour pouvoir, au cas que je fusse entièrement épuisée, retirer ensuite tous ces effets en payant à l'hôte la somme pour laquelle il les aurait arrêtés, qui n'était pas la sixième partie de leur valeur. Mais j'avais rompu ses mesures par celles que je venais de prendre là-dessus. Ainsi, ne pouvant plus me rien escroquer, on conclut qu'il fallait se défaire de moi avant de découvrir la tromperie, comptant que l'amour obligerait ma fille à pardonner à son fripon de mari et qu'en tout cas, comme elle serait à leur disposition, ils sauraient en tirer parti.

Cette résolution fut prise dans une promenade que M. le comte fit avec Saint-Pierre, au retour de laquelle il dit qu'il venait de le conduire au bateau et qu'il l'avait chargé de me dire que, sur les neuf heures du soir, il viendrait me rendre compte chez moi de quelque chose qu'il avait en vue : « Ainsi, continua le comte, il faudra, madame, que vous vous trouviez chez vous à cette heure-là et que, pour cela, vous partiez par la barque de sept heures et demie, car j'ai promis que vous seriez au rendez-vous. — Quoiqu'on ne doive jamais s'engager pour autrui, répondis-je, et qu'après la mauvaise nuit que j'ai passée et toute la peine que j'ai eue aujourd'hui, j'eusse fait dessein de coucher ici, d'autant mieux qu'il est demain dimanche et que, ne pouvant rien faire à La Haye, j'avais compté de passer la journée avec vous autres ; malgré tout cela, je veux bien m'exposer à de nouvelles fatigues pour tenir l'engagement que vous avez jugé à propos de prendre pour moi. » Je dis cela d'un ton qui marquait assez que je n'étais guère édifiée du peu d'empressement qu'on avait de me retenir et du peu de soin qu'on prenait de ma santé, mais on n'y fit pas plus d'attention, et il fut conclu que je partirais.

Cependant, M. le comte, qui prétendait voir fort clair dans l'avenir au travers d'un jeu de cartes, s'en fit donner un et, après les avoir brouillées et rebrouillées, il me dit d'un air triste que j'aurais bien du chagrin ce soir-là. Comme je ne savais pas qu'il parlât avec connaissance de cause et que je n'avais pas la faiblesse d'ajouter foi à toutes ces fadaises, je n'eus garde d'en être intimidée. Je dis à ce feint sorcier que ceux qui me donnaient du chagrin pourraient bien être de moitié avec moi, et je sortis du logis à l'heure marquée.

Ma fille me suivit jusqu'à la rue. Et comme elle aperçut à la lueur des lanternes un homme en manteau brun qui se promenait au petit pas dans la rue et qui se retournait de temps en temps pour nous regarder, elle me dit que ce pourrait bien être quelqu'un que Cavalier aurait aposté pour m'assassiner, et que je ferais bien de ne pas m'exposer ainsi seule de nuit et de rentrer au logis. Mais je crus qu'il irait de mon honneur, et je la quittai en chantant *Amadis peut périr, mais il ne peut pas craindre* [9]. Cependant, je voyais mon homme à manteau qui marchait toujours devant moi et qui s'arrêtait dans les coins des rues pour voir de quel côté je tournerais. Ainsi, pour lui donner le change, je pris le chemin d'un pont qui conduit sur le cimetière de la vieille église, lieu très désert et où il aurait été aisé de me jeter dans le canal sans que personne s'en fût aperçu. Il fut fort content de me voir prendre cette route et marcha devant comme il avait accoutumé ; mais, avant qu'il fût à l'autre bout du pont et sans lui donner le temps de se retourner, je me cachai à l'ombre d'une lanterne, d'où je vis qu'il gagnait le long d'un quai. Ainsi, je pris celui qui était vis-à-vis, ayant toujours l'eau entre nous deux. Mais comme il aurait pu me retrouver au bout de ces deux quais, je jugeai à propos de prendre des matelots que je rencontrai, auxquels je dis que je ne savais pas le chemin du bateau et qui, sur l'espérance de quelques verres de brandevin, me conduisirent à la porte de La Haye, où je demandai à ceux qui reçoivent les droits qu'on est obligé de payer à ces heures-là un soldat pour me mener à la barque. Ainsi, M. de Saint-Pierre — car j'ai su que c'était lui qui avait résolu de me noyer ce soir-là — ne put point exécuter cet abominable projet et comme il n'avait pas autre chose à me dire, il n'eut garde de me venir trouver chez moi.

Cependant, M. le comte, qui comptait sur une heureuse réussite, voulant y préparer ma fille, lui dit en s'éveillant qu'il avait fait un terrible rêve sur mon chapitre et qu'il craignait bien qu'il ne me fût arrivé quelque malheur la veille. Cela s'accordait avec les chagrins dont ses cartes m'avaient menacée, mais à peine avait-il achevé toutes ses lamentations sur mon chapitre qu'il me vit entrer dans sa chambre. Il pâlit à ma vue, et je crois qu'il fut assez sot pour croire que j'étais un fantôme qui venait lui reprocher ma mort ; car, après avoir fait un grand cri, il tomba en faiblesse. On prit soin de le faire revenir, et quand je voulus savoir la cause de cet accident, il me dit que c'était la joie de me voir échappée au péril où il m'avait cru exposée par son rêve. Mais je crois bien plutôt que c'était de chagrin de ce que le coup avait manqué et de peur que je n'eusse découvert leur complot. Comme je n'avais des pensées aussi odieuses sur son chapitre, je me contentai de lui dire qu'il ne fallait pas être superstitieux. Après quoi, je lui contai l'aventure de l'homme à manteau et le manège que j'avais fait pour le dérouter. Ainsi, voyant que je ne me doutais de rien, il parut un peu plus tranquille.

Saint-Pierre vint quelques temps après, qui dit que, n'ayant pas compté que je fusse partie si tard, il n'avait pas voulu risquer d'aller chez moi inutilement et que je logeais trop loin pour faire ce trajet à faux dans une heure indue. Après quoi, il fut se promener avec M. le comte selon sa louable coutume afin de conférer sur nouveaux frais et prendre de nouvelles mesures pour le dénouement de l'aventure, car il n'y avait plus moyen de rester dans ce cabaret après une pièce aussi sanglante. On ne pouvait plus rien m'escroquer ; on perdait l'espérance de se défaire de moi ; on ne voulait point m'avouer l'affreuse vérité de la chose. Ainsi, à faute de mieux, on résolut d'éloigner ma fille. Cette résolution prise, Saint-Pierre vint me joindre et après m'avoir exagéré la nécessité qu'il y avait de faire partir ces gens-là, il conclut qu'il ne trouvait point d'autre expédient que d'aller avec M. le comte à Anvers, où le banquier de Mme la comtesse de Saint-Paul, sa sœur, lui fournirait tout l'argent dont il aurait besoin pour son voyage. Cette proposition alarma ma fille qui, ne voulant pas se séparer de son cher mari, proposa d'être de la partie. Et Saint-Pierre, après avoir feint de s'y opposer, dit que, puisqu'elle voulait venir, il ne serait pas nécessaire de retourner sur ses pas et qu'on pourrait aller de là en Allemagne. Ce projet me parut suspect. Cependant, je fus assez maîtresse de moi pour ne témoigner aucune défiance. Et comme il ne s'agissait que de dix pistoles pour aller jusqu'à Anvers, je me chargeai de les porter le lendemain à quatre heures après midi, temps auquel le bateau d'Anvers devait partir. On fut arrher dans le moment des places. Et après avoir laissé à M. le comte et à Mme la comtesse le soin de plier leur petit bagage, car le plus considérable restait en dépôt, je revins à La Haye avec Saint-Pierre qui, charmé d'avoir si bien réussi à me tromper, me promettait d'avoir tous les soins imaginables de ma fille pendant la route et une fort grande exactitude à m'en donner des nouvelles.

Cependant, dès que je fus à La Haye, je réglai toutes mes petites affaires ; et après avoir rempli un coffre des choses qui m'étaient le plus nécessaires et en avoir porté d'autres au Lombard pour avoir les dix pistoles en question, je me rendis à Delft deux heures avant celle où j'y avais donné rendez-vous à Saint-Pierre. Et après avoir dit à ma fille que je ne pouvais pas me résoudre à l'abandonner que je ne lui visse prendre la route de son pays, je fis porter mes hardes avec les leurs au bateau et, gardant toujours les dix pistoles avec moi, je fis comprendre à M. le comte que j'étais résolue à l'accompagner à Anvers : « Mais, madame, me dit-il alors, que craignez-vous ? M. de Saint-Pierre ne vient-il pas avec nous ? — Il viendra s'il veut, lui dis-je, mais cela n'empêchera point que je ne parte avec vous. — Mais, dit-il encore, si je ne trouve pas de l'argent à Anvers, il faudra que j'aille jusqu'à Bruxelles, où j'ai des connaissances. Et, à vous parler franchement, ma femme a tant d'envie de voir ce pays-là que nous étions dans le dessein d'y passer, quand même il n'y aurait pas eu de nécessité. Et comme elle croyait que vous ne seriez pas de cet avis-là, nous avions résolu de vous cacher notre marche. »

Ma fille convint qu'elle souhaitait fort de voir le Brabant [10], mais elle parut fort aise de ce que je voulais avoir la bonté de les y suivre, comprenant bien que si, par hasard, on ne trouvait point d'argent dans ce pays-là, elle serait fort embarrassée de ne m'avoir point auprès d'elle. Ainsi, M. le comte n'osa plus s'opposer à mon dessein, d'autant plus qu'il l'aurait fait inutilement puisque j'étais nantie de ce qu'on appelle la clef des chemins. Nous prîmes donc ensemble celui du bateau, et Saint-Pierre, qui arriva un moment après avec son havresac, se trouva entièrement dérouté. Mais comme nous jouions aux plus fins, il n'eut garde de paraître fâché. Il me dit seulement qu'il était surpris de ce que je lui avais caché mon dessein. Je lui répondis que je venais de le prendre dans ce moment et que, ne sachant point si M. le comte trouverait de l'argent, je n'avais pu me résoudre à exposer ma fille au chagrin de se trouver sans secours dans un pays inconnu, sachant que, de l'humeur dont elle était, une pareille aventure lui coûterait la vie : « Cela n'arrivera pas, dit le fourbe, et quand cela arriverait, quel remède pourriez-vous y apporter ? Vous vous trouveriez aussi dépaysée qu'elle. — Je lui donnerais du moins courage, répliquai-je, outre que je ne suis étrangère nulle part et que je pourrai peut-être trouver des amis partout. — J'en suis persuadé, continua-t-il, mais ce n'est pas de quoi il s'agit. Et si j'en suis cru, personne ne partira d'aujourd'hui. Cavalier a pris l'alarme, il craint le crédit de M. le comte, et j'ai parole de lui pour un accommodement. Ainsi, je suis d'avis que vous renvoyiez la partie à une autre fois, car s'il vous donne de l'argent comptant, il ne sera plus besoin d'aller à Anvers, et en tout cas ce même bateau vous y mènera dans huit jours. — Cela est vrai, dis-je alors, monsieur. Mais dans huit jours, l'argent du voyage sera mangé, et je ne saurai plus où en prendre d'autre. Ainsi, il n'y a pas moyen de reculer, et vous m'avez tant dit que Cavalier était un fripon qui ne cherchait qu'à m'amuser, un gueux qui n'avait pas le sou, qu'il faudrait être fou pour s'arrêter à ce qu'il peut vous avoir dit et retarder un voyage que les approches de l'hiver et, selon vous-même, toutes sortes de raisons nous obligent de hâter. Si Cavalier a envie de sortir d'affaires à l'amiable et qu'il fasse des propositions raisonnables, vous n'aurez qu'à m'en donner avis, et j'enverrai une procuration à mon avocat afin qu'il puisse traiter avec le sien. »

CHAPITRE XI [1]

Aventures du comte de Winterfelt – Arrivée à Bruxelles – La famille Bavons – Une belle-mère détestée – Retour à La Haye (1710) – Conclusion.

Saint-Pierre n'eut pas le petit mot à répliquer à tout cela. Ainsi, « honteux comme un renard qu'une poule aurait pris [2] », après avoir dit qu'il n'était point nécessaire là où j'étais, il regagna le chemin de La Haye, armé de son petit havresac, pendant que notre bateau mit la voile au vent. Son dessein avait été, en proposant cet accommodement, de nous empêcher de partir afin d'avoir le temps d'imaginer quelque autre expédient pour se défaire de moi, peut-être aussi pour me faire signer quelque acte favorable à Cavalier, de qui il attendait une bonne rétribution, ou enfin pour insérer dans l'acte d'accommodement que ç'aurait été à M. le comte à qui Cavalier aurait été redevable afin de partager à eux trois le gâteau. Enfin, ses intentions ne pouvant être que très pernicieuses, Dieu permit qu'elles ne fussent point exécutées, et mon bon cœur pour ma fille nous garantit de ce nouveau péril.

Comme notre petite navigation ne nous exposait à aucun danger, que nous avions une bonne chambre, de quoi boire et manger, et la commodité de pouvoir faire du café, nous ne songeâmes qu'à passer le temps le plus agréablement qu'il nous fut possible et, pour le rendre moins long ou, du moins, moins ennuyeux, M. le comte nous fit part de quantité d'aventures dont il était toujours le héros. Avant de se marier, il avait fait extrêmement le discret sur le chapitre des femmes, disant que la plupart des hommes se donnaient de faux airs là-dessus et que, pour lui, quoiqu'il eût beaucoup voyagé, fait très belle dépense et qu'il eût même passé pour beau dans sa grande jeunesse, il n'avait pourtant pas trouvé toutes les bonnes fortunes dont les autres se vantaient. Mais, depuis son mariage, il avait entièrement changé de note et, sous prétexte qu'il ne devait plus rien avoir de caché pour sa femme, il lui avait conté des aventures qui sentaient beaucoup plus le roman que l'histoire. Et comme nous prenions la route du Brabant, il nous parla chemin faisant du fracas qu'il avait fait dans ce pays-là [...].

Il nous répéta ensuite ce qu'il avait dit un jour à Delft lorsqu'il voulait obliger M. Baudan à venir dans son pays et qu'après lui avoir offert un appartement dans son château ou, comme il aimait la retraite, de lui faire bâtir une maison exprès dans une solitude enchantée sur le bord d'une petite rivière et à l'entrée d'une forêt qui n'était qu'à une portée de mousquet du château de Winterfelt, et où il prétendait que l'air était beaucoup plus sain que celui qu'on respirait en Hollande, et que par conséquent M. Baudan s'y porterait mieux ; après, dis-je, avoir tâché par des raisons aussi puissantes de l'engager à faire ce voyage, il lui avait parlé des mœurs et coutumes de son pays, croyant le déterminer par là à venir y passer ses jours et, après lui avoir exagéré la douceur du gouvernement, l'agrément que les Français trouvaient à vivre sous les lois d'un prince [3] dont les inclinations étaient toutes françaises, il lui avait conté ce qu'il jugea à propos de nous raconter alors, qui était que les femmes jouissaient d'une entière liberté dans le Wurtemberg et que, comme elles n'en abusaient pas, la médisance ne s'était point avisée de troubler l'innocence de leurs plaisirs ni de critiquer ce que l'humeur chagrine des autres nations condamnerait peut-être ailleurs ; qu'ainsi, depuis la princesse jusqu'à la femme du plus petit gentilhomme, toutes les dames étaient obligées de faire choix d'un amant dont l'époux ne devait jamais être jaloux, mais qui aussi de son côté ne devait jamais trahir la confiance qu'on avait en lui, ce qui serait un crime irrémissible, mais que ce crime n'avait jamais été puni parce que le cas n'était point arrivé et que, comme chacun aurait pu craindre les représailles, on avait jugé à propos de vivre dans la bonne foi.

M. Baudan avait répondu à cela que, pour plus de précaution, chacun aurait dû choisir un amant bien vieux et bien infirme pour le donner à sa femme. Mais M. le comte de Winterfelt avait dit au contraire que tous les invalides étaient exclus de ce beau rang, puisqu'il fallait que les amants qu'on donnait aux dames fussent en état de leur procurer du plaisir et de contribuer par là à celui du public ; que leurs fonctions étaient de suivre leur maîtresse partout, de lui donner la main aux promenades, d'être son danseur dans tous les bals qu'on devait donner tour à tour pendant l'hiver, d'être régulier à lui donner le bouquet dans cette occasion aussi bien qu'au jour de sa fête, de prendre ses intérêts à cœur et de la venger au cas que quelqu'un l'offensât, quand il faudrait pour cela s'exposer à perdre la vie ; que chaque amant devait inventer des parties de plaisir à la ville et à la campagne pour divertir sa maîtresse, où toutes les dames et les confrères de l'Ordre devaient se trouver afin que cela circulât ; que les dames de leur côté étaient obligées de faire certaines faveurs à leurs amants, comme, par exemple, lorsqu'elles se faisaient saigner, de leur envoyer la bande dont elles s'étaient servies, présent très précieux que l'amant devait reconnaître par un autre fort considérable qu'il n'était pas permis de refuser ; et que l'on poussait la chose jusqu'à envoyer quelquefois en échange pour plus de mille pistoles de bijoux pour marquer le cas qu'on faisait d'une faveur aussi précieuse ; et que, comme la dame saignée était obligée de recevoir compagnie ce jour-là, on ne manquait pas d'arborer les présents que son amant lui avait faits et de donner à sa libéralité les louanges qui lui étaient dues.

Enfin, après nous avoir encore conté d'autres circonstances de cet ordre de galanterie, dont il prétendait que le prince était le grand maître, il nous dit que toutes les règles en avaient été écrites avec soin et qu'elles étaient très religieusement observées ; que les chevaliers se distinguaient du reste des gens par une croix dont le prince leur faisait présent le jour qu'ils étaient reçus dans l'Ordre et qui devait être attachée à un ruban pris de la fontange de leurs maîtresses, qui était obligées de leur en donner un nouveau toutes les fois qu'elles changeaient de garniture afin qu'ils portassent toujours leurs couleurs et que l'uniformité fût gardée. Je ne sais s'il en était de cette chevalerie comme de la République en idée de Platon, mais je sais bien que ce fut avec tous ces contes que M. de Winterfelt nous berça jusqu'à Anvers. Et comme j'en revenais toujours à dire que je trouvais sa vie bien courte pour tant d'aventures, il me répondait qu'il avait commencé de bien bonne heure et que comme il y avait des gens qui marchaient plus vite que d'autres, je ne devais pas m'étonner qu'il eût fait plus de chemin.

Il en était là lorsqu'on nous avertit que nous étions à Anvers. Nous sortîmes au plus vite du bateau, et, en passant sur le port, ma fille s'écria avec un air d'étonnement : « Eh, mon dieu, ma mère ! D'où vient que ces femmes sont ainsi fagotées ? et pourquoi ont-elles les jambes nues par le froid qu'il fait ? — Où sont donc ces femmes ? dis-je alors, en regardant de tous les côtés pour chercher ce dont elle parlait. — Les voilà, me dit-elle ! Elles ont des capes à la manière d'Irlande et point de cornette dessous. » En disant cela, elle me montra deux récollets dont elle avait pris les frocs pour des capes. Comme elle était sortie fort petite de France et qu'en France elle ne sortait pas beaucoup, elle ne se souvenait point du tout de la manière dont les moines étaient habillés. Ainsi, tous ceux que nous rencontrâmes depuis le port jusqu'au cabaret lui firent faire les plus plaisants quiproquos du monde. M. le comte nous mena dans une auberge où il disait avoir logé autrefois et où il nous fit rester trois jours, attendant toujours son banquier qui était allé passer les fêtes de la Toussaint à une maison de campagne. C'était quelque chose de plaisant de voir comme il paraissait intrigué. Il courait à tous moments et revenait accablé de fatigue. C'était toujours nouvelles menteries [...].

M. le comte n'avait rien fait dans toutes ces allées et venues. Et après nous avoir bien amusées, il nous signifia qu'il fallait aller à Bruxelles et qu'il ne pouvait point trouver d'argent ailleurs. Ma fille ne fut pas fâchée de cela, car il y avait longtemps qu'elle souhaitait de voir Bruxelles. Ainsi, nous ne songeâmes qu'à partir. Mais comme M. le comte m'avertit qu'on risquait d'être dépouillé en allant d'Anvers à Bruxelles et qu'il me dit qu'il était d'avis de laisser mon coffre à un commis de la poste dont il me répondait, j'y consentis sans peine, et je le donnai à ce commis après lui avoir montré, selon l'avis de M. le comte, qu'il n'y avait point de marchandise de contrebande dedans. Mais ce n'était pas pour cela qu'il me l'avait fait ouvrir, et c'était bien plutôt pour lui faire voir qu'il y avait assez de linge et de hardes pour lui répondre de cinq ou six pistoles qu'il emprunta dessus. Nous partîmes donc sans coffre, et comme M. le comte n'aimait pas la voie de l'eau, nous prîmes le carrosse [...].

Nous entrâmes dans la belle ville de Malines qui, n'étant qu'à quatre lieues d'Anvers et de Bruxelles, est ordinairement l'endroit où l'on arrête pour dîner lorsqu'on va de l'une de ces deux villes dans l'autre. L'on nous débarqua sur la grande place, où je vis passer M. Constantin mon gendre, à cheval, l'épée nue à la main, qui traversait la ville avec son régiment. Je le montrai à M. le comte, qui prit de là occasion de renouer la conversation que notre arrivée avait interrompue et qui dit qu'il s'étonnait que M. Constantin n'eût pas déjà été à Paris pour demander sa femme au roi ou pour l'arracher de force des mains de son père ; qu'à sa place, il n'aurait pas été si patient ; et que si sa chère femme s'avisait, sous prétexte de se faire papiste, de lui jouer un pareil tour, elle ne jouirait pas longtemps du plaisir de l'avoir mis au désespoir, et que les grilles les plus épaisses ne pourraient pas lui servir d'asile ni la dérober à son juste ressentiment. Il me fit signe des yeux en prononçant ces dernières paroles, et comme je crus qu'il y avait quelque mystère là-dessous, je l'applaudis en disant : « J'aime ce noble courroux. » Après cela, voulant satisfaire ma curiosité, je fus me promener dans les rues de Malines et voir le grand monastère de Saint-Alexis, qui est dans le faubourg et qui contient quinze ou seize cents religieuses. C'est à ce séminaire féminin que l'on doit les plus belles dentelles qui viennent de ce pays-là et que l'on appelle dentelles de Malines. Au reste, ces religieuses [4] ne vivent point avec la même contrainte que celles de France, car elles sortent. Et comme leurs vœux ne sont que conditionnels, elles les rompent quand il leur plaît et se marient lorsqu'elles en trouvent l'occasion. C'est à Malines que siège le Grand Conseil des Pays-Bas. Il y fut établi l'an 1473 par Charles, duc de Bourgogne [5], et l'archevêque de cette ville prend le titre de primat des Pays-Bas.

Après avoir vu ce qu'il y avait de plus remarquable dans ce lieu-là et pris un très léger repas, nous remontâmes en carrosse, et je m'aperçus que M. le comte n'avait plus au doigt une bague dont ma fille lui avait fait présent et qu'il avait juré d'emporter dans le tombeau. Elle n'était pas d'un fort grand prix, mais elle aurait dû lui être précieuse puisque non seulement il la tenait d'une main qui devait lui être chère, mais qu'elle était des cheveux de ma fille renfermés sous un brillant avec son chiffre. Il s'en était pourtant défait dans une petite promenade qu'il avait faite sans nous, et je ne jugeai pas à propos de lui en parler. Le carrosse ne nous mena pas jusqu'à Bruxelles. Nous descendîmes à Vilvorde, qui n'en est pas fort loin, et nous entrâmes là dans une grande barque fort commode où, comme dans l'arche de Noé, on voyait toutes sortes d'animaux ensemble et où le moine était confondu avec le cavalier, la nonne avec la coquette, l'honnête homme avec le filou et la femme de qualité avec la grisette. Des abbés à simple tonsure, pétris de musc et d'ambre, y poussaient les beaux sentiments avec autant de vivacité que les mousquetaires les plus dégourdis, et cette diversité de gens et de caractères faisait le plus plaisant assemblage du monde. D'un côté les savants, ou soi-disant tels, décidaient des ouvrages d'esprit ; et sur la même table où ils s'appuyaient, les filous déniaisaient au piquet ou à quelque autre jeu de trop crédules voyageurs et les débarrassaient d'une partie de leur argent. D'autres vidaient leur bouteille pendant que de pauvres capucins, en marmottant leur bréviaire, donnaient un mouvement ridicule à leur grande barbe que ma fille ne pouvait se lasser de regarder.

Avant de nous embarquer, nous avions vu cette belle fontaine de Vilvorde, dont l'eau est tout aussi bonne que celle que l'on boit à Nîmes. Nous passâmes ensuite devant ce qu'on appelle les Trois Tours de Bruxelles, que certain vaudeville a eu soin de célébrer. Et comme je m'étais mise à une fenêtre du bateau pour les regarder, M. le comte vint m'y joindre. Et après avoir parlé de ce qui faisait alors le sujet de ma curiosité : « Madame, me dit-il, vous me croirez sans doute bien emporté, et la manière dont j'ai parlé tantôt pourrait vous donner mauvaise opinion de moi, si je ne vous expliquais pas les raisons qui m'ont obligé à cela.

— J'avais envie de vous les demander, répliquai-je, car le signe que vous m'avez fait là-dessus m'inquiète.

— Eh bien, continua-t-il, sachez donc, madame, que si vous avez la satisfaction de voir madame votre fille, c'est moi seul que vous en devez remercier. Car dès que vous arrivâtes d'Angleterre, la douleur qu'elle eut de trouver Cavalier marié l'obligea d'écrire à Paris pour demander à son père les moyens de l'aller joindre, et elle m'a dit confidemment que son parti était si bien pris là-dessus dans ce temps-là que si dans les suites elle ne m'avait pas aimé, elle serait infailliblement partie. Ainsi, c'est à moi que vous devez le plaisir de la voir et celui de la voir dans la voie du salut. Ne vous souvient-il pas, ajouta-t-il, qu'un jour que vous étiez à Delft avec nous, elle voulut aller seule à La Haye et que, je ne sais sur quel prétexte, elle vous demanda la clef de votre appartement ? C'était justement pour avoir le temps d'y fouiller et de prendre, dans un trou de certaine muraille que la tapisserie cachait autrefois, des lettres qu'elle avait reçues de France et qu'elle avait grand peur que vous n'eussiez trouvées le soir que Saint-Pierre démeubla votre maison. Elle me dit qu'elle les avait heureusement retrouvées dans le même lieu, et je vous assure que si vous les aviez vues, nous n'en auriez pas été contente. Ainsi, quand vous n'auriez gagné que cela en la mariant avec moi, vous devez toujours bénir Dieu de cette affaire, puisque vous avez mis votre fille en bonnes mains et que, quand elle pourrait perdre les sentiments de tendresse qu'elle a pour moi, je veillerai si bien sur sa conduite et je seconderai si bien vos intentions là-dessus qu'elle sera bien fine si elle m'échappe.

— Je n'ai jamais douté, dis-je alors, que ce mariage ne fût avantageux pour elle en toutes manières, et vous pouvez juger par les miennes que j'en suis très satisfaite.

— Je le vois, me répondit-il, et j'espère que vous la serez toujours, car vous avez un honnête homme, et c'est là ce qu'on doit surtout considérer. Car enfin, vous preniez Cavalier, qui était un manant et qui s'est trouvé un fripon ; ainsi, quand je serais un mitron comme lui, vous auriez toujours gagné au change, puisque je suis honnête homme.

— Ne faites point de comparaison odieuse, dis-je alors, puisqu'il n'y en a point entre un homme de votre naissance et de votre mérite avec un fripon fieffé comme celui-là » [...].

Tout ce grand préambule me parut alors suspect, et fortifia les soupçons que la paresse des lettres de change et l'absence du prétendu banquier d'Anvers m'avaient déjà donnés. Ainsi, comme il était temps de s'éclaircir là-dessus, je priai M. le comte de me parler à cœur ouvert, et je lui fis connaître que je me doutais de quelque tromperie.

« Et en quoi croyez-vous être trompée, me dit-il ?

— Je ne sais, répliquai-je, mais je comprends par tout ce que je vois et que je ne vois pas qu'il y a quelque chose ici dessous et que vous ne m'avez pas accusé juste.

— Mais, ajouta-t-il, que feriez-vous en ce cas-là ? Car le mal serait sans remède. Me haïriez-vous ?

— Je ne sais, dis-je alors, mais ce qu'il y a de sûr, c'est que je vous estimerais beaucoup moins, car un honnête homme ne doit jamais mentir et moins encore tromper les gens, et abuser de leur confiance. Cependant, comme je crois que, si je suis trompée, ce n'est que sur le bien et que ce n'est pas là ce qui me tient le plus au cœur, je suis assez généreuse pour vous le pardonner, pourvu que vous me l'avouiez promptement.

— Mais, continua-t-il, qu'est-ce que vous croyez et quelle est l'idée que vous avez là-dessus ?

— Je crois, dis-je alors, puisque vous voulez que je m'explique, que vous n'êtes que le cadet de la maison de Winterfelt et que vous portez le nom d'une terre dont votre aîné est le maître ; que c'est pour cela que les lettres de change ne viennent point, parce que monsieur votre frère est sans doute rebuté des dépenses que vous lui avez faites ; et qu'ainsi, n'osant pas mener votre femme chez lui, vous nous faites courir les Flandres et le Brabant sans savoir à quoi vous déterminer. Si cela est, vous avez tort de ne pas parler franchement, car il faudrait prendre, en ce cas-là, des mesures convenables à l'état présent des choses. Et, je vous le répète encore, quoiqu'il ne soit pas agréable d'être dupe, pourvu que je ne la sois ni sur la religion ni sur la naissance, je vous pardonne tout le reste.

— Non, madame, me répondit-il, vous ne l'êtes point là-dessus, car je suis luthérien, je m'appelle Jean-Charle-Joseph de Bavons, seigneur de Winterfelt, mais Winterfelt n'est point à moi.

— Voilà justement, répliquai-je, ce que j'ai cru. Vous êtes un cadet à qui l'on a donné le nom d'une terre qui ne vous appartient pas, et ce frère, que vous nous avez dit être mort de langueur, est vivant et vous fera peut-être encore bien languir avant de vous laisser l'héritage.

— Non, madame, répliqua-t-il, ce n'est point ce que vous croyez, et mon discours va vous surprendre. Je suis natif de Bruxelles, je suis né papiste, mais ma princesse [6], qui était luthérienne, me fit faire de sa religion, et je ne changerais pas pour tout l'or du monde. Je suis devenu amoureux de votre fille, et Saint-Pierre me dit que si vous me croyiez bruxellois, vous ne me la donneriez jamais, parce que vous craindriez toujours pour la religion. Ainsi, il me conseilla de me dire allemand; et comme il avait ouï dire que vous aimiez le Wurtemberg, je choisis ce pays-là, et je m'en fis une patrie empruntée. De sorte que vous n'êtes trompée que sur le pays, qui est ce me semble une chose indifférente. Pour le nom de Winterfelt, c'est celui d'une terre que la Stuart m'avait donnée et que je lui ai rendue en la quittant. Pendant que nous étions à Delft, continua-t-il, je voulais toujours vous dire la vérité, mais je n'osai jamais. Je crois que Saint-Pierre avait fait dessein de vous jeter un certain soir dans le canal pour éviter ce dénouement et de peur que votre ressentiment ne tombât sur lui. Il me faisait une peur effroyable de vous, et cela est cause que je n'ai point reçu d'argent de chez moi de peur que vous ne vissiez que mes parents étaient à Bruxelles. Ils sont si charmés de mon mariage qu'ils nous attendent avec impatience. Je vous mène chez M. Douxfils, mon beau-frère, qui est un bon gentilhomme de Namur et qui s'est transplanté à Bruxelles parce que ma sœur n'en veut point sortir. Ma mère s'est retirée auprès d'eux, et je ne doute point qu'on ne vienne avec un carrosse nous attendre à la barque, car j'ai écrit d'Anvers que nous arriverions aujourd'hui. Vous verrez comment nous serons reçus, et je ne crois pas que vous ayez du regret au Wurtemberg, puisque Bruxelles vaut bien ce pays-là et que j'y ai les mêmes avantages que je supposais avoir en Allemagne.

— Et cette tante d'Augsbourg dont vous devez hériter de 25 000 livres de rente, que devient-elle, dis-je alors, avec son verre de cristal de roche et son carrosse d'ébène ?

— Elle est à Bruxelles, répliqua-t-il, et je n'ai fait au monde que dépayser les scènes.

— Et cet Ordre de chevalerie galante et tous les autres plaisirs de la cour de Stuttgart, où les trouverons-nous ?

— Nous les troquerons, dit-il, contre l'Opéra et la Comédie que nous avons ici, et que nous n'aurions pas trouvés là. »

M. le comte avait beau dorer la pilule, cet échange ne me plaisait point, et je ne pus pas m'empêcher de lui dire que je n'aurais pas voulu faire ce qu'il avait fait, puisqu'outre que c'était pécher contre la bonne foi, il avait aussi beaucoup risqué, et qu'une femme moins généreuse que moi ne lui aurait peut-être pas pardonné si facilement une pareille tromperie. « Madame, me dit-il alors, ne soyez pas généreuse à demi, et puisque vous avez la bonté de me pardonner, aidez-moi aussi à obtenir le pardon de ma femme. » Nous l'appelâmes alors pour lui annoncer cette nouvelle, mais elle y fut si peu sensible que je crus être la dupe de tous les deux et qu'ils avaient été d'intelligence pour me tromper.

Elle s'approcha de la fenêtre où nous étions. Et quand son mari lui eut dit en peu de mots de quoi il s'agissait : « Ce n'est point votre pays que j'ai épousé, répondit-elle, c'est vous. Et pourvu que vous soyez ce que vous m'avez dit être, j'aime encore mieux vivre à Bruxelles qu'à Stuttgart, puisque je serai plus près et de La Haye et de Paris, que l'on y vit bien plus à la française et que l'on y a des plaisirs que je n'aurais pas trouvés dans le Wurtemberg. » Elle proposa d'abord d'aller dès le lendemain à l'Opéra. M. le comte y donna des mains avec plaisir, et comme elle avait laissé ses habits en Hollande, il lui dit qu'elle pourrait choisir dans la garde-robe de sa sœur, qui en avait de très magnifiques et qui était à peu près de la même taille. À ces mots, nous nous aperçûmes que la barque était arrêtée. Tout le monde se leva pour sortir, et nous sortîmes comme les autres. Il y avait quantité de carrosses sur le port, et nous croyions y trouver le nôtre. M. le comte s'avança pour le reconnaître, car il était déjà tard. Mais il vint ensuite nous dire qu'il fallait prendre le parti d'aller à pied, qu'il n'avait pas songé d'abord que son beau-frère lui avait mandé que sa sœur était accouchée et que, sans doute, on aurait baptisé l'enfant ce jour-là : « Voilà, dit-il, ce qui empêche qu'on ne vienne au-devant de nous. Je suis fâché de ce contretemps. »

Après cela, continuant dans ses conjectures : « Je m'imagine, ajouta-t-il, que Pascale aura été le parrain en mon absence, car c'est le meilleur de mes amis. Il est gouverneur de Bruxelles et général de l'infanterie espagnole. Vous jugez bien que si je voulais des emplois, je n'aurais qu'à parler et qu'il m'en donnerait à choisir. Je vous mènerai un de ces jours dîner chez lui. Il fait bonne chère, et sa femme et sa fille vous feront, je m'assure, bien des honnêtetés à ma considération. Oh ! S'il sait que nous venons aujourd'hui, il viendra sans doute me voir demain matin. Je suis au désespoir de n'avoir pas ma belle robe de chambre. Le comte de Gam viendra aussi, le baron d'Audigni, le baron d'Étrangle, le duc d'Aremberg, et je voudrais bien être un peu plus propre. Mais outre que la garde-robe de mon beau-frère n'est pas si bien fournie que celle de ma sœur, nous ne sommes pas de même taille ; ainsi, il ne peut m'être d'aucun secours là-dessus. » Pendant qu'il battait ainsi la campagne, nous étions sur le pavé. Les flambeaux qui avaient éclairé un moment auparavant le rivage étaient disparus avec les carrosses, qui avaient emmené quantité de nos compagnons de voyage. Il faisait fort obscur et fort crotté. Ainsi, ne pouvant me résoudre à traverser Bruxelles à pied, je priai M. le comte d'envoyer quelqu'un chez M. Douxfils, mais il me répondit que nous n'étions pas en Hollande, qu'il n'y avait personne sur le port capable de faire un pareil message, et qu'à moins d'y aller lui-même et que nous ne voulussions l'attendre dans la rue, il fallait nous résoudre à faire ce trajet à pied.

Il était assez grand, puisqu'il fallait aller du rivage à la rue du Lombard, qui est derrière la maison de ville. Mais il fallut pourtant en passer par là, et après avoir bien barboté à tâtons dans les crottes, nous arrivâmes fort fatigués à la porte d'une maison où l'on nous fit sonner pendant une demi-heure. Après quoi, une voix humaine cria assez brusquement : « Qui est là ? — C'est moi, répondit fièrement le comte, ouvrez promptement. » À ces mots, la porte s'ouvrit, et un homme en bonnet rouge avec un bout de chandelle à la main en fit seul l'ouverture et, d'un air assez renfrogné, dit à M. le comte : « Je ne vous attendais pas ce soir, et je m'étonne qu'après ce que je vous ai écrit à Anvers, vous n'ayez pas encore attendu. » Après cela, pourtant, il se radoucit un peu pour nous saluer et, nous laissant dans le vestibule, courut en haut pour chercher un trousseau de clefs.

J'avais cru que c'était le maître d'hôtel de M. Douxfils, et je m'étonnais de ne voir paraître ni valets ni cocher, et de ne point sentir à cette heure-là le fumet de la cuisine. Mais mon étonnement fut bien plus grand quand j'appris que ce prétendu maître d'hôtel était M. Douxfils et que je vis qu'il était lui seul l'hôte et l'hôtellerie. Il revint à nous le plus promptement qu'il lui fut possible et nous fit entrer dans une chambre basse la plus magnifique du monde. Tout y brillait d'or et d'azur, la tapisserie était de haute lisse et des plus belles de Flandres. Les miroirs et les tables, tout était d'un très grand prix. Les fauteuils, les peintures, le lit et la finesse des draps donnaient une grande idée de l'opulence du maître de la maison. À côté de cette chambre, il y en avait une autre très propre, mais où l'on n'avait pas encore eu le temps de mettre une assez belle tapisserie.

« J'avais dessein, dit M. Douxfils, de faire descendre ici ma femme, et vous auriez eu l'appartement d'en haut si vous aviez encore attendu quelques jours. Car comme elle n'est accouchée que d'avant-hier, on n'a pas jugé à propos de la transporter si tôt. » Après cela, il nous pria de monter à la chambre de l'accouchée, où la mère de M. le comte nous attendait. Mais, bon dieu, quelle fut ma surprise ! La chambre d'en haut était encore plus magnifiquement meublée que la basse. L'accouchée était dans un beau lit, et la bonne femme de mère, que je pris d'abord pour la garde, avait l'air et l'habit de la plus chétive artisane. Elle s'avança vers nous en coiffure plate ; et après avoir baisé ma fille, elle lui mit la main sous le menton, et avec une naïveté puérile : « Ah, dit-elle, il a su la choisir jolie ! » Je ne savais que penser de toutes ces choses si mal assorties, et ce qui acheva de m'étonner ce fut, lorsqu'après avoir répété plusieurs fois qu'on ne s'était pas attendu à nous voir si tôt et qu'on n'avait pas fait préparer à souper, on nous apporta un méchant reste de gigot froid que je n'aurais pas regardé dans un autre temps et que la grande faim nous fit pourtant manger avec du pain noir comme la cheminée. On nous servit en vaisselle de terre, et avec des cuillères et des fourchettes d'étain. Et M. Douxfils nous dit que sa servante l'avait volé la veille et lui avait emporté jusqu'à la petite cuillère à bouillie de l'enfant. Cette raison lui fournissait une double excuse, et il imputait à ce vol le manque de servante et de vaisselle. Je fis semblant de croire tout ce qu'on voulut, et tout ce micmac me paraissait pourtant fort incompréhensible et ne répondait point à l'idée que M. le comte m'avait donnée, non plus qu'à la magnificence des ameublements [...].

Je ne pouvais me consoler d'avoir été la dupe de ce fripon et d'avoir été jouée tout comme Molière fait jouer le bourgeois gentilhomme quand il lui fait croire que le fils du Grand Turc épouse sa fille. Cette aventure n'était point agréable pour une femme comme moi, et je craignais qu'elle ne fût fâcheuse pour ma fille. Le séjour de Bruxelles me paraissait dangereux par rapport à la religion. J'avais grand regret au pays de Wurtemberg et à ce beau nom de Winterfelt, auquel ma fille était déjà si fort accoutumée et qu'elle avait mis à toutes les lettres qu'elle avait écrites. Comment rajuster cela? Je ne savais quelles mesures prendre. Il fallait ou dire que nous avions menti ou convenir qu'on nous avait trompées, et l'un et l'autre donnaient une scène au public qui ne m'accommodait point et fournissait de nouvelles armes à mes ennemis.

Il y avait encore une circonstance qui me faisait de la peine. Car pour mieux me tromper, dans le temps qu'on fit le mariage, on m'avait conseillé de dédier le premier volume de ces mémoires au prince de Wurtemberg, et j'avais déjà fait une épître dédicatoire dans laquelle je disais au prince que, puisque ma fille était assez heureuse pour devenir sa sujette, j'espérais que Son Altesse ne trouverait pas mauvais que, pour me faire connaître à elle, je prisse la liberté de lui dédier un livre qui pourrait lui apprendre une partie de mon histoire. Je lui parlais de la joie que nous avions ma fille et moi de pouvoir espérer de vivre bientôt sous ses lois. Enfin, cette épître était remplie de choses qui convenaient à ce que l'on m'avait fait croire et qui auraient paru ridicules sans cela. Je tremblais que cela ne fût déjà imprimé, et j'étais indignée de l'effronterie que l'on avait eue de me compromettre ainsi. Je passai la nuit dans les plus tristes réflexions du monde. Et dès qu'il fut jour, j'écrivis pour contremander mon épître, et j'envoyai à la place celle qu'on voit à la tête de ce livre et qui est adressée au comte de Dohna. Heureusement, j'y fus encore assez à temps.

Après cette expédition, je passai à la chambre de ma fille. Je la trouvai occupée à manger une beurrée de pain, et je n'entendis point parler de ce chocolat que M. le comte m'avait tant vanté. À dîner, nous eûmes des cuillères et des fourchettes d'argent, et une espèce de maître d'hôtel d'assez bonne mine nous vint servir. Deux ou trois jours se passèrent de même, pendant lesquels je n'entendis parler ni de parents ni de parentes. On disait que, comme on n'avait pas des habits assez propres, on avait fait prier les parents et les amis de modérer leurs empressements et de nous donner le temps de nous reposer. Cependant, je ne voyais pas qu'on se disposât fort à envoyer chercher les hardes de Delft, et j'en dis mon sentiment à M. le comte de Saint-Paul [7], car il ne l'était plus de Winterfelt. M. le comte me dit qu'il ne voulait pas faire l'honneur à son beau-frère de lui demander de l'argent et qu'il me priait de vouloir bien lui faire connaître qu'il lui ferait plaisir de lui en prêter : « Je lui en ai assez donné, me dit-il, il a une tapisserie à moi qui vaut plus de cinq mille francs. Je l'ai nourri pendant longtemps, et je ne croyais pas réchauffer le serpent qui séduirait ma sœur. Enfin, continua-t-il, vous n'avez qu'à lui dire un mot, et d'abord sa bourse me sera ouverte. » Quoique cette commission ne fût pas de mon goût, je voulus pourtant bien m'en acquitter. Je tirai Douxfils en particulier, et je lui dis que son beau-frère, se trouvant sans argent, avait compté sur sa bourse ; qu'en pareil cas, il pourrait aussi disposer de la sienne et que, comme entre proches il fallait s'aider les uns les autres, il le priait de lui prêter une trentaine de pistoles qu'il était obligé d'envoyer en Hollande : « Moi, lui prêter trente pistoles ! me dit l'autre. M. de Saint-Paul n'y songe pas. Il doit se souvenir qu'il m'a mis hors d'état de les avoir et même de les pouvoir emprunter, puisque non seulement je me suis épuisé pour lui, mais que j'ai encore perdu mon crédit en devenant sa caution. Je n'ai pas pris un sou de sa sœur, et c'est assez que je puisse la nourrir en travaillant sans que je sois chargé de sa famille. Si M. de Saint-Paul a été reçu chez moi et si je lui fais des honnêtetés, ce n'est que par rapport à vous et à madame votre fille. Je ne fais pas beaucoup, mais je fais plus que je ne puis et plus que je ne dois. Et si vous saviez ce qu'il m'a fait, vous me trouveriez encore trop généreux. Il est entré chez moi l'épée à la main pour tuer sa sœur pendant qu'elle était grosse. Il m'a joué des tours indignes et m'a fait cent friponneries. Et il faut être aussi hardi qu'il l'est pour oser après cela entrer chez moi, et aussi bon que je le suis pour lui avoir ouvert ma porte. Mais il est vrai, encore un coup, que ce n'est pas pour l'amour de lui. Il vous a sans doute fait croire qu'il vous menait dans des palais, car je connais ses gasconnades. Un fripon de Saint-Pierre nous a écrit ici qu'il l'avait fait passer pour comte allemand, et je vois bien que Saint-Pierre et Saint-Paul ont été de concert pour vous tromper. Je vous plains, et j'ai beaucoup blâmé son procédé. Je lui en ai dit mon sentiment, et par lettres et depuis même qu'il est ici. Et je trouve qu'il est bien heureux d'en être quitte à si bon marché. Il vous dit tous les jours nouvelles menteries, et ce qui me fâche, c'est qu'il me force à en dire aussi. Mais si ceci dure encore longtemps, je débrouillerai le mystère. » [...].

Cependant, ma fille était au désespoir de tout ce qui se passait, et si je n'avais pas été auprès d'elle pour la consoler, je ne sais ce qu'elle serait devenue. J'avais autant de besoin qu'elle de consolation, et je voyais que, bien loin du bonheur auquel je m'étais attendue, je tombais d'un abîme dans plus grand. Je comprenais alors que Cavalier était l'auteur de tous mes maux et que Saint-Pierre avait été mis en œuvre par lui. Et comme l'imposteur se faisait appeler Saint-Paul, je crus que Dieu avait permis que j'eusse été la dupe de ces anti-saints pour me punir de ce que j'avais dit que, quand saint Paul descendrait du ciel, je ne me fierais pas à lui. Ce sont des expressions folles et outrées, dont on ne doit jamais se servir.

Il est bon de parler de ce qui se passa chez M. Douxfils et de la manière dont ces deux beaux-frères se séparèrent. Il y avait quelque temps qu'ils se faisaient fort mauvaise mine et, depuis qu'on avait congédié le compère cuisinier et que les cuillères d'étain étaient revenues sur l'horizon, l'ordinaire était si fort baissé qu'on n'y avait pas de quoi vivre. Une petite salade ou quelques betteraves cuites à la braise étaient les meilleurs repas, avec du pain noir en petite quantité et de l'eau abondamment. La bière avait été supprimée, et les moines de la Trappe ne faisaient guère plus d'abstinence que nous. Cependant, M. Douxfils se lassa de cette dépense ; et après avoir fait connaître par ses manières qu'il la faisait à regret, il me dit un jour le plus honnêtement qu'il lui fut possible qu'il fallait que je cherchasse à me loger ailleurs. Je lui répondis que ce n'était pas à moi à qui il fallait s'adresser pour cela ; que monsieur son beau-frère nous menait, qu'il était dans son pays et parmi ses parents, et qu'il ne me convenait point de m'embarrasser de ces sortes de choses : qu'il était assez triste, après s'être attendue à entrer dans de belles terres, de se trouver dans la maison d'autrui, et qu'il y aurait de la cruauté à vouloir que je réparasse les fautes dont je souffrais moi-même.

« Vous avez raison, madame, me dit M. Douxfils, mais il n'est pas juste non plus que j'en souffre. M. de Bavons, car il n'est plus temps de parler de comte ni de comté, m'a écrit conformément à ce que son fripon de Saint-Pierre m'avait marqué ; et après m'avoir appris comment il s'était fait passer pour comte de Winterfelt, il m'a dit qu'il en revenait au nom de comte de Saint-Paul qu'il avait pris autrefois en Allemagne et sous lequel il n'est que trop connu ici. Il vous a fait croire qu'il le tenait de sa sœur en vertu de quelque traité fait entre eux : tout cela est faux. Sa sœur s'appelle Le Grand. Elle est belle et femme d'esprit. Elle a trahi son pays et s'est procuré par là du pain en France. Voilà tout ce que j'en sais, car je suis nouveau venu dans la famille, mais ce que je sais bien, c'est que je ne dois pas être choisi pour en être la victime. M. de Bavons me doit plus de cinquante pistoles que je lui ai prêtées en divers temps à la considération de ma femme, mais on me montrerait au doigt si j'étais encore assez sot pour me laisser duper par lui. Je rougis même d'avoir pu ajouter foi à ce qu'il m'a écrit, le connaissant aussi menteur que je le connais. Car, madame, après m'avoir exagéré tous les avantages qu'il avait trouvés en se mariant, dont je conviens avec lui par rapport à la naissance et au mérite, il me marquait qu'il avait pris une femme avec cent mille écus ; qu'il venait avec deux mulets chargés d'argent, de diamants et de toute sorte de marchandises des Indes, dont il avait fait emplette en Hollande pour les revendre ici le double de ce qu'elles lui coûtaient. Il y avait plusieurs pièces d'étoffes dont il devait faire présent à ma femme, et pour reconnaître les plaisirs que je lui avais faits autrefois, il voulait faire ma fortune en me faisant part de la sienne. Il venait loger chez moi pour cela, et nous devions faire les meilleures affaires du monde ensemble. Mais comme il vous avait, disait-il, donné une grande idée de la famille, il fallait pour la soutenir que vous trouvassiez ma maison bien meublée : c'est pourquoi j'ai eu la folie de louer tous les meubles que vous voyez et qu'un petit emploi de neuf cents francs par an ne saurait me donner. J'ai payé d'avance le loyer d'un mois et ne suis pas d'avis qu'il m'en coûte davantage. Je m'en vais les faire détendre, car je vois bien qu'il n'est ni en humeur ni en état de me dédommager de tous ces frais. Je vois que ces mulets chargés d'argent ont les jambes cassées. Il est vrai que j'avais écrit à M. de Bavons de ne pas risquer son équipage et de laisser tout à Anvers de peur des partis bleus [8], mais j'apprends par le maître de la poste, qui est de mes amis, qu'il ne lui a remis qu'un coffre sur lequel il a encore emprunté quelques pistoles. Ainsi, madame, nous sommes vous et moi ses dupes. Je vous plains, mais je veux éviter si je puis qu'il ne m'en coûte autant qu'à vous. Du reste, je souhaite qu'il change et qu'il vous donne autant de satisfaction qu'il a donné jusqu'ici de chagrin à sa famille, dont il a causé la perte à tous égards. Car il a ruiné sa mère qui était autrefois une riche marchande de tabac, et il avait fait beaucoup de tort à la réputation de sa sœur. »

Le discours de M. Douxfils acheva de m'accabler. Je voulus lui parler de tous ces grands seigneurs que son fripon de beau-frère m'avait dit être de ses parents, mais il me répondit qu'il ne savait pas sa généalogie et que je pourrais voir l'après-midi une partie de la famille dans la chambre de sa femme.

Effectivement, on l'y régala, et ma fille fut de ce régal. On lui présenta une sœur de sa belle-mère qui était cabaretière à l'enseigne de Saint-Joseph, une autre parente qui louait des chambres garnies, un cousin libraire, et une belle-sœur chirurgienne [9] [...]. Toutes ces petites sous-bourgeoises firent de grandes caresses à ma fille. La conversation roula d'abord sur les accouchements. On parla ensuite de dévotion, et une dame de la compagnie cita une histoire qu'elle prétendait être arrivée à l'apôtre saint Pierre, et qui lui servait à prouver que la charité et la générosité enrichissent au lieu d'appauvrir : « Saint Pierre, dit cette dame, avait été chargé d'apprêter le souper pour notre seigneur et ses douze apôtres. Il ne put trouver pour cela que douze œufs. Il en servit un à chacun et n'en garda point pour lui. Notre Seigneur voulut savoir pourquoi saint Pierre mangeait son pain sec. On lui en dit la raison, il ordonna sur-le-champ que chacun de ses apôtres donnât le quart de son œuf à ce sobre disciple. Et comme il se proposait toujours pour l'exemple, il lui donna aussi le quart du sien. Ainsi, saint Pierre se trouva avoir la valeur de trois œufs pour le récompenser de sa discrétion et de s'être oublié pour ses frères. »

Cette histoire, qui fut contée sans beaucoup d'art, eut pourtant la grâce de la nouveauté pour ma fille qui n'en avait jamais ouï parler. Elle demanda à l'éloquente conteuse d'où elle l'avait tirée, parce qu'elle ne croyait pas l'avoir vue dans la Bible. À ce mot de Bible, toute la compagnie cria : « Jésus Maria ! » Et l'historienne dit d'un air méprisant et avec un rire moqueur : « Vraiment, vraiment, vous nous la baillez belle avec votre Bible, nous ne nous amusons point à lire ces f....... là ! » Elle ne dit pas « fadaises », mais bien une ordure effroyable sur la même rime. Ma fille frémit et crut être dans un mauvais lieu, mais on se moqua d'elle et l'on voulut lui persuader que toutes les femmes de Bruxelles parlaient aussi cavalièrement. Je crois pourtant que les femmes de qualité sont modestes à Bruxelles comme partout ailleurs, puisque la modestie est une vertu qui les rend si estimables que, quand elle ne leur serait pas naturelle, il faudrait toujours par politique paraître en avoir, et qu'à moins d'être sans éducation et de ne suivre que la pure nature comme les bêtes — encore faut-il que ce soit une nature bien corrompue — il n'est pas permis d'être aussi dévergondée et aussi impie.

M. Douxfils me pria le soir de ne pas mettre cet article dans mes mémoires, mais je lui dis que je ne pouvais pas m'en dispenser, puisque cela sert à faire voir le tort que l'on a dans les pays où les catholiques gouvernent de ne point laisser lire la Sainte Écriture et d'avoir des maximes si opposées à celles de l'ancien peuple de Dieu qui, comme David, y méditait journellement, et la faisait copier et apprendre par cœur à ses enfants. Les fidèles de Bérée [10] la confrontaient avec ce que les apôtres leur prêchaient, et il nous est ordonné de nous en enquérir diligemment, puisque c'est par elle que nous devons avoir la vie éternelle. Cependant, Rome veut que ses enfants soient dans une ignorance crasse là-dessus; et excepté quelques personnes éclairées, les autres regardent la Bible comme l'alcoran et ne la connaissent guère mieux : témoin le discours profane et indécent de la dame de Bruxelles [...].

Comme Bavons avait vu le fond de ma bourse et qu'il ne pouvait plus rien me prendre, il se résolut à se défaire de moi. Pour cela, il vint un jour avec un air fort gai me dire qu'il avait vu des demoiselles qui étaient les bonnes amies de M. Du Noyer, mon beau-frère; qu'elles avaient grande envie de me connaître et que si j'y allais, elles me prieraient infailliblement à dîner. Comme ma fille n'avait pas mangé depuis deux jours, non plus que moi, je me résolus à faire cette visite [...]. Les dames en question nous régalèrent effectivement, et ma fille les trouva si gracieuses que cela suspendit un peu le chagrin qui la dévorait. Le soir, M. le comte ne manqua pas de venir : il fut régalé à son tour, et comme nous étions dans le carnaval, on nous pria de rester parce que ces dames devaient avoir les violons.

Ma fille n'était pas en habit de bal. On lui donna une robe à la vénitienne : son indigne mari lui peigna les cheveux et, après l'avoir conduite dans la salle où l'on dansait, il fut charmé de la curiosité qu'on eut d'abord pour ce masque et de la manière dont on applaudit à sa danse. Après cela, il fut dans un autre endroit de la salle où une troupe de jeunes gens, qui le connaissaient pour un chevalier d'industrie, croyant que ma fille était quelque aventurière dont il faisait argent, lui firent des propositions dignes de lui et indignes d'elle. Il lui en vint même présenter quelques-uns qu'il disait être de ses anciens camarades, et lui dit tout bas de leur emprunter de l'argent et de tâcher d'avoir de quoi se tirer d'affaires, puisqu'elle était en occasion pour cela et que, dans cette assemblée, il y avait des messieurs très généreux et en état de lui rendre service. Ma fille frémit à des propositions de cette nature et si opposées à l'éducation que je lui avais donnée. Et ce qu'elle me dit là-dessus ne me fit que trop voir que nous avions affaire à un maraud.

Voyant donc que j'avais été trompée en tout et que cet infâme La Fond, ou le faux Saint-Pierre, m'avait vendue de la plus cruelle manière, je sentis redoubler toute l'horreur que j'avais pour lui. Je faisais ces tristes réflexions au son des violons ; et beaucoup plus attentive à mes chagrins qu'occupée à voir danser, je m'entretenais de mes malheurs lorsque je vis paraître celui qui en était l'auteur et que l'infâme La Fond entra dans la salle. Je courus d'abord à l'endroit où je l'avais vu, et je le suivis dans un autre où il passa pour lui reprocher l'état où il m'avait mise et lui demander ce que je lui avais fait pour l'obliger de me sacrifier ainsi. Mais ce malheureux, après s'être tourné vers moi d'un air riant, et avoir regardé à droite et à gauche, s'avança. Et avant que j'eusse eu le temps de prononcer une seule parole, il me donna deux coups sur la tête qui m'ôtèrent la connaissance. Et comme quelqu'un passa dans ce moment-là, craignant d'être attrapé, il s'enfuit au plus vite : sans cela, je crois qu'il m'aurait achevée, car son dessein avait été sans doute de m'enfoncer la tempe, et il tint à peu qu'il n'y réussît. Quoiqu'il en soit, comme tout le monde courut à moi, il ne lui fut pas possible de revenir à la charge, et il ne lui aurait pas été aisé d'échapper si ces demoiselles si gracieuses n'avaient été d'intelligence, aussi bien que M. de Bavons, qui avait eu soin de conduire la victime.

Je demandai d'abord où il était, mais on dit qu'il était sorti un moment avant que cela fût arrivé, et c'était sans doute pour pouvoir dire, au cas que je fusse morte, qu'il n'y avait point eu de part et échapper par là au gibet. Tous les honnêtes gens qui étaient dans cette assemblée voulurent courir après l'assassin, et le neveu de M. le marquis de Pascale, gouverneur de Bruxelles, qui se trouva là, fit tout ce qu'il put pour me venger. Mais comme la fuite de cet infâme lui en ôtait les moyens, tout le monde conclut que cette vengeance était réservée à M. de Bavons et que s'il avait un brin d'honneur, il donnerait le lendemain matin cent coups de bâton à Saint-Pierre; mais il ne fut pas de cet avis-là. On me ramena presque mourante au logis. Nous le trouvâmes couché, et comme il me croyait déjà morte, il fit un cri comme il avait fait une autre fois en pareil cas à Delft, marquant par là combien il était surpris de me voir toujours échapper aux conspirations qu'on faisait contre moi. Ensuite, il prit de grands devants pour que je ne crusse pas qu'il eût aucune part à cela; précautions qui m'étaient d'autant plus suspectes qu'on ne s'avise guère de se justifier sur des choses dont on n'est pas capable et dont on ne croit pas devoir être soupçonné. Il me dit après cela qu'il voudrait bien me venger mais que, ne pouvant pas le faire sans s'exposer, puisqu'un homme valait toujours un autre homme, je ne devais pas l'exiger, ni sa femme y consentir, à moins de vouloir qu'on crût dans le monde qu'elle cherchait à se défaire de lui. Je vis par ce discours à quoi je devais m'en tenir et à quel homme j'avais affaire, et je me tins encore plus sur mes gardes en attendant que le bon Dieu me délivrât de cette misérable captivité [...].

J'implorai la protection de M. le marquis de Pascale qui commandait dans Bruxelles. Je ne le connaissais point; mais comme son mérite ne m'était pas inconnu, je ne doutai point qu'il n'eût pitié de mon état et qu'il ne me donnât les moyens de m'en tirer. Il le fit en effet, et après m'avoir assurée de la part qu'il prenait à mes malheurs, il m'offrit d'envoyer chercher ce fripon et de le faire mettre en lieu de sûreté; mais je craignis que, pendant ce temps-là, La Fond ne nous jouât quelque mauvais tour. Ainsi, je crus que le plus sûr pour nous était de sortir promptement du Brabant et de repasser en Hollande : la difficulté était que je n'avais point d'argent. M. de Pascale la leva et le plus généreusement du monde, sans même que je le lui demandasse, et il me donna abondamment de quoi faire le voyage. La situation où j'étais m'obligea d'accepter ses offres. Je le priai ensuite de vouloir bien, lorsque je serais partie, examiner si ce malheureux pouvait encore être capable de quelque sentiment d'honneur, auquel cas je le suppliais de tâcher par sa protection de le rendre tel qu'il avait voulu paraître ; et au cas qu'il fût convaincu de son indignité, je le priais de m'en faire raison. Il me le promit et, après m'avoir souhaité un heureux voyage, m'exhorta à partir au plus vite. Je suivis son conseil, et quand il se fut informé avec soin de la famille et de la conduite de Bavons et qu'il fut bien persuadé que ce malheureux ne méritait que des châtiments, il dressa le certificat qu'il eut la bonté de me donner quelques temps après à La Haye, et dont voici la copie :

Nous, le marquis de Pascale, du conseil de guerre de Sa Majesté catholique, et général de son infanterie au Pays-Bas, etc., etc.
Certifions que Mme du Noyer et sa fille sont venues pendant que nous commandions à Bruxelles nous demander notre protection contre le nommé Bavons, lequel après s'être marié en ce pays avec ladite dame sa fille, se faisant passer pour le comte de Winterfelt et ne l'étant pas, les avait amenées à Bruxelles d'où il est et où sa fourberie s'est découverte. Il eut de si méchantes manières avec elles qu'elles crurent n'être pas en sûreté contre ses violences, ce que nous leur avons accordé en leur procurant les moyens de retourner dans ce pays. Et comme, pendant ce temps-là, nous avons voulu nous éclaircir du fait, nous avons découvert qu'il est le fils d'un bourgeois et que sa mère a vendu du tabac, et n'a nullement l'honneur d'appartenir à une famille si distinguée, dont il a l'effronterie de prendre le nom pour appuyer ses friponneries. En foi de quoi nous avons signé cette lettre à La Haye, le 28 mars 1710.

[...]
Cependant, je crois que si je n'avais pas eu recours à M. de Pascale, je n'aurais jamais pu me tirer de ce gouffre de malheurs et que j'aurais péri dans ce coupe-gorge, où Saint-Pierre aurait pu venir se joindre à Bavons et nous assassiner sans que personne en eût jamais entendu parler et sans que j'eusse pu aspirer à la triste consolation d'être plainte, puisque je n'avais pas encore eu le

temps d'écrire mes malheurs et, en les apprenant au public, d'exciter sa compassion. On s'étonnera sans doute de cet acharnement que Bavons avait à vouloir se défaire de moi, et peut-être de toutes les deux s'il l'avait pu. Mais il est aisé de pénétrer ses motifs. Il n'avait pas tiré tout le fruit qu'il avait attendu de son imposture : il la voyait découverte, et il voulait se mettre à l'abri de mes poursuites en me mettant hors d'état d'en faire. D'ailleurs Cavalier, qui l'avait mis en besogne, attendait sans doute pour le payer de tous ses soins qu'il couronnât l'œuvre par ce dernier crime; et comme un abîme appelle un autre abîme, ce digne agent d'un tel maître n'était pas d'humeur de demeurer en si beau chemin. Il le fallut pourtant, et grâce à notre escorte, nous arrivâmes heureusement à Rotterdam, et quelques heures après à La Haye.

Comme Cavalier se trouvait bien dans mes maisons de campagne, il suivit l'exemple de Tartufe, ne voulant pas en sortir malgré ses déclarations; et quoiqu'il sût bien qu'il n'y avait nul droit, il trouva plus à propos que j'en fusse dehors et refusa les clefs à ceux que j'avais envoyés pour les prendre. Il établit même là une espèce de garnison et y logea quantité de soldats de son défunt régiment, avec ordre de jeter dans le canal tous ceux qui voudraient approcher. Il se croyait sans doute en Cévennes et prétendait pouvoir aller à maraude chez moi. Cependant, comme il n'était pas à propos de se faire compromettre avec cette canaille et qu'il fallait procéder par justice, dont les formalités sont longues, je me trouvais à la rue, ma maison du Moolenstraat ayant été vendue, comme je l'ai déjà dit, pour les frais de cette indigne noce. Ainsi, je fus obligée de prendre une chambre garnie, et je me logeai par malheur chez des Français réfugiés, gens qui m'ont toujours fait ou causé du chagrin [...].

Dès que je fus arrivée, je courus à Delft pour conter mes malheurs à M. Baudan, mon cher parent et mon plus sincère ami. Comme j'avais toujours été à Bruxelles dans une espèce d'inquisition, n'osant écrire à personne à cœur ouvert parce que M. Douxfils, qui était commis à la poste, se donnait des airs d'ouvrir toutes mes lettres et que, sur la moindre plainte qu'on eût découverte, on m'aurait mise hors d'état d'en pouvoir faire d'autres, M. Baudan avait ignoré toute la fourberie et m'avait crue bien avant dans l'Allemagne. Ainsi, il fut surpris de me revoir et très affligé du triste récit que je lui fis. Il ne douta point que le fripon de Bavons ne nous suivît de près et que, ne sachant où donner de la tête, il ne vînt encore m'être à charge et achever de me mettre à la mendicité. Ainsi, comme il fut convaincu par tout ce que je lui dis que c'était un fripon de profession dont il était impossible de pouvoir jamais rien faire de bon, il conclut qu'il fallait tâcher de faire rompre un mariage qui, étant frauduleux, devait être nul, puisque l'on avait menti sur tout et que tous les articles en étaient faux. Mais il m'exhorta pour cela à la prudence : « Quand ce fripon viendra, me dit-il, car je ne doute point qu'il ne vienne et qu'il ne vienne souple comme un gant, gardez-vous bien d'éclater contre lui. Recevez-le honnêtement, et amenez-le d'abord ici. Je lui ferai tant de honte de sa perfidie et de l'impudence avec laquelle il a accusé faux aux magistrats, de l'effronterie qu'il a eue de se jouer d'un homme comme moi et de me faire croire qu'il était d'un pays, d'une naissance, d'une religion et d'une richesse si opposés à ce qu'il est, qu'après lui avoir fait craindre les châtiments que de pareilles impostures méritent, il s'estimera trop heureux d'en être quitte pour donner son consentement à la cassation de ce malheureux mariage et d'échapper par là à la sévérité des lois dont il a osé se moquer. » Je trouvai le raisonnement de M. Baudan fort juste, et j'étais fort résolue à suivre ses avis, mais ma fille rompit toutes mes mesures.

Je trouvai à mon retour à La Haye que Bavons y était déjà arrivé, et je le trouvai au coin du feu de mon hôtesse. On servit un moment après : j'eus soin de le faire souper, après quoi ma fille dit que, n'y ayant point de lit dans la maison pour lui, il fallait qu'il allât coucher ailleurs. Comme je ne voulais pas lui rompre en visière, ni le mettre en occasion d'aller prendre de mauvais conseils, comme il a fait dans les suites, je ne jugeai pas à propos qu'on l'envoyât coucher dehors. Et comme ma fille avait trop d'horreur pour lui pour vouloir lui faire place dans son lit, je trouvai un milieu à cela et je lui dis que, n'en ayant qu'un à nous deux, quand je lui offrirais de le lui céder, il ne l'accepterait sans doute pas et qu'ainsi, j'étais d'avis que nous ne nous couchassions ni les uns ni les autres.

Je fis faire un bon feu dans la chambre, je proposai de faire du café pour nous amuser et d'aller dès le bon matin à Delft consulter M. Baudan sur les mesures que nous devions prendre. M. de Bavons fut de cet avis, et ma fille dit que je n'avais toujours qu'à monter et qu'elle me suivrait. Mais je ne fus pas plutôt en haut que l'hôtesse, suivant les lumières des gens de cette espèce, lui dit qu'elle devait se défier de moi et que la civilité que j'avais pour ce fripon lui était suspecte; qu'au lieu de lui avoir parlé honnêtement, je devais l'avoir reçu à coups de bâton et qu'elle voyait bien par mes manières qu'il fallait que je fusse dans ses intérêts : « Votre mère, lui disait cette mégère, veut vous obliger à coucher avec ce maraud, et pour comble de malheur vous deviendrez peut-être grosse. Ainsi, gardez-vous bien de monter. » Le mari et quelques garçons de métier, en qui le brandevin opérait, furent aussi de cet avis. Il n'y eut pas jusqu'aux petits enfants qui ne donnassent aussi le leur. Tout le monde opina en conformité, et comme on célébrait dans cette maison une noce du voisinage, toute cette belle assemblée se mit à danser en rond. J'eus beau appeler ma fille, on me répondait qu'elle voulait danser. Elle me le répondit elle-même, et ensuite on députa un homme de la troupe qui vint dire à M. de Bavons qu'après avoir trompé sa femme, il ne devait pas compter qu'elle voulût jamais le regarder comme son mari; qu'elle prétendait dès le lendemain faire rompre son mariage et cent choses de cette nature qui, quoiqu'elles fussent très véritables, n'en étaient pourtant pas plus à propos [...].

Bavons comprit qu'il était mal dans ses affaires. Ainsi, continuant toujours ses fourberies, il fit le possédé, se donna un tremblement de nerfs et fit des contorsions aussi fortes que celles des prophètes d'Angleterre lorsqu'ils sont dans l'enthousiasme. Et au milieu de ces violentes agitations, tous ceux qui s'approchaient de lui étaient les uns le roi de Pologne, d'autres le duc de B***, un autre l'empereur. Il devait combattre tous ces souverains et donnait pour cela ses ordres aux généraux de ses armées. Quoique ce prétendu délire me parût un peu suspect et qu'il fût venu trop vite pour qu'on dût le croire véritable, je ne laissai pourtant pas d'agir comme s'il l'eût été, et la charité chrétienne qui m'oblige à prendre soin de mes ennemis fit que je mis celui-là au lit et que je lui donnai tous les secours dont il aurait eu besoin si son mal eût été réel. Mais l'hôte, qui n'en était pas la dupe, voulut y remédier à coups d'étrivières et monta pour cela avec des cordes. Comme je savais qu'il n'était pas de sang-froid et que le brandevin opérait chez lui, je fermai la porte en dedans, mais il la jeta bas et entra tout furieux. J'eus toutes les peines du monde à garantir Bavons, que la peur remit d'abord dans son bon sens. Il me demanda ma protection; je la lui accordai, et je m'attirai par là toutes les plus grandes impertinences du monde de la part de l'hôtesse qui, comme une bacchante, venait à moi le poing fermé et me disait toutes les sottises que son mauvais cœur lui inspirait et que le brandevin ne lui permettait pas de taire.

Quand cette terrible nuit eut fait place au jour et lorsque je proposai d'aller à Delft, le même qui était venu faire l'ambassade dans la chambre voulut être du voyage avec nous, et ma fille le souhaita, ne se croyant pas en sûreté avec moi tant on l'avait troublée par tous les contes qu'on lui avait faits de la prétendue amitié que j'avais pour Bavons, fondés sur ma modération et sur un certain air de politesse dont je ne crois pas qu'il soit nécessaire de se dépouiller et que la plupart de ces sortes de gens ne connaissent point. Cependant, cet éclat rompit toutes les mesures que j'avais prises la veille avec M. Baudan, et comme ma fille n'agissait point de concert avec nous, le voyage de Delft fut infructueux. J'eus pourtant encore la charité de faire mener au retour ce malheureux dans une auberge où je répondis de lui, quoiqu'il m'eût voulu assassiner à Bruxelles et que, par toute sorte d'endroits, je dusse le regarder comme mon plus mortel ennemi. Il parut fort pénétré de ma générosité ; et pour y répondre, il décampa dès le lendemain sans rien dire et fut chez Cavalier tenir un nouveau conseil avec l'infâme La Fond, et prendre de nouvelles mesures sur les maux qu'ils avaient envie de me faire.

Comme leur imposture était découverte et que nous n'étions pas d'humeur de la souffrir, il fallait que Cavalier eût soin de Bavons, qui se trouvait sur le pavé et qu'il s'était obligé de dédommager de tout. Ainsi, pour satisfaire au traité qu'il avait fait avec lui en l'obligeant de se travestir en comte allemand, il le prit dans sa maison, lui donna ses vieux souliers et ses vieux bas, lui fit manger du karnemelk [11] et du roggebrood [12] tout son soûl. Et lorsqu'il partit pour Londres, il jugea à propos de le mener avec lui pour s'en servir comme d'un homme à ses gages et d'un instrument à me chicaner. Il se chargea de La Fond dans la même vue et passa la mer avec ces deux ministres de ses crimes, qu'il déroba par là à ma vengeance. [...]

J'ai poursuivi depuis ce temps-là la restitution de mes biens et de l'argent que je lui ai prêté; et quoique j'aie ses billets, il a fallu essuyer les longueurs et les chicanes auxquelles on s'expose en plaidant. Mais comme cette affaire est criante, milord duc [13], touché de mon état, fit écrire à un commissaire à Londres pour qu'on ordonnât à Cavalier de la part de Son Altesse qu'il eût à faire cesser mes plaintes et à me rendre justice. Ainsi, se voyant serrer de près, il eut recours à son dernier expédient et produisit des quittances de Bavons, disant qu'il lui avait donné les sommes que je lui avais prêtées en vertu du contrat de mariage de ma fille et de la donation que j'avais faite en faveur de ce frauduleux mariage. Mais comme cette donation et ce contrat regardaient le comte de Winterfelt, gentilhomme allemand du pays de Wurtemberg, luthérien de religion et non pas un imposteur qui n'est rien de tout cela, ces quittances ne sauraient être valables.

Cependant, Cavalier, n'osant s'exposer lui-même, a dépêché ici ce malheureux et l'a adressé chez lui, où son frère [14] et sa belle-sœur le nourrissent pour tâcher par son moyen d'éluder le paiement qu'ils sont obligés de me faire. Pendant ce temps-là, Cavalier, détesté de tout l'univers, se cache dans un coin de Londres, où on dit qu'il crève de misère et que personne ne daigne le regarder. Il ne sera pas sans doute content de ce que je mets au jour une partie de ses crimes et que je me donne la peine de l'immortaliser d'une manière aussi odieuse; mais si je ne suis pas payée pour cela, j'ai du moins payé pour cela, et je suis bien fâchée qu'il m'oblige à le démasquer. Cependant, comme la plainte est la consolation des malheureux, elle doit m'être permise, puisqu'elle n'est que trop juste. Il me souvient que ce maître fripon m'avait priée autrefois de lui dédier un livre, et j'aurais peut-être été assez folle pour le faire dans le temps que j'étais si fort prévenue en sa faveur. Mais à présent, il n'y aurait pas moyen, à moins de lui dédier l'histoire du brigand Barrabas, car je ne sache que cela qui puisse lui convenir. Ainsi, j'ai cru qu'il valait mieux le faire paraître dans celle-ci, dont il est en quelque manière le héros, à peu près comme celui du *Roman comique* de Scarron. Et s'il n'y prend garde, il pourra bien un jour avoir le même sort [15]. Cependant, il jouit de tout mon bien, et depuis plus d'un an qu'il est marié, je n'ai pas touché un sou. Il garde effrontément mes maisons et mes meubles, et je suis obligée de payer le loyer d'une petite chambre à un de ses locataires qui, ne devant pas souffrir de nos différends, n'est pas obligé de me loger pour rien. Fut-il jamais un sort plus triste que celui-là ?

J'attends de l'équité du ciel, et de celle de mes juges, la justice qui m'est due ; et comme j'espère de faire bientôt déloger les personnes qu'on a eu l'impudence de mettre chez moi, j'attends impatiemment dans ce petit taudis afin d'être à portée d'entrer dans un appartement plus commode. Ainsi, l'espérance de l'avenir me fait supporter les incommodités du présent, quoiqu'elles soient assez grandes, car je suis logée dans une chambre basse dont l'antichambre est le théâtre où trois ou quatre fois par semaine on égorge des brebis et des bœufs, comme autrefois sous l'Ancienne Loi l'on les immolait dans les parvis du temple. Ces sortes d'exécution me faisaient d'abord beaucoup de peine, et la première vache que je vis tuer me fit grande pitié. Je n'essayai pourtant pas de demander sa grâce, sachant bien qu'un boucher n'aurait eu garde de se laisser attendrir en faveur de cette pauvre innocente dont il avait résolu la perte ; de sorte que, comme elle était condamnée sans appel, sa sentence fut bientôt exécutée. Et comme on s'accoutume à tout, je me suis si fort apprivoisée avec le sang et le carnage que je commence à croire que l'on se fait à tout et que si ma mauvaise destinée m'avait conduite chez les cannibales, j'aurais enfin vu égorger les hommes sans horreur et me serais peut-être accommodée des ragoûts des anthropophages, pour lesquels je me suis toujours sentie beaucoup de répugnance. C'est aussi par cette longue habitude de peines que je me suis accoutumée à souffrir et à travailler pour gagner ma vie, quoique je n'eusse pas été élevée à cela.

Tel est l'état où je suis depuis près d'un an que je ne jouis absolument de rien et que, plutôt que de demander du secours à des gens qui peut-être m'en refuseraient, accablée de chagrins et souvent même d'infirmités que ces chagrins me causent, je ne trouve pas d'autre moyen pour vivre et pour faire vivre ma fille que de travailler depuis le matin jusqu'au soir. Heureuse encore de ce que le bon Dieu me donne assez de force pour cela, dans le temps qu'il me réduit à cette fâcheuse nécessité ! Pour surcroît d'embarras et de peine, ma fille s'est trouvée grosse ; et je suis chargée des frais et de la fatigue de cet accouchement, sans savoir si je serai rentrée dans mes maisons avant ce temps-là et si je pourrai avoir où reposer la tête.

Outre tout cela, il me faut toujours être en garde contre l'assassinat que l'on a déjà tenté en ma personne et en celle de ma fille, que le fripon de Bavons, aidé du frère de Cavalier qui ne vaut guère mieux que son aîné, prit l'autre jour à la gorge et aurait assurément étranglée si des personnes qui se trouvèrent dans la rue où cette scène se passait ne l'en avaient empêché. Il ne lâcha prise qu'après lui avoir donné quelques coups de poing dans l'estomac qui, dans l'état où elle est, auraient pu l'envoyer à l'autre monde si Dieu ne l'avait conservée. Ces deux scélérats furent ensuite dans une boutique où ils crurent me trouver. Le petit Cavalier faisait l'arrière-garde, et Bavons entra le premier, disant qu'il voulait me poignarder. Les témoins ont déposé tout ce que je viens de rapporter ; et sur leurs dépositions, les magistrats, après avoir observé toutes les formalités requises, ont envoyé le schout [16] chercher Bavons chez Cavalier, mais il n'a pas jugé à propos de s'y trouver.

Voilà l'état où sont les choses, et les moyens dont Cavalier a toujours voulu se servir pour sortir d'affaires avec moi. C'est en effet la voie la plus courte, mais je ne crois pas que ce fût la plus sûre pour lui dans un pays où l'équité de nos souverains et de nos magistrats ne laisserait pas de pareils crimes impunis. Je crois même que toutes les personnes que le récit de mes malheurs aura pu toucher, ou du moins divertir, s'intéresseraient à ma perte et feraient des vœux pour que Cavalier, La Fond et Bavons, qui pourraient seuls l'avoir causée, en fussent sévèrement punis. S'il se trouve outre cela quelques réfugiés qui se plaignent de n'avoir pas été assez ménagés dans ces mémoires, je les prie de se souvenir que, sans que je leur eusse rien fait, ils ne m'ont pas ménagée ; qu'ils m'ont rendu tous les mauvais offices qu'ils ont pu. Et je suis sûre que, quand ils feront de sérieuses réflexions là-dessus, bien loin de m'accuser d'avoir outré les choses, ils conviendront que j'ai été fort modérée et bien plus qu'ils ne l'auraient été à ma place. Car, enfin, il sont auteurs de tous les chagrins qui m'accablent, et cela parce qu'ils n'ont pu souffrir que j'eusse des filles de mérite et que, de peur qu'il ne fût récompensé et qu'elles ne trouvassent quelque bonne fortune, on s'est attaché à les calomnier et à me persécuter le plus cruellement du monde.

Ce fut par cet esprit d'envie qui règne chez la plupart de nos réfugiés que Caïn tua autrefois son frère, et ce péché presque aussi ancien que le monde a causé dans tous les temps de très grands malheurs. C'est la source des miens, et je connais bien des personnes qui se sont ressenties de cette mauvaise humeur que l'on peut justement reprocher à ces faux frères. Il est vrai qu'ils ne sont pas seuls coupables, car il y a un certain nombre de gens répandus dans le refuge et masqués même en réfugiés, qui sont proprement des émissaires de la France envoyés pour mettre la division et pour aigrir des gens que la misère rend pour la plupart de très mauvaise humeur. Ces esprits souples et adroits s'insinuent alors et, profitant des conjonctures, brouillent la mère avec l'enfant, la sœur avec le frère, et portent des coups d'autant plus dangereux qu'on ne saurait s'en défier. Car, en agissant pour la France, ils ont soin de s'en dire les ennemis les plus irréconciliables et prétendent qu'on leur a fait dans ce pays-là des injustices les plus criantes. Ils font même des satires en prose et en vers contre le gouvernement français, qu'ils traitent de tyrannique ; et tout cela pour jeter de la poudre aux yeux et pour être mieux à portée de nuire à des gens que la France voudrait perdre, et les animer les uns contre les autres en les obligeant à se déchirer impitoyablement.

C'est de là que viennent tant de calomnies que le diable seul peut inventer, dont on ignore souvent la source et qui trouvent créance chez des esprits faibles et dans des cœurs mal disposés. C'est là ce qui cause cette affreuse médisance qui règne parmi les réfugiés et dont le scandale fait le triomphe de nos ennemis. Il serait à souhaiter qu'on pût tirer ces loups de la bergerie où ils ont eu l'adresse d'entrer, et qu'on pût garantir par là tant d'innocentes brebis exposées au venin de leurs mauvaises langues. Ce sont là sans doute ces mauvais génies dont les anciens parlaient autrefois et qui, par la subtilité de leur esprit, paraissaient dégagés de la matière et revêtus seulement de corps aériens. Et je m'imagine que celui de Brutus [17] ne causa la perte de ce grand homme que parce qu'il mit l'épouvante dans l'armée et la mésintelligence parmi ceux de son parti.

Je ne suis pas assez savante dans l'Histoire pour savoir toutes les circonstances de celle-ci et pour en tirer de plus fortes conjectures, mais par l'histoire de nos jours et par ma propre expérience, je ne suis que trop convaincue de tout ce que je viens de dire. Je prie cependant le Seigneur de pardonner et aux réfugiés et à ceux qui les excitent ainsi au mal, et je le prie de me faire la grâce de pouvoir pardonner aux uns et aux autres, afin de me conformer par là à l'ordre et à l'exemple qu'il m'a donnés.

APPENDICES

NOTES

CHAPITRE Ier

1. Tome I : dédié au comte Johann Frédéric de Dohna Ferrassières (1663-1712), l'ami, le confident et le bienfaiteur de Mme Du Noyer. Burgrave et comte du Saint Empire romain comme son père, il fut aussi lieutenant général et participa avec son régiment à l'expédition du prince d'Orange-Nassau en Angleterre.

2. Jacques Petit (1614-1677), issu d'une famille calviniste de Nîmes, épousa Catherine Cotton en 1661 et devint veuf en 1664. Son frère cadet, Pierre Petit, passa en Hollande avec sa famille avant la révocation de l'édit de Nantes et c'est chez lui que Mme Du Noyer chercha asile lors de son premier exil à La Haye. Jacques Petit avait aussi deux sœurs : la tante Laval, qui vécut avec lui jusqu'à sa mort, et la tante Noguier, épouse du célèbre pasteur David Noguier. C'est avec les Noguier que Mme Du Noyer fit le trajet de Suisse en Hollande.

3. Pierre Cotton, jésuite connu pour son éloquence et sa piété, issu d'une famille noble, fut le confesseur des rois Henri IV et Louis XIII. Il fut impliqué dans le meurtre de Concini et inspira le juron « jarnicoton ».

4. Le Père de La Chaise, jésuite français, confesseur de Louis XIV et célèbre convertisseur, était apparenté avec la mère de Mme Du Noyer, ce qui explique l'intérêt particulier qu'il prit à la conversion et au mariage de celle-ci avec un catholique. Ce fut de sa main que l'oncle Cotton et la tante Saporta reçurent l'abjuration.

5. Mme Saporta, née Cotton (1613?-1696), tante maternelle de Mme Du Noyer, épousa M. (de) Saporta, issu d'une famille originaire d'Espagne, dont l'aïeul, attaché à la cour de Marguerite de Navarre, était favorable à la réforme.

6. Possession hollandaise sur territoire français, la principauté d'Orange fut une terre d'accueil pour les huguenots persécutés. En 1673, Louis XIV fit raser le château des princes d'Orange par le comte de Grignan, lieutenant du roi en Provence et, à partir d'octobre 1686, les troupes royales s'y livrèrent aux dragonnades. René de Marillac, intendant du Poitou, imagina cette pratique de loger des dragons de

l'armée chez les huguenots. Il fut remplacé par son cousin, Nicolas de Lamoignon de Bâville, qui continua la même politique. Ces « missionnaires bottés » se comportèrent sans scrupules, pillant, volant et parfois tuant leurs hôtes.

7. En 1672, Louis XIV déclara la guerre à la Hollande. La paix de Nimègue, en 1678, qui suivit l'inondation de la Hollande, marqua l'apogée de son règne et c'est alors que Paris donna à Louis XIV le titre de « grand ».

8. Ami, confident et conseiller de Mme Du Noyer, Pierre Baudan de Vestric s'installa à Harlem, où il fut mis au nombre des pasteurs pensionnés. De là il passa à l'église de Delft.

9. Jacques Saurin (1677-1730), considéré comme l'orateur le plus brillant du Refuge, devint pasteur de l'église française de Londres puis pasteur extraordinaire à La Haye à partir de 1705.

10. Stadhouder des Provinces-Unies, Guillaume III d'Orange-Nassau (1650-1702) devint roi d'Angleterre, d'Écosse et d'Irlande en 1689. Il fut perçu comme le protecteur du protestantisme, le nouveau Josué, par les protestants français, qui misaient sur lui pour négocier avec Louis XIV leur retour en France lors de la signature de la paix de Ryswick en 1697.

11. Mi 4.4 ; 1 R 4.25

12. Frédéric-Maurice II de La Tour d'Auvergne (1642-1707), comte d'Auvergne et marquis de Bergen-op-Zom.

13. La Paix de Ryswick, signée le 20 septembre 1697 entre la France, l'Espagne, l'Angleterre et les Provinces Unies, mit fin à la guerre de la ligue d'Augsbourg (1688-1697). Elle fut décevante pour les réfugiés protestants.

14. Jacques de Chambrun fut pasteur à Orange dès 1655. Après la révocation, on profita de sa maladie pour le faire abjurer. Interné, il s'échappa à Genève où il publia *Les Larmes de Jacques Pineton de Chambrun* en 1688. Il y racontait de manière très émouvante ses malheurs et faisait amende honorable.

15. Fils aîné de Marie de Nemour[s] et de Jean de Béringhen, Théodore de Béringhen (1644- 17?) appartenait à l'une des deux branches (la branche Venlo) d'une famille protestante originaire des Pays-Bas qui s'était installée en France à la fin du XVIe siècle. L'autre branche était celle de Gennep. Rien n'ébranla sa constance, pas même un séjour à la Bastille en 1686. Conseiller au parlement de Paris, exilé à Vézelay, il sortit de France et se retira en Hollande, d'où il s'efforça de combattre la tyrannie de Louis XIV. Après un séjour aux Filles du Saint-Sacrement et aux Nouvelles Catholiques, société catholique de dames pour la conversion des protestantes, son épouse, Élisabeth-Marie Gouyon, abjura et demeura en France avec leur fille unique.

16. Caïus Marius, élu consul de Rome sept fois, eut une grande influence entre 120 et 86 av. J.-C. En 101 il se distingua à Verceil en écrasant finalement les Cimbres et les Teutons qui avaient envahi la Gaule.

17. Raymond Gaches, grand prédicateur et auteur de très beaux sermons, se vit confier en 1654 l'importante église de Charenton, qu'il desservit jusqu'à sa mort en 1668. De surcroît, il écrivit des pièces en vers (sonnets et stances).

18. La très belle Marguerite-Louise, grande-duchesse de Toscane (1645-1721), fille de Gaston d'Orléans et de Marguerite de Lorraine, épousa Côme III de Médicis, grand-duc de Toscane. Son mariage fut un échec, et elle revint en France

en juillet 1675 pour entrer au couvent des bénédictines de Montmartre où elle continua de mener une vie mondaine fort agitée.

19. Philippe d'Orléans (1640-1701), appelé « Monsieur », était le second fils de Louis XIII et d'Anne d'Autriche. Il épousa en premières noces sa cousine germaine, Henriette d'Angleterre, et en secondes noces, la princesse Palatine, Élisabeth-Charlotte de Bavière.

20. Est 4.3 : « Dans chaque province, partout où arrivait l'ordre du roi et son édit, il y eut une grande désolation parmi les juifs; ils jeûnaient, pleuraient et se lamentaient, et beaucoup se couchaient sur le sac et la cendre ». Le sac et la cendre sont des symboles de pénitence, de deuil et d'humilité, voir aussi Dn 9.3 ; Es 58.5 ; Mt 11.12 ; Lc 10.13.

21. Abraham-Louis Duquesne (1654-1726) dont Mme Du Noyer tomba amoureuse et qu'elle voulut épouser, était le fils d'Étienne Duquesne, frère du célèbre Abraham Duquesne, et de Suzanne Le Mosnier. Restée veuve, celle-ci épousa l'oncle Petit, qui éleva le jeune garçon. Duquesne fut enseigne de vaisseau en 1678, capitaine de galiote en 1684 et abjura en mai 1685.

22. Pierre Petit, frère cadet de Jacques Petit, déménagea à Nîmes chez son frère aîné, dont il convoitait la fortune. Après la mort de ce dernier, il passa en Hollande avec sa femme, Suzanne Le Mosnier, et leurs quatre enfants, deux fils (les cousins Cabin et Des Étangs) et deux filles (qui ne sont jamais nommées). Lors de son premier exil, en 1686, Mme Du Noyer vécut chez lui à La Haye. Après la mort de son mari et de ses deux filles, la tante Petit-Le Mosnier et ses deux fils s'installèrent à Londres.

23. Gaspard Cotton, frère de Mme Saporta, fut le maître d'hôtel du maréchal de Lorges. Riche célibataire sans héritiers, l'oncle Cotton abjura juste après la révocation de l'édit de Nantes et força sa sœur à faire de même.

24. L'abbé Fulcrand Cabanon, un ecclésiastique du Midi, confectionnait un vin aux effets thérapeutiques surprenants, qui servait de remède et de fortifiant. Cependant ce remède fut inefficace pour guérir la maladie vénérienne que Duquesne avait contractée et il se vit obligé d'avoir recours à des médicaments plus dangereux, qui allaient le défigurer.

25. Arrière-petit-fils du grand Gaspard de Coligny, le duc de Châtillon épousa Élisabeth-Angélique de Montmorency-Bouteville et mourut en 1649 au combat de Charenton.

26. Les enlèvements, les duels et l'altération des monnaies étaient sévèrement punis.

27. Valentin Conrart (1603-1675), secrétaire perpétuel de l'Académie française et auteur des *Mémoires sur l'histoire de son temps* (sur la Fronde), réunissait chez lui les grands esprits de l'époque tels que Godeau, Chapelain, Balzac, Boisrobert... pour discuter de littérature. Sa maison fut le berceau de l'Académie française.

28. Marc Antoine Croziat, sieur de La Bastide, mort à Londres en 1704, auteur réformé, « ancien » de l'Église, fut chargé par Valentin Conrart, avant sa mort en 1675, d'achever la publication du psautier dont il avait traité cinquante et un textes; La Bastide en publia une partie en 1677, et la totalité en 1679, sous le titre *Les Pseaumes en vers français retouchez sur l'ancienne version de Clément Marot et de Théodore de Bèze*.

29. Paul Pélisson (1624-1693), ami de Mlle de Scudéry, fut reçu à l'Académie française en 1653. Entre 1661 et 1666, il fut enfermé à la Bastille à cause de sa fidélité pour Nicolas Fouquet. En 1668, il fut nommé historiographe du roi et, en 1670, il abjura, devint économe royal et entra dans les ordres. Il écrivit la première *Histoire de l'Académie française depuis son établissement jusqu'en 1652*. Il laissa des *Mémoires pour la défense de Fouquet*, une *Histoire de Louis XIV*, et des ouvrages de polémique et de controverse religieuse. Il fut notamment un des adversaires que combattit Jurieu dans ses *Lettres pastorales*.

30. Gui-Aldonce de Durfort, duc de Lorges-Quintin, maréchal de Lorges (1630-1702), issu d'une illustre famille protestante, fut lieutenant général dans l'armée de son oncle, le vicomte de Turenne. En reconnaissance de ses services, Louis XIV le nomma duc héréditaire et maréchal de France. Il abjura, au grand chagrin de sa mère, Mme de Duras, qui vit tous ses enfants se convertir à tour de rôle.

31. Marie de Duras (1648-1689), fille de Mme de Duras, sœur des maréchaux de Lorges et de Duras. Elle fut convertie au catholicisme par Jacques Bénigne Bossuet, évêque de Meaux, en 1678, à la suite de cette « conférence » qui eut tant de retentissement entre celui-ci et Jean Claude, ministre de Charenton, connu pour son éloquence. Ce dernier lutta énergiquement contre Bossuet pour maintenir l'édit de Nantes. Après la révocation, il fut expulsé et termina ses jours à La Haye en 1687.

32. Dédicataire du deuxième tome des *Mémoires*, Armand de Bourbon-Malauze, marquis de Miremont, lieutenant général des armées de Sa Majesté britannique, quitta la France avant la révocation et, en 1689, soumit un plan d'invasion de la France à Guillaume d'Orange, roi d'Angleterre, et au duc de Schomberg, lui aussi réfugié.

33. Le plus habile capitaine de l'Europe selon Voltaire, Henri de La Tour d'Auvergne de Bouillon, vicomte de Turenne (1611-1675), était le fils cadet de Henri, duc de Bouillon et d'Élisabeth, fille de Guillaume Ier, prince d'Orange. Il fut élevé dans la religion protestante, s'attacha à l'étude de l'histoire et apprit le métier des armes à l'école de ses oncles, les princes Maurice et Henri de Nassau. Il se distingua dans des campagnes intelligentes où primait la supériorité des manœuvres plutôt que la soif de la gloire. Il se battit pour les troupes royales sous la Fronde et reçut le titre de maréchal général des camps et armées du roi en 1659. Après la mort de sa femme, Charlotte de Caumont, il se convertit au catholicisme, en 1668. Jusqu'à sa mort, il se heurta à Louvois, ministre d'État, dont il n'approuvait guère les méthodes. Enseveli à la basilique de Saint-Denis, il fut transféré aux Invalides sur les ordres de Bonaparte, son grand admirateur.

34. Jacques-Henri de Durfort, maréchal de Duras (1625-1704), et Gui-Aldonce de Durfort, maréchal de Lorges.

35. La « Genève protestante du Midi », Nîmes fut une des premières Églises réformées de France fondée par Imbert Pacolet. À l'époque de l'édit de Nantes, les trois quarts de la population étaient protestants.

36. Ac 4.19-20.

37. Jean Icard (1636-1715) fut un prédicateur zélé qui se fit remarquer par son affection ardente pour la cause de l'Évangile. Ayant fui à Neuchâtel, il fut condamné et exécuté en effigie.

38. Jacques Peyrol, ami de Claude Brousson, ancien pasteur de Nîmes, fut sauvé par un prêtre nîmois qui le cacha chez lui et lui fournit un déguisement pour qu'il s'évade à Genève. En apprenant la mort de Brousson, il s'accusa de ne pas avoir suivi l'exemple du martyr, se mit au lit et mourut de regret et de douleur.

39. Élie Cheiron, pasteur à Nîmes, baptisa Mme Du Noyer en 1663. Avec son collègue Paulhan, il se mit à la tête des modérés ou politiques. Les dragons entrèrent dans Nîmes le dimanche 22 septembre 1685 pendant le prêche de Cheiron. Mme Du Noyer revient souvent sur une phrase célèbre de Paulhan qui, dans un moment de ferveur, avait affirmé : « Plus de temple, plus de vie ! » Ces paroles lui parurent d'autant plus ironiques que les deux pasteurs abjurèrent dès l'arrivée des dragons.

40. Claude Brousson (1647-1698), surnommé la « colombe mystique », s'inspirant de la célèbre prédiction du Christ dans saint Luc — « Si ceux-ci [ses disciples] se taisent, les pierres mêmes crieront » (19.40) — en fit son slogan. Avocat de formation, prédicant par nécessité, puis ministre extraordinaire et militant, il symbolisa le zèle ardent, la dévotion profonde et exacerbée d'un calvinisme frappé d'interdits. Sa rhétorique inspirée et enfiévrée galvanisa le culte au Désert (terme qui désignait à la fois la période d'errance des Hébreux en quête de la Terre promise et les années de clandestinité des protestants français). Brousson, exilé, publia son œuvre majeure, un recueil de sermons intitulé *La Manne mystique du désert*. Il brava les ordonnances royales pour revenir prêcher en France. En 1698, il fut arrêté, condamné et roué. Sa mort marqua un tournant décisif dans la vie de Mme Du Noyer qui, dès lors, ne pensa qu'à reprendre le chemin de l'exil.

41. On dit la « colonelle » pour la « compagnie colonelle », c'est-à-dire la première compagnie d'un régiment, directement commandée par le colonel.

42. Anne Jules de Noailles (1650-1708), duc, maréchal de France et gouverneur du Roussillon, fut envoyé en mai 1682 contre les protestants rebelles. Il se montra conciliant et s'efforça de calmer les appréhensions des religionnaires. Cependant l'impitoyable Louvois lui dicta, dans sa lettre du 1er octobre 1683, un autre plan de conduite : l'établissement des dragons et leur subsistance aux dépens du pays. À la demande de son bon ami le maréchal de Lorges, le duc de Noailles accorda sa protection à Mme Du Noyer et à sa tante.

43. Ces lettres se trouvent dans *Œuvres meslées* de Mme Du Noyer.

44. Louis-Auguste de Bourbon, duc du Maine (1670-1736), était l'un des fils légitimés de Mme de Montespan et de Louis XIV.

45. Il fut sous les ordres de Louvois, qui l'expédia dans le Midi à la tête de ses dragons. Il se distingua par sa cruauté dans l'écrasement des religionnaires dans le Vivarais et ensuite dans le Languedoc. Il circulait même sur lui une épigramme dont voici quelques vers : « *Dieu vous envoie un Saint, docteur en controverse./Du cœur le plus rebelle il chasse les démons [...]. Jamais on n'apporta de si fortes raisons : Tuer, voler et prendre /Sont les trois points de ses sermons.* »

46. Nom donné aux protestants des Cévennes et du Languedoc qui se révoltèrent contre les répressions sanglantes après la révocation de l'édit de Nantes et qui se battirent contre les troupes royales de 1702 à 1704. Ils se distinguaient par la chemise blanche, *camise*, qu'ils portaient par-dessus leurs vêtements pour se reconnaître entre eux la nuit.

47. Ap 13.16-17 : « Et elle fit que tous, petits et grands, riches et pauvres, libres et esclaves, reçussent une marque sur leur main droite ou sur leur front, et que personne ne pût acheter ni vendre, sans avoir la marque, le nom de la bête ou le nombre de son nom. »

48. Mt 23.1-5 : « Faites donc et observez tout ce qu'ils vous disent ; mais n'agissez pas selon leurs œuvres. Car ils disent, et ne font pas. »

49. Locution familière aux réformés d'autrefois, suivant l'ancienne traduction de Am 6.6. La ruine de Joseph symbolisait la ruine du peuple d'Israël.

50. Sœur de Turenne, mère de Mlle de Duras et des maréchaux de Duras et de Lorges, elle demeura inébranlable dans sa foi, au grand désespoir des convertisseurs et tenta de se réfugier à Londres chez son troisième fils, le comte de Feversham.

51. Marie de Cossé de Brissac, maréchale de La Meilleraye (1621-1710), amoureuse de Saint-Ruth, l'épousa après la mort de son mari, Charles de La Porte de La Meilleraye (1602-1664), cousin de Richelieu et maréchal de France.

52. Mgr Pierre de La Broue, évêque de Mirepoix, travailla à la conversion des huguenots et surtout à celle de Mme Du Noyer plus tard.

53. L'Antéchrist fut la contrefaçon du Christ, car il se proclama Dieu (2 Th 2.4) et justifia sa proclamation par de faux miracles, des signes et des merveilles (2 Th 2.9). L'image de l'Antéchrist était associée au pape.

54. À la révocation de l'édit de Nantes, le pasteur David Noguier, mari de la tante paternelle de Mme Du Noyer, chercha à fuir, mais il fut arrêté et emprisonné dans la citadelle de Montpellier.

55. La grâce de Polyphème, le cyclope qui dévora les compagnons d'Ulysse dans l'*Odyssée* (chant IX), était une grâce feinte puisque Polyphème accorda seulement un sursis à Ulysse qui lui avait offert une jatte de vin. Il affirma qu'il le mangerait en dernier.

56. Mt 24. 20.

57. Les pays du Refuge (surtout le Brandebourg, la Suisse, les Provinces-Unies et l'Angleterre).

58. Nourriture miraculeuse que Dieu envoya du ciel aux Israélites dans le désert.

59. L'intendant du Languedoc Nicolas de Lamoignon de Bâville (1648-1724), surnommé le « tyran du Languedoc », s'acharna à renforcer l'absolutisme de Louis XIV et l'unité politique du royaume en se battant pour l'unité religieuse.

60. Né en 1649, Henri de Mirmand, sieur de Roubiac et de Vestric, fut président de Nîmes, où il remplissait aussi les fonctions d'ancien dans l'Église. Il abjura, écrivit des *Mémoires*, fuit en Suisse puis en Hollande.

61. Première allusion à la malle enlevée, leitmotiv qui traverse les cinq tomes des *Mémoires*. Toutes les possessions de Mme Du Noyer se trouvaient dans cette malle qui n'était jamais là où on l'attendait.

62. Théologien de Prague, Jean Hus (1369-1415) était influencé par le réformateur anglais John Wycliff (1328-1384), dont il diffusa la pensée en Bohême. Hus s'attaqua notamment aux abus du clergé, souhaitant que l'Église renonçât à ses nombreux privilèges. Cependant, à l'encontre de Wycliff, qui n'admettait pas

la transsubstantiation, il proclamait la présence du Christ total, corps et sang, dans l'hostie. Condamné comme hérétique par l'Église et ayant refusé de se rétracter, il fut brûlé vif.

63. Matthieu de Larroque (1619-1684), l'un des plus habiles et plus savants théologiens protestants du xviie siècle, a composé divers ouvrages de controverse, dont une *Histoire de l'Eucharistie*.

64. Il s'agit du dernier article de l'édit de Fontainebleau qui révoquait celui de Nantes (article XII) : « Pourront au surplus lesdits de la RPR, en attendant qu'il plaise à Dieu de les éclairer comme les autres, de demeurer dans les villes et lieux de notre royaume [...] à condition, comme il est dit, de ne point faire d'exercices ni de s'assembler sous prétextes de prières ou de culte de ladite religion de quelque nature qu'il soit, sous les peines ci-dessus de confiscation de corps et de biens. »

65. Mt 10.23 : « Quand on vous persécutera dans une ville, fuyez dans une autre » ; et Mc 13.14 : « Lorsque vous verrez l'abomination de la désolation établie là où elle ne doit pas être [...] alors, que ceux qui seront en Judée fuient dans les montagnes. »

66. Henri Guichard, dont le nom d'emprunt était La Rapine ou d'Hérapine, était le protégé de Daniel de Cosnac, évêque de Valence puis archevêque d'Aix-en-Provence. La Rapine fut érigé en convertisseur et nommé directeur de l'hôpital général de Valence, où il commit des actes de torture surtout sur les jeunes femmes.

67. Fièvre très dangereuse, qui peut dégénérer en squirrhes, en hydropisies et en d'autres maladies graves et quelquefois incurables.

68. Le passage des Degrés-de-Poule à Genève, la fameuse montée d'escaliers couverte qui conduit, vingt mètres plus haut, à la rue Guillaume-Farel.

CHAPITRE II

1. Tome I. Suite.

2. Sa peur de la mendicité, de la misère et de rester à la charge d'autrui traverse les cinq tomes.

3. Référence à *L'Astrée* d'Honoré d'Urfé, succès éclatant du début du xviie siècle. Le Forez, sur les bords du Lignon, abritait les amours des bergers qui gravaient souvent les initiales (chiffres) de leurs bergères sur l'écorce des arbres. L'exemple le plus célèbre est celui d'Astrée et de Céladon.

4. Premier magistrat du canton suisse.

5. Situé dans le sud-ouest de l'Allemagne.

6. L'église gothique Stiftskirche abrite les tombeaux des princes de Wurtemberg, surtout celui du premier duc, Eberhard im Bart (le barbu), qui fut le fondateur de l'université en 1477. À partir de 1534, avec la Réforme, l'université fut réorganisée et accorda aux étudiants en théologie protestante un enseignement gratuit.

7. La ville devait son nom, Stutengarten, « jardin des juments », à la proximité d'un haras. Elle fut du xive au xviie siècle la résidence des ducs de Wurtemberg. On y admirait une magnifique orangerie et de belles grottes artificielles.

8. Eberhard-Louis, prince de Wurtemberg (1676-1733). La régence fut dévolue à son oncle, Frédéric-Charles. À côté des États absolutistes (Brandebourg et Bavière), existaient également des États constitutionnels comme le Wurtemberg.

9. Dans le château d'Heidelberg se trouve le plus grand tonneau du monde : 8 m de diamètre, 10 m de long et une capacité de 200 000 litres de vin ; 90 chênes furent abattus pour construire ce tonneau que surveillait un nain, qui chaque jour buvait 18 bouteilles de vin. À trente-cinq ans, son médecin lui recommanda d'arrêter de boire, il but de l'eau et en mourut.

10. Charles-Louis Ier (1617-1680), prince électeur du Palatinat, et son frère Robert (1619-1682). Charles-Louis donna sa fille, Liselotte, la princesse palatine, à Monsieur, frère de Louis XIV. La guerre du Palatinat, que les Allemands appelèrent guerre d'Orléans (1688-1697) et qui provoqua la guerre de la Ligue d'Augsbourg, se révéla funeste pour le pays et surtout pour Heidelberg. Lors de l'affreuse campagne de 1689, les troupes françaises investirent le château et la ville et les ravagèrent complètement.

11. En outre, l'église du Saint-Esprit abritait la célèbre bibliothèque palatine, que le maréchal de Tilly offrit au pape Grégoire XV.

12. La légende veut que les rats de la ville de Mayence, envoyés comme agents de la colère de Dieu, traversèrent le Rhin à la nage, pénétrèrent dans la tour où se cachait le cruel archevêque Hatto et le dévorèrent. Ainsi, ils vengèrent les pauvres habitants qui avaient péri dans le feu à cause de l'avarice de l'archevêque, qui leur avait acheté leur blé pour le leur revendre plus cher. Affamés, les habitants révoltés lui avaient réclamé de la nourriture et tout en promettant de les aider, Hatto les avait attiré dans une grange qu'il avait incendiée en s'écriant : « Écoutez crier les rats et les souris ! »

13. Ps 69.1 : « Sauve-moi, ô Dieu ! car les eaux menacent ma vie. »

14. Maximilien-Henri de Bavière, électeur-archevêque de Cologne et prince-évêque de Liège (1621-1688), fut l'allié de la France pendant la guerre de Hollande (1672-1675).

15. En août 1641, Marie de Médicis, exilée par son fils Louis XIII, quitta l'Angleterre pour s'installer à Florence, ville de son enfance. Souffrant d'un érysipèle, elle s'arrêta à Cologne, où elle mourut le 3 juillet 1642.

16. Frédéric Ier (1657-1713) fut électeur de Brandebourg, terre d'accueil pour les réfugiés et, en 1701, sous le nom de Frédéric III, devint le premier roi de Prusse.

17. Il s'agit là du traité de Nimègue signé le 10 août 1678 entre la France et la Hollande mettant fin à la guerre de Hollande.

18. Les sept provinces : Frise, Groningue, Overjissel, Gueldre, Utrecht, Hollande et Zélande.

19. Marie II Stuart (1662-1694), issue du premier mariage de Jacques II Stuart, roi d'Angleterre, et de lady Anne Hyde, épousa Guillaume, prince d'Orange, en 1677. Lorsqu'il devint roi d'Angleterre, en 1688, elle régna conjointement avec lui.

20. Avant son départ de Nîmes, Mme Du Noyer avait rendu visite au pasteur

Cheiron, qui l'avait baptisée, pour le prier de bien vouloir s'occuper de ses biens afin qu'elle ne perdît pas tout. Ses biens lui furent restitués dès qu'elle épousa M. Du Noyer.

21. La Société des dames françaises de Harlem fut la première des sociétés fondées dans le but de venir en aide aux veuves et aux filles nobles de la religion réformée qui arrivaient souvent sans famille et parfois sans ressources aux Pays-Bas. Ces sociétés étaient placées sous le patronage de la princesse d'Orange, qui leur versait une rente annuelle de 1 000 livres.

22. Marie Du Moulin (1625 ?-1699) était comme ses frères très savante. Versée dans l'hébreu, la logique, la morale et la physique, elle devint directrice de la Société des dames françaises de Harlem.

23. Le colonel Bevil Skelton, envoyé de Jacques II, était né en Hollande.

24. Jacques II Stuart (1633-1701), troisième fils de Charles Ier et d'Henriette-Marie de France, sœur de Louis XIII, épousa en premières noces, en 1659, lady Anne Hyde dont il eut deux filles, Marie et Anne, qui deviendront les reines Marie II d'Angleterre et Anne Ire de Grande-Bretagne. Il épousa en secondes noces, en 1673, la princesse Marie-Béatrice-Éléonore d'Este, fille du duc de Modène. Succédant à son frère Charles II comme roi d'Angleterre, d'Écosse et d'Irlande, Jacques II se convertit au catholicisme en 1672, et durant son règne (1685-1689), il adopta des positions qui favorisèrent ouvertement le catholicisme et entraînèrent l'hostilité des Anglais. Il fut destitué par un acte du Parlement en janvier 1689, au profit de son gendre, le prince d'Orange, et se trouva contraint à l'exil. Il trouva refuge en France, où il mourut à Saint-Germain-en-Laye.

25. Pierre Jurieu (1637-1713), controversiste célèbre, fut pasteur et professeur d'hébreu à l'académie de Sedan. Il dut s'exiler à Rotterdam à partir de 1681, où il devint pasteur et professeur de théologie. Dès lors, il ne mit plus de frein à ses ardeurs polémiques et devint le porte-parole le plus redoutable de la religion réformée. Il écrivit de nombreux ouvrages et surtout ses *Lettres pastorales aux fidèles de France qui gémissent sous la captivité de Babylone* (1686-1689). Dans ces lettres, d'une dizaine de pages envoyées tous les quinze jours à ceux qui étaient restés en France, Jurieu mêla la controverse traditionnelle, la consolation, les exemples de résistance héroïque et l'exhortation. Il identifia le petit troupeau réformé privé de pasteurs et de temples au peuple d'Israël en exil selon les récits de l'Ancien Testament. En 1686, Jurieu prophétisa le rétablissement du protestantisme en France pour le mois d'avril 1689.

26. Édouard le Confesseur était le fondateur de l'abbaye de Westminster, où se trouvait le trône du couronnement.

27. Sacrée et vénérée en Irlande, cette pierre du couronnement était associée à la pierre dont Jacob « avait fait son chevet » dans Gn 28.10-22. Tous les prétendants au trône devaient s'asseoir sur cette pierre car elle garantissait la souveraineté : si la pierre criait, le prétendant était légitime.

28. Charles II Stuart (1630-1685), deuxième fils du roi Charles Ier et d'Henriette-Marie de France, épousa en 1662 l'infante Catherine de Portugal. Vaincu par Cromwell à Worcester, il erra en fugitif à travers l'Angleterre, gagna la France et se retira ensuite à La Haye. Il fut rappelé en Angleterre par le nouveau Parlement et reprit possession de son trône en 1660.

29. Le serment du Test de 1673 fut un des actes principaux de la religion en Angleterre, par lequel tout détenteur d'un office du gouvernement central ou local, et tout officier de l'armée et de la marine devaient signer une déclaration signifiant la répudiation de la doctrine de la transsubstantiation, du culte de la Vierge et de celui des saints.

30. L'incendie se déclencha dans l'arrière-boutique d'une boulangerie et se propagea. Du 2 au 6 septembre 1666, les deux tiers de Londres brûlèrent. Grâce au sang-froid des habitants, il n'y eut que huit victimes mais la plus grande partie de la capitale dut être reconstruite, notamment l'église Saint-Paul. Un monument (une colonne), appelé The Monument, fut érigé à l'endroit où s'était déclaré le grand incendie.

31. La Tour de Londres.

32. Chef des puritains, Oliver Cromwell (1599-1658) fut élu en 1640 à la Chambre des Communes et s'opposa à l'arbitraire royal, incarné par Charles Ier, qui tenta d'établir une monarchie absolue. Lorsque certaines factions de la noblesse se soulevèrent contre le roi, une guerre civile éclata : Cromwell forma une armée de « Têtes rondes », les partisans du Parlement, aux cheveux coupés court, et écrasa les partisans du roi, les « cavaliers ». Il fit condamner puis décapiter le roi devant son palais de Whitehall le 9 février 1649. Cromwell établit une république qui dura jusqu'en 1660 (dix ans) et fut une véritable dictature.

33. Tyburn (près de Marble Arch), le principal lieu où se déroulaient les exécutions publiques à Londres.

34. John Crowne, *The Destruction of Jerusalem by Titus Vespasian*, 1677.

35. Anne Stuart (1665-1714), deuxième fille de Jacques II et d'Anne Hyde, reçut une éducation protestante et vécut dans un relatif isolement jusqu'à la révolution de 1688. En 1702, elle succéda à son beau-frère, Guillaume III, et devint reine d'Angleterre. Elle fut la dernière Stuart. Son règne dura douze ans, marquant la substitution de la dynastie des Hanovre à celle des Stuarts ainsi que l'achèvement de l'unité. Par l'acte d'union de 1707, l'Écosse et l'Angleterre furent réunies pour former la Grande-Bretagne. À la fin de son règne, les succès militaires obtenus durant la guerre de la Succession d'Espagne et la paix d'Utrecht, en 1713, firent de la Grande-Bretagne la plus grande puissance maritime d'Europe.

36. Charles Ier (1600-1649), roi d'Angleterre, d'Écosse et d'Irlande (1625-1649), était le fils de Jacques Ier et d'Anne de Danemark. En 1625, il devint roi d'Angleterre. L'absolutisme religieux et politique dont il fit preuve, et les abus de son favori Buckingham, mécontentèrent l'opinion. Pendant onze ans, Charles Ier gouverna sans Parlement. Rétabli en 1641, ce dernier publia la « grande remontrance », liste des actes illégaux reprochés par la Chambre des Communes au roi, qui déclencha une guerre civile.

37. Référence à un nouvel espace de socialisation, le café anglais, où circulaient les nouvelles politiques, dont les Anglais étaient si friands.

38. Marie-Anne Mancini (1646-1714), duchesse de Bouillon, était la plus jeune des nièces de Mazarin. Elle épousa en 1662, à peine âgée de seize ans, Maurice Godefroy de la Tour, duc de Bouillon. Désireuse de se débarrasser de son vieux mari encombrant, elle fut impliquée dans l'affaire des poisons. Elle subit un interrogatoire devant la chambre ardente, et sa réponse impertinente à Gabriel Nicolas

de La Reynie, lieutenant général de police de Louis XIV, lui coûta son exil à Nérac en 1680. Elle en profita pour aller voir sa sœur, Hortense, en Angleterre. Cependant, elle ne tarda pas à réapparaître à Paris pour reprendre son rôle brillant de protectrice des poètes.

39. Cela est très probablement une exagération car Mme Du Noyer n'était pas particulièrement jolie, et Hortense Mancini (1646-1699), nièce de Mazarin, était, paraît-il, une des plus parfaites beautés de la cour. Mazarin lui légua la plus grande partie de sa fortune et demanda à son mari, Armand Charles de La Porte de La Meilleraye (1631-1713), de prendre le nom et les armes de Mazarin. Maladivement jaloux, spécialement des attentions que Louis XIV portait à son épouse, le marquis de La Meilleraye imposa à Hortense de continuels déplacements. Elle demanda la séparation juridique de son mari, le quitta et alla s'installer à Londres, où elle reçut une pension de Charles II, puis de Jacques II. Auteur de *Mémoires*, elle fut l'amie et la protectrice de Saint-Évremond. Son salon était l'un des plus recherchés de Londres.

40. George II d'Amboise, archevêque et cardinal de Rouen, poursuivit la construction de la cathédrale. Son nom était plutôt associé au gros horloge construit en 1527. Cependant, la grosse cloche mentionnée par Mme Du Noyer fut installée par l'archevêque Eudes (Odon) Rigaud en 1260 et fut donc surnommée la Rigaude. En raison de sa taille et de son poids imposants, elle était lourde à manœuvrer. Aussi encourageait-on les sonneurs en leur offrant à boire à chaque volée. Cette anecdote engendra l'expression « boire à tire-la-Rigaude ». Avec le temps l'orthographe se modifia pour donner aujourd'hui l'expression « à tire-larigot ».

41. Louis II de Bourbon, le « Grand Condé », appelé avec déférence « Monsieur le Prince », mourut le 11 décembre 1686.

42. La lanterne était emblématique de la trahison du Christ par Judas, Jn 18.3.

43. Le premier miracle réalisé par Jésus lorsqu'il convertit l'eau en vin à Cana, en Galilée, Jn 2.6-11.

44. Pâtisserie salée faite d'une abaisse de pâte feuilletée, garnie d'une préparation au fromage parfois additionnée de pâte à choux, que l'on consommait chaude et dont il existait une variante sucrée, à base de frangipane.

45. Jean-Baptiste Ducasse (1646-1715), marin français, ami de Duquesne.

46. Les réformateurs Martin Luther et Jean Calvin, à la suite de John Wycliff, faisaient une distinction entre l'Église visible et l'Église invisible, affirmant que l'Église invisible était composée des élus seulement. Par conséquent, n'importe qui, le pape inclus, considéré comme le chef visible de l'Église catholique, pouvait faire partie de l'Église visible sans pour autant faire partie de la vraie Église qui est invisible.

47. Mme Du Noyer recevait des lettres de La Haye chez cette amie de sa tante qui était elle aussi nouvellement convertie.

48. Mme de Conte fut enfermée chez Mme de Miramion. Elle abjura pour la forme et s'enfuit.

49. Marie Bonneau de Miramion (1629-1696), surnommée « mère de l'Église » par Mme de Sévigné, décida, à dix-sept ans, suite à un veuvage précoce, de se consacrer à Dieu, aux pauvres, et à l'éducation des jeunes filles. Elle acheta en

1675 un hôtel au 47, quai de la Tournelle pour y abriter les filles de Sainte-Geneviève, connues sous le nom de Miramiones. Implanté dans un quartier voué aux études théologiques et à l'enseignement, où la Contre-Réforme s'affirma avec force au XVIIe siècle, l'hôtel de Miramion prit une vocation hospitalière. Les filles de Sainte-Geneviève y poursuivirent leur œuvre d'instruction, d'éducation religieuse, de soins aux pauvres et aux malades. On y enfermait les dames protestantes avant l'abjuration pour faire leur instruction religieuse.

50. Surnommées *Gazette ecclésiastique,* puis *Gazette prophétique,* elles étaient conçues comme une littérature d'action, un appel à la résistance.

CHAPITRE III

1. Tome II. Dédié à Armand de Bourbon-Malauze, marquis de Miremont.

2. Frédéric-Armand, duc de Schomberg (1615-1690), maréchal de France, se rallia en 1675 aux forces de Guillaume d'Orange.

3. Dédicataire du tome III, milord Galloway, marquis de Ruvigny, était généralissime des forces de Sa Majesté britannique et ambassadeur extraordinaire au Portugal.

4. Une trace de l'abjuration de cette demoiselle et de la somme qui lui fut remise par le roi existe dans les archives de Nîmes. Cependant, Mme Du Noyer ne donna aucune indication sur leur parenté.

5. Nom du laquais de M. Duquesne.

6. Épouse de M. Ducasse, ami intime de M. Duquesne.

7. Recueil de dévotion.

8. Belle-sœur de la tante Le Mosnier-Petit, mère de M. Duquesne.

9. Afin de mieux dissimuler leur fuite, Mme Du Noyer avait pris la précaution de remplir de pierres son coffre, dont elle avait emporté les effets.

10. Institution de bienfaisance et de prosélytisme destinée notamment à la rééducation des jeunes filles protestantes qui s'étaient récemment converties au catholicisme ou allaient se convertir.

11. Le culte y fut célébré pour la dernière fois le 14 octobre 1685.

12. Fils et homonyme du « grand » Colbert, Jean-Baptiste, marquis de Seignelay (1651-1690), était secrétaire d'État à la Marine.

13. Court récit imaginaire ou parfois réel dont se dégage une vérité morale.

14. François de Salignac de La Mothe-Fénelon (1651-1715), célèbre pour son éloquence, fut ordonné prêtre vers 1675 et nommé directeur des Nouvelles Catholiques en 1678. En 1689, Louis XIV le choisit comme précepteur de son petit-fils, le duc de Bourgogne. C'est pour lui que Fénelon écrivit *Les Aventures de Télémaque.*

15. La communauté des Filles de l'Union chrétienne ou Dames de Saint-Chaumond recevait des pensionnaires aisées et donnait une éducation catholique aux jeunes filles protestantes.

16. L'expression signifie : être en contestation au sujet d'une chose qui n'appartient à aucune des personnes en cause.

17. Terme du centre de la France, dérivé de « charne », forme de charme, nom d'arbre.
18. Marie-Anne-Christine de Bavière (1660-1690) épousa en 1680 Louis, dauphin de France, fils de Louis XIV.
19. Le marquis Balthasar Phélypeaux de Châteauneuf (1638-1700), secrétaire d'État, s'attacha aux affaires protestantes après la révocation.
20. La guerre de la Ligue d'Augsbourg (1688-1697). L'année 1694 fut particulièrement pénible pour la France : récoltes catastrophiques, cherté des grains, épidémies et crise démographique.
21. Famine, peste et guerre.
22. Jn 18.9.
23. L'administration des Eaux et Forêts comptait de nombreux officiers : au plus bas degré, des gruyers exerçant dans les grueries une juridiction limitée à quelques livres d'amende ; au-dessus, des verdiers dans leurs verderies ; puis des maîtrises, dont les appels étaient soumis à la Table de marbre des Eaux et Forêts.
24. Jeu de cartes introduit en France par les lansquenets, fantassins allemands servant en France comme mercenaires durant les guerres de religion.
25. L'hombre, venu d'Espagne vers 1660, était un jeu de cartes à trois joueurs qui connut un grand succès dans les classes cultivées. C'était un jeu avec atouts et enchères, aux règles extrêmement savantes.
26. Paul Scarron (1610-1660), auteur du *Roman comique* (1651 : 1re partie ; 1657 : 2e partie), fut le pionnier en France du genre burlesque.
27. Homme de M. de Bâville à Castres, connu pour son intransigeance.
28. Le canal du Midi, long de 241 km, relie la vallée de la Garonne à la Méditerranée. Sa construction par Pierre-Paul Riquet entre 1666 et 1681 fut une entreprise colossale.
29. À Lyon, le château de Pierre-Encise, taillé dans le roc, servit de prison à nombre de pasteurs.
30. Le jeu de la bassette, provenant de Venise, était limité au simple pari que faisaient les joueurs ou « pontes » sur la sortie d'une paire de cartes par le « banquier ». La bassette entraîna tellement d'endettements que Louis XIV, victime lui-même, dut l'interdire dès 1679 ; rebaptisé « pharaon », ce jeu disparut avec la Révolution.
31. Le tignon est la partie des cheveux qui se trouve derrière la tête.
32. Coiffure faite de mousseline, de dentelle et de rubans montés sur fil d'archal. Du nom de la duchesse de Fontanges (1661-1681), maîtresse de Louis XIV (en 1679 et 1680), qui lança la mode de cette coiffure en nouant, au moyen d'un ruban, ses cheveux dérangés par le vent lors d'une partie de chasse.
33. Cet indice temporel place la date de rédaction de ce tome des *Mémoires* en 1709 puisque Mme Du Noyer s'exila avec ses filles en 1701.
34. Mme Du Noyer avait pris soin du comte de Dohna lors d'une grave maladie qui avait mis ses jours en danger.
35. Le couvent des Bernardines du Précieux Sang était situé rue de Vaugirard (1616-1792).

36. La guerre de la Succession d'Espagne, qui dura dix ans (1702-1713), avait trouvé son origine deux ans plus tôt dans la désignation du duc Philippe d'Anjou, petit-fils de Louis XIV, comme roi d'Espagne sous le nom de Philippe V. Charles II de Habsbourg, mort le 1er novembre 1700 sans héritier, l'avait désigné comme successeur. Le 13 mai 1702, une Grande Alliance européenne déclara la guerre à la France et à l'Espagne. Elle réunissait l'Angleterre, les Provinces-Unies, la Prusse et l'Autriche, rejoints plus tard par le Danemark, puis le Portugal et la Savoie. La France et l'Espagne jouissaient du soutien des électeurs de Bavière et de Cologne.

37. Fille de Victor-Amédée II, Marie-Adélaïde de Savoie (1685-1712), duchesse de Bourgogne, très appréciée par Louis XIV pour son caractère enjoué, était l'épouse de son petit-fils Louis, duc de Bourgogne (1682-1712). Elle est la mère de Louis XV.

CHAPITRE IV

1. Tome 2. Suite.

2. C'est grâce à cette feinte que Mme Du Noyer obtint un passeport lui garantissant la sortie du pays.

3. 1 Tm 6.6 : « C'est en effet une grande source de gain que la piété avec le contentement. »

4. Rt 1.6, 16.

5. Victor-Amédée II (1666-1732), duc de Savoie, roi de Sicile puis de Sardaigne.

6. Il s'agit de Théodore de Béringhen, dont l'épouse était restée en France avec leur fille unique.

7. Françoise-Hélène de Dangeau, surnommée la « nouvelle Dorcas », était connue pour ses œuvres de charité. Elle devint la directrice de la société de Schiedam, une des sociétés fondées pour les huguenots sans ressources par la princesse d'Orange.

8. Élie Benoist, célèbre pour son *Histoire de l'édit de Nantes*.

9. La guerre de la Succession d'Espagne.

10. De peur de se rendre suspecte lors de sa fuite, Mme Du Noyer avait laissé de la vaisselle et des vêtements à Lyon chez une personne de confiance.

11. L'une des deux fonctions essentielles, avec celle de Stadhouder, au sein de la république des Provinces-Unies. Le grand pensionnaire Heinsius était un homme de loi et un avocat-conseil. Il exerçait le rôle de chef de l'administration fédérale, de secrétaire général des États et de maître de la diplomatie.

12. Marie II Stuart, épouse de Guillaume III.

13. Marie de Menour[s], épouse de Jean de Béringhen (1601-1691, branche Venlo), fut enfermée dans un couvent tandis que son mari fut embastillé et emprisonné par Louis XIV. En 1688, les deux époux se réfugièrent en Hollande.

14. Les Béringhen eurent quinze enfants, dont Théodore était le fils aîné.

15. Les enfants de M. et Mme de Béringhen résistèrent aux conversions et s'exilèrent, sauf le fils cadet, Frédéric de Béringhen, seigneur de Langarzeau, né en 1663,

dont il est question ici. Il était cornette de cavalerie et abjura en 1686 après quelques mois de détention à la Bastille. Il avait épousé Louise-Madeleine Guigou, dame de Bouron.

16. Fille de Judith de Béringhen (branche Gennep), dame de Gudane et cousine de Jacques-Louis de Béringhen, Marie-Catherine Le Jumel de Barneville, baronne et comtesse d'Aulnoy (1650-1705), était un auteur célèbre de contes de fées, dont le nom revient souvent sous la plume de Mme Du Noyer.

17. Jacques-Louis de Béringhen (1651-1723), fils de Henri de Béringhen (branche Gennep), était premier écuyer de Sa Majesté. Louis XIV l'appelait « monsieur le premier ».

18. L'un des meilleurs comédiens du XVIIe siècle, Michel Boyron dit Baron (1653-1729) fut l'élève et l'ami de Molière.

19. Pierre Trochon dit Beaubourg appartenait en 1682 à la troupe de Longchamps et en 1686 à la troupe de Longueval. Il débuta à la Comédie-Française le 17 décembre 1691 dans *Nicomède*.

20. Opéra d'André Campa créé en 1700.

21. Ac 9.36 : « Il y avait à Joppé, parmi les disciples, une femme nommée Tabitha, ce qui signifie Dorcas : elle faisait beaucoup de bonnes œuvres et d'aumônes. »

22. Aix-la-Chapelle (Aachen) en Rhénanie du Nord-Westphalie.

23. Ministre de Pau qui fut prédicateur dans l'église wallonne de La Haye, où il mourut en 1709.

24. Nb 11.5 : « Nous nous souvenons des poissons que nous mangions en Égypte, et qui ne nous coûtaient rien, des concombres, des melons, des poireaux, des oignons et des aulx. »

25. Il s'agit de Théodore de Béringhen.

26. Lc 1.63.

27. Rm 3.8.

28. Après le décès de son second mari, Pierre Petit, et de ses deux filles, la tante Petit-Le Mosnier s'installa à Londres avec ses deux fils, Des Étangs et Cabin.

29. La première épouse du comte.

30. L. Petit-des Étangs, fils aîné de l'oncle Petit et de la tante Petit-Le Mosnier, frère de Cabin et demi-frère de Duquesne.

31. Il s'agit de Françoise de Béringhen (1656-17 ?), fille de Mme de Béringhen et sœur de Théodore.

32. Guillaume III mourut le 8 mars 1702, et Anne Stuart, sa belle-sœur, lui succéda.

33. Anne de Montmorency (1493-1567) devint connétable de France en 1538, ainsi que son fils, Henri Ier de Montmorency (1534-1614), en 1593. Les connétables de France avaient le contrôle de l'ensemble des armées du roi et des maréchaux.

34. François de Bonne (1543-1626), seigneur de Lesdiguières, fut le dernier connétable de France, en 1622.

35. Référence au sceptre d'or d'Assuérus (Xerxès Ier), roi des Perses, et de sa magnanimité envers les juifs grâce à l'intervention d'Esther. Est 5.2 : « Lorsque le

roi vit la reine Esther debout dans la cour, elle trouva grâce à ses yeux ; et le roi tendit à Esther le sceptre d'or qu'il tenait à la main. Esther s'approcha et toucha le bout du sceptre. »

36. Il existait plusieurs pensions : les pensions de la reine, les pensions d'Irlande et les pensions du comité.

CHAPITRE V

1. Tome III. Dédié à milord Galloway, marquis de Ravigny.
2. La guerre de la Succession d'Espagne débuta le 15 mai 1702.
3. Titres ou bons du Trésor émis en Angleterre à la fin du XVIIe siècle.
4. Au couronnement de la reine Anne, Mme Du Noyer a rencontré cet ami de son mari qui vivait à Londres.
5. Pour échapper aux créanciers, M. Du Noyer avait pris refuge dans l'enclos du Temple. Ancien prieuré parisien de l'ordre des Templiers, établi au XIIe siècle dans le Marais, c'était un vaste enclos fortifié, exempt d'impôts et possédant d'immenses domaines qui jouissaient du droit d'asile.
6. Situé près de Soho, ce quartier où se trouvait l'église dite « des Grecs » devait abriter la communauté grecque, mais les réfugiés s'y installèrent (voir aussi note de Mme Du Noyer p. 208).
7. La reine Anne d'Angleterre.
8. Le comte de Dohna épousa en secondes noces, en 1702, Albertine-Henriette Von Bylandt.
9. Amie anglaise de Mme Du Noyer et du comte de Dohna.
10. Sarah Churchill (1660-1744), duchesse de Marlborough et épouse du duc de Marlborough, fut l'amie intime et la conseillère de la reine Anne jusqu'à leur brouille en 1710.
11. « La faim chasse le loup du bois » : les nécessités matérielles font faire beaucoup de choses à contrecœur.
12. Dédicataire du tome IV, John Churchill, duc de Marlborough (1650-1722), fut d'abord favorable à Jacques II Stuart avant de se rallier à Guillaume d'Orange. Très influent auprès de la reine Anne, il fut commandant en chef de l'armée anglaise, puis généralissime des armées alliées. Il joua un rôle déterminant dans la guerre de la Succession d'Espagne, où il remporta les victoires de Ramillies en 1706 et de Malpaquet en 1709. Il tomba en disgrâce en 1710 quand son épouse se brouilla avec la reine Anne. Il dut s'exiler mais retrouva sa position en 1714 lorsque les Hanovre montèrent sur le trône. C'est l'ancêtre de Winston Churchill.

CHAPITRE VI

1. Tome III. Suite.
2. Frère cadet du comte de Dohna Ferrassières.
3. Donner des éperons à un cheval.

CHAPITRE VII

1. Tome III. Suite.
2. Frère aîné du comte de Dohna Ferrassières.
3. Le baron de Jasses, en complicité avec M. Constantin, attira plus tard Mme Du Noyer dans un guet-apens.
4. François-Egon de La Tour d'Auvergne (1675-1710), prince d'Auvergne et marquis de Bergen-op-Zom, était le fils de Frédéric-Maurice II de La Tour d'Auvergne, comte d'Auvergne. Colonel, le prince d'Auvergne déserta son régiment de cavalerie et fut condamné à mort *in absentia* en France en 1703.
5. Liqueur de fleurs de romarin distillée et fermentée dans du miel qui avait guéri une reine de Hongrie au XIIIe siècle de la goutte et d'autres maux. C'était surtout sous forme d'eau de toilette qu'on l'utilisait au XVIIe siècle.
6. Lors d'une de ses visites à Versailles, Anne-Marguerite Petit avait, paraît-il, dansé avec le duc de Bourgogne.
7. Messieurs les États généraux des Provinces-Unies.
8. Roi de Salem « qui est sans père, sans mère, sans généalogie, qui n'a ni commencement de jours ni fin de vie » (Gn 14.18 ; He 7.3). Personnage qui ne peut être identifié, venu de nulle part.

CHAPITRE VIII

1. Tome IV. Dédié au duc de Marlborough.
2. Eau-de-vie dont le nom vient du néerlandais *brandewijn*.
3. Conseil de ministres protestants chargé des intérêts généraux de la communauté réfugiée.
4. Mt 21.12-13 : « Jésus entra dans le temple de Dieu. Il chassa tous ceux qui vendaient et qui achetaient dans le temple ; il renversa les tables des changeurs, et les sièges des vendeurs de pigeons. Et il leur dit : "Il est écrit : Ma maison sera appelée une maison de prière. Mais vous, vous en faites une caverne de voleurs". »
5. La célébration publique du culte réformé étant interdite, elle survécut de manière clandestine dans les assemblées du Désert, qui se réunissaient en plein air et dans des lieux écartés. De nombreuses ordonnances royales menacèrent les participants à ces assemblées secrètes de toutes sortes d'atrocités.
6. Le prophète anti-idolâtre Élie, ardent et passionné, mena un combat violent pour restaurer l'Alliance entre Dieu et son peuple. En 875 av. J.-C., il s'affronta à Achab, roi du Nord, qui avait épousé Jézabel, fille d'Ethbaal, roi des Sidoniens et adorateur du faux dieu Baal. Achab « alla servir Baal et se prosterner devant lui » (1R 16, 31).
7. Banquier prêteur sur gages, le plus souvent originaire de Lombardie.
8. Allusion à la retraite de Gaspard de Fieubet, premier président du parlement de Toulouse, à la fin de sa vie.

9. L'ordre des camaldules, s'inspirant de la règle de saint Benoît mais plus rigide encore, fut fondé par saint Romuald en Toscane au début du XIe siècle et s'établit en France en 1626.

10. Brême (Bremen) en Basse-Saxe.

11. La Haye.

12. La situation française lors des dernières années de la guerre de la Succession d'Espagne fut dramatique. L'armée franco-espagnole, cernée de toutes parts, fut écrasée par Marlborough à Ramillies, aux Pays-Bas, en 1706.

13. Historien latin du Ier siècle apr. J.-C., auteur d'une *Histoire d'Alexandre* en dix livres considérée comme une histoire romancée.

14. Mme Du Noyer n'indique pas le prénom de son beau-frère.

15. Dans la province de Frise (nord-est des Pays-Bas).

CHAPITRE IX

1. Tome IV. Suite.

2. Jean Cavalier de Ribaute (1681-1740), dont les parents avaient abjuré, avait été élevé secrètement dans la religion protestante par sa mère. Il fut mitron, puis berger, assista à plusieurs assemblées clandestines avant de se réfugier à Genève, où il passa un an. À son retour en 1702, il se joignit au groupe des camisards et devint l'un des chefs les plus charismatiques. Il se battit férocement contre les troupes royales mais entama des négociations avec le maréchal de Villars en 1704. Après sa défection, il se mit au service du duc de Savoie, qui lui offrit une charge de colonel. En 1706, il commanda un régiment de l'armée anglo-portugaise composé de camisards et de réfugiés. Il fut blessé et laissé pour mort. Après cela, il tenta en vain de lever un autre régiment. Finalement, il épousa Mlle de Ponthieu, dont les parents avaient émigré en Angleterre, obtint une pension de la reine Anne et s'installa en Irlande. En 1735, il fut nommé général de brigade, puis en 1738 lieutenant-gouverneur de l'île de Jersey. Il mourut à Chelsea le 17 mai 1740 et laissa des mémoires publiés à Londres en anglais en 1726 et dédiés à lord Carteret, *Memoirs of the Wars of the Cevennes, under Col. Cavallier in Defense of the Protestants Persecuted in that Country*.

3. La bataille d'Almanza marqua la fin des victoires coalisées. En demi-solde, Cavalier fit la navette entre l'Angleterre et la Hollande jusqu'en 1710.

4. Eugène de Savoie (1663-1736), fils d'Eugène-Maurice de Savoie et d'Olympe Mancini, nièce du cardinal Mazarin, était prince de Savoie-Carignan. Déçu de la mauvaise réception que lui fit Louis XIV, il entra au service de l'Autriche, participa à la libération de Vienne en 1683 et combattit les Turcs. Pendant la guerre de la Succession d'Espagne, il devint commandant en chef des armées coalisées et remporta les victoires d'Oudenaarde en 1708 et de Malpaquet en 1709, mais fut vaincu par Villars à Denain en 1712.

5. Lc 19.4. Allusion à la petite taille de Zachée, qui dut monter sur un sycomore pour apercevoir le Christ.

6. La France.

7. Le 24 juillet 1702, le meurtre de l'abbé du Chaila, tortionnaire du Pont-de-Montvert, organisé par Abraham Mazel et Esprit Séguier, marqua le début de la guerre des camisards, appelée aussi la guerre des Cévennes ou guérilla. Inspecteur des missions de Cévennes, l'abbé du Chaila était chargé d'y mener la répression des protestants.

8. Jean de la Fontaine, *Les Fables*, livre VI, « Le cochet, le chat, et le souriceau ».

9. Le premier chef de la guerre des camisards était Gédéon Laporte, qui fut tué. Son neveu, Pierre Laporte, dit Roland, lui succéda, secondé par Jean Cavalier de Ribaute. Après la défection de ce dernier, Roland ne voulut jamais négocier et trouva la mort dans une ultime résistance.

10. François-Maximilien Misson, *Le Théâtre sacré des Cévennes*, Londres, R. Roger, 1707. Cet ouvrage était consacré aux petits prophètes des Cévennes qui, face aux répressions, préconisèrent la rébellion.

11. Jean Cavalier de Sauve, cousin de Jean Cavalier de Ribaute, était l'un des quatre inspirés cévenols et anciens camisards connus sous le nom d'« Enfants de Dieu » ou de *French Prophets* en Angleterre. Les autres étaient Durand Fage, Jean Allut et Élie Marion.

12. Abraham Mazel (1677-1710), prophète et combattant, délivra les prisonniers de l'abbé du Chaila et se rendit célèbre pour son évasion de la tour de Constance en 1705. Cavalier réfugié à l'étranger, Roland mort, il tenta un ultime soulèvement dans le Vivarais en 1710. Trahi, il fut exécuté.

13. La résistance acharnée et les victoires de ces petits groupes d'insurgés armés, pour la plupart des paysans protestants, déroutèrent l'intendant du Languedoc, M. de Bâville, ainsi que les chefs de l'armée royale, Broglie et Montrevel, qui commirent des atrocités. Après l'échec de ses deux prédécesseurs, Claude-Louis-Hector, duc de Villars, maréchal de France (1653-1734), tenta une politique d'apaisement et arriva à convaincre Cavalier d'accepter un brevet de colonel, 1 200 livres de pension et le commandement d'un régiment. En outre, Villars se distingua dans la guerre de la Succession d'Espagne, notamment à Malpaquet, en 1709, et surtout à Denain, en 1712, ce qui facilita les négociations du traité d'Utrecht, en 1713.

14. Elle se réfère au pain de Gonesse, puisque Cavalier avait été boulanger.

15. Daniel Guy dit Billiard (1668-1709) était le principal lieutenant et un des prophètes de la troupe de Cavalier. Il s'exila avec celui-ci mais retourna en France avec Abraham Mazel pour tenter de soulever le Vivarais. Il fut roué et tué en juillet 1709.

16. Cavalier ne mentionne jamais le nom de sa maîtresse. Cependant selon le témoignage de son entourage, il s'agirait d'une Isabeau Chanvrel, « héroïne camisarde » et « insigne prophétesse ».

17. *Cadmus et Hermione*, opéra composé par Jean-Baptiste Lully en 1673.

18. Surnom de Catherine-Olympe, la fille cadette de Mme Du Noyer.

19. Cette lettre est écrite en 1708. Certaines des *Lettres historiques et galantes* furent publiées en 1707, et une partie des *Mémoires* de Mme Du Noyer circulait déjà.

20. Les grands romans héroïco-précieux tels *Artamène ou Le Grand Cyrus* et *Clélie* de Madeleine de Scudéry (1607-1701) étaient des manuels de galanterie comportant de nombreuses histoires intercalées qui s'articulaient autour de la constance et de la chasteté des héroïnes face à toutes sortes d'obstacles et de tribulations. Louis XIV lui octroya une pension, et, en 1671, elle remporta le premier prix d'éloquence fondé par l'Académie française pour son discours sur la gloire.

21. Stanislas Leszczynski (1677-1766) fut roi de Pologne de 1704 à 1709. Chassé de son royaume, il devint duc de Lorraine et de Bar de 1739 à sa mort.

22. La prison de Londres.

23. Général des armées du roi de Pologne.

24. L'aînée des deux Hollandaises.

CHAPITRE X

1. Tome V. Dédié au marquis de Pascale, commandant-gouverneur de la ville de Bruxelles (le Brabant faisait partie des Pays-Bas espagnols) et général de l'infanterie du conseil de guerre de Sa Majesté catholique Philippe V.

2. Connu sous le nom de La Fond, un des sbires de Cavalier.

3. Dans Lc 23.25, à la demande du peuple et des sacrificateurs, Pilate relâcha Barrabas emprisonné pour sédition et pour meurtre, et leur livra Jésus.

4. Femme laide, mal bâtie, mais aussi femme de mœurs légères.

5. Personne qui se livre à des activités peu scrupuleuses, aventurier, escroc.

6. Mémoire virulent, récit polémique que l'on publiait pour se défendre des escrocs et qui était destiné aux juges.

7. « Être à bouche que veux-tu » : avoir tout ce que l'on souhaite en abondance.

8. Manteau d'homme demi-ajusté, boutonné devant et descendant jusqu'aux genoux, qui fut mis à la mode par le duc de Roquelaure (1656-1738).

9. Elle se réfère à la scène 5 de l'acte II de la tragédie en musique *Amadis de Gaule* composée par Lully et Quinault, qui fut représentée au Palais-Royal en 1684 : « Puis-je craindre la mort, dans un temps où la vie / N'est plus qu'un supplice pour moi ? »

10. Après la trêve de Douze Ans conclue en 1609 entre les protestants hollandais et l'Espagne, le Brabant se trouva partagé en deux parties : au sud le Brabant espagnol (autrichien), subdivisé en quatre régions (la ville de Louvain ; la ville de Bruxelles ; la ville d'Anvers ; la seigneurie de Malines), et au nord le Brabant non espagnol.

CHAPITRE XI

1. Tome V. Suite.

2. Jean de La Fontaine, livre I, fable 18, *Le Renard et la Cigogne*.

3. Eberhard-Louis, prince de Wurtemberg.

4. Mme Du Noyer fait ressortir ici le caractère laïc du mouvement béguinal.

5. Charles Ier « le Téméraire » (1433-1477), duc de Bourgogne et de Brabant, préférant Malines à Bruxelles, y établit en 1473 le Parlement, Cour suprême des Pays-Bas.

6. La Stuart (l'aventurière anglaise qui se faisait appeler la Stuart, et dont Bavons avait été amoureux).

7. En 1706, Saint-Paul (Bavons), major du régiment de Cavalier, avait été envoyé au Wurtemberg afin d'y recruter parmi les réfugiés.

8. Selon le dictionnaire de l'Académie française, partis de gens armés, soldats ou autres, qui font des courses pour piller amis ou ennemis.

9. Épouse du chirurgien barbier qui rasait leur père.

10. Ac 17.11 : « [...] Ils examinaient chaque jour les Écritures, pour voir si ce qu'on leur disait était exact. »

11. Lait caillé.

12. Pain de seigle.

13. Le duc de Marlborough.

14. Pierre Cavalier (1693- 17 ?), malgré son jeune âge, prit part aux expéditions de son frère Jean.

15. Dans la troisième partie du *Roman comique*, connue sous l'appellation « Suite d'Offray », l'auteur imagina ainsi la fin de l'intrigue : Ragotin, désirant se suicider, manque de courage ; comble d'ironie, il tombe dans une rivière et se noie.

16. Chef de la police d'un comté.

17. Le mauvais génie de Brutus lui apparut, lui annonçant la défaite et la mort à la bataille de Philippes. Brutus rapporta à Cassius les paroles ambiguës du spectre. La mauvaise interprétation de ce présage entraîna leur défaite et la mort de Brutus.

ÉLÉMENTS BIBLIOGRAPHIQUES

ŒUVRES DE MME DU NOYER

— [attribué à Mme Du Noyer aussi bien qu'à Mme d'Aulnoy] : *Sentiments d'une âme pénitente sur le pseaume « Miserere mei Deus » et le retour d'une âme à Dieu sur le pseaume « Benedic anima mea »*, accompagné de réflexions chrétiennes par Madame D*** [1698 ?], Paris, Vve T. Girard, 1968.
— *Les Lettres historiques et galantes*, Cologne, Pierre Marteau, 2 vol., 1707 [une édition antérieure est signalée par certains auteurs, mais elle n'a jamais été localisée].
— *Mémoires de Mme du N***, écrits par elle-même, Cologne, Pierre Marteau, 5 vol., 1710-1711 [cet exemplaire se trouve à l'Arsenal].
— *Œuvres meslées*, par Mme Du N*** [Du Noyer], qui peuvent servir de supplément à ses mémoires, Cologne : chez les héritiers du défunt, 1711.
— *Lettres nouvelles, galantes, historiques, morales, critiques, satyriques, et comiques de Madame D. Ouvrage beaucoup plus curieux que les précédents, et très utile pour bien comprendre les premiers*, Nîmes, sur le pont au change, chez Claude Bon Ami, 1713 [cinq lettres avec des réponses et deux dialogues entre Mme Du Noyer et sa fille Pimpette].
— *Les Lettres historiques et galantes*, Cologne, Pierre Marteau, 1714, 7 vol. [4ᵉ édition, revue et corrigée].
— *Les Lettres historiques et galantes de deux dames de condition dont l'une était à Paris et l'autre en Province. Ouvrage curieux, revu, corrigé, augmenté et enrichi en Figures par Madame de C****, Amsterdam, Brunet, 1720, 9 vol. [comprend les lettres sur le traité d'Utrecht, la mort de Louis XIV, les débuts de la Régence, les *Mémoires* de son époux, M. Du Noyer (Paris, Jérôme Sincère, 1713) et les deux premiers volumes des *Mémoires* de Mme Du Noyer].
— *La Quintessence des nouvelles* [le premier volume de la plume de Mme Du Noyer est daté du 29 décembre 1710, et le dernier du 29 mai 1719].

TRAVAUX SUR MME DU NOYER :

— Henriette GOLDWYN :
« L'inscription d'un lectorat féminin dans une des *Lettres historiques et galantes* de Mme Du Noyer », in *Lectrices d'Ancien Régime, modalités, enjeux, représentations*, Rennes, Presses Universitaires de Rennes, 2003.
« Journalisme polémique à la fin du XVIIe siècle : le cas de Mme Du Noyer », *in* Colette Nativel (dir.), *Femmes savantes, savoirs de femmes*, Genève, Droz, 2000.
« Mme Du Noyer : Dissident Memorialist of the Huguenot Diaspora », *in* Colette Winn et Donna Kuizenga (dir.), *Women Writers in Pre-Revolutionary France*, New York, Garland Publishing, Inc., 1997.
— Alain NABARRA :
« Correspondances réelles, correspondances fictives : les *Lettres historiques et galantes* de Mme Dunoyer ou "la rocambole" d'un "petit badinage établi d'abord pour le plaisir" », *in* Marie-France Silver et Marie-Laure Girou Swiderski (dir.), *Femmes en toutes lettres, les Épistolières du XVIIIe siècle*, Oxford, Voltaire Foundation, 2000.
« La lettre dans le journal, la lettre et le journal », *in* Georges Bérubé et Marie-France Silver (dir.), *La Lettre au XVIIIe siècle et ses avatars*, Toronto, Du Gref, 1996.
« Mme Dunoyer et *La Quintessence* : la rencontre d'une journaliste et d'un journal », *in Women Intellectuals of the French Eighteenth Century / Femmes savantes et femmes d'esprit*, Roland Bonnel et Catherine Rubinger (dir.), New York, Peter Lang, 1995.
— Jean SGARD (dir.) :
Histoire de la France à travers les journaux du temps passé. Lumières et lueurs du XVIIIe siècle 1715-1789, Paris, Colin, 1986.
Dictionnaires des journaux 1600-1789, t. II, Paris, Universitas, 1991 (notices « Lettres historiques et galantes », « La Quintessence des nouvelles »).
— Suzan VAN DIJK :
« Madame Dunoyer, auteur de *La Quintessence des nouvelles*, 1711-1719 », in *Traces ae femmes. Présence féminine dans le journalisme français du XVIIIe siècle.*
Amsterdam/Maarssen, Holland University Press, 1988.

Liens électroniques : http ://www.camisards.net/memoires-accessoires_fr. htm
http ://www.siefar.org

BIBLIOGRAPHIE GÉNÉRALE

ARNELLE [Mme de La Clauzade], *Mémoires et lettres galantes de Mme Du Noyer (1663-1720)*, Paris, Louis Michaud, 1910 [avec avant-propos et notes].
ARNELLE [Mme de La Clauzade], *Les Filles de Mme Du Noyer, suite des Mémoires de Mme Du Noyer (1663-1720)*, Paris, Fontemoing et Cie, 1921.
François-Alexandre AUBERT DE LA CHENAYE-DESBOIS et Jacques BADIER, *Dictionnaire de la noblesse*, 3e édition, Paris, Schlesinger frères, 1863-876, 19 vol.

Pierre BAYLE, *Dictionnaire historique et critique*, article « Kuchlin, Jean », 5ᵉ éd., Amsterdam, P. Brunel, R. et J. Wetstein, *et al.*, t. 3, p. 25.
Jacques-Bénigne BOSSUET, *La Lettre pastorale de Monseigneur l'évêque de Meaux aux Nouveaux Catholiques de son diocèse, pour les exhorter à faire leurs Pâques, et leur donner les avertissements nécessaires contre les fausses lettres Pastorales des Ministres*, Cologne, Pierre Marteau, 1686.
Charles BOST, *Les Prédicants protestants des Cévennes et du Bas-Languedoc, 1684-1700*, (préface de Philippe Joutard), Montpellier, Presses du Languedoc, 2001, 2 tomes.
Hubert BOST, *Ces Messieurs de la R.P.R : Histoires et écritures des huguenots, XVIIᵉ-XVIIIᵉ siècle*, Paris, Honoré Champion, 2001.
Hubert BOST, « Le Désert des huguenots : une poétique de l'épreuve », *Revue des sciences humaines*, n° 258 (2000), p. 177-206.
Hans BOTS, « L'Écho de la révocation dans les Provinces-Unies à travers les gazettes et les pamphlets », *in* Roger Zuber et Laurent Thies (dir.), *La Révocation de l'édit de Nantes et le protestantisme français en 1685*, Paris, SHPF, 1989, p. 281-298.
Hans BOTS, « Le Refuge dans les Provinces-Unies », in *La Diaspora des huguenots*, Paris, Honoré Champion, 2001, p. 69.
Guy Howard DODGE, *The Political Theory of the Huguenots of the Dispersion*, New York, Columbia University Press, 1947.
Emmanuel-Orentin DOUEN, *Les Premiers Pasteurs du Désert (1685-1700)*, Paris, Grassart, 1879, 2 tomes.
Pierre JURIEU, *Lettres pastorales adressées aux fidèles de France qui gémissent sous la captivité de Babylone*, Rotterdam, Abraham Archer, 1686 (édition moderne : Robin Howels, Hildesheim, Georg Olms Verlag, 1988).
F. R. J. KNETSCH, « Pierre Jurieu, réfugié unique et caractéristique », *Bulletin de la Société de l'histoire du protestantisme français* (*BSHPF*), n° 115 (1969), p. 445-478.
Janine GARRISSON, *L'Édit de Nantes et sa révocation : histoire d'une intolérance*, Paris, Seuil, 1985.
Janine GARRISSON (dir.), *L'Édit de Nantes*, Biarritz, Atlantica, 1997.
Émile et Eugène HAAG (dir.), *La France protestante*, Paris, Cherbuliez, 1846-1858, 10 vol. ; 2ᵉ éd., par H. Bordier, Paris, Sandoz & Fischbacher, 1877-1881 [jusqu'à « Gasparin »].
Dale HOAK et Mordechai FEINGOLD (dir.), *The World of William and Mary : Anglo-Dutch Perspectives on the Revolution of 1688-89*, Stanford, Stanford University Press, 1996.
Jonathan ISRAEL (dir.), *The Anglo-Dutch Moment : Essays on the Glorious Revolution and Its World Impact*, Cambridge, Cambridge University Press, 1991.
Philippe JOUTARD, *La Légende des camisards*, Paris, Gallimard, 1977.
Élisabeth LABROUSSE, *La Révocation de l'édit de Nantes : une foi, une loi, un roi ?*, Genève, Labor et Fides, Paris, Payot, 1990.
Élisabeth LABROUSSE, *Conscience et conviction : études sur le XVIIᵉ siècle*, Paris, Universitas, Oxford, Voltaire Foundation, 1996.
Jacques LE GOFF, *Histoire de la France religieuse*, Paris, Seuil, 1988.
Émile G. LÉONARD, *Histoire générale du protestantisme*, Paris, Presses universitaires de France, 1964, 3 tomes.
Emmanuèle LESNE, *La Poétique des Mémoires (1650-1685)*, Paris, Honoré Champion, 1996.

Henry MÉCHOULAN, « Une vision laïque du religieux », *Amsterdam XVII° siècle*, n° 23 (1993), p. 42-58.

Louis MORÉRI, *Le Grand Dictionnaire historique*, Paris, chez les Libraires Associés, 1759, 10 vol.

Nicolas MICHEL, *Histoire littéraire de Nîmes et des localités voisines qui forment actuellement le département du Gard*, Paris, Cherbuliez, 1854, 2 tomes.

Pierre NORA, *Les Lieux de mémoire*, Paris, Gallimard, 1997, 2 tomes.

Régine REYNOLDS-CORNELL, *Fiction and Reality in the Mémoires of the Notorious Anne-Marguerite Petit Du Noyer*, Tubingen, Gunter Naar Verlag, 1999.

Catherine SECRETAN, « La victoire des régents : argent et liberté », *Amsterdam XVII° siècle*, n° 23 (1993), p.19-41.

Jean SGARD, *Dictionnaire des journaux 1600-1789*, Paris, Universitas, 1991, 2 tomes.

Jacques SOLÉ, *Les Origines intellectuelles de la révocation de l'édit de Nantes*, Publication de l'Université de Saint-Étienne, 1997.

Hillel SCHWARTZ, *The French Prophets*, Berkeley, University of California Press, 1979.

John VAN DER KISTE, *William and Mary*, Thrupp, Sutton Publishing, 2003.

Daniel VIDAL, *Le Malheur et son prophète. Inspirés et sectaires en Languedoc calviniste (1685-1725)*, Paris, Payot, 1983.

Charles WEISS, *Histoire des réfugiés protestants de France depuis la révocation de l'édit de Nantes jusqu'à nos jours*, Paris, Charpentier, 1853, 2 tomes.

Myriam YARDENI, *Le Refuge huguenot : assimilation et culture*, Paris, Honoré Champion, 2002.

Myriam YARDENI, *Repenser l'histoire. Aspects de l'historiographie huguenote des guerres de Religion à la Révolution française*, Paris, Honoré Champion, 2000.

INDEX DES NOMS

ABEL (Bible) : 376.
ACHAB, roi d'Israël : 397n.
ACHILLE (mythologie) : 213.
ALEXANDRE LE GRAND (Alexandre III), roi de Macédoine : 270, 389n.
ALLUT (Jean) : 399n.
AMBOISE (George II d', archevêque et cardinal de Rouen) : 105, 391n.
AMPHITRYON (*Amphitryon*) : 303.
ANCEAU (M.) : 153.
ANJOU (Philippe, duc d'), *voir* PHILIPPE V, roi d'Espagne.
ANNE BOLEYN, reine d'Angleterre : 99.
ANNE STUART, reine d'Angleterre, d'Écosse et d'Irlande : 10, 102, 200, 202, 203, 204, 218, 243, 290, 291, 295, 314, 390n, 396n, 398n.
ANNE D'AUTRICHE, reine de France : 383n.
ANNE DE DANEMARK, reine d'Angleterre et d'Écosse : 390n.
ANNE HYDE, reine d'Angleterre : 388n, 389n, 390n.
APOLLON (dieu) : 307.
APOLLOS (saint) : 43.
AREMBERG (duc d') : 357.
ARNELLE (Mme de Clauzade, dite) : 22, 23.
ASSUÉRUS (Xerxès Ier), roi de Perse : 200, 395n.
ASTRÉE (*Astrée*) : 387n.

AUDIGNI (baron d') : 357.
AULNOY (Marie-Catherine Le Jumel de Barneville, baronne et comtesse d') : 17, 178, 247, 395n.
AUVERGNE (comte d'), *voir* LA TOUR D'AUVERGNE (Frédéric-Maurice II de).
AUVERGNE (prince d'), *voir* LA TOUR D'AUVERGNE (François-Egon de).
AUVERKERQUE (M. d') : 218.
AVAUX (Jean-Antoine de Mesmes, comte d') : 91, 93-96, 173, 176.

BAAL (dieu) : 263, 397n.
BALZAC (Jean-Louis Guez, seigneur de) : 383n.
BARBARA : 150, 393n
BARNIER (M.) : 154.
BARNIER (Mlle), *voir* BAUDAN (Mme).
BARON (Michel Boyron, dit) : 180, 395n.
BARRABAS (Bible) : 21, 321, 374, 400n.
BAUDAN DE VESTRIC (Pierre) : 29, 114, 172-174, 184, 185, 193, 197, 216, 230-233, 236, 239-241, 243-244, 254, 335, 348, 369-372, 382n.
BAUDAN DE VESTRIC (Mme) : 240.
BAUDAN (M.) : 158.
BAUDAN (Mme) : 158.
BAUDAN (Mme, née Barnier) : 158.
BAUDOIN (M.) : 198.

BAUREGARD (M. de) : 211.
BAVIÈRE (Élisabeth-Charlotte, dite Liselotte, dite la princesse Palatine) : 383n, 388n.
BAVIÈRE (Marie-Anne-Christine de, dauphine de France) : 143, 264, 393n.
BAVIÈRE (Maximilien-Henri de, Électeur-archevêque de Cologne et prince-évêque de Liège) : 88, 388n, 394n.
BÂVILLE (Nicolas de Lamoignon, marquis de) : 19, 61, 64, 144, 145, 150, 382n, 386n, 393n, 399n.
BAVONS (Jean-Charles-Joseph [de], dit Saint-Paul, dit comte de Winterfelt) : 11, 321-373, 375, 376.
BAVONS (Mme) : 322, 355, 358, 363, 364, 368.
BAYLE (Pierre) : 8n.
BEAUBOURG (Pierre Trochon, dit) : 180.
BELCASTEL (M. de) : 89.
BELESBAT (M. de) : 206, 211, 212, 396n.
BELLEMAR (Mme de), *voir* BINVILLIER (Mlle de).
BENOIST (Élie, pasteur de Delft) : 65, 173, 240, 394n.
BENOIST (Mme) : 240.
BENOÎT (M.) : 55.
BENOÎT (saint) : 398n.
BÉRINGHEN (Élisabeth-Marie, née Gouyon) : 191, 382n, 394n.
BÉRINGHEN (Françoise de) : 198, 395n.
BÉRINGHEN (Frédéric de, seigneur de Langarzeau) : 177, 394n.
BÉRINGHEN (Henri, comte de) : 395n.
BÉRINGHEN (Jean de) : 382n, 394n.
BÉRINGHEN (Judith de, dame de Gudane) : 395n.
BÉRINGHEN (Jacques-Louis de, dit Monsieur le premier) : 178, 395n.
BÉRINGHEN (Louise-Madeleine de, née Guigou, dame de Bouron) : 395n.
BÉRINGHEN (Marie de, née Mlle de Menour[s]) : 177-179, 184-188, 190-192, 196, 198, 382n, 394n, 395n.

BÉRINGHEN (Mlle de) : 191-192.
BÉRINGHEN (Théodore de) : 31, 33, 170, 191, 192, 382n, 394n, 395n.
BERKHOFER (Mme) : 30.
BERKHOFER (M.) : 30.
BERNARD (Jacques, pasteur) : 13, 22.
BIGOT (Mme) : 114, 391n.
BILLIARD, *voir* GUY (Daniel).
BINVILLIER (Mlle de) : 316.
BOILEAU (Nicolas, dit Boileau-Despréaux) : 308.
BOISROBERT (François Le Métel, seigneur de) : 383n.
BONAPARTE, *voir* NAPOLÉON Ier.
BORÉE (mythologie) : 247.
BOSE (M.) : 170.
BOSSUET (Jacques Bénigne, évêque de Meaux) : 41, 42, 58, 384n.
BOST (Charles) : 10n.
BOTS (Hans) : 7n.
BOUCHON (M.) : 241, 283.
BOUILLON (Élisabeth de Nassau, duchesse de), *voir* NASSAU (Élisabeth de).
BOUILLON (Henri de La Tour d'Auvergne, vicomte de Turenne, duc de), *voir* TURENNE (Henri de la Tour d'Auvergne, vicomte de).
BOUILLON (Marie-Anne Mancini, duchesse de), *voir* MANCINI (Marie-Anne, duchesse de Bouillon).
BOUILLON (Maurice Godefroy de La Tour, duc de) : 390n.
BOULANGER (M.) : 153, 154, 159, 211.
BOURBON (Louis-Auguste de, duc du Maine), *voir* MAINE (Louis-Auguste de Bourbon, duc du).
BOURBON-MALAUZE (Armand de, marquis de Miremont) : 42, 384n, 392n.
BOURGOGNE (duc de), *voir* LOUIS DE FRANCE.
BOURGOGNE (Marie-Adélaïde de Savoie, duchesse de) : 165, 169, 394n.
BOYER (Abel) : 122, 123.
BOYRON (Michel Boyron, dit), *voir* BARON.
BRESSON (Jacques) : 287.

Index des noms 409

BRISACIER (abbé) : 154, 155, 163.
BROCAS (Pierre de, pasteur de Londres) : 204, 205, 209, 211, 218-219.
BROGLIE (maréchal de) : 399n.
BROSSEMIN (Le P.) : 140.
BROUSSON (Claude, pasteur) : 10, 15, 16, 43-44, 155-156, 385n.
BRUEYS (David-Augustin) : 155.
BRUTUS (Marcus Junius) : 377, 401n.
BUCKINGHAM (Georges Villiers, duc de) : 390n.

C*** (M. de) : 28.
CABIN, *voir* PETIT-CABIN (M.).
CAILAT (Mlle) : 251.
CAÏN (Bible) : 376.
CALVIN (Jean, pasteur) : 15, 113, 391n.
CAMBRON (M. de), *voir* LIMEVILLE (M. de).
CAMPA (André) : 395n.
CANTORBÉRY (archevêque de) : 98.
CARNOT (M.) : 154.
CARTERET (lord) : 398n.
CASSIUS : 401n.
CATHERINE DE PORTUGAL, reine d'Angleterre, d'Écosse et d'Irlande : 389n.
CATINAT (Nicolas de) : 288, 289.
CAUMONT (Charlotte de, dame de Saveilles, vicomtesse de Turenne) : 384n.
CAVALIER (Antoine) : 286, 398n.
CAVALIER (Élisabeth, née Granier) : 286, 398n.
CAVALIER (Mme, ép. de Pierre) : 374.
CAVALIER DE RIBAUTE (Jean, dit Cavalier) : 11, 13, 18, 19, 21, 22, 284-321, 3265F332, 334, 336-337, 343, 346, 347, 353, 361, 369, 372, 373, 375-376, 398n, 399n, 400n, 401n.
CAVALIER DE RIBAUTE (Pierre) : 374, 375, 401n.
CAVALIER DE SAUVE (Jean) : 287, 399n.
CÉLADON (*Astrée*) : 387n.
CHAILA (abbé du) : 286, 399n.
CHAMBRUN (Jacques de, pasteur) : 31, 53, 382n.

CHAMPAGNI (Mme) : 179, 266.
CHANUREL (Isabeau) : 297, 399n.
CHAPELAIN (Jean) : 383n.
CHARLEMAGNE (Charles Ier le Grand), roi des Francs, des Lombards et empereur d'Occident : 86.
CHARLES LE TÉMÉRAIRE (Charles Ier, duc de Bourgogne et de Brabant) : 351, 401n.
CHARLES Ier, roi d'Angleterre, d'Écosse et d'Irlande (1600-1649), mari d'Henriette-Marie : 103, 389n, 390n.
CHARLES II HABSBOURG, roi d'Espagne : 394n.
CHARLES II STUART, roi d'Angleterre et d'Écosse (1630-1685) : 98, 101, 389n, 390n, 391n.
CHARLES IV, empereur germanique : 86.
CHARLES-LOUIS Ier ÉLECTEUR, *voir* PALATIN (Charles-Louis Ier Électeur, prince).
CHASEL (M.) : 145.
CHÂTEAUNEUF (Balthasar Phélypeaux, marquis de) : 143-144, 393n.
CHÂTILLON (Gaspard de), *voir* COLIGNY (Gaspard de Châtillon, sire de).
CHÂTILLON (Gaspard IV de Coligny, duc de) : 40, 383n.
CHÂTILLON (Élisabeth-Angélique de Montmorency-Bouteville, duchesse de) : 40, 383n.
CHEIRON (Élie, pasteur) : 42, 44, 49, 50, 60-62, 145, 385n, 389n.
CHENEVERT (Le P.) : 140.
CHURCHILL (John, duc de Marlborough), *voir* MARLBOROUGH (John Churchill, duc de).
CHURCHILL (Sarah, duchesse de Marlborough), *voir* MARLBOROUGH (Sarah Churchill, duchesse de).
CLAUDE (Jean, pasteur de Charenton) : 41, 89, 113, 384n.
CLAUZADE (Mme de), *voir* ARNELLE (Mme de Clauzade, dite).
CODÈRE (M.) : 66.
CODÈRE (Mme), *voir* DURAND (Marie).

COLIGNY (Gaspard de Châtillon, amiral de France, sire de) : 383n.
COLIGNY (Gaspard IV de), *voir* CHÂTILLON (Gaspard IV de Coligny, duc de).
CÔME III de MÉDICIS, grand-duc de Toscane : 382n.
COMPTON (Henry, évêque de Londres) : 204, 209, 218.
CONCINI (Concino Concini, dit le maréchal d'Ancre) : 381n.
CONDÉ (Louis II de Bourbon, dit le Grand Condé, dit M. le Prince) : 106, 391n.
CONRART (Valentin) : 41, 383n.
CONSTANTIN (Jacob) : 11, 218, 222-240, 242-259, 263, 266, 271-273, 280, 281, 282, 283, 295, 351, 397n.
CONSTANTIN (Philippe) : 218, 233, 244, 256, 271.
CONSTANTIN (M.) : 218, 256.
CONSTANTIN (Mme), *voir* DU NOYER (Anne-Marguerite).
CONTE (Mme de) : 114-117, 174, 391n.
CORMON (M. de) : 54.
COSNAC (Daniel de, évêque de Valence puis archevêque d'Aix-en-Provence) : 387n.
COTTON (Catherine) : 8, 18, 27-28, 35, 40, 68, 381n.
COTTON (Gaspard) : 8, 9, 18, 40-42, 47-49, 53, 55, 56, 59, 62, 64, 77, 78, 90-97, 112, 116, 119, 126, 127, 131, 133-138, 140, 145, 146, 175, 188, 203, 381n, 383n.
COTTON (Mme) : 40.
COTTON (Pierre) : 27, 381n.
COUVREUR (Jacob) : 86.
COUVREUR (M.) : 274, 296, 298, 317.
CRAISSEL (Mlle de) : 203.
CRAISSEL (Mme de) : 203, 206, 208.
CRASSEL (Mme) : 79-80.
CROMWELL (Olivier) : 100, 389n.
CROUSET (M. de) : 113.
CROWNE (John) : 390n.
CROZIAT (Marc-Antoine), *voir* LA BASTIDE (Marc-Antoine Croziat, sieur de).

CUMBERLAND (Robert, duc de, prince palatin), *voir* PALATIN (Robert, duc de Cumberland, prince).

DAGOBERT Ier, roi des Francs : 106-107.
DAILLÉ (Jean, pasteur de Charenton) : 112.
DANCOURT (Florent Carton, dit) : 17, 260.
DANGEAU (marquis de) : 177.
DANGEAU (Françoise-Hélène de) : 172-179, 181-183, 184, 187, 195, 198, 394n.
DARBUSSI (pasteur de La Haye) : 93-94.
DARCI (Mme), *voir* DU NOYER (Anne-Marguerite Petit).
DAVID, roi d'Israël : 81, 365.
DEBONNAIRE (Mme) : 266.
DE CROUY (La M.) : 128.
DELMER (M.) : 187.
DELMER (Mme) : 187.
DENIS (saint) : 106.
DES ÉTANGS (L.), *voir* PETIT-DES ÉTANGS (L.).
DES ÉTANGS (Mme), *voir* PETIT-DES ÉTANGS (Mme).
DES FONTAINES (La S.) : 128.
DESHOULIÈRES (Antoinette du Ligier de La Garde, Mme) : 17.
DESJARDINS (Marie-Catherine), *voir* VILLEDIEU (Marie-Catherine Desjardins, dite Mme de).
DESMAHIS (pasteur d'Orléans) : 110, 112, 130.
DESMARETS (Le P.) : 39, 62, 173.
DESRIEUX (M.) : 319.
DOHNA (Alexandre, comte de) : 245, 397n.
DOHNA (Christophle, comte de) : 230, 396n.
DOHNA (Louise, comtesse de) : 79, 80.
DOHNA FERRASSIÈRES (Johann Frédéric, comte de) : 11, 159, 164, 187, 193, 196, 215-217, 219-222, 224, 226, 228-230, 233-235, 243-246, 279-283, 302, 360, 381n, 393n, 396n.
DOHNA FERRASSIÈRES (Mlles de) : 215.

Index des noms

DOHNA FERRASSIÈRES (Albertine-Henriette Von Bylandt, comtesse de) : 215-217, 221, 396n.
DORCAS, *voir* TABITHA.
DOUEN (Emmanuel-Orentin) : 7, 10, 204.
DOUXFILS (M.) : 355, 357-363, 365, 369.
DOUXFILS (Mme) : 322, 355, 358, 361, 362.
DRAGON : 123, 392n.
DUBUISSON (M.) : 160-161.
DUCASSE (Jean-Baptiste) : 108, 110-112, 115, 118, 391n.
DUCASSE (Mme) : 123, 127, 128, 392n.
DUMARETS (M.) : 179, 180, 188.
DUMARETS (Mme) : 179, 180.
DU MOULIN (Marie) : 94, 389n.
DU NOYER (Guillaume) : 9-11, 17, 22, 135-156, 158-166,170, 173-174, 176-178, 180, 181, 185, 190, 193-194,208, 210-216, 264-279, 292, 293, 298, 300, 301, 303-304, 309, 314, 321, 324-325, 337, 351, 353, 389n, 396n.
DU NOYER (M., frère) : 160, 277, 289, 365.
DU NOYER (Marie) : 10, 145-146.
DU NOYER (M., fils) : 10, 19, 146, 147, 153, 159, 160, 162, 165, 186, 212, 267, 268, 292.
DU NOYER (Mlle, sœur) : 141.
DU NOYER (Mme, mère) : 141.
DU PRADEL (M.) : 154.
DUQUESNE (Abraham, marquis) : 383n.
DUQUESNE (Abraham-Louis) : 17, 18, 35, 36, 38-42, 93, 108, 111, 118, 123-127, 130-140, 383n, 391n, 392n, 395n.
DUQUESNE (Étienne) : 383n.
DURAND (David, pasteur) : 64-66, 177.
DURAND (Jean, pasteur de Sommières) : 64.
DURAND (Jean-Antoine, pasteur des Brenets) : 64-66.
DURAND (Marie, épouse Codère) : 64-67.
DURAND (Mme) : 64-66.

DURFORT DE DURAS (Marie de) : 41, 384n, 386n.
DURFORT DE DURAS (Élisabeth de La Tour d'Auvergne-Bouillon, Mme de) : 53, 384n, 386n.
DURFORT DE DURAS (Gui-Aldonce de, duc et maréchal de Lorges), *voir* LORGES (Gui-Aldonce de Durfort de Duras, duc et maréchal de).
DURFORT DE DURAS (Jacques-Henri de, maréchal de Duras) : 42, 154, 384n, 386n.
DURFORT DE DURAS (Louis de, marquis de Blanquefort, comte de Feversham) : 53, 386n.

ÉDOUARD III LE CONFESSEUR, roi d'Angleterre (saint) : 97, 389n.
ÉLIE (prophète) : 263, 397n.
ÉLISABETH (sainte) : 191.
ÉLISABETH Ire, reine d'Angleterre : 97, 99, 204.
ESTE (Marie-Béatrice-Éléonore d', reine d'Angleterre) : 389n., p. 99.
ESTHER (Bible) : 395n.
ETHBAAL, roi des Sidoniens : 397n.
ÉTRANGLE (baron d') : 357.

FABRI (M.) : 74.
FABRICE (Mme) : 184.
FABRIQUES (Mme) : 145.
FAGE (Durand) : 399n.
FAURE (M. de) : 152.
FAVRE (M.) : 248-251.
FÉNELON (François de Salignac de La Mothe, archevêque de Cambrai, abbé de) : 9, 17, 133, 392n.
FERRIER (abbé) : 110, 112.
FEVERSHAM (comte de), *voir* DURFORT DE DURAS (Louis de, comte de Feversham).
FIENNES (M. de) : 216.
FIESQUE (archevêque d'Avignon) : 146.
FIEUBET (Gaspard de) : 267, 397n.
FLÉCHIER (Esprit, évêque de Nîmes) : 264.
FOUQUET (Nicolas, surintendant des Finances) : 384n.

FRÉDÉRIC Ier, Électeur de Brandebourg, puis roi de Prusse : 88, 388n.
FRÉRE (M.) : 281.
FRIKSTON (M.) : 307.
FRISE (comtesse de) : 79.
FULCRAND (Cabanon, abbé) : 39, 383n.

GACHES (Raymond, pasteur de Charenton) : 31, 62, 382n.
GALLOWAY (Henri de Massué, marquis de Ruvigny, comte de) : 122, 184, 191, 197, 201, 202, 204, 218, 392n, 396n.
GAM (comte de) : 357.
GERSEY (milord) : 219.
GODEAU (Antoine de) : 383n.
GODEFROY DE LA TOUR (Maurice), voir BOUILLON (Maurice Godefroy de La Tour, duc de).
GOLIATH : 81.
GOUYON (Élisabeth-Marie), voir BÉRINGHEN (Élisabeth-Marie).
GRÉGOIRE XV (pape) : 388n.
GRIGNAN (François de Castellane Adhémar, comte de) : 381n.
GUICHARD (Henri, dit barbare la Rapine) : 65, 387n.
GUILLAUME Ier, voir NASSAU (Guillaume Ier de, prince d'Orange).
GUILLAUME III D'ORANGE-NASSAU, prince d'Orange puis roi d'Angleterre et d'Écosse : 10, 30, 39, 45, 98, 103, 145, 190, 244, 245, 381n, 382n, 384n, 388n, 390n, 392n, 394n, 395n, 396n.
GUIRAND (Mme de) : 179-180, 188.
GUY (Daniel, dit Billiard) : 296, 310, 399n.

HAM (M.) : 68, 74.
HATTO (archevêque de Mayence) : 87, 388n.
HAUDRICOURT (Ternisien d') : 23.
HEINSIUS (Antoine, grand pensionnaire de Hollande) : 23n, 174-176, 394n.
HELVÉTIUS (Jean Adrien) : 298.
HELVÉTIUS (M.) : 309.
HENNEQUIN (M.) : 265.

HENRI IV, roi de France et de Navarre : 7n, 27, 107, 381n.
HENRI VII, roi d'Angleterre : 97.
HENRI VIII, roi d'Angleterre : 99.
HENRIETTE-MARIE DE FRANCE, reine d'Angleterre : 389n.
HÉRA (déesse) : 310.
HERLAC (M. d') : 82.
HERMANUS (Mme) : 266.
HERVARD (M. d') : 172, 174, 175, 176.
HONGRIE (reine de) : 250, 281, 397n.
HUS (Jean) : 62, 386n.
HUSSON (Pierre) : 13, 21, 22n, 23.

ICARD (Jean, pasteur) : 16, 42, 43, 270, 384n.
ISAÏE (prophète) : 61.
IXION, roi des Lapithes : 310.

JACOB (Bible) : 97, 389n.
JACQUES Ier STUART (VI), roi d'Angleterre et d'Écosse : 390n.
JACQUES II STUART (VII), roi d'Angleterre, d'Écosse et d'Irlande : 95, 98, 388n, 389n, 390n, 391n, 396n.
JASSES (baron de) : 246, 254-255, 259, 260, 397n.
JEAN-BAPTISTE (saint) : 191.
JEANNE D'ARC (sainte) : 106.
JÉSUS (Christ) : 42, 43, 82, 86, 113, 119, 167, 176, 385n, 386n, 387n, 391n, 397n, 398n, 400n.
JÉZABEL (Bible) : 397n.
JOB (Bible) : 16, 52.
JONCOURT (M. de) : 189, 192.
JOSEPH (saint) : 50, 263, 386n.
JOSUÉ (chef des Hébreux) : 382n.
JUDAS (Iscariote, apôtre) : 106, 391n.
JUNON (déesse) : 310.
JURIEU (Pierre, pasteur) : 7, 24, 95, 113, 116-117, 171-172, 175-177, 182, 197-198, 384n, 389n.
JURIEU (Mme) : 171.

KUCHLIN (Jean) : 8n.

LA BASTIDE (Marc-Antoine Croziat, sieur de) : 41, 203, 383n.

Index des noms

La Beaume (M. de) : 37.
Labières (M. de) : 32, 33.
La Boutelière (Mlle de) : 181, 182.
La Broue (Pierre de, évêque de Mirepoix) : 58, 59, 117, 119, 121-122, 188, 386n.
La Calmette (Mme) : 179.
La Cassagne (M. de) : 16, 45, 46, 50-53, 56, 62.
La Cassagne (Mlles de) : 39, 171, 172.
La Cassagne (Mme de) : 46, 50-53, 55-56, 158.
La Chaise (le Père François d'Aix, comte de) : 9, 10, 23n, 64, 109, 110, 137, 140, 141-142, 144, 145, 146, 381n.
La Charce (marquis de) : 193.
La Chaux (M. de) : 154.
La Cour (baron de) : 208-209.
La Fare (chevalier et marquis de) : 51, 55, 56, 60.
La Fond (dit Saint-Pierre) : 318-347, 353, 355, 361, 362, 366-368, 372-373, 376, 400n.
La Fontaine (Jean de) : 17, 286, 308, 400n.
Lagnasco (comte de) : 313, 400n.
Laguerche (Mlle) : 114, 174-176, 178, 179, 180, 184, 188, 194.
La Meilleraye (Armand-Charles de La Porte, marquis de), *voir*, Mazarin (Armand-Charles de La Porte, duc de).
La Meilleraye (Charles de La Porte, maréchal de) : 386n.
La Meilleraye (Marie, née Cossé de Brissac, maréchale de, puis Mme de Saint-Ruth) : 54, 386n.
Lamothe (pasteur de Londres) : 110.
La Moussaye (Mlle de) : 177, 181.
Laporte (Gédéon) : 399n.
Laporte (Pierre, dit Roland) : 286-289, 399n.
La Reynie (Gabriel-Nicolas de) : 391n.
La Roche (M.) : 184.
La Rochefoucauld (François, duc de) : 15.
Larroque (Matthieu de, pasteur) : 62, 387n.

La Selle (M.) : 175.
La Selle (Mme) : 175, 179.
La Tour d'Auvergne (François-Egon de, prince d'Auvergne et marquis de Bergen-op-Zom) : 30, 382n.
La Tour d'Auvergne (Frédéric-Maurice II de, comte d'Auvergne) : 246, 250, 259, 397n.
La Tour d'Auvergne-Bouillon (Élisabeth), *voir* Durfort de Duras (Élisabeth de).
La Tour d'Auvergne-Bouillon (Henri de), *voir* Turenne (Henri de La Tour d'Auvergne-Bouillon, vicomte de).
La Treille (M. de) : 240.
Lausilion (M., fils) : 20-22, 188.
Lausilion (M., père) : 128, 135.
Laval (Mlle) : 34, 36-39, 58, 91, 381n.
Le Bourcier (Mme) : 167.
Le Camus (Mme) : 162.
Le Croze (M.) : 283.
Le Faucheur (pasteur de Charenton) : 40.
Le Goff (Jacques) : 14n.
Le Grand (Mme) : 331-332, 362.
Le Grand (M.) : 332.
Le Gras (Timoléon) : 147.
Le Monnon (M.) : 245.
Le Mosnier (M.) : 133.
Le Mosnier (Mme) : 127, 135-137, 392n.
Le Mosnier (Suzanne), *voir* Petit (Suzanne).
Le Normand (M.) : 141.
Lesdiguières (François de Bonne, seigneur puis duc de) : 199, 395n.
Leszczynski, *voir* Stanislas Ier Leczinski, roi de Pologne.
L'étang (M. de) : 184.
L'étang (Mme de) : 179.
L'host (M.) : 212.
Lillemarais (M. de) : 291.
Limeville (M. de, dit M. de Cambron) : 175.
Longchamps (Dominique Pitel, dit) : 395n.
Longueval (Jean Le Masson, dit) : 395n.

LOR (M. de) : 49.
LORGES (Gui-Aldonce de Durfort de Duras, duc et maréchal de) : 8, 41, 42, 48, 49, 53-54, 109, 110, 111, 113, 116, 117, 121, 122, 127, 154, 188, 383n, 384n, 385n, 386n.
LOUIS DE FRANCE (duc de Bourgogne, puis dauphin de France) : 250, 392n, 394n, 397n.
LOUIS XIII, roi de France : 381n, 383n, 388n, 389n.
LOUIS XIV, roi de France : 7n, 9, 12, 13, 15n, 19-21, 27, 30, 39, 43, 46, 48, 51-53, 59-63, 76, 106, 113, 116-118, 121, 125, 126, 130, 131, 133, 134, 138, 139, 141-147, 149, 150, 157, 163, 215, 265, 293, 304, 324, 351, 381n, 382n, 384n, 385n, 386n, 388n, 391n, 392n, 393n, 394n, 395n, 398n, 400n.
LOUVOIS (François Michel Le Tellier, marquis de) :384n, 385n.
LUC (saint) : 385n.
LUCAS (Maximilien) : 12n.
LULLY (Jean-Baptiste) : 399n, 400n.
LUTHER (Martin) : 391n.

MAHOMET : 334.
MAINE (Louis-Auguste de Bourbon, duc du) : 48, 144, 385n.
MAINTENON (Françoise d'Aubigné, marquise de) : 154.
MALBOIS (pasteur) : 223-227, 229-230, 233-240, 280, 283.
MANCINI (Hortense, duchesse de La Meilleraye et de Mazarin) : 21, 105, 391n.
MANCINI (Marie-Anne, duchesse de Bouillon) : 105, 390n.
MANCINI (Olympe, comtesse de Soissons) : 398n.
MARGUERITE D'ANGOULÊME, reine de Navarre : 381n.
MARIE II STUART, reine d'Angleterre, d'Écosse et d'Irlande : 90, 177, 181, 388n, 389n, 394n.
MARIE DE MÉDICIS, reine de France : 88, 388n.
MARIE-ANTOINETTE, reine de France : 22n.
MARIE-THÉRÈSE D'AUTRICHE, reine de France : 33.
MARILLAC (René de) : 381n.
MARION (Élie) : 399n.
MARIUS (Caius) : 31, 382n.
MARLBOROUGH (John Churchill, duc de) : 219, 244, 270, 373, 396n, 397n, 398n, 401n.
MARLBOROUGH (Sarah Churchill, duchesse de) : 218, 396n.
MARTEAU (Pierre), *voir* HUSSON (Pierre).
MASCLARI (M. de) : 164.
MASCLARI (Mlle de) : 164.
MATTHIEU (saint) : 113.
MAZARIN (Armand-Charles de La Porte, marquis de La Meilleraye, puis duc de) : 391n.
MAZARIN (Hortense, duchesse de), *voir* MANCINI (Hortense, duchesse de La Meilleraye et de Mazarin).
MAZARIN (Jules, cardinal) : 390n, 391n, 398n.
MAZEL (Abraham) : 288, 399n.
MELAC (M. de) : 53-54.
MELAC (Mme de) : 54.
MELAC (Mlles de) : 54.
MELCHISÉDECH, roi de Salem : 19, 254, 310, 397n.
MENOUR[S] (Marie de), *voir* BÉRINGHEN (Marie de).
MERLAC (pasteur) : 299.
MINUTOLI (Drion) : 75.
MINUTOLI (M.) : 67, 73-75.
MINUTOLI (Mme, née Fabri) : 74.
MIRAMION (Marie Bonneau de) : 115, 391n.
MIREMONT (marquis de), *voir* BOURBON-MALAUZE (Armand de, marquis de Miremont).
MIREPOIX (M. de), *voir* LA BROUE (Pierre de, évêque de Mirepoix).
MIRMAND (Henri de, sieur de Roubiac et de Vestric) : 62, 114, 386n.
MISSON (François-Maximilien) : 22n, 287, 399n.

Index des noms 415

MODÈNE (duc de) : 389n.
MOÏSE (Bible) : 19, 287, 301.
MOLIÈRE (Jean-Baptiste Poquelin, dit) : 17, 308, 359, 395n.
MONCEAU (M. de) : 187.
MONCLUS (président de) : 145.
MONK (George, duc d'Albermarle) : 98.
MONMORT (M. de) : 124.
MONTAGNAC (Mme de) : 57.
MONTANÈGRE (M. de) : 46-47, 65.
MONTAUBAN (évêque de) : 147.
MONTAUBAN (M.) : 246.
MONTESPAN (Françoise-Athénaïs de Rochechouart, marquise de) : 385n.
MONTMORENCY (Anne de) : 199, 395n.
MONTMORENCY (Henri Ier de) : 199, 395n.
MONTPENSIER (Anne-Marie-Louise d'Orléans, duchesse de, dite la Grande Mademoiselle) : 15,18.
MONTREVEL (Nicolas-Auguste de La Baume, marquis et maréchal de) : 19, 399n.
MOREAU DE BRASAY (M.) : 44-45, 48.
MURAT (Henriette-Julie de Castelnau, comtesse de) : 21.
MUSSARD (M.) : 67, 73, 74, 122, 169-170.

NAPOLÉON Ier (Napoléon Bonaparte), empereur des Français : 384n.
NASSAU (Élisabeth de, duchesse de Bouillon) : 384n.
NASSAU (Guillaume Ier de, prince d'Orange) : 384n.
NASSAU (Frédéric-Henri de, prince d'Orange) : 384n.
NASSAU (Maurice de, prince d'Orange) : 384n.
NICOLAS (Michel) : 8.
NOAILLES (Anne-Jules, maréchal de France et duc de) : 46, 48-52, 54-57, 59-60, 64-65, 111, 143-145,385n.
NOÉ (Bible) : 352.
NOÉMI (Bible) : 168.
NOGUIER (David, pasteur) : 58,76-79, 82, 86, 87, 89-90, 246, 253, 381n, 386n.

NOGUIER (M., fils) : 76.
NOGUIER (Mme) : 58, 76, 80, 89, 240.
NOGUIER (Mlle) : 76, 240, 253, 381n.
NORA (Pierre) : 15, 16n.
NORMANDIE (M. de) : 302, 318.

OLIVIER (pasteur de Pau) : 188-189, 271, 395n.
ORLÉANS (Gaston, duc d') : 382n.
ORLÉANS (Marguerite de Lorraine, duchesse d') : 382n.
ORLÉANS (Marguerite-Louise d', grande duchesse de Toscane) : 31-33, 382n.
ORLÉANS (Philippe d', dit Monsieur) : 383n.
ORMOND (duc d') : 244.
ORVAL (M. d') : 180.
OUDYK (Mlles d') : 196.

PACOLET (Imbert, pasteur de Nîmes) : 384n.
PALATIN (Charles-Louis Ier Électeur, prince) : 86, 388n.
PALATIN (Robert, duc de Cumberland, prince) : 86, 388n.
PALATINE (princesse), *voir* BAVIÈRE (Élisabeth-Charlotte de).
PÂRIS (mythologie) : 213.
PASCALE (marquis de) : 357, 367-368, 400n.
PATRON (Mlle) : 66.
PAUL (saint) : 43, 185, 192, 196, 293, 318, 361.
PAULHAN (pasteur) : 42, 44, 46, 49, 50, 385n.
PAYOT (Mme) : 179.
PÉLISSON (Paul) : 41, 110, 384n.
PERDREAU (Pierre) : 78.
PERDRIX (M. de) : 47.
PERDRIX (Mme de) : 47.
PERINEL (Mme, *Les Vacances*) : 260.
PERRIN (pasteur) : 64.
PETIT (Anne-Marguerite), *voir* DU NOYER (Anne-Marguerite).
PETIT (Catherine), *voir* COTTON (Catherine).
PETIT (Jacques) . 8, 18, 27, 29-30,

34-39, 52, 58, 76, 82, 207, 381n, 383n.
PETIT (Pierre) : 8, 34-36, 38-39, 52, 63-64, 76-77, 79, 82, 86-87, 89, 91, 93, 94, 96-97, 114, 133, 158, 175, 188, 193, 381n, 383n, 395n.
PETIT (Suzanne, née Le Mosnier) : 8, 35, 39, 91-93, 114, 133, 173, 194, 197, 200-203, 205, 207, 208-212, 218, 383n, 392n, 395n.
PETIT (Mlles) : 35, 37, 91-93, 95-96, 383n, 395n.
PETIT-CABIN (M.) : 35, 158-159, 163, 192, 194, 200-201, 205, 207, 244, 383n, 395n.
PETIT-DES ÉTANGS (L.) : 35, 197, 199, 200-202, 383n, 395n.
PETIT-DES ÉTANGS (Mme) : 201.
PEYROL (Jacques, pasteur de Nîmes) : 16, 42, 43, 82, 385n.
PHILIPPE V, roi d'Espagne : 164, 394n, 400n.
PIERRE (saint) : 98, 318, 364.
PILATE (Ponce) : 400n.
PLATON : 350.
POLGE (Mlle de) : 258.
POLIGNY (M. de) : 303.
POLYPHÈME (mythologie) : 59, 386n.
PONCE (pasteur de Nimègue) : 227-229, 231, 232, 236.
PONTHIEU (Mlle de) : 398n.

QUINAULT (Philippe) : 400n.
QUINTE-CURCE : 271, 398n.

RACINE (Jean) : 17, 341.
RAGOTIN (*Roman comique*) : 374, 401n.
RAVANEL : 288, 289.
REINAUD (Mlle) : 240.
RÉNAND (M.) : 173.
RÉSIDENT (M. le) : 80, 170.
RÉSIDENTE (Mme la) : 80.
RETZ (Paul de Gondi, cardinal de) : 15.
REYNOLDS-CORNELL (Régine) : 22.
RICHELIEU (Armand Jean du Plessis, cardinal et duc de) : 386n.
RIGAUD (Eudes, archevêque de Rouen) : 391n.

RIQUET (Pierre-Paul) : 156, 393n.
RIVECOUR (Mlle de) : 240.
ROCHEMORE (M. de) : 43.
ROLAND, *voir* LAPORTE (Pierre).
ROMUALD (saint) : 398n.
ROQUELAURE (Antoine-Gaston, duc et maréchal de) : 400n.
ROURE (comte du) : 35.
ROUVIÈRES (M.) : 79.
RUTH (Bible) : 168.

S*** (baron de) : 254.
SAINT-COSME (baron de) : 48.
SAINT-ÉVREMOND (Charles de Marguetel de Saint Denis de) : 391n.
SAINT-FÉLIX (M. de) : 34.
SAINT-JEAN-DE-VEDAS (M. de, dit M. de Saint-Jean) : 171, 172.
SAINT-PAUL (comtesse de), *voir* LE GRAND (Mme).
SAINT-PAUL (comte de), *voir* BAVONS (Jean-Charle-Joseph de).
SAINT-PIERRE, *voir* LA FOND.
SAINT-RUTH (M. de) : 48, 53, 385n, 386n.
SAINT-SIMON (Louis de Rouvroy, duc de) : 15.
SALOMON, roi d'Israël : 62, 106, 264.
SAPORTA (Mme [de], née Cotton) : 8, 9, 17, 18, 28-60, 62-68, 73, 74, 76-78, 90-91, 93, 94, 95, 97, 102, 108-110, 112, 115-132, 134, 135, 137, 140, 142, 144-147, 150, 151, 152, 155, 158, 168, 207, 381n, 383n.
SAPORTA (M. [de]) : 28-31, 381n.
SAPORTA (Mlle [de]) : 123, 392n.
SAQUET (M.) : 123, 125, 127.
SAURIN (Jacques, pasteur) : 30, 206-209, 297, 382n.
SAURIN (Jean) : 30, 207.
SAURIN (Louis) : 207-208.
SAUSIN (M.) : 178, 180.
SAUSSURE (M. de) : 70.
SAVOIE (Marie-Adélaïde de), *voir* BOURGOGNE (Marie-Adélaïde de Savoie, duchesse de).
SAVOIE (Victor-Amédée II, duc de, roi

de Sicile puis de Sardaigne) : 169, 394n.
SAVOIE-CARIGNAN (Eugène, prince de, dit le Prince Eugène) : 285, 290, 398n.
SAVOIE-CARIGNAN (Eugène-Maurice, duc de, comte de Soissons) : 398n.
SCARRON (Paul) : 17, 149, 374, 393n.
SCHOMBERG (Frédéric-Armand, duc et maréchal de) : 122, 384n, 392n.
SCHOUTEN (G.) : 21.
SCUDÉRY (Madeleine de) : 17, 304, 384n, 400n.
SÉGUIER (Esprit, évêque de Nîmes) : 37, 53, 399n.
SEIGNELAY (Jean-Baptiste Colbert, marquis de) : 122, 130-131, 133-134, 137, 144, 392n.
SELWIN (Mme) : 217-219, 396n.
SÉNÈQUE : 9, 135.
SÉVIGNÉ (Marie de Rabutin-Chantal, marquise de) : 391n.
SKELTON (Bevil) : 95-97, 104-108, 122, 389n.
SKELTON (Mme) : 95, 97, 104-108, 122.
SOCRATE : 13.
STANISLAS Ier LECZINSKI, roi de Pologne puis duc de Lorraine et de Bar : 306-307, 371, 400n.
STUART (Mlle) : 323, 332, 335, 355, 401n, 355.

TABITHA (ou Dorcas, sainte) : 183, 394n, 395n.
TARTUFE (*Tartufe*) : 369.
TÉTARD (M.) : 179, 182.
TIBERGE (abbé) : 154, 155, 163, 268, 269.
TIERCEVILLE (M. de) : 124, 126, 127.
TILLI (comtesse de) : 187.
TILLY (maréchal de) : 388n.
TROCHON, *voir* BEAUBOURG (Pierre Trochon, dit).
TURENNE (Henri de La Tour d'Auvergne-Bouillon, vicomte de) : 42, 106, 128, 177, 384n, 386n.

ULYSSE (mythologie) : 386n.
URFÉ (Honoré d') : 17, 387n.

VAN GENT (M.) : 179.
VAN MUNSTER (M.) : 221-222, 237.
VERTRON (Claude-Charles Guyonnet de) : 12n.
VESTRIC DE BAUDAN (Pierre), *voir* BAUDAN (Pierre).
VESTRIC DE BAUDAN (Mme), *voir* BAUDAN (Mme).
VILLARS (Claude-Louis-Hector, duc et maréchal de) : 288, 398n, 399n.
VILLEDIEU (Marie-Catherine Desjardins, dite Mme de) : 21.
VILLEROI (M. de, archevêque de Lyon) : 67.
VITRIARIUS (M.) : 67
VOLTAIRE (François-Marie Arouet, dit) : 22, 384n.
VON BYLANDT (Albertine-Henriette), *voir* DOHNA FERRASSIÈRES (Albertine-Henriette, comtesse de).
VON BYLANDT (baron de) : 215.

WALEF (Blaise-Henri Curtius, dit baron de) : 266.
WEISS (Charles) : 8n.
WINTERFELT (comte de), *voir* BAVONS (Jean-Charles-Joseph de).
WURTEMBERG (princes de) : 85, 387n.
WURTEMBERG (Eberhard, duc et prince de, dit Le Barbu) : 387n.
WURTEMBERG (Eberhard-Louis, prince et duc de) : 85, 348, 359, 388n, 400n.
WURTEMBERG (Frédéric-Charles, prince et duc de) : 388n.
WYCLIFF (John) : 386n, 391n.

XANTHIPPE : 13.

ZACHARIE (Bible) : 191.
ZACHÉE (Bible) : 285, 398n.
ZEUS (mythologie) : 310.

Introduction 7

MÉMOIRES

CHAPITRE I 27

Une enfance mouvementée – Séjour à Orange – Mort de l'oncle Saporta – Retour à Nîmes et rencontre avec M. Duquesne (1677) – Mort du père – Affaire d'héritage – L'oncle Petit et la tante Laval – Dissensions entre les ministres de Nîmes – Les dragonnades – Première évasion (janvier 1686).

CHAPITRE II 76

L'oncle et la tante Noguier à Genève – En route pour La Haye – L'oncle et la tante Petit – Départ pour Londres – Us et coutumes des Anglais – Retour en France après une traversée mouvementée – Paris (1687) – Controverses religieuses – Correspondance avec Pierre Jurieu – Retrouvailles avec Duquesne.

CHAPITRE III 119

Évasion et arrestation – Mariage manqué avec Duquesne – Mariage avec Du Noyer (18 mai 1688) – Réception à Versailles – Bonheur familial –

Mort de la seconde fille de Mme Du Noyer – Mort de Mme Saporta – Mort du pasteur Claude Brousson – Installation à Paris – Préparatifs pour le second exil.

CHAPITRE IV — 166

Second exil (1701) – Conversations sur la liberté de conscience – Requêtes de pension – Le réseau des réfugiés en Hollande – La société de Schiedam – Médisances – Projet de mariage pour la fille aînée de Mme Du Noyer – Lettre de M. Du Noyer – Curieuse découverte de bijoux.

CHAPITRE V — 204

Arrivée à Londres (1702) – Vie précaire – Nouvelle affaire de bijoux – Calomnies des réfugiés – La tante Petit fait des siennes – Requêtes de pensions – Projet de mariage pour Anne-Marguerite avec Jacob Constantin.

CHAPITRE VI — 221

Départ pour Nimègue (1703) – Mariage mal assorti – Installation à Delft.

CHAPITRE VII — 242

Correspondance de Mme Du Noyer avec son gendre Constantin – Drame conjugal – Un gendre récalcitrant – Vol et procès.

CHAPITRE VIII — 260

Les *Mémoires* – Correspondance secrète – Du Noyer, pourquoi pas ? – Une maison – L'année 1707 – Jalousie entre les deux sœurs – Disparition de la cadette – Dîner chez le comte de Dohna.

CHAPITRE IX — 284

Jean Cavalier (1707) – Son idylle avec Olympe – Remariage de M. Du Noyer – Départ d'Anne-Marguerite (1708) – Une maison de campagne – À la poursuite de Cavalier.

CHAPITRE X   317

Mariage de Cavalier (1709) – Retour de Mme Du Noyer et de sa fille cadette à La Haye – Rencontre avec le comte de Winterfelt – Manigances de Cavalier – Mariage de Pimpette – Préparatifs pour un nouveau départ.

CHAPITRE XI   347

Aventures du comte de Winterfelt – Arrivée à Bruxelles – La famille Bavons – Une belle-mère détestée – Retour à La Haye (1710) – Conclusion.

APPENDICES

Notes   381
Éléments bibliographiques   403
Index des noms   407

DANS LA MÊME COLLECTION

SOUVENIRS du marquis de Valfons
LETTRES D'AMOUR de Madame Roland
CHRONIQUE DE LA FRONDE de Madame de Motteville
MÉMOIRES de Gourville
MÉMOIRES SUR L'IMPÉRATRICE JOSÉPHINE de Madame Georgette Ducrest
MÉMOIRES D'UNE ENFANT d'Athénaïs Michelet
MÉMOIRES de Mme de Genlis
LES AVENTURES DE MA VIE, Henri Rochefort
MÉMOIRES de la Grande Mademoiselle
MÉMOIRES de Barras

À PARAÎTRE

Mémoires de la Reine Hortense

*Composé et achevé d'imprimer
par la Société Nouvelle Firmin-Didot
à Mesnil-sur-l'Estrée, le 26 octobre 2005.
Dépôt légal : octobre 2005.
Numéro d'imprimeur : 75051*
ISBN 2-7152-2480-X/Imprimé en France.

129072